Je vous ai tous aimés

JOHANN HEUCHEL

Je vous ai tous aimés

journal

Préface de
Philippe Lejeune

ÉDITIONS DU SEUIL
*27, rue Jacob, Paris VIe*

ISBN 2-02-034766-0

Préface

Vous avez entre les mains le journal de Johann.

Il l'a écrit pour vous, et pourtant c'est un journal intime, le plus intime qui puisse exister.

Il l'a tenu en secret pendant deux ans : ses parents l'ont trouvé dans son tiroir après sa mort.

Il y affronte l'expérience devant laquelle on est toujours, au bout du compte, seul.

En 1992, à 21 ans, il est mort de mucoviscidose.

Vous apprendrez tout sur cette maladie terrible.

Un jour, la mucoviscidose et bien d'autres maladies seront, espérons-le, vaincues, ou apprivoisées.

Mais on continuera à mourir, parfois en pleine jeunesse.

Le journal de Johann raconte un combat formidable. Regarder la mort en face, à 20 ans, c'est aussi regarder la vie et en mesurer le prix.

Vous serez étonné de sa maturité. C'est celle des enfants et des adolescents mis par une maladie face à l'extrême, qui devancent bien des adultes en intelligence de la vie et en gravité.

Cette gravité est ici pleine de fraîcheur, d'humour et de générosité. Johann savait aimer. Aimer ses parents, ses proches, la vie entière. Son journal, contrepoint plus intime aux correspondances qu'il entretenait, est aussi l'écho d'un groupe d'amis solidaires, et une mélancolique rêverie sur l'amour…

Il l'écrivait pour tenir bon sur le moment. Pour aider plus tard, en ayant décrit sa maladie de l'intérieur, les médecins qui combattaient avec lui. Pour survivre, car il se savait condamné.

Mais surtout pour continuer à vivre avec ceux qu'il aimait, et les « accompagner » après sa mort comme eux l'avaient accompagné dans son épreuve.

Le voici donc désormais vivant avec nous, dans un livre impressionnant mais tonique qui nous donne une grande leçon d'humanité.

Johann souhaitait que ce journal soit publié. Son projet était d'être journaliste et écrivain. Il se compare lui-même à Anne Frank et à Hervé Guibert. Son journal est autre chose qu'un document sur une maladie. C'est une méditation sur la mort comme a pu l'être, dans un autre registre, *La Montagne magique* de Thomas Mann. C'est en même temps un très simple et très poignant hymne à la vie.

Philippe Lejeune.

le 28.2.90

Je m'appelle Johann Heuchel, j'ai 19 ans, j'habite au 518 rue Villaine, Bosc-le-Hard (Normandie), et aujourd'hui j'ai rencontré l'homme de la dernière chance. Il se nomme Michel Noirclerc.

le 2.3.90

Cela fait deux mois ce matin que j'ai quitté la maison. Je me souviens très bien de ce mardi. Le matin, après avoir regardé une vidéocassette de *Meurtre dans un jardin anglais,* j'ai rassemblé mes derniers effets personnels – quelques photos, trois ou quatre romans, deux cassettes des Eurythmics –, j'ai rapidement déjeuné, et Yannick et moi sommes partis. On a retrouvé Colette à Rouen, pris le train pour Paris-Saint-Lazare. De là un taxi nous a emmenés chez le docteur Feigelson. Tous les quatre, nous avons mangé un couscous dans un petit resto du dix-septième et, quelques minutes plus tard, mes parents reprenaient le train pour Rouen.

J'ai dormi dans la salle d'attente du cabinet médical. C'était ma première nuit de l'année hors de chez moi. C'était la nuit du 2 au 3 janvier 1990.

Le lendemain, mon pédiatre et moi prenions l'avion pour Hyères. Hyères, la ville d'Hyères-les-Palmiers. Hyères près de Toulon, un lieu de vacances idéal pour le Français moyen. Mais

Hyères, près de la presqu'île de Giens, c'est aussi un lieu de repos pour le muco moyen. Si je suis venu sur la Côte d'Azur en hiver, ce n'est pas pour me ressourcer après une déception sentimentale, c'est pour sauver ma peau.

Car vois-tu, lecteur, je ne suis pas un homme comme les autres. D'aspect, j'ai l'air normal. Peut-être un peu trop maigre pour un enfant de 14 ans, penseras-tu en me voyant. Peut-être ai-je une petite grippe qui n'en finit pas, croiras-tu en m'entendant respirer et tousser. Mais rien de tout cela n'est vrai.

En réalité, j'ai la mucoviscidose.

Voilà. C'est dit. Le mot est lâché. Maintenant tu es mon confident, lecteur, maintenant tu es dans le secret des dieux. Maintenant tu sais que je dois lutter pour survivre et tu sais que cette lutte ne finira qu'avec ma mort. Maintenant tu sais pourquoi je suis venu dans la presqu'île de Giens à l'hôpital Renée-Sabran, dans le service du docteur Chazalette.

Comment ? Je lis une lueur d'incompréhension dans tes yeux. Tu ne connais pas la mucoviscidose ? Eh bien, tu ferais mieux de t'en réjouir ! Écoute, un jour je te raconterai par le menu les symptômes et les conséquences de cette maladie. Pour l'instant sache seulement qu'elle ne se transmet que de parents à enfants. C'est une maladie génétique, héréditaire en somme. Sache aussi qu'elle encombre les poumons d'un mucus si épais qu'il empêche la respiration et qu'elle est mortelle à plus ou moins longue échéance.

J'ai 19 ans. Mon seul espoir d'en avoir un jour 30, c'est de me faire greffer des poumons sains. En fait, si cette opération ne peut pas se faire dans l'année, il y a de fortes chances pour que je ne voie pas le prochain mois de mars.

C'est pour cela que j'ai décidé d'écrire ce journal.

Parce que je pense que la vie vaut le coup d'être vécue et que si je ne suis plus là pour écrire dans un an, je vivrai encore à travers ce que j'écris aujourd'hui.

le 4.3.90

L'hôpital de Giens n'est pas un hôpital comme les autres. Et j'en ai vu des hôpitaux ! Cet hôpital a beau être à la pointe de la médecine moderne, il ressemble plus à une grande maison où chacun fait partie de la famille. Les malades reviennent périodiquement pour des cures d'antibiothérapie et finissent par tous se connaître. Ils forment une petite communauté, une bande de copains unis par la maladie, la douleur, mais aussi l'espoir, qui ne ressemble à aucune autre. Chacun étant intimement conscient de l'éphémérité de sa vie vit d'une façon tragiquement intense qui confère à chaque moment agréable une force que l'on ne retrouve nulle part ailleurs.

Les infirmières et les soignantes sont elles aussi comme des membres d'une famille. Elles sont un peu les mères des malades qui viennent ici depuis longtemps. Elles sont celles qui côtoient le plus les malades et partagent même parfois leurs loisirs avec les nôtres. Oui, ici ce n'est pas un hôpital et pourtant dans presque chaque pièce des gens sont morts. Le dernier, un enfant qui avait juste 15 ans, est décédé il y a à peine trois semaines. C'est un pied de nez du destin quand on pense que ce même enfant disait il y a un an, juste après sa greffe, que celle-ci lui faisait voir les choses différemment. En fait, quelques mois plus tard des problèmes dont je ne sais rien de sûr (juste quelques rumeurs) l'ont obligé à retourner à Giens pour finalement y mourir. Il lui fallait une seconde greffe ! Voilà le vrai problème : la greffe seule peut nous sauver, mais l'on peut mourir pendant l'opération ou après faire des rejets (eux aussi mortels) sans parler des complications éventuelles.

De là naît tout le piment de la chose. C'est un dilemme constant auquel est soumis l'esprit. D'un côté la greffe est salvatrice et on la souhaite de toute notre force. Et de l'autre elle reste risquée et dangereuse. D'un côté on peut mourir en attendant un greffon qui ne viendra peut-être jamais. Et de l'autre on peut mourir sur le billard alors que l'on avait encore plusieurs mois à vivre. J'ai des amis qui sont morts des deux façons. Heureusement, j'ai aussi des amis qui ont survécu et qui vont bien. Entre les deux ma raison et mon cœur balancent, oscillant entre le fatalisme et l'espoir. Ce journal sera l'histoire de cette oscillation.

le 5.3.90

Aujourd'hui Jean-Jacques Muller, un Alsacien et aussi le meilleur copain que j'aie ici, est théoriquement passé en liste d'urgence. C'est-à-dire que son nom est inscrit sur les Minitels de France-Transplant et d'Euro-Transplant. Ainsi, dans tous les services de réanimation aptes à effectuer des prélèvements d'organes d'Europe l'on sait qu'il attend un greffon. A chaque instant, un simple coup de téléphone peut annoncer qu'un greffon a été trouvé et qu'il est compatible. Dès lors, il s'agira pour Jean-Jacques d'arriver le plus vite possible à l'hôpital de la Timone à Marseille, où le chirurgien M. Noirclerc et son équipe commenceront l'opération. Cette attente est très éprouvante. En un instant il lui faudra nous quitter et foncer là-bas toutes affaires cessantes. Cependant, la véritable attente, celle de la dernière ligne droite, ne commencera que demain, voire après-demain, une fois que Jean-Jacques aura fait la scintigraphie cardiaque qui décidera s'il lui faut un greffon cœur-poumons ou poumons simples. Eh oui ! rien n'est simple au royaume de la muco. Au départ, ce sont les poumons qui sont pourris. Mais une trop mauvaise respiration, trop longtemps compensée par un rythme cardiaque trop rapide, peut entraîner de dangereuses lésions de ce dernier. Pour Jean-Jacques le verdict tombera demain, ou (si son cas est litigieux) un peu plus tard, après que les chirurgiens aient examiné les résultats.

Quant à moi, après avoir fait des pneumothorax à répétition depuis décembre, on m'a enfin enlevé à midi le dernier drain qui sortait de mon flanc. Maintenant il ne me reste plus qu'à espérer que mon poumon tienne à la plèvre le plus longtemps possible. Le pneumothorax j'en ai vraiment eu ma dose : trois en trois mois, méchante moyenne ! Cinq drains et trois semaines d'alitement. J'ai failli craquer. Heureusement ce soir j'ai eu la permission de sortir de l'enceinte de l'hôpital. J'ai été voir à Hyères un documentaire sur la Guyane. Je croyais me changer les idées, mais non. En voyant les indiens guyanais chasser je n'ai pensé qu'à deux choses : comment font-ils pour s'en sortir s'ils font des pneumos ? Et comment peut-on trouver de la Cyclosporine là-bas, en pleine forêt tropicale ?

Décidément, même si Giens n'est pas un hôpital comme les autres il reste un hôpital. Et je crois bien que rentrer un mois chez moi me changera un peu les idées. Quoi qu'il en soit, je reste jusqu'à ce que Jean-Jacques parte pour la greffe.

le 7.3.90

Je suis descendu hier au deuxième étage du pavillon Coty, dans le service des adultes et des malades ne présentant pas de complications. Il faut savoir que l'hôpital Renée-Sabran se trouve dans un grand parc de quarante hectares. Il est divisé en plusieurs pavillons. Les mucos sont dans le pavillon de la pédiatrie (bien que certains d'entre eux soient adultes). C'est le pavillon Mme René Coty. Le service du docteur Chazalette s'étend sur la majorité du bâtiment, mais il y a aussi des brûlés, des accidentés et des réveils de coma. Pour moi, descendre au deuxième étage c'est à la fois la liberté et la tranquillité. La liberté, car je ne suis plus alité et surveillé constamment. La tranquillité parce que, n'ayant déjà pas la fibre paternaliste, je n'appréciais pas trop les débordements des tout-petits.

Enfin, tout cela c'est du détail. En fait, hier, l'événement a été l'enregistrement vidéo que l'on a fait sur Jean-Jacques. Avec un Caméscope on a filmé ses dernières volontés avant la greffe, en offrant la bande au média le plus offrant. C'était un délire d'humour noir. L'humour, c'est ce qui permet de tenir ici. Depuis que je viens à Giens, une dizaine de personnes sont mortes. Sur celles-ci j'en connaissais huit. Cela fait un choc lorsqu'on apprend que l'un des malades avec qui on a parlé, ri ou partagé un bon moment est parti pour un monde que l'on dit meilleur. Avant de venir ici, je n'avais pour ainsi dire jamais vu d'autres mucos. Je ne pensais même pas que la maladie était si rapidement mortelle. Et surtout je n'étais pas habitué à la mort de mes proches, d'autant plus quand ceux-ci avaient environ mon âge. C'est l'humour, la dérision qui m'ont aidé. Je n'imaginais pas que l'on puisse rire de sa mort tout en sachant qu'elle risquait de survenir rapidement. Le seul type de ma connaissance qui ait fait ça avant c'était Desproges.

Maintenant que je côtoie la femme à la faux, j'ose la regarder en face. Je ne suis pas prêt à me résigner, je ne le serai jamais, mais elle me semble plus familière et parfois préférable à une agonie inutile où l'espoir s'amenuise peu à peu comme une lumière dont la flamme achève de consumer le peu d'oxygène qui lui reste. La mort est une grande inconnue. Mais c'est aussi la seule certitude de cette vie. Le but ultime de l'humanité c'est sans doute de la comprendre ou de la maîtriser. Alors l'homme sera aussi proche que possible de ce qu'il faut bien (faute de vocabulaire adéquat) appeler Dieu. En attendant cet instant qui ne viendra peut-être jamais, chacun d'entre nous tente de comprendre le sens de cette putain de vie. Le pourquoi du hasard et de la destinée.

Si tout cela a un sens j'espère qu'on le comprendra lorsqu'on sera de l'autre côté du mur. En attendant, la seule chose que l'homme peut faire, ou du moins tenter, c'est de devenir meilleur. La perfectibilité est une des plus belles qualités humaines. Elle est l'espoir d'accéder au bonheur que tout être recherche. En cela la maladie est une chance. Grâce à elle on évolue plus vite. La souffrance, physique ou morale, forge l'âme. Je pense dire sans me tromper qu'à 19 ans, alors que mes copains ne pensent qu'à leurs études et à la drogue, j'ai depuis longtemps dépassé ce stade pour m'intéresser à l'essentiel. Et cela seule la maladie me l'a apporté.

le 9.3.90

Une journée de plus pour Jean-Jacques à attendre. Il est en extrême urgence jusqu'à jeudi. L'attente devient pénible, non pas que Jean-Jacques aille mal, mais parce que chaque jour qui passe est un jour perdu. J'espère qu'il sera vite opéré et que tout se passera bien. C'est un ami, un vrai. Il attend depuis seize mois mais on ne peut rien y faire. Dans ces moments j'aimerais croire en Dieu pour au moins prier pour lui. Pourtant, mon éducation aurait dû me donner la foi. Dans une école catholique l'instruction chrétienne a beau être obligatoire elle n'est pas plus performante que le reste du système éducatif. En fait j'ai rejeté les chrétiens plus que Dieu. Il n'y a rien qui m'énerve plus qu'un connard qui se croit meilleur que les autres parce qu'il va à la messe chaque dimanche, alors qu'en dehors de l'église il se comporte en fils de pute. Il n'y a rien qui m'énerve plus qu'un prétentieux qui croit gagner un ticket pour le paradis en donnant chaque semaine une ou deux pièces aux clodos. Il n'y a rien qui me fasse plus peur que le fanatisme religieux ; l'intolérance du chrétien est souvent sans limite. « Dieu ou l'épée », ce n'est pas le message du Christ, que je sache. Je hais ces gens dont la vie est facile et qui sont sûrs que c'est la volonté divine qui les guide. C'est aisé de dire que la famine dans le Tiers Monde est là pour éprouver l'humanité quand on bouffe à sa faim. Et si telle est réellement la volonté de Dieu, il a une bien curieuse manière de concevoir l'amour. Pourtant, je ne pense pas que le monde, la vie, soient le fruit des lois mathématiques pures. Que l'intelligence soit éphémère et qu'il n'y ait rien après la mort. Quelqu'un ou quelque chose doit provoquer, non le mot est inexact, disons créer les événements. Faute d'en savoir plus je le nommerai destin ou hasard. Attention je pense que l'homme est libre de choisir sa vie, ou du moins qu'il a souvent la vie qu'il s'est forgée (qu'il mérite ?).

Mais, si la vie a un sens, alors chacun d'entre nous doit avoir une tâche à remplir, une mission, un but. Pourtant quand je repense à ce qu'a été la vie de certaines personnes, je ne vois vraiment pas ce qu'elle a pu apporter à part la souffrance et la douleur. A moins que cette souffrance ait été son destin.

Si tel est le cas, alors, comme Zadig, je ne comprends pas les desseins de la providence.

En attendant une éventuelle réponse je pense que chacun doit, en son âme et conscience, se choisir une ligne de conduite et s'y tenir du mieux qu'il peut. Chacun doit tenter de refouler la haine et la méchanceté qu'il a au plus profond de lui, pour devenir, par la force de sa volonté, un type bien. Rousseau avait tort, l'homme ne naît pas bon. L'homme naissant est une pourriture. Un homme qui vivrait hors d'une société ne serait sans doute pas un bon sauvage mais un être cruel, cupide, vaniteux, avide de pouvoir et de sexe. Seule la société, en enseignant la morale, peut permettre à un enfant de comprendre qu'il est abominable et gratuit d'arracher les ailes des mouches ou de les noyer dans l'eau bouillante. L'enfant est un monstre sans cœur, sadique et égoïste tant qu'il n'a pas fait l'expérience de la vie en société et des brimades. En réalité, plus que la société, c'est la civilisation qui permit à l'homme de ne pas vivre dans l'anarchie la plus primaire.

Bien sûr, de la vie en société naît la propriété et donc la jalousie, le désir d'amasser et l'exploitation de l'homme par l'homme. Mais cette exploitation est surtout réelle dans les pays pauvres, sous-développés. Elle n'est pas due à la vie en société mais plutôt à un retard de civilisation. Bien sûr, le système actuel n'est pas la panacée mais c'est déjà un net progrès. Et si moi, muco faible et malade, je suis en vie aujourd'hui c'est grâce à la science, mais aussi à la société qui accepte de m'aider et d'en payer le prix. M'est avis que chez les bons sauvages de Rousseau on m'aurait vite noyé dans un ruisseau pour ne pas traîner un enfant diminué.

le 12.3.90

Jean-Jacques n'est plus en liste d'extrême urgence. Il en a été momentanément écarté vendredi soir lorsqu'un malade intubé est arrivé à la Timone à Marseille, sans passer par Giens, pour une greffe de toute urgence. Une fois de plus Jean-Jacques voit la date reculer. Il n'y a qu'un seul lit en service de réa post-greffe. Si l'inconnu est opéré et qu'il s'en sort, il encombrera le lit entre quatre et six semaines, ce qui repousse la greffe jusqu'à mi-avril au pire. Je dis au pire, car si l'inconnu meurt avant d'avoir un greffon, il n'encombrera le service adulte que quelques jours : vingt au plus.

Et c'est là que la lutte pour la vie est la plus âpre, la plus rude et la plus ignoble. Il faut tenir le plus longtemps possible pour avoir le maximum de chances d'avoir un greffon. Mais les places en réa à la Timone sont limitées. Les médecins ne nous disent pas exactement ce qu'il en est mais je crois qu'il y a deux lits enfant et un lit adulte. La convalescence d'une greffe dure en moyenne un mois. Mais parfois deux personnes ou plus sont en urgence et aucune ne peut tenir encore un mois. Dans ce cas, c'est le hasard qui détermine lequel sera greffé. En fait, ce que je veux dire, c'est qu'après chaque greffe il faut compter au minimum un mois avant la suivante. Alors les malades sont en concurrence et on arrive à souhaiter la mort de l'autre. C'est dégueulasse, mais c'est l'instinct de survie. Cette mort vous gêne d'autant moins lorsqu'il s'agit d'un type que l'on n'a jamais vu…

Heureusement, Jean-Jacques peut encore tenir plusieurs mois. Mais plus le temps passe, plus il s'aggrave, plus le moral baisse et plus l'opération est dangereuse. Il faut que tu saches, innocent lecteur uniquement tracassé par les choses matérielles, que seul Noirclerc accepte de greffer des gens qui sont si près de la fin qu'ils sont intubés. Les autres chirurgiens (peut-être plus soucieux du pourcentage de réussite ?) n'opèrent plus à ce stade. Quand on en est là, la greffe c'est vraiment la dernière chance. Le quitte ou double final, le dernier atout de la médecine.

le 16.3.90

La mucoviscidose est une maladie qui ne laisse aucun répit. Les soins sont quotidiens et indispensables si l'on veut tenir le mieux et le plus longtemps possible. Ici, pratiquement tout le monde a compris ça. Il y a trop d'anciens copains qui sont morts pour que l'on puisse se voiler la face. Et encore je ne viens ici que depuis un an. J'imagine le nombre de décès depuis sept ans que vient Jean-Jacques…

Jean-Jacques qui justement est reparti chez lui ce matin. Il en avait marre. Marre d'attendre ce greffon qui peut le sauver, marre d'être loin de ses copains d'Alsace, marre des perfusions, marre des conneries que l'on raconte le soir, marre des discussions qui tournent toujours autour des mêmes sujets, marre d'avoir raté sa chance quand il a été en extrême urgence, marre de dormir dans un lit d'hôpital, marre d'avoir sans cesse l'image de la maladie devant les yeux, quoi que tu fasses et où que tu ailles.

Il en a eu marre, et moi aussi je ne pense qu'à partir. Mais le problème c'est mon pneumothorax. S'il se redécolle loin d'un hôpital je risque d'y laisser ma peau. L'interne m'a dit qu'un pneumothorax suffocant (ce qui est rare quand même) peut tuer un mec normal en quelques minutes, alors moi !

Enfin, on verra bien. De toute façon si cela m'arrive alors que je suis en permission à Hyères, je serai aussi loin de l'hosto que de chez moi. Pour l'instant je vais essayer de sortir de l'ornière où je suis tombé sans m'en rendre compte.

Lorsqu'on arrive ici on est d'abord content de retrouver les copains hospitalisés. On se sent tous proches, liés les uns aux autres, et l'entraide fonctionne parfaitement si l'un de nous a un problème. Mais, à la longue, au bout de deux mois, la promiscuité finit par peser. Il est bon parfois de pouvoir s'isoler et de sortir du « groupe muco ». D'autant que certains revenant toujours sur un éventail de conversations restreint (à savoir la greffe, la drogue et les soirées arrosées) finissent par dire toujours les mêmes conneries. Au départ on rigole, mais après cela lasse. Ou alors, et c'est pire, on entre dans le jeu et, le phénomène de masse aidant, on finit par s'abrutir et dégénérer.

Jean-Jacques est parti à temps. Avant d'être trop profondément pris dans l'engrenage. Avant que ce trinôme de conversations vous incite à vous laisser aller à la facilité : la rigolade et la bêtise qui sont les plus sûrs moyens d'oublier la maladie dans un milieu hospitalier. En déconnant ils ne pensent plus aussi sérieusement à leur état et ainsi ils se forgent un rempart de stupidité pour se protéger de l'issue. Mais au-delà d'un certain stade, c'est la bêtise pour la bêtise et là le rempart devient une prison pour l'esprit qui s'enlise dans un comportement enfantin, immature.

Là-haut, en Alsace, Jean-Jacques va pouvoir se ressourcer, remettre les choses au point et j'espère qu'il reviendra moralement plus fort que jamais pour affronter la dernière ligne droite avant la greffe.

le 20.3.90

Ça y est ! Je vais peut-être partir dimanche et rentrer à la maison. Cela fait bientôt trois mois que je suis là et franchement j'ai hâte de retrouver la brume normande. La Côte d'Azur c'est vraiment agréable, mais avoir la santé et dormir dans son *vrai* lit c'est encore plus agréable. D'autant que je n'ai jamais déménagé. J'ai toujours vécu là-haut (hormis un an d'hospitalisation ici même entre 2 et 14 mois) et c'est mon pays. Je l'aime. Je l'aime aussi et surtout pour les gens qui y habitent et avec qui je partage ma vie depuis plus de dix-huit ans : mes deux cousines : Laurence, qui se fait appeler Law, et Aude. Elles ont été et seront mes meilleures amies. Nous avons évolué ensemble toute notre enfance. Notre osmose est complète. Nous avons vu les mêmes films, lu les mêmes livres, aimé les mêmes choses, fait les mêmes conneries… Et encore Laurence et moi sommes sans doute plus liés qu'un frère et une sœur, bien que l'on ne se le soit jamais avoué. Bien sûr, elle c'est elle et moi c'est moi (surtout depuis que je viens à Giens et que j'ai fréquenté d'autres gens qui m'ont apporté d'autres choses) mais nous sommes quand même plus que des amis.

Pendant toute ma jeunesse je n'ai vécu que pour les jours (le dimanche après-midi) où l'on se retrouvait pour jouer. A 4 ans avec des peluches, à 8 avec des Playmobil, à 12 avec des déguisements et depuis nos 16 ans avec les jeux de rôles.

Toujours en phase nous avons les mêmes délires et les mêmes imaginations. A nous trois nous pouvons tout créer, tout inventer. Lorsque nous jouons avec les jeux de rôles, pendant un après-midi je suis guéri. Je n'ai plus la mucoviscidose, je suis un démiurge qui façonne le monde. Je rêve éveillé que tout est possible. Et après, la réalité m'apparaît moins lourde, moins désespérée.

Il y a dans l'office du service de l'hôpital une citation de Proust scotchée au mur. Je la cite de mémoire : « Nous sommes tous obligés d'entretenir en nous quelques petites folies pour rendre la vie supportable. » Jamais situation n'a mieux correspondu à mon cas. Ma petite folie se nomme Althéa l'Amazone *, et elle décapite un gobelin d'un seul coup d'épée !

Mais attention, n'allez pas croire que je mélange tout. Je sais bien que ce n'est qu'un jeu et qu'Althéa n'est qu'un nom et quelques chiffres sur un morceau de papier. Seulement c'est ma façon de combattre ma maladie et mes emmerdes, en rêvant qu'ils ont la peau verte et le nez écrasé et surtout en rêvant que moi, qui peux à peine monter une côte à pied, je suis capable de me battre pendant des heures et de vaincre ces problèmes en les décapitant.

Ces sensations-là, il n'y a qu'avec Laurence et Aude que je les ressente. Sans elles je suis foutu. D'autant plus qu'elles sont les seules à avoir l'attitude que j'ai moi-même face à la maladie. Elles l'acceptent, la comprennent, savent lorsqu'il faut que je m'arrête, mais elles ne me passent pas tout pour autant ; elles

* Héroïne de jeu de rôles.

n'ont pas pitié (c'est horrible la pitié), et elles ne me rejettent pas à cause d'elle. Eh bien, à part d'autres mucos (et encore pas tous) qui sont évidemment à même de comprendre, j'ai rencontré très peu de gens qui réagissaient ainsi. Pour cela et tout le reste elles sont mes meilleures amies et je vais bientôt les revoir.

le 25. 3. 90

Je suis toujours à Giens. Mon départ a été reporté une fois de plus. Les derniers examens sanguins montraient une réinfection pulmonaire. Je suis donc sous antibiothérapie lourde. Je suis seul. Après Jean-Jacques il y a deux semaines, ce fut au tour d'un autre ami à moi de rentrer chez lui. Il se nomme Stéphane Adam, mais se surnomme lui-même Estevan Nadamas. Bien sûr, je suis content pour lui qu'il soit de retour chez lui, mais je me sens un peu seul. Il reste bien ici des gens sympathiques et agréables, comme Frédéric, un garçon venu de Paris, mais sans Stéphane l'ambiance n'est plus ce qu'elle était. Tout paraît plus long, le week-end n'en finit pas. De plus, les antibiotiques me fatiguent et me donnent des nausées. Je suis mal dans ma peau et mal dans ma tête. Je passe la journée à essayer de dormir pour retrouver en rêve l'ambiance et la gaieté de la semaine passée.

J'ai été faire un tour dans le parc cet après-midi pour essayer de me revigorer mais je reste fatigué. Cela devrait passer une fois que mon organisme sera accoutumé au produit que l'on m'injecte en perfusion. Il y a deux jours, vendredi soir, des journalistes sont venus nous voir. Ils travaillent à France-Culture et vont diffuser, le 9 juin, une émission sur la mucoviscidose. Stéphane et moi avons été interrogés ainsi que Stéphanie, une jeune fille qui a été greffée. J'espère que l'émission sera faite intelligemment et que les journalistes ne diront pas de bêtises comme cela leur arrive parfois. J'espère aussi que je n'ai pas trop bafouillé et que mon message sur les dons d'organes sera entendu par le plus grand nombre d'auditeurs. Mais cela seul l'avenir nous le dira…

le 28. 3. 90

Aujourd'hui, la jeune greffée Anne Croce est arrivée en convalescence à l'hôpital du docteur Chazalette. Je n'ai pas pu la voir, mais par contre j'ai parlé avec son père. Il va créer une fondation, la Fondation « Maud », dont le but sera de faciliter les dons d'organes pour les enfants (et pas uniquement les mucos). Son projet est très ambitieux mais il a déjà le « poids médiatique » nécessaire pour intéresser les TV et faire une grande émission pour lancer l'association. S'il réussit, seuls subsisteront les problèmes purement médicaux, et ceux-ci peuvent être résolus sans trop de problèmes (puisque de toute façon ils apprennent à chaque greffe, le système sera parfaitement au point dans un an). Un grand espoir s'ouvre devant nous. Avec l'Association « Maud » on peut espérer que personne ne décède en attente de greffe ! C'est déjà beaucoup et même plus qu'on ne le pense. Car rien n'est plus ignoble, révoltant et désespérant que de voir quelqu'un agoniser en attendant un greffon qui ne viendra jamais. L'idée d'échapper à ce supplice m'a déjà réconforté. En outre, le week-end fini, le Coty semble moins désert et l'ambiance reprend. Ajoutons à cela la perspective d'une sortie à Toulon ou Hyères demain et le fait que je me suis habitué aux antibiotiques et l'on comprendra que je me sente mieux.

D'autant que Stéphane, qui m'a tant manqué ce week-end, m'a écrit pour me dire que lui aussi a trouvé le dimanche long loin de nous. Décidément ça va mieux. Encore quelques jours et je monterai au troisième étage du Coty à pied.

Le moral remonte et avec la mucoviscidose le moral c'est 20 % de la guérison. Soyez déprimé, abattu, triste et sinistre, et les microbes vous rongent les poumons. Mais soyez joyeux, dynamique, optimiste et fort, et l'efficacité des antibiotiques est multipliée par dix. Le moral des troupes, c'est le nerf de la guerre. Sans lui pas d'ardeur au combat et la défaite ou la désertion sont les seules issues. Ici la défaite, c'est la mort par asphyxie, et la désertion, c'est le suicide ou l'arrêt des soins, ce qui revient au même.

Et c'est là la force de Stéphane. C'est un combattant, un meneur d'hommes, un type qui sait donner aux autres la confiance et l'espoir en eux qu'ils ont perdus. Mais, en même temps, raisonnable, il sait s'économiser pour ménager ses forces et tenir le plus longtemps possible. Car, en fait, c'est cela le but du jeu : tenir toujours plus loin et toujours plus longtemps. C'est de ne pas baisser les bras tout en ayant conscience de la force machiavélique de l'adversaire. C'est de faire mentir la science qui vous dit « demain vous serez mort » et d'aller loin, toujours plus loin.

le 30.3.90

Il est 1 heure du matin, ma perfusion de la nuit vient de s'achever. J'écoute Sting dans mon Walkman. Je me sens bien.

Pourtant la journée d'hier a été fatigante. Mais elle fut aussi pleine de joie. En effet, hier à midi, Stéphanie, greffée depuis un an et demi, Laurent, greffé depuis un an, Xavière, greffée depuis neuf mois, et Guy, greffé depuis six mois, sont venus à l'hôpital Renée-Sabran. Ils étaient réunis pour une émission télévisée (qui passera sur la 2 ou la 5, on ne sait pas encore) et pour un article à paraître dans *Le Figaro Magazine*. La greffe et la muco se médiatisent. C'est vraiment une bonne chose, quoique je n'aime pas trop l'idée d'aller pleurer auprès du grand public. Je trouve ça impudique et je compare cela au voyeurisme (ou à l'exhibitionnisme) malsain des gens qui reluquent les photos des macchabées à Beyrouth. C'est sans doute mon atavisme normand, l'autosuffisance qui refait surface. Mais je me dis que l'on a besoin des journalistes et qu'en plus cette démarche ne profite pas qu'à moi, mais à tous les enfants en attente de greffe. Alors je joue le jeu. Ils ont besoin de faire pleurer les ménagères pour vendre. Nous on a besoin qu'elles pleurent pour vivre. Le contrat est honnête…

Or donc, j'ai passé la journée d'hier avec ces amis que je n'avais pas revus depuis septembre 89 pour certains et je suis vraiment heureux de les avoir vus tous les quatre ensemble. J'ai pris des photographies. J'espère qu'elles seront réussies car un tel événement est rare.

Le revers de la médaille c'est que le soir, de retour au Coty, j'ai fait une hémoptysie. J'ai craché 60 cc de sang. Mais cela ne me fait pas peur. Je n'ai pas saigné depuis et je connais des copains qui ont rempli des bassines de sang et qui sont encore là pour le raconter. J'ai quand même passé la nuit précédente au troisième étage, sous surveillance accrue. Mais ce soir je suis revenu au deux ! Cela m'a fait une nouvelle expérience ; j'ai découvert des sensations inconnues jusque-là. Ce ronflement dans la poitrine, le sang qui gargouille et puis la toux, inévitable, le filet de sang qui s'écoule de ta bouche pour finir dans un petit récipient en plastique blanc. Contraste du sang rouge et du plastique blanc. Le sang, la vie qui s'écoule de toi inexorablement. Et puis le filet de sang diminue, le gargouillement aussi, fin de l'hémoptysie. La suite au prochain numéro. Il est maintenant 1 h 20. Je vais éteindre le Walkman, éteindre la lumière et dormir. Éteindre le conscient pour allumer et révéler l'inconscient. Contraste du rouge sur le blanc. Contraste entre la vie et le linceul mortuaire.

le 31.3.90

La journée fut riche en événements. Déjà la veille, la jeune Christelle est revenue à Giens en convalescence de greffe. Elle qui avait peur de l'intervention et qui enviait le calme de Jean-Jacques à affronter ses angoisses, elle les a vaincues. Elle rayonne de santé, de joie, de soulagement. Bien sûr elle est fatiguée, elle a perdu deux kilos après la greffe, mais elle les reprendra vite. Bien sûr elle ne parle pas trop de son séjour à la

Timone mais ses yeux (avec le masque anticontamination on ne voit pas son nez ni sa bouche) trahissent une véritable joie. Cela m'emplit d'espoir. Par contre la petite Anne Croce a l'air beaucoup affaiblie. Il faut dire qu'elle a attendu, intubée en réanimation, la greffe pendant plusieurs jours, alors que Christelle marchait encore lorsqu'elle a été transplantée. De plus, elle doit seulement réaliser maintenant à quel point Maud lui manquera à l'avenir. Maud, sa sœur décédée une dizaine de jours avant sa greffe faute d'avoir pu trouver un donneur… J'espère qu'elle remontera la pente, mais la côte est raide. Enfin, elle a déjà le soutien de ses parents, qui sont exemplaires, pour reconstruire sa vie.

C'est aussi hier que j'ai donné à la surveillante du service mon autorisation de greffe. Cette fois-ci, si Noirclerc se plante et loupe ma greffe, mes parents ne pourront même pas lui faire un procès !

Mais je m'égare. Aujourd'hui donc j'ai été invité par les Siméoni, parents de Laurent greffé en mars 1989, à passer la journée avec eux. Ce fut très agréable, ces gens sont vraiment (eux aussi !) exemplaires. Ils sont sensés, généreux, simples (c'est-à-dire qu'ils ne te disent pas quarante fois par jour qu'ils ont été très forts lors de la greffe de leur fils – même si c'est vrai), ouverts et compréhensifs, mais surtout dynamiques. A tel point qu'ils m'ont emmené voir un match de volley-ball où jouait Olivier, leur fils aîné qui lui n'a pas la mucoviscidose. Or, depuis que je connais le sens du mot sport, je le hais. C'est de la jalousie, je le sais, mais il n'empêche que de voir des types passer leur loisir à se renvoyer une baballe en l'air, ça me sidère. En fait, ça m'énerve et ça m'ennuie. Pourtant l'esprit sportif – tenter de se surpasser, être beau joueur, vouloir s'améliorer – s'accorde assez bien avec mes ambitions. Mais je ne pratique cela que d'un point de vue mental, d'autres diront psychologique.

Donc, m'ennuyant ferme, je suis sorti prendre l'air hors du gymnase. A peine sorti j'ai remarqué trois ou quatre jeunes filles (entre 11 et 13 ans, ai-je su plus tard) se moquer de moi.

Mon look de muco les amusait beaucoup. Ma chemise trop grande, ma maigreur, mon air indifférent et paumé les ont beaucoup fait rire. Finalement, l'une d'elles est venue vers moi et m'a dit :

« Eh, y'a ma copine qui voudrait sortir avec toi.

– Je suis trop cher, ai-je répondu.

– T'es déjà sorti avec une fille ? T'as une copine ?

– Oui pour la première et non pour la seconde. Je suis célibataire parce que je n'ai pas les moyens d'entretenir une fille, ni de lui faire des cadeaux. »

Et la conversation s'est arrêtée là.

De retour dans la salle, elles m'ont à nouveau branché :

« Eh, t'as quel âge ?

– 19.

– C'est pas vrai, tu te fous de moi. »

Là j'ai sorti mon permis de conduire. J'étais vexé. J'ai l'habitude, mais je n'aime pas qu'on me prenne pour un gosse de 14 ans. La conversation était lancée. Devant l'énigme de la contradiction entre mon physique et mes papiers d'identité, elles ont voulu en savoir plus.

Au départ, j'ai éludé les questions, leur racontant que je squattais chez un pote à Giens, que j'avais arrêté les études en terminale parce que ça m'avait trop fait chier, etc. Mais elles m'ont paru finalement sympathiques et j'ai fini par leur dire, en quelques phrases, que si j'avais 19 ans, je n'en aurai peut-être jamais 20 ; que j'étais à l'hôpital depuis trois mois et que mon seul espoir était la greffe. Le tout balancé froidement, sans préambule.

En cet instant, elles sont passées de la moquerie à l'incrédulité et à la tristesse. C'est vraiment amusant de voir la tête des gens quand ils réalisent qu'ils parlent à un type qui peut claquer à chaque instant (un bon pneumo, une belle hémoptysie). D'un seul coup, elles ont vu qu'un type qui avait presque leur âge (et qui en plus paraissait leur âge) pouvait crever. L'image de leur propre mort leur est revenue en pleine face sans qu'elles s'en rendent compte. Enfin, après avoir vu mon cathlon, mes cicatrices, mes marques de piqûres et le reste, elles ont été convaincues. D'autant que les incohérences de mon premier baratin s'éclaircissaient à la lumière de cette histoire. Finalement, elles étaient sympa, elles se sont même excusées plusieurs fois de s'être foutues de ma gueule et m'ont souhaité bonne chance. Elles ont même essayé de me remonter le moral (et le leur par la même occasion). Puis, le match de volley achevé, je suis reparti. Et ce soir, tandis que je repense à elles, je réalise que moi aussi j'ai été marqué par elles. Pourtant la plus intelligente a 13 ans et est en sixième ! Mais elles avaient une innocence qui m'a ému. D'un coup elles ont réalisé leur chance. Mais l'une d'elles m'a dit quand je lui ai expliqué que la mucoviscidose n'était pas contagieuse : « Toute façon c'est pas grave. J'm'en fous d'être comme toi. »

Avait-elle des envies suicidaires ? Je ne sais pas. Avait-elle réellement compris ce qu'est la muco ? Je pense que oui. Alors j'ai la faiblesse de croire que je l'ai émue et qu'aujourd'hui elle a pris une leçon sur la vie. J'aime à penser qu'elle a compris que la chance ne fait rien à l'affaire. L'important c'est d'essayer de vivre le mieux possible, le plus longtemps possible. De faire ce qu'on peut pour aider les autres et se perfectionner soi-même. L'important, c'est ce qu'il y a en nous. N'importe quelle brute de deux mètres n'est qu'une lavette si elle n'essaie pas de résister à une brute de deux mètres dix. Il faut affronter les emmerdes à bras-le-corps, si possible aider les autres à les affronter pour pouvoir mériter le respect d'autrui et pour se respecter soi-même. Mais il faut aussi savoir profiter des bons moments quand ils sont là et aujourd'hui fut un bon moment de vingt-quatre heures.

le 2.4.90

Hier, Jean-Jacques est revenu à Giens. C'est pour lui la dernière ligne droite avant la greffe. Maintenant, il ne reverra sa maison qu'avec des poumons neufs. M. Noirclerc ne veut plus qu'il prenne le risque de remonter en Alsace. Le problème, c'est que, pour moi aussi, la greffe devient imminente. Aujourd'hui se tenait le staff à Marseille. Le staff c'est cette réunion où tous les médecins (Noirclerc, Chazalette, Camboulives, Métras, etc.) discutent des cas. Ils les évaluent et définissent des priorités ! A son retour, un des deux internes du service, Jacques pour ne pas le nommer, m'a annoncé que j'étais au même stade d'urgence que Jean-Jacques. Donc, par voie de conséquence, je ne devrais pas pouvoir rentrer le 9 avril comme prévu. Je suis indécis. Que faire ? Attendre ici, c'est la sagesse. Si je suis appelé de Normandie, je risque de ne pas être à temps à la Timone.

Remonter, c'est la relaxation. Après trois mois d'hôpital je suis presque à bout de ma patience. Là-haut m'attendent mes cousines, mes parents, Thierry, un de mes meilleurs amis, Éric, autre cousin, et Olivier, autre ami. Il y a aussi d'autres personnes que je voudrais revoir. Notamment Mme Binctin, ma prof d'histoire-géo, qui est la seule de mon lycée à m'écrire encore.

Je voudrais aussi m'acheter une voiture pour être autonome une fois revenu à Giens. Il y a aussi Lookheed et Amandine, mes chats, qui me manquent. Je dois aussi acheter un autoradio (enfin, si j'ai la voiture) et réaménager ma chambre qui doit être un souk avec tout ce que mes parents y ont entassé. Que de projets !

Il faudra aussi que je fasse un testament, ça peut être utile. Quoique cela risque de me porter la mouise ! Mais si je loupe un greffon, je loupe la chance de ma vie ! Et la chance ne frappe pas toujours deux fois à la porte. Que faire ? C'est peut-être la décision la plus importante de ma vie, alors je vais continuer à y penser. Rester pour ne pas manquer un greffon ou repartir pour recharger les accus ? That is *the* question. Privilégier l'aspect médical et chirurgical ou l'aspect psychologique ? Si l'on savait répondre à coup sûr à cette question, beaucoup de vies seraient sauvées… On dit que la nuit porte conseil. Il est maintenant minuit trente-cinq minutes. Nous sommes le 3 avril. On verra ça tout à l'heure au réveil.

le 3.4.90

Ce matin je suis allé voir le docteur Chazalette dans son bureau. Je suis passé en liste d'extrême urgence, comme Jean-Jacques, il y a moins d'un mois. Maintenant, je suis tout près du but. Je peux rater ma chance mais je n'ai jamais approché la greffe d'aussi près. Cette fois il est trop tard pour faire machine arrière. Je suis en super urgence jusqu'à vendredi. Ce week-end le professeur Noirclerc est absent, je serai retiré des listes. Lundi, après le staff, on verra comment la situation évolue…

J'ai à la fois hâte et peur, envie et en même temps pas envie. D'une heure à l'autre, je change d'optique. L'oscillation n'a jamais été aussi forte. Ce soir je suis fatigué (peut-être les nerfs ?). Je n'ai pas assez dormi ces dernières nuits en voulant rédiger ce journal. Aujourd'hui j'ai tourné en rond dans le Coty, me mêlant par hasard aux conversations mais l'esprit toujours occupé par ce mot : GREFFE. J'ai un peu la même sensation que lorsqu'un ami meurt. J'y pense mais je n'en parle pas de moi-même. Je ne refuse pas d'aborder le sujet, mais je ne lance pas la conversation dessus. Je me sens chaud. J'ai peut-être un peu de fièvre. Est-ce l'excitation ou la pluie inhabituelle ici et incessante depuis hier après-midi ? Je crois. Avec la dose d'antibiotique que j'ai, le microbe (si j'en ai chopé un) va vite crever. Pour l'instant je vais me coucher comme ça et si mon sommeil est mauvais je demanderai un Doliprane. Cette fois ça y est. Je suis au pied du mur. Je peux partir à chaque seconde. Je n'aurai peut-être pas le temps de finir ma phrase. Ah, tiens, si ! La greffe attend encore.

Pour me changer les idées mes parents vont descendre avec mes cousines pendant une semaine. Je pense que si durant cette semaine à venir je suis éjecté de la liste d'extrême urgence je rentrerai 10 à 15 jours chez moi. J'y ai tant de choses à faire.

Ma plus grosse crainte est, après déjà trois mois d'hosto, de craquer en réanimation (surtout si je ne peux pas parler !). Enfin je pourrai toujours écrire et essayer de continuer ceci. J'espère en avoir la volonté. On dit que le souvenir est affecté et que l'on oublie les premiers jours de réa. Dans quelques années ceci sera donc la seule trace qui restera de ces journées post-opératoires. Et le souvenir est tout ce qui reste.

le 7.4.90

Je n'ai pas été appelé cette fois-ci. Pour le week-end je ne suis pas en extrême urgence. D'ailleurs personne n'y est car le professeur Noirclerc est en Belgique. Mais lundi (et jusqu'au mercredi 11 avril si j'ai bien compris) je suis à nouveau prioritaire. Passé ce délai, en accord avec le docteur Chazalette, je rentrerai chez moi pour la « mi-temps », comme il dit avec son humour si spécial.

Je ne sais que désirer. L'envie d'être greffé et d'être débarrassé du traitement habituel est formidable. Je pourrai à nouveau courir, gambader, faire le fou, rire, m'éclater sans être essoufflé après trois secondes. La toux et l'essoufflement me fatiguent à tel point que je me retiens de rire parfois. Mais d'autre part, l'envie de rentrer est énorme aussi. Revoir mes amis, ma maison, mes animaux… tout un programme ! En tout cas, hier après-midi Colette (ma mère), Yannick (mon père), Laurence (ma cousine) et Aude (la sœur de la précédente) sont arrivés à Giens pour une semaine. Cela m'a fait plaisir de les revoir tous. J'étais tellement heureux et excité que j'ai senti ma tension monter et ai craint un moment de refaire une hémoptysie (paranoïa quand tu nous tiens !). Hier soir nous avons fait une partie de « Détective Conseil ». Ça m'a fait du bien. Pendant une heure j'ai oublié les mots mucoviscidose et greffe. Je suis ressorti retapé de la partie. Aujourd'hui nous sommes allés en bus à Hyères. J'ai montré à mes cousines le temple du jeu de rôles et du fantastique, c'est-à-dire la librairie Atlantis. J'ai fait du lèche-vitrines, acheté des trucs, je me suis fait plaisir. Ce soir j'ai dîné dans l'appartement qu'ont loué mes parents. J'ai vu autre chose que des femmes en blouse blanche et des malades, crachant à chaque fou rire stupide. J'ai vu une maison simple, sans tuyaux d'oxygène qui courent le long des murs et sans « salle de soins », le chien des propriétaires, et j'ai un peu décompressé. Un peu, parce que l'on a beaucoup parlé des trois derniers mois passés ici. Mais ça m'a fait du bien.

Les autres sont sortis aussi.

Ce soir, c'est samedi. Permission de minuit. Ils sont allés au bowling. Ils ne vont pas tarder à rentrer. J'espère que Guy sera moins angoissé. En effet, depuis le jour où il a été filmé avec les autres greffés il est resté ici pour des perfusions. Mais hier, il a appris que ce qu'il croyait être une petite surinfection attrapée à l'hôpital Salvator (à Marseille), pendant une fibroscopie, était en réalité un rejet.

Lundi, il rentre en urgence à Salvator pour un traitement massif d'immunodépresseur. Il ne peut rentrer avant car le docteur compétent est (lui aussi, sic !) absent pour le week-end. Vous pouvez être malade en France, mais le week-end c'est à vos risques et périls, car les médecins sont absents ! Guy, qui avait toujours un moral d'acier, a été ébranlé. Il se voit déjà finir comme le jeune Christophe, qui est décédé en février. Il faut dire qu'ils étaient très liés et que Christophe, comme Guy, a commencé à avoir des problèmes six mois environ après sa greffe. Enfin, ce soir Guy a pensé aux « strikes » et non aux copains morts. C'est déjà ça. Et lui a plus de force pour s'en sortir que n'en avait Christophe. Néanmoins, cela fait réfléchir. La greffe n'est quand même pas la solution miracle. Même après on peut continuer à fréquenter le Coty. Mais, comme dirait Jean-Jacques : « Si c'est pas la greffe, c'est la tombe. Alors autant essayer la greffe ! »

Et, comme dirait le chroniqueur des aventures de Conan : « Il est toujours bien assez tôt d'y retourner dans la tombe. » Alors pour ce soir je vais oublier un peu ces pensées sinistres (si je peux) et m'endormir au son des DOORS dont j'ai acheté cet après-midi le *best of*.

Il y a plein d'autres choses dont je veux profiter avant de crever. Il est trop tôt pour mourir. Je n'ai pas encore vu ce que je voulais voir, ni même entendu ce que j'ai à entendre. Si la mort veut me rattraper, elle attendra que j'aie fini de me marrer.

le 11.4.90

Je pars demain. Cette fois-ci c'est ferme et définitif. J'ai l'accord des médecins, de l'interne à Noirclerc. Je repars avec mes parents et Laurence et Aude par l'avion de 15 h 15. Je vais enfin revoir mon chez-moi. Reprendre quelque temps une vie normale. Ces derniers jours, le fait de revoir des amies (mes cousines) m'avait encore plus donné envie de rentrer.

Par contre, je me sens un peu lâche de laisser Jean-Jacques et Frédéric (qui attend une greffe double, foie-poumons) ici. Mais, s'ils étaient dans mon cas ils auraient agi comme moi. Et je les aurais compris. D'ailleurs, ils ne m'en veulent pas du tout. On s'entendait bien, mais, comme avec Stéphane, on s'écrira et puis on se reverra bientôt. Dès que je suis à nouveau infecté je redescends à Giens. D'après l'interne, cela aura lieu d'ici vingt à trente jours.

Hier soir et ce soir j'ai invité mes copains du « 2 Est » à dîner à la location. Les deux soirées étaient sympa. Surtout ce soir où l'on était moins nombreux.

Juste avant de se coucher, Fred m'a dit avoir apprécié lui aussi la soirée. Tant mieux si ce soir il a pu se distraire un peu. Lui aussi en a besoin. Demain, il sera là depuis deux mois. Comme moi-même lorsque j'ai commencé la rédaction de ce journal. D'ailleurs, lui aussi m'a fait part de son désir d'en tenir un. Je le lui conseillerai demain avant de partir. Écrire les choses aide souvent à voir plus clair en soi et permet de faire le point. Écrire clarifie les idées et soulage l'âme d'un fardeau parfois difficile à porter. Un autre qui devrait tenir un journal, c'est Guy. Il est parti lundi à la Timone (ou à Salvator, je ne sais pas exactement) pour se faire soigner loin des mucos non greffés qui le contaminaient. Lui, qui est si rapide, qui vit à deux cents à l'heure, devrait prendre le temps d'écrire les choses. Ça lui ferait certainement du bien de s'arrêter de temps à autre et de réfléchir calmement. Enfin, il fait sa vie ! Je ne vais pas faire la morale à mon âge tout de même ! (Quoique je trouve que j'ai souvent tendance à la faire depuis quelques mois. J'espère quand même ne pas devenir un vieux con empêtré dans ses principes !)

Voilà. Il est minuit sept. Le Coty, plongé dans la nuit, s'est endormi. Dans quelques instants je vais poser ma plume. Je reprendrai la rédaction de ce journal dans ma *vraie* chambre d'ici quelques heures. Quoique j'aie tant de choses à faire à la maison que je n'aurai peut-être pas le temps de beaucoup écrire…

le 17.4.90

Je suis chez moi. Retour à la case départ, à la case Bosc-le-Hard. Je n'écris plus sur une table roulante que l'on glisse sous un lit d'hôpital sinistre. J'écris sur une table de bois contreplaqué munie de jolis tréteaux rouges. Fini le papier bleuté et aseptisé. Bonjour la mansarde de lattes de bois décorée d'une petite centaine d'affiches grandes et petites. Pourtant une chose me reste de l'hôpital : la musique. Sur mon radiocassette passe le sublime et terrifiant *THE WALL*, hymne à la vie, à la mort, à l'espoir et au déchirement. Cette musique est géniale, obsédante, folle et grandiose. Dès que j'aurai le temps et l'argent j'irai à la FNAC de Rouen et je m'achèterai le film pour pouvoir me passer à loisir ces images sorties d'une imagination en délire.

En attendant, j'observe mon chat Lookheed jouer avec l'élastique qui est censé retenir ensemble toutes les lettres que j'ai reçues là-bas. Durant ces trois mois j'ai entamé une correspondance avec plusieurs personnes et j'en suis ravi. Bien sûr, la plupart sont des copains mucos, je reste donc toujours un peu dans le même milieu, mais les mucos ont souvent plus à dire que les autres. Et puis, après ce que j'ai vécu, je ne crois pas pouvoir revoir les choses comme avant. Il y a deux ans je vivais comme tout un chacun, uniquement inquiet pour le résultat de mon interro de maths et uniquement intéressé par ce à quoi j'allais meubler mon week-end. Maintenant je ressens plus fortement les choses. Les loisirs sont toujours agréables mais ils ne sont plus une fin en eux-mêmes. Je ne vis plus pour jouer mais pour simplement ressentir la vie. Est-ce cela être adulte ?

Bah ! Ce n'est pas mal alors, mais c'est moins drôle.

Moins drôle mais plus fort, plus puissant, plus intense.

le 20. 4. 90

Comme je me l'étais promis à Giens, j'emploie le plus intensément possible ces quelques jours à la maison. Cela fait maintenant une semaine que j'ai quitté la Côte d'Azur. Pour l'instant, du point de vue médical, tout va bien. Après une grippette de quatre jours, je crois être guéri. Plus de fièvre, juste un rhume qui continue à m'insupporter de temps en temps. En une semaine j'ai réussi à revoir mes meilleurs amis d'ici : Thierry, Éric, Laurence et Aude. (Quoique j'avais déjà vu ces dernières une semaine là-bas.) Je suis content d'avoir pu les revoir. Dimanche prochain je vais essayer de faire venir Éric, Laurence et Aude, et Olivier (un copain d'Éric que j'ai connu à « J. B. », mon ancienne école) pour jouer une partie de Cthullu. Ce soir je vais au cinéma voir *Cyrano de Bergerac* de Gerbe-en-Vrac, version 1990. Je pense que le film est bon. Et, de toute façon, j'aime *Cyrano*. J'ai lu la pièce il y a environ cinq ou six ans et plus j'y repense plus j'aime me voir en *Cyrano*. Non pas que j'aie un nez aussi grand (quoique !) mais parce que, comme lui, je tente de contrebalancer mon handicap physique par mon esprit. Et vu que je ne fais flasher que les filles de 13 ans, il y a du boulot… Surtout quand on sait qu'elles ne flashent que parce que j'ai six ans de plus qu'elles… A ce propos, Stéphane (à qui j'ai raconté mon aventure au Pradet) m'a écrit pour me dire qu'il avait apprécié le discours que je leur avais tenu. Mais que je devrais prendre garde à l'exhibitionnisme.

Moi, Johann Heuchel the Flasher ?

Après tout, peut-être n'a-t-il pas tort. Je m'en suis aperçu cette semaine chez mes copains. Avant ce long séjour je ne parlais jamais de la muco. Je détestais que ma mère en parle. Non pas que je niais la maladie (j'avais dépassé ce stade depuis déjà plus d'un an), mais surtout parce que je ne voulais pas m'attirer des regards chargés de compassion (de pitié, même), surtout si cette compassion était feinte. Je ne parlais pas de la muco, car, comme un Normand indécrottable, je ne voulais pas partager ces idées sur la maladie avec les autres non-mucos.

Mais, lundi chez Éric, et jeudi chez Thierry, je n'ai pas pu m'empêcher de raconter plus ou moins en détail ces trois derniers mois. J'ai même dit à Thierry et à sa mère qu'en trois mois il y avait eu trois morts. Je lui ai parlé (par allusion assez claire) d'Éric Chabaud qui est décédé en janvier après une greffe foireuse. J'ai dit à Éric que certains fumaient et pas seulement du tabac. Lors de ces deux conversations j'ai failli tout déballer : la mort d'Éric, celle de Christophe, la drogue, la folie qui fait que les mucos jouent avec leur vie comme d'autres jouent leur argent au Casino. Le quitte ou double. Ça passe ou ça casse, et si ça casse, ça n'en fera qu'un de plus là-haut. « A la terrasse du temps qui passe... », comme a écrit Jean-Jacques dans un poème de sa composition. D'ailleurs, « on aura bientôt plus de potes là-haut qu'ici, en bas », avait dit Christophe quelques jours avant sa mort.

Je ne sais pas ce qui se passe. J'ai envie de crier aux autres qu'ils ont du bol, que la retraite est pour moi comme une chose irréelle. Hier, alors que je critiquais (je suis pourri, moi, c'est pas permis) ma grand-mère maternelle qui devient sénile, la maman de Thierry – qui sent peut-être l'âge de la retraite venir – m'a dit : « Tu verras quand tu seras vieux » ou quelque chose de ce style. J'ai répondu : « Pas de danger que je devienne vieux. » Je ne sais pas si elle a compris. J'aurais dû dire : « Je suis déjà vieux. » Mais j'ai peut-être bien fait de ne pas avoir l'idée de cette réplique à ce moment. Parfois mon esprit s'échauffe. J'ai envie de dire aux autres la morale de la BD de Stéphane Adam, *La Mouche éphémère* :

« Pourquoi faut-il apprécier les choses quand elles touchent à leur fin ? »

Je me sens las. Que m'est-il arrivé en trois mois ? J'ai changé. En bien ou en mal ? Ça reste à voir. Par moments j'ai l'impression d'effleurer la folie. Mon esprit enchaîne sur une suite de mots, d'expressions, dont la suite logique est si ténue, qu'après coup je n'arrive pas toujours à la reconstruire. Comme je ne sais plus quoi écrire maintenant. Cette démonstration devait m'emmener quelque part, mais où ? Oui, j'ai changé. Je le sens. Je le ressens. Au départ je ne parlais jamais de moi, de mes problèmes. Je me disais que les gens qui vont pleurer et raconter leurs misères auprès des médias sont des crétins sans force morale. Je les méprisais. J'étais un pro-écolo. Je pensais que l'innocence de l'animal était préférable à la stupidité calculatrice de l'homme. J'aurais sacrifié un homme plutôt que mon chat.

Et maintenant je suis passé à la télé avec, au-dessus de ma tête, les mots « Hôpital Renée-Sabran (Giens) spécialisé dans la mucoviscidose ». J'ai même pris une photo de l'écran télé. Je suis passé à FR3 ; j'ai demandé à me faire interviewer à France-Culture. J'ai été demander un greffon, des greffons. Et le 11 mai (enfin je ne suis plus très sûr de la date) je vais aller à un colloque sur les greffes à Rouen. Je vais parler devant une salle (pleine ?) de ma vie, de mes problèmes à des inconnus, alors que, simplement deux ans auparavant, j'aurais fustigé ma mère du regard si elle avait dit à une de ses amies que j'étais fatigué.

L'autre jour, à Salvator, on a volé des chiens, des cobayes de M. Noirclerc. J'ai été scandalisé, alors qu'avant j'aurais sans doute applaudi des deux mains. J'ai même failli appeler RTL pour défendre Noirclerc, mais mon père m'a devancé. En un mot je suis devenu un exhibitionniste de la muco. Tout ça n'est-il pas en train de me bouffer la tête ? Où est passé l'ancien Johann ?

Ma vie bascule. Mes idéaux changent. Hier encore, chez des amis de mes parents, j'ai failli m'énerver quand le père de famille a déclaré que Calvet était un bon patron. Et aussi quand la mère a sorti une connerie sur Harlem Désir. Qu'est-ce qu'ils en savent de la vie des ouvriers de chez Peugeot et des crimes racistes ? Rien, à part ce qu'en dit la télé. Dans ce cas, à mon avis, on ferme sa gueule. Comme moi. Chez eux, je me suis senti l'âme socialiste. En fait, c'est en réaction à leur façon d'avoir un avis sur tout, tout en ne sachant rien. Là aussi j'ai changé. Je ne me rappelle plus ce que j'ai répondu, mais je n'aurais jamais osé le faire il y a quelques années. Comme je n'aurais jamais osé parler à France-Culture. Je change. Et ce changement trop rapide m'effraie. Peut-être ai-je seulement besoin de parler un peu. Je parle déjà à toi, lecteur, c'est déjà ça de pris. Ce qui m'effraie, c'est de changer à cause de la mucoviscidose, à cause de la mort. Je ne vaux pas mieux que n'importe qui. Quand je vois la femme à la faucille à l'horizon je me raccroche à ce que je peux.

Je renie mon militantisme à la Bardot et je suis prêt à voir crever tous les chiens de la planète pour survivre. Je vais pleurnicher à la télé. Si j'étais bien portant je serais fondamentalement différent. Je serais sans doute un grand connard fasciste et macho qui croit en la loi du plus fort. On est tous prisonniers de son corps. On pense tous comme notre corps nous incite à penser.

Mais si l'esprit dépend du corps et que le corps dépend de la génétique, alors l'esprit, la pensée, comme le reste sont inscrits en nous. Il est alors inévitable d'être amené à penser ainsi, de telle façon. On n'y peut rien. Tout est programmé et l'homme est le jouet de ses chromosomes sur lesquels le pouvoir conscient, la pensée, le moi, n'ont aucune prise. Alors tout est une vaste farce ! La vie est une comédie déjà écrite. Pas d'improvisation. Si la pensée elle-même est incontrôlable, il n'y a plus qu'à se jeter du cinquantième étage.

Je ne sais pas. Je ne sais plus. Je suis déstabilisé. Est-ce que je grandis et mûris réellement ? Est-ce que je deviens fou ? Est-ce que je suis une marionnette qui s'agite en voyant la fin du spectacle arriver ?

Est-ce que j'ai simplement ouvert les yeux sur ce qu'est la vie ? Est-ce que ma pensée est autonome ou suis-je « programmé » par avance par un dieu dément ? Je ne sais pas. Je ne saurai sans doute jamais. L'humanité elle-même ne le sait pas.

Ce que je sais, par contre, c'est que je vais aller casser la croûte, parce que ces élucubrations m'ont filé faim.

Et puis, finalement, le doute est le propre de l'intelligence. Quelqu'un qui ne douterait pas serait un sot qui n'aurait pas vu la chose sous tous les angles. Or, l'intelligence caractérise l'esprit. Et, à plus forte raison, l'esprit critique. Alors, si je suis capable de douter, c'est que j'existe par moi-même. *Je suis moi.* JOHANN HEUCHEL. Et je suis encore perfectible.

le 26. 4. 90

La maison, ma maison (même si ce sont mes parents qui en sont propriétaires), mon village natal, mes amis, mon entourage, ma Normandie... Tout cela m'apaise. Je suis plus calme. Peu à peu mes nerfs retombent. Je ne m'emporte plus aussi facilement qu'il y a trois semaines. Être loin du Coty... Décompresser... Remettre le compte-tours à zéro et les pendules à l'heure.

Bien que je pense toujours aux autres qui sont là-bas, et qui y sont parce qu'ils sont gravement malades, mon esprit commence à pouvoir se payer des vacances. Ce week-end mes cousines sont venues jouer à la maison, au désormais célèbre jeu de rôles, et j'ai réussi à penser à autre chose pendant la majeure partie du temps.

Je recommence aussi à pouvoir lire, à fixer mon attention plus de cinq minutes sur un livre. En ce moment je suis plongé dans les *Tommyknockers* de Stephen King. Dire que j'aime cet auteur serait mentir : je le VÉNÈRE !

C'est grâce à des gens comme lui que le monde change. C'est

un pionnier de la littérature d'épouvante. Comme Asimov et Herbert étaient des pionniers de la SF. Aujourd'hui, ces derniers sont étudiés dans les universités. Demain, ce sera le tour de King !

Mais peut-être faut-il attendre pour cela qu'il soit mort ! Les universitaires comme la postérité ont tendance à ne reconnaître le talent que lorsqu'il s'est éteint !

En tout cas, moi, je n'ai pas attendu, pour lui rendre hommage, qu'il soit mort (heureusement d'ailleurs car je risque de crever avant lui !). J'ai donc baptisé ma nouvelle voiture « Joséphine » par allusion à son livre *Christine*. Eh oui, j'ai une voiture ! Vive l'indépendance et l'autonomie ! Quand je repartirai à Giens par avion, mon père descendra par la route avec Joséphine. Ainsi, je pourrai aller où je voudrai pendant les heures de permission. Librairie Atlantis, me voici !

Mais je m'égare...

Ma voiture s'appelle Joséphine. Comme ça elle a les mêmes initiales que moi. Le prénom féminin rappelle *Christine* (il rime même avec). Et en plus, Joséphine est le nom de code de Nikita dans le film de Besson. Hommage aussi à Besson donc.

Mais, là où tout se recoupe, c'est lorsqu'on s'aperçoit que *Christine*, comme Joséphine-Nikita-Marie, est une tueuse, une meurtrière qui cache bien son jeu.

De cette façon, chaque fois que je suis derrière le volant de Joséphine, je repense aux dangers de la circulation. Ce qui devrait m'éviter de rouler comme un dingue, c'est-à-dire d'éviter de rouler avec le style MUCO. Parce qu'attendre une greffe depuis bientôt un an et crever sur la route d'un accident stupide me transformerait moi-même en greffon ! Enfin s'il y a quelque chose de bon à prélever. Les yeux peut-être ? Avouez que ce serait une belle ironie du destin. Alors je roule calmement.

D'ailleurs je n'ai rien à prouver derrière le volant d'une voiture. La vie se joue déjà suffisamment de moi pour que je ne joue pas avec elle !

Par contre, un jour je niquerai la mucoviscidose !

Pour commencer, enfin j'ai déjà commencé ce genre de truc

avec les médias, ce soir je vais avec mes parents à une réunion à Rouen en faveur des greffes. Je vais parler, en direct, devant une assemblée (les boules, je flippe rien que d'y penser !) pour essayer d'obtenir des gens qu'ils envisagent le problème des dons d'organes autrement que comme un mec du Sahara pense à la neige. Je voudrais qu'ils y pensent de façon concrète. Déjà ça, si j'y arrive, j'aurai gagné une bataille.

le 2.5.90

Comme dirait Pangloss : « Tout est pour le mieux dans le meilleur des mondes. » Depuis que je suis rentré chez moi je revis ! J'ai rendu visite à mes copains, ils m'ont rendu visite. J'ai eu une voiture. Je vais au cinéma (pas assez, mais bon...). Mes cousines vont me pirater une demi-douzaine des films que je préfère. Je vais bien physiquement et moralement. Tellement bien que dimanche (le 29. 4. 90), lorsque mes cousines sont venues à la maison comme chaque semaine et qu'elles m'ont invité à passer la nuit chez elles, ma mère n'a pas refusé.

Et Dieu sait que ma mère, qui s'inquiète toujours beaucoup pour moi, ne me laisse pas facilement dormir hors de chez moi, sans oxygène la nuit !

En fait, c'est, si mes souvenirs sont bons, la première fois que je dormais sans surveillance (de ma mère ou d'une veilleuse de nuit) depuis août 1988 !

Même si cette nuit-là je n'ai pas très bien dormi (bon dieu, comme il faisait chaud !), tout cela avait un goût exquis de liberté. Ça fait du bien de voir que l'on peut survivre à une nuit sans oxygène.

L'influence de Giens, l'ambiance muco s'estompent peu à peu.

Je recommence à m'intéresser davantage aux jeux de rôles. Pendant un temps préparer un scénario m'aurait horripilé. Cette semaine je vais en préparer deux. Un pour Éric, Olivier et un joueur novice ; l'autre pour mes cousines. Pour être juste, je vais utiliser deux fois la même histoire en la transposant dans deux jeux différents avec deux degrés de difficulté différents.

Mon esprit bouillonne d'idées. La créativité est vraiment exaltante. Chercher les bases d'une intrigue, définir les différents protagonistes avec leurs qualités, leurs défauts et leurs envies, c'est un peu comme de se sentir un dieu. Puis, après avoir imaginé l'énigme, inventer des péripéties, parsemer l'histoire d'indices, faire aller le rythme du jeu crescendo jusqu'au final ! Devenir scénariste. Puis, imaginer le cadre de l'histoire. Le décor. Les habitations. Devenir architecte. Puis, vérifier la logique de l'ensemble, prévoir les réactions éventuelles des joueurs comme des autres personnages de l'histoire. Enfin, imaginer l'histoire, la grande histoire des contrées traversées par les joueurs et devenir historien, politicien et économiste. Tout cela fait partie aussi du plaisir du jeu de rôles. C'est une sorte de prologue au jeu. J'avais oublié cette sensation d'euphorie lorsque, le scénario terminé, on se dit qu'on va passer un bon moment à le faire jouer.

Et, en emmagasinant les bons moments comme ceux-là, l'esprit se charge sur une batterie. Lorsque le moment sera venu, ce sont ces souvenirs-là qui m'aideront à supporter les désagréments de la greffe.

C'est ce mois passé à la maison qui, en me redonnant un aperçu de la *vraie* vie, hors d'un monde où les uns sont en blouse blanche et les autres en pyjama (quoique à Giens ces derniers soient vraiment rares), m'aidera à tenir car il m'aura rappelé pourquoi je me bats.

le 13.5.90

Cela fait onze jours que je n'ai pas écrit. Rien à raconter. Le temps passe. Je lis. Je regarde la TV. Je mange. Je vais voir mes amis, ou ce sont eux qui viennent. Je joue. Je dors. Je vis. Rien à raconter.

Jusqu'à ce soir. Oh, rien d'extraordinaire n'est arrivé. J'ai continué à me détendre comme depuis que je suis chez moi. Mais, hier, Juliette est venue à la maison. Elle est venue déjeuner avec sa mère (son père travaille à Avignon et n'a pas pu venir). Juliette est havraise mais va déménager cet été. C'est dommage.

En fait, je ne l'ai pas réalisé sur le coup, mais Juliette est la seule muco qui soit jamais venue à la maison. Avant de descendre à Giens je ne connaissais aucun autre malade. Bien sûr, j'avais déjà croisé des mucos dans les hôpitaux, mais c'était tout. Jamais je n'avais longuement parlé avec eux. Jamais avant Giens. Et surtout je n'avais jamais invité un muco à la maison. Ça peut paraître idiot mais ça a de l'importance pour moi. Il y a dans les relations entre mucos quelque chose de spécial que je ne saurais expliquer. Une complicité bien sûr, mais plus encore. Le sentiment de faire partie d'un groupe, d'une communauté. Cette dernière vaut ce qu'elle vaut mais elle est unique.

Je ne connais pas les autres malades jeunes. Ni les cancéreux, ni les accidentés, ni les hémophiles, ni même les myopathes rendus célèbres par le « Téléthon », mais je pense qu'aucun groupe de malades n'a l'attitude d'un groupe muco.

Il y a entre nous un sentiment très fort, bien que toujours caché, de fatalité. Il y a aussi une résignation et une révolte à nulles autres pareilles. Le groupe est inimitable. Et, en recevant Juliette à la maison, j'ai scellé mon entrée dans le groupe. Maintenant je suis avec eux tous ; et ce, quoi qu'il advienne.

le 14.5.90

Si je reprends la plume si vite c'est qu'hier je n'ai pas pu tout dire (mais le peut-on jamais ?). Il se faisait tard et surtout mon père risquait de monter se coucher et de me voir en train d'écrire. Il n'est pas au courant de la rédaction de ce journal. Ma mère non plus d'ailleurs. Si je ne leur ai pas dit, c'est parce que je suis un peu trop pudique pour laisser lire ce journal par quelqu'un. Pourtant, si j'écris ce n'est pas que pour moi. C'est pour laisser un témoignage de ce que je suis, de ce que je fus. Si je devais mourir, je pense qu'un jour ou l'autre quelqu'un trouverait ces pages et les donnerait à mes parents. Si je survis, alors plus tard, quand cette période mouvementée sera finie, je relirai ce journal et sans doute mi-amusé, mi-nostalgique, critiquant certainement ces phrases qui s'enchaînent sans aucun style, je me dirai : « Voilà ce que j'étais. »

Il existe un bouquin (on en a aussi fait un film) qui s'appelle *Les Années sandwiches*. Autant l'avouer, je ne l'ai pas lu. Cependant, si je n'ai pas lu ce livre écrit, si je me rappelle bien, par Serge Lentz, j'ai retenu une interview de l'auteur qui, à l'occasion de la sortie au cinéma de l'adaptation du roman, avait déclaré à peu près ceci :

« Il y a dans la vie une période, de quelques années, qui est plus importante que tout ce que l'on a pu faire d'autre. C'est une tranche de vie particulièrement riche en événements, émotions, passions et intensité. C'est pendant ces quelques années que l'on vit, que l'on emmagasine les souvenirs les plus forts. J'ai appelé ces années les années sandwiches. »

Eh bien, je pense qu'actuellement je vis ces années-là...

Alors, s'il est vrai que ce sont ces années-là qui formeront l'essentiel de mes souvenirs, je ne veux pas en perdre un seul jour.

Ah ! putain ! ce stylo est dégueulasse !

Je me demande comment je me relirai dans dix ans !

En tout cas, si j'écris ce texte c'est pour moi. Je ne veux pas que quelqu'un d'autre contemple ainsi mes états d'âme maintenant. Pas tant que je vis ce que j'écris. Plus tard, quand tout sera fini, que les années sandwiches seront englouties, je le ferai peut-être lire à quelqu'un.

Peut-être à ma femme si j'en ai une un jour.

Peut-être même à mon fils ou à ma fille. Mais alors là « c'est pas demain la veille », comme dirait Abraracourcix. Peut-être même que je le proposerai à un éditeur. Il faut que j'y réfléchisse. Ou alors je me servirai de ça pour écrire mes mémoires. Je vois ça d'ici :

« Moi, Johann H : Muco », dirait le titre en noir sur fond blanc. Et, en dessous, un bout de papier bleu, coincé entre la couverture et le livre lui-même, proclamerait fièrement en grosses lettres noires : « Un témoignage bouleversant d'un enfant qui a lutté contre la mort. » L'éditeur aurait insisté sur le mot enfant lorsque je l'aurais rencontré quelques semaines avant pour discuter de l'allure finale du livre. Il m'aurait dit d'un air convaincu : « Après tout, vous n'aviez que 19 ans en 90. La majorité a longtemps été fixée à 21 ans. Vous étiez très jeune à l'époque et puis, voyez-vous, le mot enfant ça va faire vendre. Il faut émouvoir le client. » Enfin, à l'arrière du livre, à côté d'un court extrait, il y aurait ma photo : une photo en noir et blanc, prise en février 90 par un journaliste de *Var-Matin* (comme l'indiquerait la légende) où l'on me voit sur mon lit d'hôpital. Grâce à un montage-photos, on aurait rajouté deux perfusions et un appareil médical. L'appareil serait d'un gris terne, bourré de boutons mystérieux et on verrait clairement sur la photo :

Tension : 8-5. Pouls : 132/mn. Saturation : 71 %. Pa 0_2 : 5

En fait, tout bien considéré, je ne proposerai peut-être pas ce journal à un éditeur. Et surtout pas à un éditeur aussi con que ça.

Pourtant, je crois avoir des choses à dire.

Mais comment l'exprimer exactement pour que ma pensée ne soit pas dénaturée et à qui le dire ?

A mes parents tout d'abord.

Colette et Yannick. Yannick et Colette.

Comme pour tout le monde, ce sont peut-être les personnes les plus importantes dans ma vie et, cependant, je ne crois pas le leur avoir jamais dit. Comme beaucoup d'enfants je n'ose pas. D'ailleurs je n'ai pratiquement rien écrit sur eux depuis trois mois que j'ai commencé ce journal. Et pourtant ils sont plus importants que les jeux de rôles ! Oh, oui !

C'est peut-être parce que la relation parents-enfants est si monumentale qu'il est difficile d'en parler. Parfois, à Giens, je croise une mère qui tient son petit garçon dans ses bras. Son fils est malade. Elle le sait. Elle le pose par terre. L'enfant rechigne. Il se réfugie contre la jambe de sa mère. Celle-ci le pousse gentiment vers l'infirmière. L'infirmière sort une aiguille d'un tiroir. Elle va bientôt faire une prise de sang. L'enfant le comprend. Il pleure. Il appelle furieusement : « Mam…man ! »

Et là, la mère regarde son fils. Elle le regarde et moi je la dévisage, subjugué. Subjugué par la force presque tangible de l'amour maternel. Mon cœur se gonfle de foi en l'homme. Quand on voit un tel regard on sait que l'homme peut être capable de forger un paradis sur cette petite bille bleue perdue dans l'espace. Quand on voit une mère qui abandonne son fils à une infirmière parce qu'elle SAIT que c'est pour son bien et qu'elle SAIT encore plus intimement que son enfant ne comprend pas. Elle sait qu'il croit qu'elle ne l'aime plus. Elle sait qu'il est alors le plus triste des êtres car il a été trahi par sa mère. Cette mère aime son fils plus que tout et elle lui sacrifie son bien le plus précieux : l'amour d'un fils pour sa mère.

Et moi, abasourdi par la force de cette mère, je m'en vais de la salle de soins. Je pense. Je pense au fils ou à la fille que je n'aurai jamais. Je pense à Johann Junior courant dans le jardin après quelque animal (peut-être le chat de la maison) pour voir quel effet ça fait de le baigner ou pour le promener, comme le faisait son père (Ah, tel père tel fils) dans la benne d'un tricycle jaune. Puis, pour ne pas sombrer dans un romantisme de supermarché, je pense aux biberons du bébé, à l'exaspération qui me saisit dès qu'un marmot pleure, à la chienlit des couches et aux emmerdements que me causera ce mouflet. Mon fils. Ma fille.

Mon père. Ma mère. Je vous aime. Simplement. Je vous aime et, si le temps a parfois glissé des brouilles entre nous, ça n'a été que temporaire.

Bien sûr, Colette m'exaspère parfois en ramenant tout à la maladie, en me protégeant de tout, en s'inquiétant toujours trop. Bien sûr, Yannick, qui réagit comme si la fin du monde arrivait dès qu'il renverse sa tasse de thé, qui fait toujours enrager maman chaque fois qu'ils parlent politique (et qui le fait exprès sachant très bien que ça l'énerve) me fatigue parfois. Mais je pense que je le leur rends bien avec toutes les conneries que je fais.

Et de toute façon ça n'a pas d'importance.

Ce ne sont que des détails.

Seul le fait que ce sont mes parents compte.

Ce sont eux qui ont pris l'énorme responsabilité de m'élever.

Pour des parents ordinaires, un enfant est déjà une lourde responsabilité. Pour les miens, c'est encore plus lourd. C'est un pari qu'ils ont pris, un sacré pari. Ils ont parié qu'ils allaient m'élever, me voir grandir et qu'ils allaient tout faire pour que je vive. Tout faire pour que je vive heureux.

Pourtant, ils savaient qu'ils risquaient de me voir mourir. Ils ont tenu le pari. Merci, oui merci.

Je ne suis pas tiré d'affaire (mais qui l'est un jour ?) mais je suis heureux. Heureux d'avoir des chouettes parents, heureux d'avoir une maison, heureux de manger à ma faim, heureux de respirer, heureux d'avoir des amis, heureux d'avoir connu le vingtième siècle, heureux d'avoir vu et lu des chefs-d'œuvre, heureux de m'être amusé, heureux d'avoir aussi pleuré, heureux même d'être heureux, heureux même d'entendre chanter les débuts de soirée, heureux, même, de respirer avec de l'oxygène la nuit, en un mot heureux de simplement être, d'exister.

Bien sûr, je serais peut-être plus heureux si mon père était un riche industriel américain, si je n'étais pas malade, si je vivais dans un luxueux building de Manhattan l'hiver et en Floride l'été, si j'étais assuré d'avoir un bon boulot et si je pesais 40 kilos de plus et mesurais 15 centimètres de plus…

Évidemment, il vaut mieux être riche et bien portant que pauvre et malade ! Comme dit si bien Stephen King (qui redoute sans doute le cholestérol à force de bouffer) : « On n'est jamais ni trop riche ni trop maigre. » Mais quel est l'intérêt d'une vie facile si l'on n'est pas conscient de sa chance ? Quel est l'intérêt d'une vie coincée entre l'argent, le luxe, la réussite et le sexe ? Quel est l'attrait qu'il y a à s'offrir une voiture si l'on peut la gagner en trois jours ? Où est le désir dans une telle vie ? Où est la joie, la grande joie, la vraie joie de vivre quand on ignore la privation ?

Ainsi, chaque fois que je fais un pas, que je monte un escalier, que je peux sortir dans le jardin contempler le ciel, je ressens une joie inconnue de celui qui fait ces gestes sans y penser.

Restez cloué au lit juste dix jours, sans poser un pied par terre, sans sortir hors de votre chambre. Et alors les gestes de la vie quotidienne vous apparaîtront comme une immense jouissance de la vie. Bien sûr, toi lecteur, tu penses que si tu pouvais passer une semaine ou dix jours au lit tu ne te ferais pas prier. Mais as-tu réfléchi ?

As-tu pensé qu'il te faudrait demander chaque fois que tu voudras quelque chose ?

Demander à boire ? Demander un biscuit si tu en as envie ? Demander pour qu'on allume la télé ? Demander pour qu'on vienne faire ton lit ? Demander pour qu'on te lave ? Pour qu'on t'apporte un pot pour chier dans une bassine en plastique blanc ? Demander pour qu'on ait l'obligeance de rester derrière la porte pour que personne n'entre pendant ce temps-là ?

Non. Tu n'y avais pas pensé. Quelle humiliation ! Alors voilà que maintenant chaque geste me fait plaisir. Ne serait-ce que pouvoir s'enfermer dans les toilettes. C'est bête, mais c'est pourtant vrai.

Donc, pour reprendre la comparaison avec le fils du multimillionnaire, je trouve que ma vie est belle. Car moi, au moins, je sais l'apprécier. Et je pense que je l'apprécierai encore plus après avoir fait un mois de réa post-greffe.

Je n'ai pas la vie la plus facile. Mais qui a une vie facile ? Je suis déjà en vie, mes parents aussi ; j'ai un toit, je mange largement à ma faim (en fait j'ai souvent moins faim que ce qu'il faudrait) et je vis dans un pays libre. Pour un enfant martyr c'est pas mal.

Alors oui, Colette, oui, Yannick, je suis heureux et très heureux.

J'irai même plus loin.

Les seuls trucs valables, vraiment valables, passent par la souffrance (qu'elle soit physique ou morale). Il me semble que quelqu'un a dit (oui, mais qui ?) : « La souffrance que peut endurer l'être humain force l'admiration. »

Alors, Yannick, Colette, j'essaierai de gagner votre admiration. Sans être maso quand même !

le 18.5.90

Je vais bientôt repartir à Giens. Le 22 mai pour être exact. Depuis quelques jours, je m'essouffle à nouveau en montant l'escalier qui mène au premier étage de la maison, j'ai un peu de fièvre le soir, je perds l'appétit. Bref, n'importe quel médecin sensé et compétent vous dirait qu'il faut que je reparte à l'hôpital. Je suis partagé à l'idée de retourner là-bas, comme j'étais partagé à l'idée de retourner en classe après les grandes vacances. D'un côté il y a l'ambiance sympa, les copains, les sorties et de l'autre les perfusions, les contrôles médicaux et « l'exil ».

Depuis le début de l'année (qui se situe aux alentours du 1er janvier, m'a-t-on dit) j'ai passé successivement : une journée chez moi, cent jours à Giens, quarante chez moi, et là je repars à Giens. Cela fait grosso modo deux jours sur trois à l'hôpital contre un jour sur deux l'année passée. Au moins, je ne vais pas me faire greffer pour rien !

Avant de partir, j'ai téléphoné au Coty. Jean-Jacques est là-bas. C'est son anniversaire mardi 22 (le jour de mon arrivée) mais ils vont le fêter samedi. Je vais rater la fête. Bah ! Tant pis, je trouverai bien un moment pour arroser ça avec lui. Il y a aussi Frédéric qui va revenir le 30. La fine équipe au complet quoi ! D'autant que pas mal de mucos habitent à Hyères et dans les environs directs. Beaucoup d'entre eux ont déménagé pour être plus près du Coty. Le dernier en date, c'est François. Je ne sais pas si j'ai déjà évoqué François dans ces pages, mais si non, il faut réparer cet oubli. François est un type vraiment sympa, toujours prêt à rendre service. Il détonne un peu par rapport aux autres par son calme olympien. Jamais un mot plus haut que l'autre, jamais un éclat de rire incontrôlé. Il peut paraître froid et distant au départ, mais il est réellement agréable et enrichissant. C'est certainement un des plus stables (si ce n'est le plus stable) et des plus mesurés (si ce n'est le plus mesuré). A tel point qu'il juge d'ailleurs assez sévèrement les idioties des autres, qu'il décrit avec un humour à froid qui lui est propre.

Donc, maintenant qu'il habite sur place, on est sûr, quand on va à Giens, d'avoir au moins un type sensé à qui parler.

Quant à moi, j'emploie au mieux mes derniers jours. Je suis allé au cinéma il y a trois jours. J'ai vu *Rêves* d'Akira Kurosawa. Un film superbe, avec des images très poétiques, qui permet en même temps de découvrir son auteur, jusqu'ici assez mystérieux. Il faut dire qu'en ce moment le festival de Cannes bat son plein. Quand je pense que Giens n'est qu'à deux heures de Cannes !

Mais je ne vois pas comment y aller avant la fin du festival. Je n'aurai ma voiture qu'à partir du 26, voire du 27, date à laquelle le festival sera sans doute achevé. De toute façon avec une permission de deux à six heures je n'aurai le temps de voir personne. En outre, je ne connais pas la région et je ne me sens pas assez bon conducteur pour faire quatre heures de route dans la journée. Adieu donc Cannes ! Sniff ! Regrets !

Mais je m'aperçois que, parti dans mes divagations cannoises, j'ai oublié de parler de Cazier. M. Cazier a 19 ans. Je ne connais pas son prénom mais ça ne saurait tarder. Ce type a écrit à Yannick il y a deux jours. Sa lettre disait à peu près cela :

« Je m'appelle – mettre ici le prénom du gars – Cazier.

« J'ai appris par M. – mettre ici le nom d'un collègue de Yannick – que votre fils avait la mucoviscidose. Moi aussi je suis atteint par cette grave maladie. J'ai 19 ans. Je suis en première année de droit. Voici mon adresse – mettre ici l'adresse correspondante – si vous désirez prendre contact avec moi. »

Ce que Yannick et moi fîmes le soir même par téléphone.

Nous sommes convenus de nous rencontrer. Il arrive cet après-midi à 4 heures.

C'est fou, en moins d'une semaine deux mucos seront venus à la maison alors que ça n'était jamais arrivé en dix-neuf ans !

le 22.5.90

Je suis de retour à Giens depuis déjà neuf heures. Je suis dans une chambre à trois lits où je dors seul (pour l'instant, car on ne sait jamais qui peut arriver). L'impression d'être ici est un peu irréelle après cinq semaines à la maison. Mais je connais bien cette sensation nostalgique depuis que je passe le plus clair de mon temps dans les hôpitaux.

Je pense à chaque instant à ma maison, à ma chambre, à mes parents, à mon chat. Je m'imagine ce que je ferais à cette heure si j'étais à la maison. Je regarderais sans doute la fin de *Ciel mon mardi* de mon lit.

Ici il y a Jean-Jacques, François, Manu, Joseph, Éric et Martine. Ça fait une équipe sympa. Manu et Joseph sont marrants. Éric ne parle pas beaucoup et Martine – que j'avais déjà rencontrée il y a un an – semble beaucoup plus amusante qu'avant. (Elle dormait dans un autre secteur avec sa mère qu'elle ne quittait pratiquement jamais.)

Ce soir, Jean-Jacques a 22 ans.

Deux de ses sœurs – qui sont mariées – sont venues le voir. Elles m'ont invité au restaurant. J'en reviens. La soirée était très agréable.

A peine revenu, je commence à sortir le soir. Giens est vraiment un sacré hôpital !

Mais demain les choses sérieuses commencent : prise de sang massive, radios, « astrup » : le grand jeu des examens ! Et au bout, les perfusions.

Mais, cette nuit encore, je suis libre. Alors je vais en profiter pour bien dormir.

le 26. 5. 90

10 h 49. Cela fait cinq jours que je suis ici. J'ai commencé mes perfusions ce matin car les résultats des examens sont arrivés hier. Je ne suis sensible qu'à un antibiotique : le Tiénam. Saloperie que ce truc-là !

La perfusion dure au minimum trois heures matin et soir. Et il faut monter à l'étage supérieur (là où se trouve la salle de soins) quatre fois. Bien sûr, ce n'est pas la fin du monde. Mais c'est la fin de la tranquillité.

En outre, avec mes veines pourries, les infirmières ont du mal à me piquer. Pour éviter cela, on a coutume de poser des cathlons, des aiguilles en plastique anti-infection, qui restent en place une vingtaine de jours environ. Mais, ce matin, l'infirmière n'y est pas arrivée : du coup, là où elle a piqué, j'ai un superbe bleu. D'ailleurs, si je vous raconte tout ça, c'est parce qu'il me gêne précisément pour écrire. C'est la galère.

En dehors de ces ennuis techniques, qui prennent toutefois une grande importance quand on a des perfusions un jour sur deux dans l'année, l'ambiance est sympa.

Repartir chez moi m'a fait du bien. Je me suis calmé. Je ne m'énerve plus pour un oui ou pour un non. Par contre, ça m'a filé le cafard de revenir ici. Je pense souvent à ma chambre ensoleillée par un rayon printanier. Le vasistas laisse une empreinte lumineuse sur le parquet où le chat, allongé de tout son long, rêvasse paisiblement.

Je m'imagine sur ma bonne vieille table, lisant une bonne BD tout en écoutant RVS, la radio locale, débiter des disques à la mode.

Rêveries. Rêveries que tout cela.

On dirait un journal pour midinette amoureuse !

Vite, pallions ce problème qui risquerait de nuire à la sombre atmosphère de ce récit.

Et voilà que maintenant je plagie *Les Chants de Maldoror*. Je ne sais vraiment que « pomper » sur ce qui existe déjà.

Je me console en me disant qu'il vaut mieux pomper Lautréamont qu'Hellen Mac Culloch. Lautréamont dont j'ai fini la lecture lundi dernier. Il faut que je parle de ce bouquin. C'est vital.

D'ailleurs, ce qui va suivre je l'ai déjà écrit à Stéphane Adam qui m'a offert le livre suscité.

Les Chants, donc, lui ai-je écrit, sont une succession de poèmes en prose narrant les épisodes de l'errance de Maldoror, personnage énigmatique et charismatique. Maldoror, être cruel, vil, pervers, impitoyable, et j'en passe (et des meilleures !), voue une haine implacable à l'humanité et au créateur. Mais, en même temps, il prône des vertus respectables (enfin rarement !) et, loin de se complaire dans le mal pur, il condamne et critique les bourreaux de l'humanité. Il est un ange machiavélique venu se venger de la création de Dieu par excellence : l'homme ; mais aussi du créateur lui-même. A l'humanité, il préfère les animaux (surtout les animaux aquatiques), admirant leur force, leur courage, leur bestialité. Une interprétation freudienne que j'avais envisagée était d'associer l'animal marin (l'eau) au fœtus et au placenta. L'animal, comme le fœtus, étant un être primaire, obéissant à son instinct. Maldoror, un nostalgique de sa période prénatale ! Ça m'a fait marrer. Et pourtant, en poussant la chose à l'extrême, on se rappelle que nos lointains ancêtres pataugeaient dans l'eau. L'homme n'était qu'un poisson stupide, ignorant et inconscient de sa propre réalité.

Or, c'est cette conscience de soi, cette connaissance de son futur, à savoir la mort, cette intelligence, pourrait-on dire, qu'il hait. En effet, l'homme conscient de sa fin cherche à vivre le mieux possible le présent, puisque l'avenir après la mort est incertain. Ainsi, appliquant le « carpe diem » cher au professeur Keating, il tente d'amasser biens matériels, confort, richesse, plaisirs et jouissance. Ce faisant, il devient jaloux, cupide et égoïste. En un mot HUMAIN.

Ainsi, convaincu de sa fin, il crée un enfer sur terre par le biais du désir.

Il est là, donc, le reproche de Maldoror. Pourquoi l'homme

est-il intelligent ? Il en veut à Dieu d'avoir créé (ou contribué à créer) un monde imparfait où l'intelligence souille la naïveté primitive de l'animal.

Mais Maldoror est un être complexe et il ne peut s'empêcher d'admirer cette humanité se débattant dans les tourments qui sont siens. Il admire sa résistance, son potentiel de peine, ses arts qui naissent de la torture qu'elle subit. Maldoror est donc suprêmement malheureux. Écartelé par cette dualité, il va à la dérive, cherchant compagnie auprès des requins sanguinaires et nobles.

Un détail, cependant, me chiffonne dans ce beau système de pensée que j'adopte pour mien (tout en évitant d'y penser à chaque instant pour ne pas finir en copulant avec un requin !) : la notion de désir rejoint celle de propriété, dont Rousseau disait qu'elle était le fondement de la civilisation. La propriété, fruit de la société, corrompt donc l'homme, comme l'a écrit ce cher ange. De là provient sans doute sa célèbre phrase (contre laquelle j'ai déjà protesté) : « L'homme naît bon, c'est la société qui le corrompt. »

Or, si l'on suit le raisonnement que je suppose être celui de Lautréamont, on serait tenté d'acquiescer en disant : « Oui, de l'intelligence naît le désir et la propriété qui caractérisent indéniablement notre civilisation. »

Mais c'est oublier un peu vite l'origine de l'intelligence. Une origine divine pour autant que la science puisse actuellement en juger. En effet, même si les mécanismes du cerveau sont de mieux en mieux connus, qui peut dire : c'est là que la cellule devient consciente ?

Bien obligé de parler de Dieu.

De toute façon, Dieu ou pas, l'intelligence est innée et ce n'est pas la société qui la génère mais le contraire. Certes, la société, née de l'intelligence, copie ses travers mais elle n'est pas une cause. C'est un effet.

Décidément, je ne suis pas d'accord avec Rousseau ! Mais bon, toute cette théorie est bien belle, mais que va en penser Stéphane ? Lui est de formation littéraire et connaît sans doute mieux que moi Lautréamont. Sa lecture doit être meilleure. J'ai hâte d'avoir sa réponse.

le 31.5.90

Jean-Jacques est en train de se faire greffer ! ! ! Ça y est ! ! ! Ils l'ont emmené au bloc vers 10 heures. A l'heure qu'il est, il a les poumons qui prennent l'air.

Je suis encore sous le choc plus de quatre heures après son départ de Giens. Depuis dix-neuf mois qu'il attendait, voir enfin la greffe est comme irréel, trop extraordinaire pour être vrai. Et pourtant…

Lorsqu'il a su qu'il avait un greffon, Jean-Jacques a explosé de joie, il est parti comme un fou, courant avec sa perfusion chercher une carte téléphonique pour prévenir sa famille et m'a crié en passant : « Johann, ça y est, c'est bon ! » Le temps que je réalise, il était déjà passé.

Il s'est écoulé une heure entre cet instant et celui où il est monté dans l'ambulance, escortée par les motards de la gendarmerie nationale, pour rejoindre l'hélicoptère qui devait l'emmener à la Timone. Ça a été une heure folle. On courait dans tous les sens, à la fois surexcités et inutiles. Car que pouvions-nous faire ? Jean-Jacques a rassemblé ses affaires, pris ses cassettes de U2, s'est isolé cinq minutes avec sa copine, puis les internes sont venus le chercher. Il est monté au troisième étage où on lui a injecté le premier « tranquillisant-euphorisant ». Puis, les motards et le SAMU sont arrivés. J'ai eu juste le temps de prendre quelques photos.

C'était un moment magique, inoubliable.

Les infirmières et les malades étaient tous au balcon pour le voir partir. Les copains qui habitent à Hyères sont venus aussi. Tout le monde était là ! Il est monté dans l'ambulance, a râlé parce qu'il était déjà allongé, a embrassé Lætitia. La porte de l'ambulance s'est refermée et il est parti…

Il est parti souriant, rigolant même et confiant. Il avait depuis trop longtemps pesé le pour et le contre pour hésiter ou prendre peur. Il a foncé tête baissée. Avant de partir il nous a même demandé si on avait un message pour les « potes d'en haut » comme il dit, au cas où il les rejoindrait.

Il a aussi dit, quelques instants après, un truc du style : « Même si je claque, j'm'en fous. » Il m'a scié. Il ne s'est pas démonté. Ce type est un tank. On aurait pu croire qu'il les aurait à zéro, mais non, il ne s'est pas démonté ! Il a fait de l'humour noir jusqu'au bout. Sacré Jean-Jacques !

D'autres, Christophe, François et Lætitia l'ont ensuite rejoint à la Timone. Lætitia m'a téléphoné de l'hôpital à 10 heures. Elle m'a dit qu'il avait toujours le moral. Lorsqu'elle m'a appelé, Jean-Jacques était descendu au bloc depuis moins de dix minutes.

Moi, je ne suis pas allé avec eux là-bas.

On n'avait pas de permission après 21 h 30.... Et l'opération va durer jusqu'à demain 7 heures...

Lætitia, elle, est partie quand même. Elle y est allée avec François (hospitalisé de jour) et Christophe (qui n'est pas à l'hosto). Le temps que je me décide entre mon respect des lois et mon désir de rester avec Jean-Jacques, ils étaient partis.

Du coup, je suis là ce soir, devant une feuille, à coucher mes pensées par écrit.

Il est 11 h 37. J'écris à la lumière de ma lampe individuelle. Le Walkman sur les oreilles me débite du Eurythmics et mon ventre est noué comme un vieux tronc d'arbre. Maintenant, je ne dors plus seul. Stéphane Adam et Frédéric Janots sont arrivés et dorment dans ma chambre. Malgré ma répugnance à avouer aux gens que je tiens un journal, j'ai écrit devant eux. Maintenant ils essaient de dormir. Je ne peux pas. Pas déjà. J'ai bu trop de café. J'attends demain.

Ce soir, l'oscillation s'est arrêtée. Demain, elle sera plus forte que jamais. Dans un sens ou dans l'autre, elle sera titanesque.

Pour moi, Jean-Jacques, outre un ami, est un symbole. Il était là en mars 89 quand j'ai débarqué au Coty, dans cette ambiance si particulière que j'essaie péniblement de retranscrire. Il attendait déjà depuis longtemps. C'est lui qui m'a permis de m'intégrer au groupe muco. C'est lui qui m'a fait découvrir les coins sympa et les restos valables.

Jean-Jacques est un peu comme un grand frère pour moi. D'ailleurs, sa petite amie Lætitia me l'a dit ce matin encore. Que Jean-Jacques soit greffé, c'est comme si j'entrais dans le troisième millénaire. Il attendait depuis si longtemps avec moi. Il a été tant de fois déçu. Ce soir, je suis dans un état indescriptible : bouffé par la joie et l'angoisse comme jamais. J'ai déjà connu plusieurs fois cette sensation, ce suspense qui ne prend fin que lorsque le malade sort de la salle d'opération, mais jamais le malade ne m'a été aussi proche. Bien sûr, la mort d'Éric Chabaud m'a peiné (et plus que je ne l'ai tout d'abord cru), mais si Jean-Jacques y restait je ne sais pas si je pourrais trouver la force de continuer.

Putain de Dieu, Jean-Jacques, accroche-toi !

T'as pas attendu deux ans pour crever comme un con !

J'ai confiance en toi. Tu es un vrai tank. Et un tank ça traverse tout !

11 h 54 : Noirclerc doit tailler dans le bifteck. Ah ! Si on s'en sort tous les deux, on fera la plus grande des méga fiestas de la décennie. A côté, le 14 Juillet de Jean-Paul Goude aura l'air d'un défilé de majorettes à Pétaouchnock !

Mais, pour l'instant, c'est l'attente. L'attente qui ne prendra fin qu'à mon réveil (si je dors !).

L'oscillation est suspendue.

En tout cas une chose est sûre : ce soir, j'emmerde la mucoviscidose ! ! !

le 3. 6. 90

L'oscillation est positive ! Jean-Jacques s'en tire bien. L'opération a duré six heures en elle-même, mais il est resté de 10 heures du soir à 7 heures le lendemain matin au bloc. Maintenant, il va vraiment morfler. Les suites post-opératoires vont être longues. Il doit être branché à des tas de tuyaux : drains pour évacuer le sang, voie centrale pour injecter des produits anti-rejets, intubation pour respirer le temps que les nerfs soient à nouveau opérationnels, sonde gastrique pour le nourrir, sonde urinaire pour pisser, sans compter les cathlons où l'on prélève et analyse le sang périodiquement, ni les électrodes cardiaques... Oui, il morfle Jean-Jacques. Mais il le voulait. Il ne voulait plus que ça. Il ne luttait contre la maladie que pour ça. Comment sera-t-il maintenant qu'il a réalisé son rêve, mais qu'il est encore prisonnier du corps médical ?

D'après sa sœur qui nous téléphone régulièrement, il a déjà demandé à boire. Mais cela ne sera pas possible avant deux jours (au mieux), le temps de le sevrer du respirateur artificiel.

Il les fait déjà chier ! Ah, il est vraiment unique cet Alsacien !

Ici, égoïstement, il nous manque. Elle était vraiment marrante sa grande gueule. Jean-Jacques mettait de l'animation. Il était comme une présence permanente (le pauvre) au Coty. Un ami, un vrai, un peu comme un grand frère. Comment sera-t-il après ?

La greffe transforme ceux qui n'en ressortent pas les pieds devant : non pas que le greffé subisse l'influence du mort dont il a l'organe dans sa poitrine, comme je le craignais il y a deux ans, lorsque ma mère m'a parlé de greffe pour la première fois. Mais cette épreuve transforme celui qui la surmonte comme les cosmonautes qui sont allés sur la Lune. L'on gagne une assurance, une confiance en soi, qui parfois confinent à l'orgueil et à la vanité. C'est tellement dur à passer, l'attente est tellement longue, qu'une fois opérés, les malades veulent tout et tout de suite. Il faut rattraper le temps perdu et, parfois, cet appétit de vie vous brûle comme une cigarette qui va se terminer. Une fois brûlé ce sursis, l'organisme (qui, bien que débarrassé de l'infection pulmonaire, reste atteint au niveau abdominal et qui, en plus, lutte contre le greffon et doit supporter les anti-rejets) déclare forfait et c'est la galère de nouveau. C'est, à mon avis, ce qui arrive à Guy. Il a trop tiré sur la corde. Et cela fait deux mois qu'il traîne à l'hosto sans que les médecins sachent ce qu'il a exactement. Dans ce cas, à quoi bon ?

Mais je pense que Jean-Jacques aura l'intelligence d'éviter le piège. Mais je ne suis pas devin.

Pour l'instant, il faut déjà qu'il sorte de réa post-greffe. Et c'est pas le morceau le moins dur à faire passer ! Après j'aurai bien le temps de voir comment il évoluera. Mais je crains de n'avoir plus rien à lui dire après ça. Christelle était très causante avant sa greffe, mais, après, elle n'avait plus rien à nous dire. Que dire à des balourds qui ne connaissent pas l'épreuve ? Qui ne la traverseront peut-être pas. Sans compter une sorte de peur (bien naturelle, mais, quand même, ça fait mal quand vos anciens amis vous craignent comme un pestiféré) due à la contamination des non-greffés, pleins de microbes par rapport au greffé, immuno-dépressé et donc vulnérable.

Tout ça me trotte dans la tête. Notre amitié, si Jean-Jacques survit, survivra-t-elle ? A moins que je ne sois rapidement greffé et que je le rejoigne de l'autre côté. A ce moment, quel sera mon comportement avec les autres ? J'espère arriver à garder le contact, tout en me préservant. Mais, y arriverai-je ?

Je le saurai peut-être bientôt car, aujourd'hui, j'ai failli voir Dieu *alias* le professeur Noirclerc. Il est venu au Coty rendre visite à Gilles (qui est toujours au Coty 3 Centre, secteur post-greffe), donner des nouvelles de Jean-Jacques et me voir. Il a réussi à voir Gilles et à donner des nouvelles de la superstar de la greffe qu'est Jean-Jacques. Par contre, il ne m'a pas vu. J'étais parti en permission voir Didier (un muco joueur de batterie vraiment sympa) en concert dans une fête foraine à côté de La Londe. Je lui avais promis, avec les autres, de venir chauffer la foule et je n'ai pas pu attendre Dieu. D'autant plus que j'ai appris, en rentrant le soir, qu'il avait été en retard parce qu'il ne s'était pas réveillé à temps. Malgré le respect et l'admiration que j'ai pour « Dieu », je n'allais pas attendre toute la journée qu'il finisse sa sieste.

Il a dit qu'il voulait me voir. J'essaierai de lui téléphoner mardi pour savoir exactement les desseins qu'il a pour moi. La dernière fois que j'ai rencontré Dieu, il m'a dit qu'il me grefferait avant les grandes vacances. Il n'est pas trop tard et cela cadre avec le programme idéal que j'avais entrevu en mai :

Retour au Coty fin mai.

Greffe de Jean-Jacques début juin.

Greffe de ma personne mi-juin.

Sortie de la Timone fin juin, pour ma personne.

Sortie de Salvator mi-juillet, toujours pour moi.

Sortie de Giens fin juillet, pour Jean-Jacques.

Sortie de Giens mi-août pour moi.

Reprise des cours début septembre pour moi.

Maxi fiestas avec Jean-Jacques, une fois chez lui, une chez moi dans l'année suivante.

Mais bon, maintenant je me dis que passer l'été à Marseille n'est pas la panacée. Et puis le farniente aidant, je n'ai plus vraiment envie de reprendre l'école. Je m'en doutais. Je l'ai toujours su. Chaque fois que j'ai été malade, j'ai essayé d'aller quand même en classe. Je faisais mes perfusions à domicile très tôt le matin et le soir après les cours. J'allais en classe au maximum. Je ne savais que trop qu'une fois sorti du système, j'aurais beaucoup de mal à y replonger. J'ai déjà, après deux années sabbatiques, des difficultés à concentrer longtemps mon attention.

Oui, la reprise sera dure !

Mais maintenant je relativise beaucoup les études. Je sais que je ne pourrai jamais, même greffé, travailler à plein temps. Que je risque fort de faire des rejets la première année après la greffe. Que, de toute façon, je n'aurai jamais de vrai métier et encore moins de carrière. Le pire c'est que je m'en fous car cela n'a plus aucun intérêt à mes yeux. Alors Johann, après la greffe : un déchet de la société ? Un glandeur stupide ?

Non, je poursuivrai mes études, pour mon plaisir, pour savoir, par curiosité. Mais j'irai à mon train, sans chercher à tout prix à décrocher des diplômes dont je ne ferai rien.

C'est peut-être minable comme ambition, mais vivre bien, en paix avec soi, c'est déjà beaucoup. Glandeur oui, mais glandeur conscient de la beauté du geste.

Pourtant, cela est terriblement égoïste.

J'ai beaucoup parlé avec Stéphane des rapports humains, de leur hypocrisie, de leur futilité, alors que chacun ne vit que pour soi. Cette idée lui est intolérable. Il veut plus. Il veut faire partager sa vie, sa pensée, ses émotions, mais y renonce de peur de ne rencontrer qu'incompréhension et de s'autoparodier dans une ridicule mise en scène de ce qu'il *est*. Devant ce problème sans solution, car oui, on ne vit que pour soi en définitive, il ne voit que le suicide, la fin, la mort. Je ne devrais peut-être pas en parler et encore moins l'écrire : ici, n'importe qui d'un peu curieux peut tomber sur ces pages. Je le fais car j'ose (folie que tout cela) avoir confiance dans la discrétion des autres. Je le fais surtout parce que ces idées, si noires, si désabusées, si funestes, m'ont choqué. Stéphane n'accepte pas la règle du jeu. Il veut plus de sincérité tout en craignant qu'elle ne le détruise par l'autodérision. Il reproche au monde d'être trop égoïste. Il ne pense pas qu'il soit possible de l'améliorer. Alors, il veut rendre les cartes et dire adieu à cette connerie. Attention, pas de tentative de suicide, mais un simple laisser-aller, une simple reddition devant la maladie et c'est la mort à petit feu au nez et à la barbe de tous : malades, médecins, psychologues, aides-soignantes, tous…

Pourtant le suicide est l'égoïsme suprême. Il faudrait lui faire comprendre cela. Quoique je doute qu'il n'y ait pas réponse. Pourtant ce type a une si grande richesse intérieure. Il est tellement créatif qu'il devrait trouver en lui-même la force de vivre. J'ai du mal à le comprendre. Y arriverai-je réellement ? C'est peut-être pour cela qu'il veut redonner ses cartes…

le 7.6.90

Cela fera une semaine de post-greffe pour Jean-Jacques cette nuit. Il est toujours intubé, en réanimation à la Timone. Il a subi, avant-hier, une trachéotomie pour l'aider à mieux respirer et épargner les cordes vocales abîmées par le tuyau du respirateur artificiel. Ce n'est pas alarmant. La majorité des greffés sont trachéotomisés, surtout les garçons. Depuis une semaine, Jean-Jacques n'a pas eu de gros problèmes. Pour l'instant, il se remet lentement, à un rythme tout à fait satisfaisant, d'après les médecins.

Ici, il hante le Coty. Les conversations tournent toutes autour de lui. Qui l'a vu le jour de la greffe y va de son commentaire. Chacun relate sa dernière rencontre avec un Jean-Jacques aux poumons moribonds. Lætitia ne pense plus qu'à lui. Elle analyse sa relation avec lui, tentant de savoir si, oui ou non, elle doit rester avec lui. Elle et François sont allés à la Timone la nuit de sa greffe. Ils en sont revenus transformés. Lætitia a pris de l'assurance ; elle est maintenant totalement intégrée au Coty, alors qu'elle était très secrète en janvier lorsque j'ai fait sa connaissance. François aussi a changé. Il est plus rieur, il met de l'ambiance de lui-même, tandis qu'auparavant il se contentait de commenter ladite ambiance. Mais il est resté très secret sur son réel état d'esprit. Il faut dire que lui aussi attend la greffe.

Stéphane, qui avait mal réagi, ne voyant dans le départ de Jean-Jacques que la conclusion ultimement tragique de l'échec d'une vie, commence à réaliser toute la portée de cette greffe. C'est comme une seconde naissance. Un nouveau départ. Une autre chance. C'est une lumière formidable au milieu des ténèbres. Et ce ne sont pas les ténèbres qui doivent masquer la lumière mais celle-ci qui doit illuminer les ténèbres. (C'est beau ce que je dis, sniff !) Non. Sérieusement, cette greffe, cette dernière carte, est terrifiante car c'est l'atout final. Il est certain qu'en elle-même l'idée que Jean-Jacques soit parti souriant vers une mort probable et vers des souffrances certaines est révoltante. Mais on est comme on naît. Et lorsque l'on naît muco, la greffe a un sens tout particulier. C'est l'occasion de prendre sa revanche et de surmonter la fatalité génétique, de reculer la mort préprogrammée. La greffe n'est pas la guérison totale, qu'importe ! Pour l'instant, c'est l'unique moyen thérapeutique qui permette de faire plus que de s'attaquer aux effets de la maladie. C'est le meilleur moyen de niquer la maladie.

Stéphane a trop tendance à considérer sa vie comme ratée et inutile. Pourtant, lundi soir, nous sommes allés sur le port avec Sonia, une jeune fille de 16 ans, elle aussi en attente, qui a su trouver les mots justes pour l'émouvoir. Elle lui a dit : « Je veux la greffe car ça ne peut plus continuer comme ça. » Tout simplement. Il n'a rien rajouté, n'est pas reparti dans ses tirades sur le dégoût et l'inutilité de la vie. Il a juste acquiescé de la tête. Mais il ne veut toujours pas de greffe pour lui. Non pas qu'il en ait besoin rapidement. Simplement il la refuse. Il estime que, lorsque son heure sera venue, il n'aura aucun intérêt à s'accrocher. Il n'en aura même pas envie. Tout comme Didier.

Didier dort dans la chambre d'à côté. Il fait partie des mucos dits « en forme ». C'est le batteur dont j'ai déjà parlé. Didier refuse lui aussi la greffe en ce qui le concerne. Il préfère vivre intensément le temps qui lui reste que se ménager pour tenir. Didier fume. Didier se défonce. Didier vit son trip comme il l'entend. C'est un type intègre avec lui-même. Les apparences sont trompeuses. Il a l'air d'un zonard borné alors que, dès que l'on parle avec lui, il est surprenant de sincérité. Il est ouvert à tous, sympathique et agréable ; il est un créateur à sa façon. Il fait de la musique, une forme d'art ; il est intelligent et relax.

Il touche à l'herbe et fume comme un sapeur. Le genre de types que je haïssais parce qu'ils se détruisent alors que je me bats pour vivre. En parlant avec lui, j'ai compris sa démarche. Il fume parce qu'il se sent bien en fumant. Ça l'aide à encaisser les chocs de la vie. C'est une façon de tenir.

Interruption. Stéphane entre. Il me voit attablé à écrire. Là, je lui ai dit que j'écrivais un journal. Il m'a approuvé. Je sais depuis longtemps qu'il fait la même chose. C'est même lui qui m'a incité à écrire le mien. On a évoqué la difficulté d'analyse. Comment être sûr de ce qu'on écrit, alors qu'on n'est même pas sûr de savoir pourquoi on l'écrit ?

Je lui ai dit que Didier était quelqu'un que j'avais fini par comprendre, alors qu'il représentait l'autodestruction.

Du tac au tac, il a rétorqué : « Comprendre mais pas excuser. Il est en contradiction avec lui-même. Il fume et il va à l'hosto se soigner. S'il était honnête avec lui-même, il arrêterait les perfs. Mais c'est de la contradiction que vient la personnalité.

Tout se contredit en étant à la fois indispensable l'un à l'autre. La musique, c'est du silence. »

Voilà. C'était dit. Didier est conscient de cette contradiction, mais il ne fait rien contre.

Stéphane analyse remarquablement les choses. Il me sidère à chaque fois. Alors que, depuis « une heure », je tente de présenter et de comprendre Didier, il le décrit en quelques phrases. Je n'ai plus qu'à me recoucher. Et c'est Stéphane qui conclut notre conversation par une autocritique : « En ce moment, je suis aigri. Il va falloir faire quelque chose. Je ne sais pas quoi, mais quelque chose. Je suis grotesque. La vie est grotesque. Je pantaille. »

Si lui, qui voit justement les choses, pense ça, où va-t-on ? Je ne suis pourtant pas d'accord. La vie est apparemment grotesque à mon sens, mais elle porte en elle-même son utilité. Je ne sais pas comment le faire comprendre et encore moins l'écrire, mais j'ai foi en elle, en sa crédibilité. Peut-être n'est-ce que sottise ?

Ah ! J'oubliais !

Hier, j'ai vu « Dieu » à Marseille. Nous étions allés à un concert en faveur de l'Association Maud (qui a maintenant une existence légale et dont c'était la première soirée). M. Noirclerc y était. Il m'a rassuré sur l'état de Jean-Jacques et m'a dit qu'un des prochains greffons était pour moi.

Si je veux arriver à comprendre le sens de la vie avant la greffe, j'ai intérêt à faire vite…

le 9.6.90

Guy est revenu au Coty. Il nous a raconté qu'il n'a pas quitté l'hôpital marseillais depuis ma dernière rencontre avec lui, mis à part quinze jours passés à Paris où il a été fatigué et essoufflé. Il a été traité pour un rejet et va mieux depuis, mais reste très fatigué et essoufflé (surtout pour un greffé). Il a fait un tas d'examens à Marseille et est revenu ici pour décompresser un peu en attendant les résultats. Il faut dire que les hôpitaux de Marseille sont loin du paradis médical qu'est Giens.

Guy est vraiment déprimé. Il parle moins, se perd dans ses pensées et recherche moins le contact. Il part lentement à la dérive, n'a rien à voir avec le type exubérant et hyperpressé qu'il était avant. Il me fait penser à Christophe. Il est inexplicablement malade et les médecins ne comprennent pas ce qu'il a.

Aujourd'hui, France-Culture a diffusé l'émission de radio que j'avais enregistrée en mars avec Stéphane et quelques autres.

C'était une émission intéressante, très intelligemment construite et pas misérabilisante. Il faut dire d'Antoine Spire, le journaliste qui nous a interviewés, qu'il s'était vraiment intéressé à la mucoviscidose et avait pris la peine de rester suffisamment longtemps pour nous comprendre. J'ai enregistré l'émission qui a été diffusée ce matin. A un moment, le docteur Chazalette y évoque la greffe et cite le chiffre de 40 % d'échecs. Dans ce chiffre il inclut certainement Christophe. Christophe qui, d'après la psychologue, aurait eu une crise d'angoisse engendrant un arrêt cardiaque.

Mais peut-être est-ce une façon de nous masquer un échec médical ? C'est ce que croit Stéphane et je finis par penser comme lui. Ainsi en est-il de Guy, dont ils n'arrivent pas à savoir ce qu'il a. C'est que la greffe est récente (été 88 pour la première effectuée en France) et qu'ils sont encore en terrain inconnu, incapables de soigner et de comprendre certaines complications.

Guy a tiré un mauvais numéro.

Il s'en sortira peut-être, mais il va servir de cobaye pour les autres. Ça c'est révoltant. A la fois ignoble et indispensable. Il faut bien qu'il y ait un premier pour tout, mais en être réduit à l'état de rat de laboratoire, c'est atroce. Quand je le regarde et que je pense : « Peut-être qu'ils vont trouver, peut-être pas, ou peut-être trop tard », je n'ai plus très envie de cette greffe.

Mais il faut jouer le jeu. De toute façon, sans greffe je ne verrai peut-être pas Noël. Ce n'est pas parce que je respire très mal, mais c'est qu'un pneumothorax ou une hémoptysie fatals peuvent toujours se déclarer. Pour l'instant, j'essaie de me maintenir pour être opéré dans les meilleures conditions. Comme Jean-Jacques. Qui était, toutes proportions gardées, en forme le jour de sa greffe.

J'ai beaucoup discuté avec Stéphane aujourd'hui. On a reparlé des photos que j'avais prises lors du départ de Jean-Jacques. Je voulais essayer de fixer cet instant ahurissant, de capturer mon émotion pour l'éternité. Mais Stéphane m'a fait ouvrir les yeux sur ma conduite. C'était du voyeurisme. Essayer de capter le regard d'un ami en cet instant, c'est pas terrible comme comportement. C'est digne du petit journaliste merdeux en quête de scoop. Ça ressemble trop à ce que l'on voit dans *Paris-Match* et à l'exploitation des problèmes des autres. Même si c'est Jean-Jacques qui avait lancé l'idée de la photo, une ou deux auraient suffi. J'aurais plutôt dû essayer de le soutenir moralement. J'espère que Jean-Jacques n'aura pas cette vision des choses. J'ai déjà déçu Stéphane, ça m'a suffi. Enfin, ce soir nous sommes allés tous deux au resto chinois et on a réussi à oublier la greffe et la mucoviscidose pendant quelques heures.

Si je croyais Stéphane fini, il n'en est rien. Il est plus fort que jamais. Conscient de tout, l'acceptant et vivant avec. C'est un type bien, vraiment bien ; et j'espère qu'on ressortira encore souvent au resto chinois, comme ce soir.

le 14.6.90

Je repars demain par l'avion de 16 h 50. Je vais retrouver ma terre natale où il pleut deux jours sur trois, quand ce n'est pas trois sur deux.

Je suis un peu triste de quitter les copains, mais presque tous repartent ce week-end. Ce séjour à Giens a été très agréable. J'y ai revu mes meilleurs amis mucos, qui sont quasiment devenus mes meilleurs amis tout court. J'ai assisté au départ de Jean-Jacques et j'ai repris confiance dans mes possibilités physiques. Du moins je ne crains plus de faire un pneumo à chaque geste, même si ma psychose est toujours là.

Aujourd'hui, j'ai enfin appris de la bouche de Guy ce qui avait terrassé Christophe : un rejet chronique. C'est une mauvaise complication post-opératoire. On n'assimile pas assez la Cyclosporine et l'on est en situation permanente de rejet.

A l'intérieur, le poumon greffé « pourrit ». Il devient fibreux, comme lors d'une fibrose pulmonaire. Une seule solution : une autre greffe. Christophe n'a pas tenu jusque-là. D'ailleurs, Guy pense qu'il n'aurait pas pu supporter une autre intervention. Guy, lui, fait, semble-t-il, des spasmes bronchiques doublés d'une infection. Si ce n'est que cela, ce n'est pas trop grave. Il rentre demain à Paris avec moi, pour quelques jours de repos. Il en a besoin ; il est terriblement à cran et, comme moi en avril, s'acharne à démolir les autres. Rentrer chez lui est ce qui peut lui arriver de mieux. Bien qu'il doive retourner à Marseille dès mardi pour subir une artériographie, il s'y ennuiera moins, car il sera avec les autres greffés venus faire un bilan de contrôle.

Je vais donc rentrer. Réfléchir et analyser au calme ces dernières semaines. De toute façon, je ne serai pas longtemps chez moi. Mon retour est déjà prévu aux alentours du 12 juillet.

le 18. 6. 90

Cela fait déjà trois jours que je passe à la maison. Samedi matin, le 16, mes cousines sont arrivées pour presque une semaine. Elles dorment dans leur résidence secondaire, à Bosc-le-Hard, mais passent la journée ici. Nous avons repris les jeux de rôles sur les chapeaux de roues.

Mais ce loisir m'attire moins qu'il y a deux ans, bien qu'il reste très agréable. Ma véritable vie est devenue si mouvementée que j'éprouve moins l'envie de m'évader dans un univers fantastique. Je subis l'influence de Giens. J'ai toujours été influencé par un tas de gens : jusqu'à l'année dernière c'était surtout par Law, mais, depuis Giens, beaucoup d'autres personnes sont entrées dans ma vie : Jean-Jacques, Stéphane, François, Juliette, Martine, Frédéric…

Mais, de tous, ce sont Jean-Jacques et Stéphane qui ont eu le plus fort ascendant sur moi. Ces quinze derniers jours je les ai passés avec Stéphane le plus clair du temps. On a beaucoup parlé ensemble. Il est vraiment extraordinaire, à part... Ensemble on a fait le gros du *Cotylédon*, le journal des « Mucos Battants ». J'espère qu'il va bientôt être tiré et distribué. Relancer ce magazine est, pour l'instant, mon principal centre d'intérêt. Il montrera un peu l'esprit muco au travers des textes et des dessins qui y figurent. Si les autres participaient après ce premier numéro, ce serait vraiment bien. J'aurais le sentiment d'avoir fait quelque chose d'utile.

Finalement, créer et susciter la création est à peu près la seule chose que l'on puisse faire... Sauf aider les autres à vivre, à supporter leur mal de vivre. Stéphane m'y aide. Il est plein de sagesse, même si, par moments, il est vraiment très négatif. C'est un ami qui devient de plus en plus proche. Avec lui je partage des tas de choses : la maladie d'abord, puis la littérature, la musique à laquelle il m'initie, et aussi les délires de notre correspondance. Il m'a redonné le moral, l'envie de m'améliorer physiquement pour attendre mieux et plus longtemps la greffe. Je ne vais plus me laisser gentiment baisser sous prétexte que « Dieu » va me greffer. Il faut que je remonte. Doucement, sans à-coups, pour éviter les complications, mais il faut que je remonte.

Je pose. Dans ce journal je pose et je me mets en valeur, m'a dit aussi Stéphane. « Le plus dur c'est d'être détaché de son journal tout en y inscrivant l'essentiel. » « C'est très dur de ne pas se laisser emporter dans son élan et de ne pas écrire quelque chose de dithyrambique. »

A-t-il lu ce que j'écris ? Ou est-ce une constatation, fruit de sa propre expérience ? Suis-je grotesque en racontant tout ça ? Et si je brode, pour qui est-ce ? Pour moi ? Pour vous ?

Guy aussi voulait écrire un livre, mais il cherche un nègre car il ne sait pas faire passer l'émotion par écrit. Il voudrait faire un témoignage de ce qu'il est, de ce qu'être greffé représente. Un peu comme nous avec le *Cotylédon*. Guy a même voulu prendre Stéphane comme nègre ! Mais il a refusé. Il a déclaré vouloir faire son entrée dans la littérature par la grande porte, pas par un témoignage. Il recherche plus de rigueur, de créativité littéraire. Plus que ce que je pourrai sans doute jamais faire. Mais, déjà si l'un d'entre nous arrive à faire passer sa rage de vivre et sa force à d'autres, ça serait déjà ça.

Une rage, qui pour ma part s'est accrue lorsque j'ai réalisé que j'ai fait tout cela pour rien. J'ai toujours tiré un réconfort du fait que ce que j'endurais profiterait à d'autres.

Mais voilà que la greffe n'est qu'un moment dans le traitement de la mucoviscidose. Voilà que l'on peut diagnostiquer la maladie chez le fœtus, à temps pour faire une IVG. Voilà que, dans dix ans, l'on vaincra la mucoviscidose en prenant un petit comprimé bourré de la molécule manquante qui rend anormal le transport du chlore dans nos cellules. Voilà que les mucos disparaissent. La génération perdue. Ceux qui naissaient en 1960 mouraient, en moyenne, à deux ans. Ceux de 1990 mourront dans le ventre de leur mère, grâce à l'IVG. Ceux de 1980 verront l'évolution de la maladie stoppée par le remède miracle. Ceux de 1970 devront être greffés pour survivre quelques années de plus, partagés entre l'hôpital et la maison.

Et pourtant, même s'il y a des moments pénibles, je veux vivre cette vie ! Je le veux plus que tout ! Une fois tous les mucos morts et ceux à venir avortés : problème résolu.

Le journaliste : « Il n'y a plus aucun malade mucoviscidosique. La maladie est donc vaincue ? N'est-ce pas, docteur ? »

Le docteur : « Oui, ils sont morts et nous tuons les nouveau-nés. La mucoviscidose est morte. »

Imaginez Schwartzenberg dire : « Le cancer est vaincu. Désormais tous les malades sont brûlés dès le diagnostic fait. »

Non. J'espère que des gens renonceront à l'IVG et prendront le risque de voir mourir leur enfant parce que c'est la seule façon courageuse et noble d'affronter la fatalité. C'est la seule façon décente de vaincre la maladie : en prolongeant la vie et non en la détruisant avant qu'elle ne le fasse.

Nous sommes la génération perdue, rats de laboratoire pensants, où la science tente de comprendre les anomalies de la vie.

Mais si le remède miracle est trouvé et que, malgré cela, l'on avorte les mucoviscidosiques, alors l'humanité aura perdu un combat et nous serons vraiment perdus. Ayant vécu pour rien. Une vie à la dérive du temps.

Ai-je posé en racontant tout ça ?

C'est peut-être un peu théâtral, mais je n'arrive pas à m'exprimer bien de façon concise. (J'ai déjà du mal si je développe mon idée !) A l'avenir, j'essaierai d'être moins exhibitionniste tout en disant ce que j'ai à dire. Mais c'est un exercice difficile pour moi.

Mais ce journal ne doit pas devenir impersonnel et académique à force de recul pris par rapport à ma propre vanité. Montaigne disait : « On va plus facilement par les extrémités que par le milieu. » Essayons tout de même.

le 23. 6. 90

Ce soir je suis allé au cinéma voir *Appartement zéro*, petit film argentin passé complètement inaperçu. Pourtant, c'est un chef-d'œuvre dans sa catégorie. Un film policier noir, très noir, peuplé de gens à la limite de la folie, acculés par la dégradation politico-économique du pays. Un film fou, désespérant, atroce, cynique ; en un mot : sublime ! Du très bon cinéma avec une fin qui rappelle *Psychose*. Un délice terrifiant. Pour la première fois depuis plusieurs mois, j'ai vu un film qui m'a vraiment transporté ailleurs. J'ai vraiment oublié qui j'étais et où j'étais. Fascinant. Un film au sujet aussi démentiel que la réalité. Réalité si forte que les jeux de rôles perdent de plus en plus leur attrait. Aujourd'hui, Laurence et Aude devaient venir pour finir une partie. Elles se sont décommandées hier soir et cela m'a fait plaisir. Ne voir personne d'autre que ma mère a été un doux repos. Depuis mon arrivée, je n'avais pas été seul une journée. Ça m'a fait du bien. J'ai pu écrire à Stéphane dont j'ai reçu une lettre hier. C'est la personne avec laquelle je me sens le plus proche en ce moment. C'est un ami formidable.

J'ai planifié ma petite vie jusqu'en octobre.

Le 10 juillet, je repars à Giens par le même avion que Juliette. A deux, le voyage sera plus agréable. Mes parents me rejoignent le 13 sur la Côte d'Azur. Ils habiteront dans une location près de l'appartement de François jusqu'au 27 juillet. Pendant cette période, j'espère être en hôpital de jour pour être plus libre. Je rentrerai à la maison vers le 5 août et j'attendrai de pied ferme Stéphane qui désire faire un « tour de France des mucos ». Le 3 septembre, je pars en Corse avec les Mucos Battants. On en revient le 11. Je ferai une escale à Giens pour une cure de perfusions et puis après, Dieu (ou « Dieu ») seul sait ce qui se passera.

Ce matin, papa est parti à Athènes pour faire passer des examens de droit aux Grecs. Il revient dans une semaine. D'ici là je lui ai promis de bien faire ma kiné. Il va d'ailleurs falloir surveiller ce que je crache, car, une semaine après la fin des perfusions, cela semble à nouveau très infecté. Mais je tiens encore debout. Je n'ai jamais eu autant de projets de ma vie. Je voudrais m'offrir un autoradio, une minichaîne qui fasse laser, des étagères pour réorganiser ma chambre, lire quelques classiques de la littérature, voir les nouveaux films de l'été qui ont l'air prometteurs, continuer le *Cotylédon* (à condition qu'il paraisse un jour). Bref, j'ai encore beaucoup à faire, après deux années sabbatiques.

le 29. 6. 90

La télé est un des objets qui me sont indispensables. Aujourd'hui, c'est la fin de l'année scolaire. La fin de la saison 89-90 à la télé. Si je me retrouve dans une chambre d'hôpital sans Canal + et sans Les Nuls, ça va être dur. Déjà que ce n'est pas folichon l'hiver… Alors l'été. Et si je parle de chambre d'hôpital, il ne s'agit pas de Giens, où je suis maintenant comme un poisson dans l'eau, mais de Marseille.

Marseille où Jean-Jacques est encore en réa, un mois après sa greffe ! Marseille où l'on n'a que dix à soixante minutes de visite par jour. Marseille d'où tous reviennent transformés, ahuris, comme absents.

Allô, ici l'esprit : il n'y a plus d'abonné au numéro demandé. Bip. Bip. Bip.

En revenant de réa, tous sont incapables d'en parler. C'est sans doute trop dur, trop long, trop chiant, trop déprimant, trop sinistre. L'esprit déconnecte. Bip, bip, bip, bip, bip.

Plus rien. Plus personne. Ils ont tous oublié la réa, ou ne veulent pas en parler. Sauf Guy.

Guy qui raconte que, sous l'emprise de la morphine, il se prenait pour une araignée. Guy qui dit à qui veut l'entendre qu'il a failli devenir fou. Que les médecins sont des tarés, qu'ils font des prises de sang, en fémoral, sans anesthésie locale.

Au fait, quand j'y pense, j'ai peur. Si la seule chose qui pouvait me distraire s'arrête (à savoir les émissions de Canal +), je me demande comment je vais sortir de la greffe.

J'en ai de moins en moins envie de cette greffe. J'ai trop d'amis mucos pour renoncer facilement à les laisser tomber une fois greffé. Je commence à en savoir aussi trop sur les complications postopératoires pour y aller l'esprit tranquille. Même si je sais depuis longtemps que c'est un gros risque, cela ne fait qu'un ou deux mois que je commence vraiment à prendre conscience de ce qui m'attend : problèmes du diaphragme, de la fibrose pulmonaire totale, des éventuelles réopérations si les bouts de fer (les agrafes, en jargon médical) s'infectent ou bougent, les problèmes d'hémorragie, les prothèses bronchiques… De plus, toute une surveillance postopératoire très sévère pendant un an ; puis plus espacée dans le temps, mais à vie. Les surinfections dues à l'immunodépression, les rejets, les pneumothorax qui surviennent parfois lors d'une biopsie… Bref, c'est pas la joie… Et cette sensation d'être un rat de laboratoire.

A Giens, Stéphane m'appelle « vieux rat ».

Ce n'est qu'un surnom, mais je le porte bien. Voûté, amaigri, le visage creusé et la peau pâle, j'ai vraiment l'air vieux. Et je suis un rat de laboratoire. Délicieux cocktail.

Mardi dernier, avec mes cousines, on a répondu au questionnaire de Proust, un peu transformé par Laurence. Ça a été un moment formidable où l'on a retrouvé la franchise d'une vraie amitié. Cela m'a rapproché d'elles alors que, obnubilé par Giens, je m'éloignais d'elles.

Ça a confirmé ce que je pensais un peu : elles sont plus enfantines que moi. Le rêve de bonheur d'Aude est d'apprendre en dormant pour ne plus aller à l'école et le seul défaut que se voit Laurence est un manque de mémoire.

Bref, Aude n'a pas compris qu'apprendre n'est pas une obligation, mais un désir, et Laurence ne voit toujours pas ses vrais défauts, ou plutôt elle s'entête à ne voir que ceux qui ne lui plaisent pas, occultant son égoïsme et quelques autres.

Mais toutes les deux n'envisagent pas l'avenir après ma mort. Elles ont, à un moment ou un autre, souhaité ma survie dans leur souhait. Ça m'a fait plaisir. C'est tout de même agréable de se sentir « aimé ». Il faut dire qu'on se connaît quasiment depuis notre naissance. Mais, moi aussi, leur disparition me peinerait terriblement et plus encore. Après tout, ce sont quand même les personnes avec qui je partage ma vie depuis des années, à part mes parents. Mais « parent » et « ami » c'est différent. Et si parfois elles me semblent puériles, c'est aussi que je suis un étranger par rapport à celui que j'étais il y a deux ans.

Aujourd'hui, j'ai rouvert mes affaires de classe. J'ai jeté tout un tas de photocopies des cours que j'avais manqués en 88. Ces photocopies dataient d'octobre, novembre et décembre 88, date à laquelle j'espérais encore continuer ma scolarité et passer mon bac en juin 89.

J'y ai retrouvé des cours de philosophie (les seuls que je n'ai pas bazardés) sur l'inconscient : le Moi (moi, quoi), le Ça (l'instinct primaire de la bête qui sommeille en nous) et le Surmoi (l'autorité morale et les tabous de la société et de l'éducation). Comme ça rejoint le questionnaire de Proust et que, finalement, la seule chose qui nous intéresse c'est « qui suis-je, où vais-je, dans quel but j'erre ? ».

Questionnaire de Proust (version J. J. A. H.*)

Qualité d'un homme : l'humour.

Qualité d'une femme : la compréhension.

Qualité d'un ami : la franchise.

Mes défauts : naïf, parfois même obtus, tendance à écraser les autres quand je suis épaulé, acide, égoïste, hypocrite, menteur.

Rêve de bonheur : une greffe réussie en conservant des liens avec les mucos. Vivre intensément et bien. Avoir le temps de faire aboutir quelques projets.

Le plus grand malheur : mort de mes vrais amis et parents. Devenir aveugle et paralysé (surtout des bras). Et, le pire de tous, si après la mort c'était pire qu'ici, si mes angoisses les plus profondes étaient vraies… Une vision d'horreur totale : être prisonnier dans la toile d'une immonde araignée géante (et velue !).

Pays où je voudrais habiter : je suis bien en France. Ou alors l'Angleterre.

Ce que je voudrais être : non muco (quoique, parfois, je me demande !). Être beau, grand, riche et intelligent (quoique, là aussi, je me demande si je ne serais pas un connard de branleur si j'étais si parfait).

En tout cas, j'aimerais être plus lucide, plus objectif, plus cultivé et surtout plus sûr de moi. J'aimerais croire en quelque chose de solide. Mais la certitude conduit à la stagnation. En réalité, j'aimerais guérir (déjà si la greffe réussit il y aura un progrès) mais garder ma conscience et mes souvenirs. Parce que cette vie n'est peut-être pas toujours facile, mais c'est la mienne.

Mes préférences :

Couleur : le bleu.

Fleurs : les chrysanthèmes.

Animal : le tigre.

Écrivains : Stephen King, Lovecraft, Tolkien, Herbert, Moorcock, Lautréamont, Alan Moore.

---

* Johann, Jacques, Adrien Heuchel.

Livres : *Ça*, puis, un cran derrière, les écrits des auteurs cités plus haut.

BD : *Les Gardiens.*

Films : *Alien, Star Wars I, II* et *III, Indiana Jones I, II* et *III, Robocop, Brazil, Highlander, Conan I.*

Metteurs en scène : Steven Spielberg, Peter Weir, John Boorman, Alan Parker, Clint Eastwood, Ridley Scott, James Cameroon, David Lynch…

Héroïne réelle : Mère Teresa.

Héros réel : John F. Kennedy.

Héroïne fictive : Jean Grey, en tant que phœnix.

Héros fictifs : Indy, Serval, Paul Atreïde, dit Muad Dila.

Héroïne de jeu de rôle : Althéa l'Amazone.

Héros de jeu de rôle : Allan Burnt.

Actrice : Sigourney Weaver.

Acteur : Harrisson Ford.

Véritables amis : Law et Aude, Stéphane, Thierry, Jean-Jacques.

Le trait de caractère que je déteste le plus : l'hypocrisie.

Ceux que je hais : les grands cons trop sûrs d'eux.

Meilleure manière de mourir : à Mach 1, à quinze mille mètres de haut, dans un accident d'avion.

Don de la nature que j'aurais aimé : voler, faire bouger les objets par la pensée (la télékinésie quoi !).

Devise favorite : « Ce qui ne nous tue pas nous rend plus forts », Nietzsche.

Ce soir, Yannick est rentré de Grèce. Il m'a offert un superbe poignard et une dent de sanglier montée en pendentif. Il paraît que c'est un porte-bonheur local.

le 5. 7. 90

La vie est un éternel recommencement. Je repars à Giens mardi prochain, le 10 juillet. Mais, cette fois, mon optique est différente. J'y vais pour me soigner (perfusions nous voilà !)

mais aussi pour passer quelques semaines sur la côte en été. Et puis ce sera l'occasion de revoir les autres. L'été, le Coty est plein; ils installent même des lits supplémentaires dans les chambres. Je descends par avion avec Juliette. Nous irons la chercher à la gare de Rouen, puis, nous l'emmènerons à Orly où elle et moi prendrons l'avion pour Hyères. C'est plus sympa de partir à deux, et partir avec Juliette ça ne gâche rien ! Elle est très sympathique, ouverte et intelligente. Et puis elle a longtemps habité en Seine-Maritime, c'est une compatriote. Pourtant, elle déménage à Avignon pour rejoindre son père qui y travaille. C'est vraiment dommage. Pour une fois que quelqu'un de Giens habitait près (à une heure de route tout de même) de chez moi.

Il y a bien Vincent, le muco du pays de Bray qui est juriste, mais j'ai moins d'atomes crochus avec lui qu'avec ceux de Giens.

J'espère aussi voir Jean-Jacques à Giens. Logiquement, et d'après les dernières nouvelles que j'ai eues de lui par téléphone, il est sorti de la réa de la Timone lundi, pour l'unité post-greffe de Salvator où il devrait rester dix à quinze jours. Je pense être à Giens pour son retour. J'ai hâte de le revoir. Et un peu peur aussi.

Peur, comme je l'ai déjà dit, que la greffe forme entre nous une barrière. Mais, peur aussi, soyons honnête, de le voir affaibli, fatigué ou plus mal qu'il n'était le jour de son départ.

Stéphane m'avait dit que je m'étais projeté à la place de Jean-Jacques au moment de son départ. Qu'à travers lui, c'est moi que je voyais partir. C'est sans doute vrai. Jean-Jacques a tracé la route pour moi. Et si la greffe ne l'a pas amélioré de façon significative, j'aurai, certainement, une réticence à me faire opérer. Comme, lorsque Guy était mal, j'avais peur pour moi et mon avenir. D'ailleurs, Jean-Jacques aussi avait été « refroidi » par l'exemple de Guy.

Une fois encore l'oscillation risque de changer de sens. Quoique, bien que je désire toujours la greffe, je ne fonce plus tête baissée vers elle. J'aimerais pouvoir encore attendre. En tout cas, ce désir obsessionnel de la greffe a disparu, laissant place à une volonté ferme mais plus réfléchie.

La thérapie des jeux de rôles a été efficace. Toute cette semaine j'ai fait jouer Law et Aude à *Nouveaux Héros*, le jeu de rôles d'une nouvelle race de héros, que j'ai écrit moi-même. Je me suis beaucoup investi dans deux scenarii qui m'ont pris 90 % de mon temps libre, et j'en ai oublié la mucoviscidose durant de longues heures.

En fait, mon attirance pour les jeux de rôles suit le cycle de mes voyages : à Giens, je m'en désintéresse presque totalement. Une fois de retour ici, ces jeux m'ennuient, et je ne pense qu'aux copains mucos. Puis, peu à peu, l'atmosphère de la maison (où se trouvent toutes mes affaires de jeu et où j'ai joué mes meilleures parties) m'envahit et je reprends goût à ce loisir. Mais, à peine ai-je le temps de rentrer et de recommencer à m'amuser vraiment que je repars…

Enfin, à Giens, j'ai d'autres centres d'intérêt, sans doute plus adultes. Je vais aussi me préoccuper de savoir ce que devient le numéro quatre du *Cotylédon* qui doit bientôt sortir.

Finalement, je vis une double vie. Chez moi, je suis Johann, l'enfant surprotégé qui joue encore à 19 ans et, là-bas, je suis Johann, le muco-futur-greffé, un certain « docteur vieux rat », mucoviscidosique d'une vingtaine d'années, amateur de BD, de SF, de musique, journaliste, philosophe, photographe, génie à ses heures perdues, mais aussi et surtout, l'ami et ennemi intime, selon le scénario d'un certain Estevan Nadamas, comme me l'a écrit Stéphane.

le 9. 7. 90

Il y a deux jours – avant-hier soir, quoi – alors que je soufflais tranquillement pour faire ma kiné, le téléphone a sonné. Je décroche. Une voix curieuse, faible et éraillée, me parvient du fond de l'écouteur, une voix familière mais que je n'arrive pas à identifier.

« Qui est-ce ? ai-je demandé.

– Devine. »

Et là, j'ai réalisé ! C'était Jean-Jacques ! Jean-Jacques qui me téléphonait depuis Salvator, où il va rester jusqu'au début août. L'entendre m'a fait vraiment plaisir. Mais, en même temps, je me suis senti coupable de ne pas l'avoir soutenu plus, durant la réa. En fait, je crois qu'inconsciemment j'ai rejeté Jean-Jacques à l'arrière-plan depuis mon retour à la maison. Sans doute parce que la greffe est une épreuve si forte qu'elle me fait peur et que, finalement, je préfère ne pas trop saisir à l'avance où je vais, ni si je resterai vraiment longtemps à Marseille.

Jean-Jacques avait l'air très fatigué, extrêmement las, comme si rien ne l'intéressait, comme s'il était usé et flétri, sans envie ni désir. Il subit simplement les conséquences de la greffe. Ils l'ont réopéré pour enlever des hématomes sous les épaules. Il a de l'eau entre les plèvres et a fait un (ou plusieurs) pneumothorax. Lui qui en avait si peur, il sait ce que c'est maintenant. Il est drainé depuis samedi pour ça. Mais, il y a quelques jours, il marchait, m'a-t-il dit. Trente-neuf jours après l'opération, il recommence seulement à réécouter son Walkman. Lui qui, comme moi, l'avait acheté pour passer le temps en réa, n'a même pas eu envie de l'écouter. Sa mère m'a dit qu'il n'avait écouté en entier la cassette que nous avions enregistrée à Giens qu'il y a quelques jours. Avant, il était trop faible.

Si je ne l'ai pas réellement soutenu en réa, je vais le faire maintenant qu'il est pleinement conscient et qu'il peut recevoir des visites. Demain, je repars à Giens. Mes parents me suivent le 12. Ils arriveront le 14 au soir et resteront jusqu'en août. Ensemble, nous irons le voir à Salvator. C'est en fait là-bas, lorsqu'il aura repris des forces, que l'impatience de rentrer chez lui va le prendre et qu'il va commencer à vraiment en avoir marre. Avant de partir, je lui téléphonerai sans doute. Et je lui enverrai une lettre de là-bas en attendant d'aller le voir.

Je ne sais pas comment va évoluer notre amitié, mais je pense que, finalement, comme pour Guy, la greffe ne va pas présenter un obstacle insurmontable. En attendant de le rejoindre de l'autre côté de la barrière, nous nous écrirons. Il ne faut pas que l'on perde contact. Ce serait trop bête. Bien que nous n'ayons que peu de goûts en commun, nous sommes de vrais amis et le coup de téléphone de Jean-Jacques a renforcé cette amitié. « Parce que c'était moi, parce que c'était lui », disait Montaigne.

Dans un tout autre registre, hier je suis allé déjeuner à Dieppe, dans un grand restaurant avec vue sur la mer. Le repas, bien qu'agréable, fut banal. Mais, après nous être empiffrés, nous sommes allés sur la plage de galets pour voir de plus près la mer et digérer un peu. Il y avait sur l'avenue de la plage une curieuse caravane d'Art Modeste. C'est-à-dire que des artistes itinérants, ayant fait de leur caravane le temple du pop-art de mauvais goût, ont fait escale là-bas. Certaines réalisations étaient d'une laideur extrême ; d'autres, volontairement provocantes, étaient plus intéressantes. Bien que je soupçonne ces artistes du Trash-Art d'être encore plus imbus de leur ego que les « artistes officiels », leur exposition n'en était pas moins intéressante. Eux, au moins, ont essayé de faire quelque chose. C'est facile de critiquer lorsque l'on est spectateur, mais encore faut-il savoir et oser un minimum. Finalement, les délires caravanesques de ces types étaient assez proches de ce que je voudrais faire du *Cotylédon* : un journal instinctif où chacun pourrait faire partager aux autres ses désirs, ses passions, ses émotions ou ses fantasmes. Sans censure ni fausse pudeur, arriver à s'exprimer, pour qu'au travers du journal il se dégage un « esprit muco » qui ait valeur de témoignage.

le 14. 7. 90

Rien.
(Depuis le temps que je voulais la faire, celle-ci !)

le 22. 7. 90

Je suis à Giens depuis le 10 au soir. J'ai voyagé avec Juliette. Elle déménage à Avignon et je ne la reverrai sans doute plus à la maison. Dommage, mais qu'y puis-je ?

Ici, depuis douze jours, j'ai fait à la fois plein de choses et rien du tout. C'est l'été. Le service est comble. Il y a du monde partout, de l'animation, de l'agitation. Mais tout cela, c'est du bruit et du mouvement pour « Rien ». Car, il ne se dégage rien de ces relations stupidement superficielles. Le temps n'est pas à la réflexion, mais aux gaudrioles stériles. Seuls, quelques-uns font exception. J'ai, par exemple, rencontré Nathalie Genza, une fille de Béziers, qui a frôlé la mort en réa, et qui est vraiment intelligente et sympathique. J'ai aussi retrouvé Anne Heimerman, qui était là en février, et qui partage ma vision des choses. Il y a aussi d'autres personnes intéressantes, mais qui sont influencées par l'ambiance estivale, ce qui empêche de parler sérieusement, alors que cela est possible en hiver. Curieusement, ce sont les filles qui semblent les plus sensées dans cette escalade aux ragots, aux saouleries et aux conquêtes éphémères… Enfin, l'ambiance est bonne dans l'ensemble. Je déplore simplement le manque de profondeur dans les rapports que j'ai avec les autres. Lorsque j'en ai vraiment marre, je vais voir mes parents qui ont pris une location à Giens. Mais ce climat simplet m'exaspère et je suis très irritable. Trop irritable. Ou alors, lorsque la coupe est pleine (comme ce soir), je m'isole et passe ma rage sur la musique et le papier.

Mais à part ça, Jean-Jacques se remet. Très doucement ; beaucoup trop à mon goût. Égoïstement, je songe au temps qu'il me faudra passer, moi aussi, à Marseille, et chaque journée supplémentaire assombrit mon horizon.

Pourtant, il paraît qu'un long rétablissement est préférable, dans la plupart des cas, à un retour spectaculaire au top niveau. L'avenir jugera. Guy, lui, est encore retourné à Marseille. D'après ce que je sais, il y serait retourné quatre jours après notre voyage ensemble et y serait encore aujourd'hui. Il aurait même refait de la réa…

Bref, ces jours ensoleillés ont un « je-ne-sais-quoi » de déprimant. Et cela sans parler de Joseph – un vieil ami de Giens, qui m'a permis, avec Jean-Jacques, de m'intégrer ici – qui fait hémoptysie sur hémoptysie. Ni de Fabrice, que j'ai connu en mars, et qui serait (mais je n'en suis pas sûr à 100 %) décédé d'un arrêt cardiaque, en vacances aux Baléares. Vive les vacances !

le 27.7.90

Je dors maintenant seul dans cette chambre. Ce n'est plus la peine de se cacher pour écrire. Ces derniers jours ont été très agités. D'abord j'ai revu Jean-Jacques. Il est revenu le 25, après cinq semaines de réa et trois à Salvator. Il a beaucoup maigri, surtout des jambes, à cause de l'immobilité. Son visage aussi s'est creusé : Il a l'air d'avoir cinq ans de plus.

J'ai pu discuter avec lui. Il n'est pas aussi « déconnecté » que je le pensais, bien qu'il ne parle pas trop. Guy aussi est revenu. Son état semble stationnaire. Depuis la dernière fois, il a finalement passé dix jours à Paris et a dû redescendre d'urgence à Marseille où il est resté (encore) un mois.

Marseille. A tout jamais cette ville sera liée dans mon esprit aux situations critiques.

Ce soir, Joseph a fait une hémoptysie. C'est la septième en trois jours. Il s'est déjà fait amboliser deux fois et revenait, cet après-midi, de Marseille. A peine deux heures après son arrivée, il a recraché du sang. Le SAMU l'a ramené à Marseille, où il sera soigné efficacement. Peut-être vont-ils l'opérer pour ligaturer l'artère abîmée.

Il y a eu une greffe le 24. C'est Laurent qui est parti. Il avait, à peu de chose près, les mêmes caractéristiques pulmonaires que moi. En d'autres termes, c'était lui ou moi. C'est lui qui a été choisi parce que, m'a dit le docteur Chazalette, « le greffon était plus proche de lui ». J'ai beau dire depuis mai que je ne cours pas après la greffe et que je préfère tenir le plus longtemps possible, j'ai été sur les nerfs pendant deux ou trois jours. En fait, cela m'a plus énervé que je ne l'aurais cru. Inconsciemment, je dois être terriblement jaloux de lui. C'est la première fois que je ne suis pas heureux après une greffe, alors que je préfère, consciemment cette fois, que ce soit lui qui soit passé.

J'ai aussi une déshydratation. Je ne supporte pas la chaleur de l'été sur la côte. Hier soir et ce matin, j'ai fait deux poussées à plus de 39° de fièvre. En soi, ce n'est pas grave. Mais avant que je sache pourquoi j'étais si malade, surtout ce matin… J'ai vraiment eu peur.

Je me voyais déjà partir à Marseille pour être intubé et avoir une voie centrale… Heureusement, j'ai cessé ce mauvais délire après midi. Mais la matinée n'a vraiment pas été rose… J'ai également appris que Fabrice était réellement mort. Il a eu un arrêt cardiaque en se reposant dans une chambre d'hôtel aux Baléares, où il était parti avec Joseph. Le voyage avait été offert par M. Granet, directeur des « Leclerc » en Provence et qui, après avoir eu un enfant muco qui est décédé, continue à nous aider. Il était encore là, ce soir, quand Joseph est parti avec le SAMU.

le 6.8.90

Beaucoup d'eau a coulé sous les ponts depuis la dernière fois où j'ai écrit dans ce journal. Cela fera une semaine demain que je suis revenu à Bosc-le-Hard. Il s'est passé tant de choses que je ne sais par où commencer.

Puisque le sujet occupe déjà une bonne place dans ce journal, je commencerai par Jean-Jacques.

Jean-Jacques m'avait fait plutôt bonne impression lorsque je l'ai revu pour la première fois après sa greffe. Mais, lundi dernier, le 30 juillet, il était très fatigué. Je suis monté le voir l'après-midi. Il était assis sur le bord de son lit dans un état second, comme un zombie. Je lui ai parlé quelques instants, mais, comme il n'a pas répondu (mis à part une espèce de grognement que j'ai pris pour un bonjour), je n'ai pas su quoi dire. Il avait vraiment l'air épuisé. Il s'est rallongé et a fermé les yeux. Je l'ai laissé dormir et suis allé lire dans ma chambre. Lorsque le repas de 18 heures a commencé, j'ai appris qu'il était reparti, avec sa mère, pour Marseille ! Il paraît qu'il fallait le dialyser. Ses reins, déjà atteints par des kystes (maladie qui a obligé sa mère à être, elle aussi, greffée il y a cinq ans), ne pouvaient éliminer la « cyclo » et les antibiotiques contre le CMV*. D'autant que la chaleur était accablante et que Jean-Jacques buvait peu. J'ai moi-même eu une crise de déshydratation. Jean-Jacques est donc reparti à Marseille. C'est, à ma connaissance, la première fois qu'un greffé revenu à Giens repart à Marseille aussitôt. C'est déjà dur pour nous, alors pour lui ce doit être terrible. Je ne peux pas me mettre réellement à sa place, mais j'imagine que ça ne doit pas être gai.

Pour Laurent non plus ce n'est pas gai. En fait, pour Laurent, plus rien n'est quelque chose. Il est décédé à la suite de complications post-chirurgicales. Il a fait une hémorragie et deux arrêts cardiaques. D'après une infirmière, son encéphalogramme était plat dès vendredi soir (le 27, d'après mes calculs). C'est fou. Il est peut-être décédé à l'instant où j'écrivais sur lui l'autre soir. Je m'en veux un peu d'avoir été si dur avec lui maintenant qu'il est mort. Mais, c'est toujours comme ça. C'est facile de regretter après coup. Pourtant, je le dis sans fausse pudeur, j'aime mieux que ce soit lui que moi. C'est la loi de la jungle. C'est atroce, mais c'est comme ça. Au moins, je suis conscient de ma méchanceté. Et je connais peu d'hommes (même pas un seul) prêts à mourir pour un type qu'ils connaissent peu. Disons que c'est le hasard, le destin qui a fait que Chazalette l'ait choisi et pas moi. Je ne lui voulais aucun mal à Laurent. Simplement j'avais été énervé parce qu'il n'avait pas eu à attendre longtemps et, maintenant, je me dis qu'il vaut mieux attendre longtemps que de mourir vite.

D'ailleurs, la mort de Laurent m'a autant choqué que sa greffe. Il n'y a pas un jour où je ne pense à lui. Un point me fascine cependant : lorsque j'ai fait la connaissance de Laurent, en février, alors que j'étais à peine remis de mes pneumos, mes parents étaient avec moi. Ma mère a vu Laurent et quand on a su qu'il allait être mis sur la liste de pré-greffe, elle m'a dit à peu près : « Il ne supportera pas la greffe. Il est trop faible.

* Cytomégalovirus.

Moralement trop faible. Il n'a pas le punch comme toi ou Jean-Jacques. » Elle avait raison.

Je ne sais pas ce que me réserve l'avenir (et tant mieux) mais Jean-Jacques s'en est sorti, du moins, cela semble aller à peu près, même s'il y a des complications fâcheuses qui sont autant de contretemps, et Laurent n'a pas pu supporter le choc...

Je n'ai pas de nouvelles récentes de Joseph.

Comme à chaque fois qu'un ami est malade, je n'ose pas appeler de peur d'avoir de mauvaises nouvelles. J'ai envie de savoir, tout en étant incapable de me décider à appeler.

Depuis ce mois de juillet à la fois génial et affreux, je suis encore plus instable qu'avant. En quelques minutes, je passe de la meilleure bonne humeur à la plus noire des pensées. Je ressens physiquement ce malaise intérieur. Lorsque le cafard s'abat sur moi, je me sens fébrile, mon rythme cardiaque s'accélère. J'ai envie de courir sans me sentir la force de le faire. Les bruits m'insupportent et le silence est encore pire. Il me laisse seul avec moi-même et le rythme de mes pensées va crescendo jusqu'à la mort. Jusqu'à ma mort. Rien que de l'écrire je me sens mal. Mon estomac est noué et ma main écrit de plus en plus vite, presque nerveusement. Cette tension accumulée là-bas s'est brusquement relâchée une fois revenu à Bosc-le-Hard et j'ai passé deux jours entiers à dormir. J'ai commencé à me sentir mieux vendredi, et c'est seulement dimanche, grâce à mes cousines, que je me suis réellement détendu. Maintenant, revivre ces événements par écrit me replonge dans ce climat. Heureusement, dans ma chambre, je n'ai qu'à relever les yeux pour contempler mille choses agréables et reposantes. Demain j'irai à Rouen avec Yannick. Nous allons chercher une étagère supplémentaire pour ranger tous mes livres qui s'accumulent en tas anarchique dans ma chambre. J'irai aussi à la FNAC acheter de quoi distraire mes yeux et mes oreilles. Je me changerai les idées et cela me fera du bien.

J'ai écrit toute la journée. Une lettre à Stéphane, une à Jean-Jacques (qui fut dure à écrire. Je ne sais quoi lui dire. Je voudrais le distraire et lui changer les idées, mais j'ai peur, en lui racontant ce que je fais, de lui casser le moral en lui faisant sentir tout ce qu'il manque). J'ai la main droite en compote. Toutes les articulations me font mal. Je vais donc arrêter pour aujourd'hui, même si je n'ai pas abordé tous les sujets qui me tenaient à cœur.

le 13.8.90

Déjà une semaine que j'ai écrit. La vie va trop vite. « Le temps assassine », comme dit le poète. Ça me rappelle une chanson de Sardou qui disait à peu près :

« Mais, cet enfant qui vient de naître, c'est déjà un vieillard… »

Et pourtant cette semaine n'a pas été si riche que ça en événements. Deux jours passés à chercher des étagères pour ma chambre, deux à jouer aux jeux de rôles avec Law et Aude. Deux autres à discuter avec elles. Une journée pour faire ma correspondance, et ma vie s'est enrichie d'une nouvelle semaine. A moins qu'elle ne se soit appauvrie et que ce soit ma mort qui y ait gagné ?

Le poids des ans se fait sentir. Même avec Law et Aude nous ne jouons plus beaucoup. Nos parties sont de plus en plus entrecoupées par la conversation. Durant deux jours nous n'avons même pas lancé un dé ni ouvert un livre de règles ! Alors que nous avions deux scénarios à jouer. La chaleur soporifique y était sans doute pour quelque chose. Il fait trop chaud pour résoudre une enquête policière, fût-elle un jeu. Néanmoins, il y a un ou deux ans, nous aurions joué aux fléchettes, fait une balade en Mobylette, fait du tir à l'arc, ou encore, serions allés nous promener à Rouen. Là, nous n'avons fait que converser. Ce qui n'est pas pour me déplaire. J'aime parler avec les gens (surtout avec mes deux plus anciennes amies), essayer de nouer contact, de les comprendre, de faire passer quelque chose entre nous. A ce jeu-là, c'est certainement Stéphane Adam qui est le meilleur. C'est, en fait, l'essentiel de mon activité à Giens. C'est ce manque de rapports avec les autres qui m'a manqué en juillet.

Je repars là-bas le 20 août, pour me refaire une santé avant la Corse. J'espère que les « aoûtistes » seront moins superficiels que les « juillettistes ».

Mais il ne faut pas tous les mettre dans le même panier. Anne, Jeanine, Nathalie et Juliette, par exemple, étaient nettement au-dessus du lot. Juliette dont c'est justement aujourd'hui le vingtième anniversaire (!). J'ai beaucoup parlé avec elle lorsqu'elle est venue à la maison, et durant le voyage là-bas. Peu à peu, je me suis senti proche d'elle. D'abord par des points communs dus au hasard. Elle est née en 1970 avec un iléus méconium à la naissance. Elle était, jusqu'à récemment, normande d'adoption. Elle connaissait certaines personnalités de la muco haute-normande que je connais aussi. Elle a passé le Bac de français en même temps que moi, dans la même académie.

Puis, le prénom de Juliette m'évoque irrésistiblement le livre *Un bon petit diable* qui est un des premiers que j'aie lus (en fait, c'est Colette qui m'en a fait la lecture, si j'ai bonne mémoire). Dans le livre, il y a une Juliette aveugle dont le héros est épris. Je sais que cela peut paraître curieux, mais ce livre m'a énormément marqué. Juliette, c'est aussi le prénom que je donnais à mes personnages Playmobil féminins, à l'âge de 6 ans. Le prénom de Juliette a, inexplicablement, baigné mon enfance. Et il évoque à mon esprit tout ce que l'enfance peut avoir d'agréable. Tous ces souvenirs me sont revenus peu à peu, lorsque je pensais à elle. Une chose m'a choqué : Juliette m'a dit qu'elle serait sans doute aveugle à 40 ans. Comme l'était celle de la comtesse de Ségur…

Puis, au cours de mes conversations avec elle, seule ou en groupe, j'ai toujours apprécié sa façon de voir les choses, sa philosophie (prise dans le sens large du terme), ses idées. Elle est à la fois simple, sincère, intelligente, compréhensive, amusante et sympathique. D'une grande profondeur d'âme. « Elle est belle intérieurement », comme dirait Lætitia. Et, extérieurement, même si elle n'est pas un « canon de beauté », elle a un charme et une élégance certains.

Mais où tout cela peut-il mener ?

Elle est muco. Je suis en attente de greffe. L'issue est incertaine. Pile, c'est la résurrection ; face, c'est plus rien. Je ne peux rien faire. Et après, je ne la reverrai sans doute plus. Elle habite à Avignon. Elle ne pourra pas m'approcher, même si l'on se rencontre par hasard au Coty, pendant plus d'un an. Et après ? Je ne reviendrai sans doute plus à Giens. Et on se perdra de vue.

Pour moi qui n'entrevois de relation que sur une longue période... Je vais la revoir en Corse. Elle sera du voyage. Il durera sept jours. Je ne lui ai rien dit de tout cela alors que je la voyais tous les jours en juillet. Trop de timidité peut-être ?

Après cette semaine corse (et une semaine ce n'est rien), je ne la reverrai probablement jamais. Elle doit revenir au Coty en février 91. D'ici là, il peut se passer tant de choses...

Pourtant, je me sens vraiment bien avec elle, à tel point que je suis presque gêné quand je suis seul avec elle. A tel point que, depuis mon retour, j'y pense tous les jours. Même ma mère a deviné sans vraiment trop savoir.

le 21.8.90

J'écris dans l'avion qui m'emmène vers Giens. Je repars pour faire une cure d'antibiotiques après une vingtaine de jours passés à la maison. Ces semaines m'ont permis de me refaire psychologiquement. Bien que les événements soient assez sinistres. Juste avant mon départ, j'ai appris que Guy est à nouveau intubé, en attente d'une seconde greffe. Jean-Jacques est toujours dialysé et fait, en plus, des convulsions nerveuses. Enfin René-Dominique, un muco en pleine forme (par rapport à moi), a eu un accident de moto très grave. Ça ne m'étonne pas réellement. Il a toujours aimé la moto. Il avait une 750 cc F2R. Je ne sais pas exactement ce que F2R veut dire, mais je sais que ça va vite et qu'il ne se privait pas de pousser sa machine.

Cela servira peut-être d'exemple aux autres dangereux motorisés de la bande. Peut-être vont-ils comprendre que la muco ne protège pas des accidents, ni du reste...

Le ciel est dégagé. Mille deux cents mètres sous moi. La France glisse tout doucement. Je survole le Massif central, à mon avis. C'est superbe. Ah ! Voler ! Le rêve d'Icare...

Malgré tous ces problèmes – sans parler des problèmes politiques en Irak et dans le Golfe qui risquent de nous plonger dans la guerre ; et pas une guérilla lointaine, mais une vraie guerre où nous serions partie prenante et qui peut durer des mois ou des années... – je me sens bien. Enfin, je me sentais bien jusqu'à ce matin. Pour l'instant, je me demande comment je vais retrouver le Coty. Chaque fois que je pars j'ai toujours peur que ce soit la dernière. Mais cette crainte se dissipera dès demain, ainsi que le regret de la douceur et de la quiétude de la maison, dès que je me serai réadapté au Coty.

Un film est pour beaucoup dans cette sérénité (oui, ça fait un peu grandiloquent, mais c'est le mot). C'est *Jésus de Montréal*, que j'ai vu sur Canal + deux jours après mon retour. Avec le temps, je prends conscience que ce film m'a marqué. Non pas que je veuille me faire curé ou moine bénédictin. Mais il se dégage de cette œuvre une indiscutable leçon de vivre. Un art de vivre. Bien sûr, c'est en gros l'application des préceptes chrétiens, mais ils ont été, dans le film, débarrassés de leur dogmatisme arrogant pour devenir conseil. Ainsi, le héros du film, un acteur qui incarne Jésus dans une pièce de théâtre à Montréal (d'où le titre) (CQFD), déclare : « Personne n'ajoute une heure à sa vie en s'inquiétant » ou encore : « La vie n'est complexe que si l'on vit pour soi ; elle devient simple dès que l'on contemple l'autre. »

L'avion descend à toute vitesse. C'est bientôt l'atterrissage. Je vais essayer de prendre une photo si on survole l'hôpital et la presqu'île.

Ainsi donc, j'ai décidé de ne plus m'inquiéter. L'inquiétude n'aboutit à rien, ni pour soi, ni pour les autres. Sans, bien sûr, tomber dans l'excès inverse : l'égoïsme. Simplement, vivre pleinement les bons moments, aider les autres en les soutenant si c'est possible et donner un sens à sa vie : devenir meilleur et plus sage.

le 26. 8. 90 – dimanche

Il est 1 h 08. Je suis seul dans ma chambre, comme au bon vieux temps, il y a moins de six mois. Ici les « aoûtiens » partent les uns après les autres. Seuls vont rester ceux qui habitent les environs et ceux qui vont aller en Corse. L'interne, un nouveau, m'a prévenu : si mes résultats ne s'améliorent pas, je ne pars pas pour l'île de Beauté. Moi qui croyais être en forme ! Enfin, c'est un nouveau. Peut-être n'a-t-il pas pris l'habitude des résultats pré-greffe. Il n'a pas connu Jean-Jacques, lui !

Ce sacré Jean-Jacques. Il est toujours en réa à Marseille, mais ses problèmes nerveux (des crises de convulsions) sont, paraît-il, en bonne voie de guérison. Il est toujours dialysé un jour sur deux.

Guy serait toujours entre vie et mort. Et je n'ai pas de nouvelles de René-Dominique.

Par contre, j'ai des nouvelles du monde. La crise du Koweït préoccupe tout le monde. C'est la première fois, depuis que je viens à Giens, que le journal télévisé est regardé tous les jours par plusieurs personnes. Il faut dire que la situation est « très tendue », comme disent les journalistes. L'ONU a autorisé hier l'emploi de la force pour faire respecter le blocus. Saddam Hussein a fait encercler les ambassades du Koweït qu'il juge désormais inutiles. De part et d'autre, on menace de donner l'assaut.

J'ai un curieux sentiment envers cette guerre. Je la redoute et la désapprouve. Je n'aime pas les militaires même si je les juge indispensables, et je suppose que le monde n'a pas besoin d'une troisième guerre mondiale (même si l'ennemi commun est l'Irak).

Pourtant, paradoxalement, je suis dans un état d'excitation extrême à la pensée d'une guerre. Une sorte de joie d'imaginer l'Irak prendre une raclée, mais surtout une jubilation malsaine de voir « pour de vrai » les cascades du cinéma. Une envie de détruire et d'humilier les Irakiens. Sans doute ce que l'on nomme l'exaltation du combat… Curieux état d'esprit qui fait que moi-même, je ne sais pas ce que je ferais si j'étais le Dieu du *Bébête Show*. Négocier pour épargner des vies ou attaquer pour éviter un engluement du conflit et une éternisation de la crise ? Appliquer à la lettre les principes qui sont les miens, quitte à risquer, finalement, de ne rien régler et de simplement différer l'inévitable ? Comme en 39, lorsque Hitler a eu tout le temps de préparer son pays à la guerre. Jusqu'où aller au nom des principes ? La fin justifie-t-elle les moyens ? Des questions auxquelles il est impossible de répondre une fois pour toutes et qui sont, finalement, à la base des maux de l'humanité.

le 29. 8. 90

« Il faut tout essayer. » Cette phrase on l'entend souvent ici, où l'urgence de la découverte des plaisirs de la vie prend des proportions apocalyptiques.

J'ai souvent considéré comme des fous, des inconscients immatures, ceux qui, régulièrement, se défoncent avec un peu tout ce qui leur passe sous la main.

Mais, hier soir, j'ai « enrichi » mon expérience personnelle des plaisirs de la vie. La soirée, pourtant, n'avait rien d'extraordinaire. Invité à prendre l'apéro chez une copine : banal ; pas d'anniversaire ou de 14 juillet. Pourtant, j'ai pris la plus grosse cuite de ma vie.

Gin-orange, Marie Brizard, Tequila frappée, whisky, gin pur, deuxième gin pur, whisky-gin. Fin de soirée. Et encore, le whisky-gin m'a été servi alors que je croyais boire du gin pur. Je n'ai rien remarqué ! On est partis vers minuit, alors que, théoriquement, nous n'avions pas de permission au-delà de 10 heures.

Une fois au Coty, je me suis couché. Je me suis relevé peu après pour dégueuler. Et je me suis réveillé ce matin dans mon lit avec une nausée et un mal de crâne lancinant.

Les autres m'ont raconté : ils m'ont retrouvé endormi (enfin à moitié dans un coma éthylique) sous le lavabo, le tuyau d'oxygène arraché, trempant dans un mélange d'eau et de gerbe... Joli tableau. Même King n'est pas allé aussi loin ! Bref, ils m'ont recouché et je me suis réveillé sans trop savoir ce qui s'était réellement passé.

Car, ce soir, en discutant avec les autres, j'ai appris que, complètement bourré, j'avais fumé. Et « pas des cigarettes », comme dit la formule consacrée. Évidemment, je comprends mon état. Avec un poids de quarante-trois kilos trois cents, l'alcool et l'herbe ça vous fracasse...

Voilà une sacrée soirée et une sacrée journée. Ici, tout le Coty est au courant, sauf l'interne et quelques infirmières. Toute la journée, ils m'ont regardé comme une bête curieuse. Faut dire qu'avec mes beaux discours sur les loisirs sobres (ah ! les jeux de rôles), j'avais plutôt l'air con aujourd'hui. Bref, j'étais l'attraction du jour.

« Ces types, tu leur donnerais le bon Dieu sans confession et voilà ce qu'ils font. Pourtant, tu croirais pas, à les voir. » Cette phrase a bien dû être prononcée cent fois aujourd'hui.

Ainsi, ma réputation de sérieux et de sobriété en a pris un sacré coup. Et moi qui aime provoquer, ça ne m'a même pas fait rire ! J'étais plutôt honteux. Boire un verre ou deux, oui. Mais là, non. Et j'ai fumé ! Moi qui ai toujours trouvé ça d'une stupidité rare ! En fait, ça fait peur de voir ce que tu peux faire sous l'emprise de l'alcool. Perdre le contrôle de soi à ce point, c'est terrifiant.

Me serais-je mis à danser nu sur la table si on me l'avait proposé ?

J'ai fumé. Je me suis autodétruit. Deux ou trois gin secs de plus et je me réveillais en réa. Quatre ou cinq de plus et je ne me réveillais pas. Comme diraient les manifestants étudiants de 1986 : « PLUS JAMAIS ÇA ! »

Ce soir, Stéphane Adam est venu me voir avec sa copine. Comme ça. Pour une surprise, ce fut une surprise !

La dernière fois, j'étais déshydraté. Cette fois, j'avais la gueule de bois. Bonjour la prochaine visite !

Enfin, j'espère bien que nous allons partir en Corse lundi prochain, le 3. Cette courte soirée, sans alcool, fut tout aussi agréable que l'autre et même plus. On a bien rigolé. Fait un humour si noir que même moi j'ai été choqué, à un moment, lorsqu'en parlant de Laurent, François a déclaré, avec son cynisme habituel : « Finalement, il était sympa. La veille de sa greffe, il m'a offert des chamallow… »

Ah ! L'humour ! C'est le bien le plus précieux des mucos. Avec l'humour, tu peux tout véhiculer : sympathie, haine, réflexion, critique et même amour. Je crois que tant que l'on peut rire de tout, il reste un espoir. Finalement, lorsque l'on te dit que « t'as bien fait de prendre une cuite maintenant, parce qu'après la Corse (où je risquerai pneumo, hémoptysie, surinfection, coma éthylique) il sera trop tard », c'est tout à fait aussi efficace qu'un sermon, moins hypocrite, plus élégant, et c'est une façon tout aussi authentique de communiquer des sentiments.

le 31.8.90

Je suis seul dans le service. Seul. Sans personne à qui parler. Après l'agitation des derniers jours, ce calme sinistre fait l'effet d'une douche froide. Nous sommes cinq hospitalisés. Ils sont en permission ou à l'étage supérieur. La veilleuse est partie aider une collègue du dessus.

Seul. Solitaire. Solitude. Décrépitude. Déchéance. Déception. Trahison. Connerie.

Je suis un assassin depuis un quart d'heure environ. Oh ! Je n'ai pas tué un type pour lui prendre ses poumons. J'ai juste frappé, avec Joséphine, un chien qui a traversé sous mes phares. Je roulais vingt kilomètres au-dessus de la limite, j'avais commencé à rétrograder en vue d'un croisement. Je n'étais plus qu'à cinquante ou soixante kilomètres/heure. La bête a débouché, sous mes phares, en pleine nuit. Je l'ai heurtée. J'ai senti et entendu le choc. Je me suis arrêté. L'animal avait disparu dans la végétation. A l'instant de l'impact, cherchant à voir ce que c'était, j'ai pensé voir un kangourou, pensée stupide qui a paralysé mes réflexes. J'ai freiné trop tard. Enfin, je crois. Tout a été trop vite.

« Tout a été trop vite. » Cette phrase utilisée dans des centaines de films, de livres, de fictions... La vie est souvent comme une fiction. Comme si notre existence était organisée par un dément amoral. Je rencontre Guy. Nous sympathisons. Il est du groupe sanguin AB – très rare. Il est appelé pour une greffe et arrive trop tard. Le greffon est perdu. Statistiquement, il n'y en aura pas d'autre avant trois ans. Dix jours après, début octobre, il est rappelé. On a trouvé un second greffon. Il est opéré. Les complications sont nombreuses. Il sort juste avant Noël et reprend une vie normale. Il revient à Giens en février, apparemment pour vendre seulement des fringues et quitter Paris où il fait un temps pourri. Il reste une semaine. Pendant ce temps, Christophe, en attente d'une seconde greffe, meurt, alors qu'ils prenaient leur repas : crise d'angoisse suivie d'un arrêt cardiaque. Fatal.

Je revois Guy en avril. Il est fatigué, respire mal, a des problèmes apparemment incompréhensibles pour les médecins. Il me confie – je l'entends encore – quelque chose de ce style :

« J'en ai bavé pendant quelques mois, mais ça valait vraiment le coup. Maintenant, je fais tout ce que je veux. Tu vois, après ce que j'ai vécu, j'ai l'impression que rien ne peut plus m'arriver : un accident ou un truc de ce genre. Je me sens immortel. Parce que, s'il y a une justice (apparemment il était convaincu de ce postulat) sur terre, je ne peux pas mourir avant dix ans. J'en ai trop chié pour en arriver là. »

Aujourd'hui, ses problèmes toujours non résolus, Guy est en réa. Il est dans le coma et attend d'être regreffé presque un an après avoir fait les examens pré-greffe. Ici, même les infirmières ne croient plus en ses chances. Cela fait déjà quinze (ou dix ?) jours de coma. Même s'il était greffé cette nuit, il garderait probablement de lourdes séquelles.

Ma foi, cette histoire atroce pourrait faire un excellent film.

Disons Scorsese, Weir ou Woody Allen derrière la caméra. Un film ou un livre. Une fiction. Bref, tout donne à penser que l'on vit comme un acteur qui est dirigé par un metteur en scène sadique. Ou mieux, comme des personnages dans un jeu de rôles. Relativement autonomes mais, en fait, guidés d'une main ferme mais discrète par le meneur du jeu. On n'accomplit pas son destin. On lutte contre.

Ce soir, par exemple, tous les événements de la journée semblaient avoir pour ultime but de me transformer en un spécimen caractéristique de beauf con et inconscient. Je voulais aller au cinéma voir *Robocop II*. Ce soir est le dernier soir où j'ai ma voiture car je dois la déposer chez le garagiste demain matin afin qu'il la répare pendant mon séjour en Corse. J'avais adoré le premier *Robocop* (un chef-d'œuvre). Mais son ersatz risque de ne pas faire carrière, surtout dans une ville comme Hyères. De ce fait, lors de mon retour de Corse je n'aurais pas pu le voir. J'ai donc demandé une permission de minuit (car l'unique séance de la journée commence à 21 h 45). Mais l'interne me l'a refusée car, dit-il, « je dois me reposer avant d'aller en Corse ». Or, comme il m'accordait le voyage, je n'ai pas insisté, fidèle à ma réputation de garçon sérieux. Mais voilà que ce soir, seul dans le Coty, mon exaspération a grandi. Tous les autres sont sortis, sauf moi. Ils sont allés boire un pot à Giens. Ils avaient jusqu'à 10 heures, comme moi, et à 10 h 30 ils ne sont toujours pas revenus. Mais bon, une demi-heure de retard et une heure et demie c'est très différent. Bref, je suis resté dans le service désert à ressasser mon désir cinématographique. A 9 heures et quart, très énervé, j'ai pris Joséphine. Je ne savais pas encore si j'allais aller au cinéma sans perm ou si j'allais, comme je l'avais dit aux infirmières, faire simplement un tour pour recharger ma batterie (comme Joséphine sera chez le garagiste, elle ne roulera pas beaucoup d'ici mon retour de Corse et je veux être sûr qu'elle démarrera). En route, je pensais à ce que j'allais faire : me payer une toile ou juste me promener ? Joséphine montrant des problèmes d'accélérateur, je décidai de simplement faire un tour. C'était la voix de la sagesse. Par contre, la voix de la stupidité me souffla de rouler vite, pour décrasser le moteur et voir comment se comportait la voiture à quatre-vingts, voire à cent kilomètres/heure ! J'étais au bout de la route du Sel, presque revenu à Giens, lorsque j'ai frappé ce qui devait être un chien. Je crois lui avoir cassé le bassin, ou une patte. J'ai heurté son arrière-train à cinquante kilomètres/heure. Pourtant je n'ai pas entendu de cris, ni de plaintes, même après le choc.

J'étais arrêté, de nuit, dans un tournant, cherchant comment apporter à un vétérinaire inconnu une bête mystérieuse que j'avais blessée et le tout en dix minutes (car il ne me restait pas plus pour rentrer au Coty). Indécis, les jambes tremblantes, j'ai fini par fuir ces problèmes dans une conduite plus catastrophique que jamais. J'ai fui.

Si je dresse le bilan de cette soirée, j'y vois un type inconscient qui roule avec une voiture en mauvais état, trop vite, de nuit ; un jeune conducteur ayant déjà eu un accident. J'y vois un salopard qui tue les animaux. Un mec qui brise la vie d'un autre (et peut-être aussi celle des maîtres du chien). Un type que j'aurais tué avec plaisir il y a deux ans. Un lâche enfin, qui, ne prenant pas compte de cet acte, s'enfuit, laissant les autres payer les pots cassés. J'ai honte, honte tout simplement. Et ce sentiment de dégoût de moi-même est atroce.

Déjà, il y a longtemps, j'ai provoqué la mort d'un chat. Croyant que c'était le mien, je m'étais élancé vers lui en criant son nom : « Tigron ! » Pourtant, tout en courant, j'ai vu que ce n'était pas lui. J'ai continué à courir en gesticulant, comme poussé par une idée malsaine de tenter le diable. Le chat a pris peur. Il s'est enfui et a débouché en courant sur la route. Le Diable est arrivé, personnifié par un chauffard, roulant un peu vite, qui a continué comme si de rien n'était, tandis que le chat mourait sur le trottoir. Ce jour-là, j'ai eu la même sensation qu'aujourd'hui. Je l'avais presque oubliée.

Par contre, je n'ai jamais oublié mon angoisse, ma tristesse, ma peine, ma douleur, lorsque mon vrai chat Tigron a disparu un matin pour ne jamais revenir. Ce soir, un petit enfant va peut-être vivre ce calvaire, attendant un animal familier, déjà agonisant.

Alors, voilà, j'ai beau essayer de me trouver des excuses (je ne roulais pas si vite ; l'animal n'a peut-être pas grand-chose ; mieux vaut un chien qu'un humain ; je ne l'ai pas entendu crier ; peut-être ira-t-il chez ses maîtres qui l'emmèneront chez le véto, peut-être...), aucune n'est valable.

Lundi, j'ai pris une cuite et fumé.

Vendredi, j'ai roulé comme un con et blessé (ou tué) un animal innocent.

En une semaine, j'ai renié (ou plutôt bafoué) tous mes principes moraux de base : le contrôle de soi, la modération en tout, le respect de la vie, la responsabilité de l'homme face à ses actes, tous ont été traînés dans la boue. Par moi. C'est dur d'être faillible. C'est encore plus dur de faillir à sa propre philosophie. Être meilleur et plus sage... Elle est bien bonne ! Chaque jour je deviens plus idiot et plus irresponsable. Ça tient de la dégénérescence philosophique !

le 8. 9. 90 – samedi

Les dernières journées furent parmi les plus belles de l'année. Je m'énervais sérieusement au Coty, seul. Dimanche soir, quand Stéphane est arrivé, il l'a tout de suite vu.

Mais la beauté de la Corse, la gentillesse et le dévouement des organisateurs m'ont vite déridé.

J'ai une forme éblouissante (enfin, restons modeste : je suis à mon top niveau, disons). J'ai repris confiance, en partie, dans mes capacités physiques. Ces derniers jours j'ai fait beaucoup de marche et je me suis initié à la pratique du « catamarrant » (je n'ai aucune idée de l'orthographe). Ce sport est fabuleux. Aucune contrainte. L'espace, l'eau, la mer sont à toi. Pas de lignes préconçues à suivre. Pas d'étape. Juste l'espace maritime, le vent et le bateau. Inoubliable. La Corse recèle également une grande variété de paysages : maquis d'épineux, paysages de montagne à la végétation étonnamment verte, ravins abrupts... En moins de vingt kilomètres, on passe de la plage à cinq cents mètres d'altitude. Pour moi, issu de mes plateaux normands, quel contraste dans le relief !

Un voyage splendide. Je craignais de ne pouvoir tout faire et finalement, à part l'équitation, j'ai fait autant de choses que les autres. Je ne regrette vraiment pas le temps perdu à Giens. J'ai juste un peu de remords d'avoir laissé tomber Law et Aude juste avant la rentrée. Mais elles sont intelligentes, connaissent Giens, et je suis sûr qu'elles me comprennent.

La vie ressemble à du cinéma, disais-je l'autre jour. Cette impression va en s'amplifiant. Hier, le Centre a failli être la proie des flammes. La tour infernale corse ! Le film catastrophe où un incendie monstrueux ravage la pinède avec, comme morceau de bravoure, l'évacuation d'un groupe de jeunes adultes handicapés en vacances. Sans rire, c'était presque ça.

Au moment de dîner, on nous a avertis, très calmement, que le feu menaçait (surtout pour nous qui avons les bronches sensibles) et qu'il fallait évacuer. C'est le directeur qui a pris en main les opérations, avant même l'arrivée des pompiers. L'évacuation s'est bien passée. J'ai eu le temps de prendre Walkman, appareil photo et « eurosignal », mais j'ai oublié mes papiers. On s'est tous retrouvés à Calenzana, dans le restaurant tenu par les parents de Mme Fourmy (enfin, je crois). Les Corses ont été formidables. Nous avons logé dans un hôtel. La solidarité de ces gens est exemplaire. Au restaurant, on nous a offert boissons et sandwiches au jambon et on a tout fait pour nous être agréables. En plein incendie, les responsables qui ne défendaient pas le Centre contre les flammes (avec les pompiers) sont remontés là-haut chercher l'extracteur d'oxygène pour que Martine (une mucotte extrêmement sympathique et intelligente) et moi ayons de l'oxygène durant la nuit !

Et pendant que l'on s'endormait à l'hôtel, tous ont lutté contre le feu. Finalement, le Centre a été épargné, la route ayant fait office de pare-feu.

Et ce soir, c'est dans ses murs que j'écris.

En tout cas, ce fut une expérience enrichissante quant à la solidarité de ces gens. Une leçon de courage et de force morale rare. Dans la soirée, j'étais partagé entre le respect du drame de ces gens (moi, je ne perdais que quelques habits, des livres et mes papiers ; eux, tout) et mon envie de faire des photos : photos souvenir ou photos témoignage. A moins que ça ne soit que de la fascination pour le feu, fascination que j'ai toujours plus ou moins éprouvée. « M'enfin » certainement pas au point de cautionner ces criminels qui font ressembler la forêt à un paysage lunaire et ce, en étant presque sûrs de ne pas être pris. Ce sont des lâches, des inconscients, des malfaisants, des sous-merdes du genre humain.

Ce soir on a réintégré le camp. Demain on se lève à 7 heures pour prendre le bateau à 9 heures. Nous allons faire une croisière en mer – splendide, m'a-t-on dit. Pour l'instant, les autres se sont fait une ambiance « boîte de nuit » au rez-de-chaussée. Je ne sais pas pourquoi, mais ce genre de soirée m'énerve et m'angoisse en même temps. A tel point que je les ai tous laissés en bas (Stéphane, Martine, Juliette, François, enfin les meilleurs) et que je suis remonté ici ruminer une rage partiellement incompréhensible.

Partiellement, car la jalousie de ne pas pouvoir danser n'explique pas tout. Il y a autre chose sur quoi je ne parviens pas à mettre le doigt.

le 11. 9. 90 – mardi soir

Le voyage en Corse est fini. Je suis rentré (une fois de plus) à Giens. Mais, cette fois, je ne pense pas avoir besoin de perfusions. J'espère repartir jeudi, ou vendredi au plus tard. J'ai vécu une des plus belles semaines de l'année et, peut-être, de ma vie. Malgré plusieurs tensions au sein de l'AMB*, qui se sont plus ou moins résolues, ce voyage fut formidable.

---

* Association des Muco-Battants.

D'abord, c'est la première fois depuis longtemps qu'un de mes projets aboutit.

La dernière fois que j'avais voulu partir en vacances, j'étais tombé malade en Angleterre (en septembre 1988, à moins que ce ne soit en août… non… c'était en août, j'en suis sûr maintenant). Depuis, beaucoup de trucs avaient foiré : ma scolarité, l'intervalle sans cesse rétrécissant des cures de perfs, les pneumos. Bref, un désastre ! (sauf l'obtention de mon permis de conduire). Aujourd'hui, j'arrive à gérer ma santé pour être en forme à une date fixe. C'est déjà très bien. D'autant que ce séjour en Corse, loin de me fatiguer, m'a été profitable. J'ai fait du sport à mon rythme, tranquillement, sans abuser de mes forces. Une bonne alimentation, des nuits de sommeil calme et aussi une ambiance sympa qui m'a fait oublier une partie de mes tracas m'ont permis de conserver ma forme, voire de m'améliorer. Enfin, ce sont les examens de demain qui le diront.

Mais, de tout le séjour, ce qui m'a le plus touché, c'est la conversation que j'ai eue hier soir avec Stéphane. C'était la fête du départ et il était un peu allumé, mais je crois que pour dire ce qu'il a dit sans rougir il faut être éméché.

Il m'a parlé avec une franchise que je n'ai jamais trouvée chez quelqu'un d'autre jusqu'ici. Beaucoup de mes amis m'apprécient et me le font savoir, mais aucun comme Stéphane. En fait, cela aurait pu tenir pour une déclaration d'amour, si j'étais une fille ! Disons que c'était une déclaration d'amitié.

Il m'a dit qu'avec Claire il avait découvert la foi. Une foi, presque chrétienne, en un être ou une force supérieure matérialisée par l'amour. Une force belle et puissante. Une foi en la vie, en l'avenir, en un monde meilleur, en un au-delà où il espère me revoir. Une foi plus forte que tout qui vous pousse à continuer le combat, à tout endurer, à garder l'espoir en un futur où l'on réaliserait l'impossible, où l'on dépasserait les statistiques (l'âge moyen d'un muco : 25 ans – 90 ou 95 % d'entre eux sont stériles) et où l'on pourrait enfanter et voir son fils (ou sa fille, ne soyons pas macho) grandir, devenir adulte et autonome ; et, enfin, mourir en paix.

Cette foi qu'il puise dans l'amour qu'il a pour Claire, il voulait me la « donner » (ce sont ses propres termes) pour m'aider à me sortir de l'impasse.

« L'avenir est sombre ; il y a un grand mur noir, mais il faut le dépasser pour contempler, après, la victoire. » « Tu es celui qui compte le plus pour moi, après Claire. » « Je voudrais te donner cette force. » « En tout cas, sache que tu n'es pas seul, que lorsque tu partiras pour la greffe je serai avec toi, que je me ferai charcuter aussi et que, si je le pouvais, je le ferais à ta place. » « Tu n'es pas seul, je suis avec toi. » « Je t'aime, tu es mon meilleur ami et la seule chose que je voudrais c'est donner, mais je suis si peu de chose… »

Ce furent à peu près ses phrases.

Et lorsqu'il a eu fini, j'étais tellement ému que j'ai failli en pleurer. Lui aussi n'en était pas loin. Bien sûr, tout cela peut faire un peu cul-cul. Dialogue de sous-opéra à la mode V. S. Mais c'était poignant et sincère. Le simple fait qu'il ait fallu qu'il soit bourré pour me dire ça le prouve. C'est trop énorme pour être dit à jeun. Et heureusement que j'étais moi-même légèrement « paf », sinon je crois que je lui aurais ri au nez. Pourtant, ce soir, sans avoir bu une goutte d'alcool, tout cela m'émeut comme hier. L'amitié que j'ai pour lui, celle qu'il a pour moi, est si forte que ça fait presque mal. A la limite, en me relisant, j'en parle presque comme d'un amour. Pourtant ni lui ni moi ne sommes homosexuels. C'est juste mon meilleur ami. Le plus sincère sans doute, le plus proche de ce que je suis. Probablement parce que, lui aussi malade, il me comprend mieux que les autres et peut-être même mieux que Laurence et Aude que je connais depuis dix-neuf ans.

Quoi qu'il en soit, hier il m'a effectivement donné quelque chose : l'espoir et la confiance.

Après tous ces mois où l'éventualité de la greffe me paralysait (à quoi bon travailler, aimer, si c'est pour mourir demain ?), je suis décidé à faire quelque chose de cette année. Je ne sais pas encore quoi, mais j'espère faire quelque chose de plus concret, de plus créatif que les jeux de rôles, la lecture et la tenue de ce journal. Peut-être vais-je reprendre le texte commencé, il y a un an, sur Norman Husky ? A moins que je prenne des cours particuliers de niveau terminale, mais en ne choisissant que les matières qui me plaisent (philo, littérature, histoire).

A moins que je ne me lance dans une expérience totalement nouvelle : l'amour, la recherche de l'âme sœur, de la femme avec qui je veux prendre le pari de la vie. Et serait-ce avec Juliette ? Je n'en sais rien. J'ai, certes, une pensée particulière pour elle, mais est-ce réellement de l'amour ? Et puis, Juliette m'a un peu déçu durant le voyage en Corse à toujours rechercher la compagnie des « mucos-bourrés ». Juliette, paradoxalement si intelligente et sensible, ne se rend-elle pas compte que ce sont des abrutis qui n'ont rien entre les oreilles et dont l'unique philosophie est : « La vie est courte, il faut tout essayer. Brûlons-la par tous les bouts. Vivre vite. Mourir jeune » ?

Je n'ai pas encore résolu la question. Mais, en me quittant à l'aéroport de Marignane, Juliette m'a dit qu'elle reviendrait à Giens en octobre. Je la reverrai sans doute à ce moment et là, plus seul avec elle, j'essayerai d'en avoir le cœur net. C'est le cas de le dire !

le 24.9.90 – lundi

Encore une fois. Je suis, encore une fois, revenu à la maison. Heureusement, d'ailleurs, car après la Corse, après avoir quitté Stéphane, Martine (une autre mucotte exceptionnelle), Juliette, enfin ceux avec lesquels j'ai le plus d'affinités, Giens m'a semblé insupportable. Je ne suis resté que quarante-huit heures, mais je n'avais qu'une envie : me casser, mettre les voiles, dire adieu à ces lieux et rentrer chez moi. A tel point que, pour ne pas passer une nuit supplémentaire là-bas, j'ai pris le dernier avion. Il décollait à 21 h 15, théoriquement. Mais l'aéroport d'Hyères est aussi un aéroport militaire. La Caravelle dans laquelle j'étais n'a pu décoller qu'à 21 h 30 à cause des avions de combat qui faisaient d'incessants va-et-vient.

Notre commandant de bord a dit avec beaucoup d'humour : « Sans doute s'entraînent-ils pour le Koweït. » Ça n'a pas fait rire.

Toujours est-il que je suis arrivé à la maison à 2 heures du matin, complètement endormi. Mais la vue de ma chambre m'a tiré de ma léthargie.

Pendant mon absence, mes parents m'ont acheté cette fameuse étagère, ont repeint et tapissé les murs qui en avaient besoin. Bref, c'était magnifique.

J'ai passé les jours suivants à tout réaménager : livres, posters, BD, objets, tout a été dépoussiéré et rangé. Parfois ce furent des changements minimes, voire pas de changement du tout, mais je suis diablement content de l'aspect de mon « antre ».

J'ai d'ailleurs toutes les raisons de m'en féliciter, car jeudi FR3 est venu filmer ma chambre. Enfin, pour être juste, il faut dire qu'ils sont venus interroger un muco pour faire un reportage à l'occasion de la « Virade de l'espoir ». (Si un jour quelqu'un lit ceci et qu'il ne connaît pas la « Virade », tant pis pour lui, car je n'ai pas l'intention de m'étendre.) C'étaient les mêmes journalistes que ceux qui m'avaient interrogé l'année dernière, pour la même occasion.

J'en conservais un souvenir exécrable, dans la plus pure tradition du journaliste qui se balance complètement de ce qu'il raconte. Mais cette année, peut-être parce que l'on se connaissait déjà, mais surtout parce que la chose s'est passée calmement à la maison, le contact est mieux passé. Ils m'ont interviewé au sujet de la greffe. « Comment allez-vous, comment vivez-vous, faites-vous des études, avez-vous peur ? ? ? » et ont illustré le reportage avec des prises de vue de moi dans ma chambre. Ce n'était pas mal comme reportage.

Il est difficile d'analyser ce que l'on ressent quand on se voit à la télé. Plusieurs sentiments contradictoires vous submergent. Le plus fort est sans doute la gêne.

Bien sûr, quelqu'un qui passe à la télé parce qu'il est devenu champion du monde de boxe doit en tirer une grande fierté. Mais, lorsque vous venez vous montrer en tant qu'infirme, c'est moins facile. D'abord, cela me place dans une situation de demandeur (en général, je parle du don d'organe ou l'on dit que je suis en attente de greffe). Et, s'il y a bien une chose que j'exècre à la télévision, c'est le misérabilisme, l'émotion idiote et facile, les gens qui viennent pleurnicher, la charité ignoble qui donne aux gens bonne conscience. On ne peut pas porter sur ses épaules la misère du monde vingt-quatre heures sur vingt-quatre, me direz-vous. Bien sûr. Et justement, parce qu'en fait je me fous de la faim dans le monde, parce que je n'ai rien à foutre des morts de la répression chinoise, parce que je me contrebalance de la vie en Albanie, en Roumanie, en Corée ou à Trifouillis-les-Oies. Parce que, comme pour chacun d'entre nous, il n'y a que MOI qui compte. Parce que, bien que la mucoviscidose fasse partie des fléaux de l'humanité, je sais bien que je m'en foutrais pas mal si je ne l'avais pas.

Ce que je veux dire, c'est que tous ces trucs médiatiques sont d'une hypocrisie folle. On joue sur l'âme sensible des gens pendant une émission. Le public se lamente un bon coup sur ces pauvres enfants. Puis il oublie. Trois jours après, il s'en souvient à peine. Il a oublié les images de la dure réalité pour ne conserver que le souvenir de l'émotion. Un souvenir atténué du malaise qui vous prend quand vous voyez les enfants leucémiques de Tchernobyl.

Et ce souvenir, devenu sans danger, car rendu flou par la mémoire et le subconscient (qui refuse d'admettre ça), permet aux gens de faire amende honorable. Ils gardent en eux le souvenir de l'horreur, mais sans la ressentir réellement. Car, si ces images étaient réellement atroces, inacceptables, alors ils prendraient leurs affaires et iraient à Tchernobyl, à Mexico après le tremblement de terre, etc.

Moi-même aujourd'hui j'évoque tout ça. Là, maintenant. Mais je ne lève pas mon cul de ma chaise et je ne vais pas proposer mon aide aux Restos du cœur. Bref, tout cela est vain, superflu. Tout le monde s'en fout et moi le premier.

L'humanité est égoïste. Pire, elle se voile la face de la manière la plus perverse qui soit. Elle se croit bonne, charitable, elle fait semblant, mais elle n'est qu'un amas d'égoïstes. Et moi qui suis conscient d'être égoïste, ne suis-je pas le plus pervers de tous ? Tenir ce discours me déculpabilise. C'est encore une façon de nier son égoïsme.

Comme on dit dans ce cas-là : c'est comme ça et on n'y peut rien. Égoïste et con avec ça !

Alors, lorsque je passe à la télé, je me sens suprêmement égoïste. Moi qui suis tout de même bien loti. Quand je pense à ce que je dis et à ce que le monde en a à battre, ça me fait rire. Le cynisme est sans borne.

Et pourtant, comme tout un chacun, je vais faire mon speech, montrer mon ravissant visage de mort-vivant à la télé. Parce que, malgré tout ça, quelque chose m'empêche de tout foutre en l'air. Parce que j'ai la faiblesse de croire (égoïsme et vanité encore) que cela peut être utile, que ça peut faire avancer les choses.

Tout n'est pas noir. Quelque part, quelque chose ou quelqu'un vous fait continuer. Qu'est-ce ? La foi ? L'amour ?

La seule personne avec laquelle j'ai effleuré ce sujet, c'est Stéphane. Notre relation en tant qu'êtres humains, notre amitié est ce que je connais de plus authentique. De plus réfléchi de part et d'autre. Je me rappelle, lorsqu'en juin il m'avait parlé de la difficulté de tout rapport humain réel. C'est un peu la même chose. Et, l'autre jour, en Corse, est probablement tombée la dernière chose qui empêche les relations réelles : la pudeur de l'esprit. Quoiqu'elle ne soit pas totalement tombée. Elle ne tombera jamais. Il est des choses que l'on garde pour soi. Des secrets trop personnels que l'on ne peut même pas dévoiler à une feuille de papier, fût-on seul avec elle. L'âme humaine ne supporte pas la mise à nu totale. Il reste toujours un espace inviolé, des secrets préservés, des fautes inavouables. Des fautes si inavouables que seul le rêve permet de les appréhender, lorsque le conscient sommeille. Des fautes que l'on tente d'oublier au réveil, honteux.

Tout cela est d'une grande complexité. Mélange de piété de l'âme et de péché mortel. Paradoxe de l'homme. Car, malgré tout ça, il y a quelque chose à faire : créer. Créer quelque chose qui vous survive, qui puisse faire que, même mort, vous apportiez votre contribution à ce vieux rêve : comprendre. Comprendre tout : la vie, la mort, l'amitié, la maladie, la religion, la science, le but ultime. Créer quelque chose de plus que ce qui s'est déjà fait. Faire progresser l'inconscient collectif vers la compréhension.

C'est ce qu'a fait Pierre-Jean Grassi.

La première fois que j'ai entendu parler de lui, c'était il y a moins de quinze jours. Stéphane, toujours lui, m'a parlé de lui. C'était un garçon atteint de mucoviscidose. Il est mort, en 86, à 20 ans. L'année exacte, je ne devais la connaître qu'hier. C'était un compositeur très doué. Il n'a vécu que vingt ans, mais il a réussi à réaliser ce que Stéphane et moi tentons de faire : créer une œuvre de qualité qui lui survive. Stéphane l'a connu. Il a été fasciné par lui. Il m'a dit que l'on avait tout à apprendre de lui. Moi qui ai tout à apprendre de Stéphane ! Si Stéphane se sent tout petit à côté de Pierre-Jean, moi je me sens comme un gosse à côté de lui. Je n'ai pas l'acuité auditive qu'il faut pour juger une musique. Encore moins lorsqu'il s'agit de musique classique. Mais, demain, je vais écouter cette musique seul. Au calme, dans ma maison, je vais apprendre. Apprendre à vivre, apprendre à communiquer avec cet homme-enfant de 20 ans, mort depuis quatre ans.

le 2.10.90 – mardi, 15 h 35

La mort a de nouveau frappé le clan des mucos du Coty. Pas de décès depuis juillet… Trois mucos en difficulté : Jean-Jacques, Guy et René-Dominique… Ça ne pouvait pas bien finir. C'est Guy qui est allé voir ce qui se passe au-delà de la mort. Il est décédé avant-hier. D'après Jean-Jacques, il a été regreffé samedi, mais l'opération a raté. Il est mort le lendemain. Guy n'aura vraiment pas eu de chance. Après avoir passé trois mois en milieu hospitalier en post-greffe, il allait bien. Mais ça n'a pas duré. Pendant sa dernière année, je crois qu'il n'a passé que deux mois chez lui. Décidément, le premier anniversaire de la greffe est un cap dur à passer. Comme Christophe, il est mort presque un an, jour pour jour, après sa première greffe. En tout cas, c'est tout à l'honneur de Noirclerc de l'avoir regreffé. Il lui a donné une dernière chance, m'a dit Jean-Jacques.

Théoriquement, on ne regreffe pas, ou rarement, partant du principe qu'il vaut mieux donner le greffon à un malade en attente que de prendre le risque de le « gâcher » avec un type déjà greffé qui a déjà fait des complications. D'une certaine façon, Guy a eu de la chance. Lui qui était d'un groupe sanguin rarissime a eu trois greffons en un an. Quelle ironie du sort tout de même !

Pendant un temps, certains mucos en ont voulu à Guy d'avoir été greffé en 89. John, un muco qui venait depuis toujours à Giens, était décédé, en attente de greffe, en septembre, faute de greffon. Il était d'un groupe sanguin courant. Guy, lui, avait été greffé après moins de deux semaines d'attente… Ce qui lui avait valu d'être un peu considéré, pendant quelque temps, comme un « voleur de greffon », même s'il n'y était pour rien. Et voilà qu'il est mort lui aussi. Il avait, certes, des défauts (opportuniste, avec une tendance à se croire partout en territoire conquis, très fier de ses origines parisiennes, et parfois un peu casse-pieds), mais c'était un mec qui valait le coup. Sympathique, agréable à vivre, serviable, jovial et plein d'une énergie, d'un enthousiasme formidables. Pour la première fois, la mort de l'un d'entre nous me fait de la peine. Non pas parce qu'elle me rapproche de ma propre mort. Enfin, pas uniquement. C'est la personne même que je regrette, qui me manquera. Pour la première fois, je perds ce que j'appellerai un ami. Bien sûr, ce n'était pas mon meilleur copain, mais nous avions réellement sympathisé. Je me rappelle l'avoir accueilli, en avril 89, au Coty. Je n'y étais moi-même que depuis quinze jours, et je lui ai expliqué le fonctionnement de l'hôpital (les perfs, la kiné, les perms). On a parlé de choses et d'autres. A un moment, en feuilletant le programme télé, il a parlé de *La Guerre des étoiles*, le film auquel j'ai voué un véritable culte pendant deux ou trois ans. On a échangé nos idées sur le cinéma de SF, puis, nous nous sommes découvert un point commun : le jeu de rôles. Il avait cessé de jouer à cause de son DEUG qui lui prenait trop de temps, mais nous avons parlé longuement ce soir-là…

C'est Jean-Jacques qui m'a appris la nouvelle hier au téléphone. Lui va mieux. Ses problèmes neurologiques et rénaux sont finis. Il doit encore faire des perfs pour lutter contre le CMV qu'il a attrapé mais cela ne devrait pas avoir de conséquences fâcheuses. Il semble avoir bon moral, un moral étonnant après ce qu'il a vécu. Décidément, Stéphane a raison : c'est un tank cet Alsacien. Devant lui on ne peut être qu'admiratif.

Quant à moi, je repars demain à Giens. J'ai eu, hier soir, une sorte de crise d'essoufflement inquiétante. Je suis essoufflé. Il est temps de faire des perfs. J'espérais tenir jusqu'au 8, pour pouvoir faire une partie de jeu de rôles avec mes cousines et Éric, mon cousin (mais du côté paternel), et partir le lundi suivant. C'est raté. Mais j'ai quand même réussi à tenir un mois complet sans perfs. Mieux qu'en août (vingt jours) ou entre les cures de juin à juillet (vingt-cinq jours). Ce n'est pas si mal. L'origine de ma crise d'hier soir est sans doute, en partie, psychosomatique. Lorsque l'on respire mal, il en faut peu pour vous stresser. Et plus l'on est stressé, plus l'on s'essouffle et plus l'on a peur… C'est un cercle vicieux. Cependant mon encombrement est réel. Je repars donc avant qu'il ne soit trop tard. Là-bas, je retrouverai Stéphane (qui finit une cure), ainsi que Lætitia, Martine et François. Il y a également Benoist Fumey que j'avais apprécié en février-mars. Frédéric, aussi, devrait revenir vers la mi-octobre. Ce séjour ne devrait donc pas être trop ennuyeux.

Si je n'ai pas de pneumo, comme je le crains…

le 6. 10. 90 – samedi, 20 h 40

La psychose du pneumothorax a frappé très fort. L'autre soir, peu après avoir écrit et répondu aux lettres de quelques amies, j'ai ressenti LA douleur. Ce flash intense, mais bref, de douleur, ce coup de couteau caractéristique d'un pneumo. Ai-je réellement été essoufflé ce soir-là ? Je ne le sais pas. Dans ces cas-là, le subconscient dicte sa loi sur un esprit tragiquement faible. Oui, je crois avoir été essoufflé. En tout cas, je suis sûr d'avoir pris de l'oxygène toute la soirée (sauf au moment du repas). Peur panique. Vision déprimante et angoissante de moi, seul dans une chambre du Val-d'Or (l'hôpital où a été soigné mon premier pneumo, en juin 88) : le début de la fin.

Mais, fort heureusement, il y a peut-être un dieu pour les petits mucos. Toujours est-il que, le lendemain, après avoir passé une radio à Rouen, j'ai appris que je n'avais pas de pneumo, mais peut-être une pleurésie qui ne m'interdisait pas le voyage en avion jusqu'à Giens.

A mon arrivée, l'interne a été encore plus rassurant. C'est une simple rétraction pulmonaire qui, à cause de la surinfection, a tiré et contracté anormalement le diaphragme. Enfin, si j'ai bien compris.

Pas de pneumo donc et un soulagement énorme !

Depuis, je suis à Giens. Je partage une chambre avec Stéphane et Frédéric (comme en mai-juin). Tant mieux, même si Stéphane part mardi. D'ailleurs, je le trouve parfois étrangement froid et distant. Je crois qu'il « ressasse » la mort de Guy et en veut aux médecins de « l'avoir utilisé comme cobaye ». C'est pourtant un problème inextricable. Tellement dingue que je préfère ne pas trop y penser. Ils n'ont (re)greffé à Guy qu'un poumon sur deux. Pour essayer... Quand on se rappelle Guy, ça paraît immonde d'essayer, comme ça, pour voir... Mais ils ont au moins essayé... Le problème c'est qu'une fois signée la décharge qui dégage leur responsabilité, ils sont libres de vous faire n'importe quoi. Même de vous couper la langue pour voir si, par hasard, elle ne gênerait pas votre respiration... J'exagère, bien sûr, mais quand on est concerné on exagère toujours. Pourtant, il faut bien, un jour, tenter quelque chose sur un homme, quitte à ce qu'il en crève, pour en sauver d'autres. C'est un peu comme le premier type qui a accepté de recevoir le premier cœur artificiel. Sauf que, lui, avait été prévenu !

Quoi qu'il en soit, les morts ne ressusciteront pas et il y a toujours des vivants.

Jean-Jacques, par exemple, que Martine, Lætitia, Stéphane et moi sommes allés voir, cet après-midi, à Salvator.

En arrivant, j'ai eu comme un malaise, une espèce de peur irraisonnée de rencontrer Noirclerc et qu'il m'oblige à rester. Le type de sensation que ressent un enfant qui va à l'hôpital pour la première fois : Marseille m'impressionne. Mais, à la vue du visage malicieux de Jean-Jacques, tout a été oublié. J'ai passé trois heures avec mes meilleurs amis mucos. Ça a été très agréable. Jean-Jacques fait plaisir à voir. Ah, quel cran ! Pas une plainte, pas de discours sur ses malheurs des derniers mois. Rien. Jean-Jacques sait recevoir. Il repartira, théoriquement, dans une dizaine de jours chez lui. Je croise les doigts.

le 21. 10. 90 – dimanche, 10 heures

A la fois beaucoup de choses à raconter et pas grand-chose à dire. J'arrive à la fin de mon séjour à Giens. J'espère repartir le 24. L'ensemble de ce séjour a été plutôt positif, voire très positif.

J'ai un regret : Jean-Jacques est toujours à Marseille. Deux jours avant son départ, il est venu au Coty. Il était en forme. (Je l'avais déjà vu le 6 et revu une semaine après.) Mais le soir, de retour à Salvator, il a eu de la fièvre, qui est allée en empirant. Un début d'infection pulmonaire. Il est traité par « Ciflox-Fortum », des antibiotiques qu'il prenait avant sa greffe… C'est peut-être la dernière fibroscopie qu'il a faite qui lui a fait ça, mais j'en doute, car il est venu à Giens sans masque. C'est Chazalette qui lui a dit de ne pas le porter. Il a même dit qu'il ne courait aucun risque avec Lætitia (Chazalette est au courant de leur relation, c'est Lætitia qui le lui a dit il y a déjà plusieurs mois). Du coup, euphorique, Jean-Jacques a téléphoné à Lætitia à La Londe et lui a tout dit. Elle, qui venait de lui envoyer une lettre de rupture, est tout de suite revenue, réalisant son erreur.

Ils se sont embrassés.

Et le lendemain, Jean-Jacques était malade. Coïncidence ? J'ai revu M. Noirclerc en consultation vendredi dernier. Il a été fou en apprenant que Jean-Jacques n'avait pas mis de masque. Heureusement qu'il n'a pas tout su... Mais dans tout cela que faire ? Qui écouter ? Le spécialiste ès greffe ? Le spécialiste ès muco ?

Si Chazalette avait raison, ça serait formidable pour eux... et pour moi. J'ai revu tous mes amis : Stéphane, François, Martine, Læti, Fred, mais aussi Juliette qui est arrivée jeudi. Je ne me suis toujours pas lancé. Je n'ose pas. Par timidité, par peur d'un refus, par peur de gâcher une belle amitié, par crainte de devoir tout arrêter après la greffe. Je pars sans doute mercredi. Il ne me reste que deux jours complets. Je ne la reverrai pas avant février (sauf imprévu heureux). D'ici là, je serai peut-être déjà opéré. Malgré mes résolutions passées, tout cela n'a guère évolué. Dur constat d'échec.

le 26.10.90 – vendredi, 15 h 45

Me revoilà à Bosc-le-Hard. Je suis rentré le 24 comme prévu. J'arrive de mieux en mieux à gérer mon temps et ma maladie. J'ai déjà tout planifié jusqu'en février ! Retour à Giens vers le 20 novembre. Retour à Bosc-le-Hard vers le 20 décembre pour les fêtes de Noël. J'essaie de tenir ensuite jusqu'en février, où les vacances scolaires remplissent le Coty de gens sympa. A moins que je ne sois greffé avant. Cette semaine, c'est le premier week-end des vacances scolaires et c'est bientôt le 1er novembre. Le week-end prochain, où cumuleront fin des vacances et week-end de la Toussaint, est, théoriquement, le plus meurtrier sur les routes. C'est donc un des moments de l'année où il y a le plus de greffons. Difficile de ne pas y penser en cette période. Quoiqu'en général les greffes se produisent quand on s'y attend le moins. Wait and see, encore une fois !

Cette cure de perfusions a été relativement efficace. J'ai encore cette sensation désagréable d'oppression, mais je ne m'en suis jamais réellement débarrassé depuis deux ou trois ans.

Avant de partir de Giens, j'ai exposé au docteur Chazalette mon problème quant au masque de Jean-Jacques lors de sa venue dans le service. Il s'est montré rassurant, expliquant que Jean-Jacques en était à quatre mois et demi de greffe, que ses doses d'anti-rejet étaient donc diminuées (donc son système de défense immunitaire n'est plus aussi faible), que, de toute façon, il était déjà entré en contact avec le pyocianique et autres saletés il y a longtemps (après de telles infections, le pyocianique était aussi dans son estomac, sa mère était contaminée, ses anciens vêtements aussi, mais qu'il n'avait pas prise sur des poumons sains). Enfin, les médecins marseillais ont trouvé la cause de son infection : c'est sa voie centrale qui s'était infectée entraînant une contamination du sang. Aucun rapport avec Lætitia, à mon grand soulagement. Pour expliquer son différend avec Noirclerc, Chazalette a juste déclaré qu'il s'agissait d'une divergence d'appréciation.

J'ai également vu au Coty, pendant ces derniers jours, René-Dominique. Il a beaucoup maigri, a perdu vingt kilos. Mais il semble avoir le moral ou, du moins, il l'a suffisamment pour sauver les apparences. Il estime avoir de la chance d'être encore vivant (et il a raison !) ; il n'en veut à personne, se contentant de dire : « C'est le destin. » Mais, même s'il encaisse bien le coup, il va devoir tout réapprendre car il était gaucher et c'est justement ce bras qui a été amputé. Quand on pense à toutes les situations de la vie courante où on a besoin de ses deux bras, on prend peur : s'habiller, uriner, manger un yaourt, conduire (surtout une moto !), faire les courses (impossible de tenir le pain et de le payer en même temps), écrire sur ses genoux, maintenir un objet tout en l'utilisant, porter des choses volumineuses... C'est la merde.

Quoi qu'il en soit, je tire mon chapeau à René-Dominique. Voilà un type qui en a dans le ventre.

le 8. 11. 90 – jeudi, 10 h 30

JE SUIS HEUREUX. Tout simplement heureux. Cela fait une heure que Jean-Jacques a quitté Marseille pour retrouver son Alsace natale ! Il m'a téléphoné hier soir ; il était sur le départ ; sa mère finissait les valises. Son infection du sang était bien la dernière. Maintenant la vie s'ouvre devant lui. Il doit être prudent pendant encore six mois. A ce moment, après un an de greffe, on saura si c'est réellement un échec ou une réussite. Mais, déjà, ce simple retour à la maison est une formidable victoire. Après tout ce qui lui est arrivé, c'est magnifique. Comme il doit être heureux ! Aujourd'hui, il fait la route en VSL. Ce soir, il sera chez lui. Il va retrouver ce qui est le plus doux aux yeux d'un malade : son foyer. Et sa maman qui l'a suivi à chaque instant doit, elle aussi, être bien soulagée.

Lorsqu'il était venu à Giens, au moment où il pensait déjà partir, elle avait eu peur qu'il n'y ait un contretemps. Peut-être était-ce une prémonition, une forme d'instinct maternel. Cette fois-ci, c'est la bonne. Aujourd'hui, à travers la France, un VSL anonyme va rouler. Dedans, il y a Jean-Jacques. C'est mon ami.

Grâce à lui, je me suis intégré au Coty, j'ai découvert une certaine forme d'indépendance et de liberté, loin des contraintes qu'avaient fait peser sur moi une école trop stricte et des parents trop protecteurs. J'ai acquis une maturité qui m'était inconnue ; j'ai découvert une autre façon de vivre. Je ne dis pas que j'imite Jean-Jacques à 100 %, mais il m'a montré autre chose que le jeu de rôles, la lecture et la TV. Il m'a montré l'agréable sensation de découvrir l'inconnu, d'apprécier la vie d'une façon différente. De l'angle d'un café ou du fond d'une chambre d'hôpital, il a donné un sens nouveau à ma conception de l'amitié.

Être ami avec lui, c'est différent des amitiés que j'ai connues avant. Sauf, peut-être, avec mes cousines. Il m'a fait comprendre qu'un ami ce n'est pas nécessairement le type qui a vu *La Guerre des étoiles* dix fois, comme moi, ou qui lit Lovecraft, mais c'est, avant tout, celui qui partage tes problèmes, qui t'écoute, que tu écoutes et à qui tu peux parler franchement sans crainte. Et ça c'est formidable.

Et il m'a aussi donné la force de surmonter l'épreuve de la greffe. S'il l'a fait, je le ferai. Même s'il a connu des moments de découragement, il a eu la volonté de s'en sortir.

Alors qu'en juillet ma détermination vacillait, maintenant elle a grandi. L'oscillation est positive. Même s'il y en a qui y sont restés (Guy surtout), je sais maintenant de façon plus consciente et réfléchie qu'il faut le faire. Lorsqu'on m'a parlé de la greffe la première fois, j'étais contre. C'est maman qui m'en parlait comme d'une éventualité future. Quand j'aurais 25 ans. Puis, voyant mon état se dégrader en 88 (premier pneumothorax, les perfs de plus en plus souvent, les fibroscopies qui ne faisaient rien, l'oxygène à la fin de l'année), lorsque le docteur Bagdach (je ne me souviens plus de l'orthographe) m'a parlé de greffe, j'ai dit « oui », croyant avoir trouvé la solution miracle. Après des mois d'examens, d'abord à Paris, puis à Marseille, j'ai été mis sur la liste d'attente de Noirclerc, en juin 89.

J'étais à fond pour la greffe. Les premiers morts ne m'ont pas ébranlé. Patricia n'avait pas eu de chance et, à cette époque, le spectre d'une fin comme John me hantait. Tout plutôt que de crever la gueule ouverte avec un respirateur artificiel. Mais, début 90, la mort d'Éric Chabaud, puis celle de Christophe m'ont ébranlé dans mes convictions. La greffe était-elle la solution ?

Jean-Jacques me remontait le moral. Son obstination farouche à être greffé m'encourageait. Quand il est parti, ça a été un vrai choc. Comme il allait plutôt vers le mieux, j'ai pris confiance. Mais l'été a été dur. Dieu sait pourquoi, j'ai commencé à redouter qu'on m'appelle. Jean-Jacques ne revenait pas. Stéphane tenait un discours très dur et pessimiste sur la greffe. Bref, je sentais mon envie d'être greffé foutre le camp et mon moral, ma volonté s'amenuiser. J'avais beau essayer de me reprendre (et j'y arrivais par moments), un rien me faisait douter atrocement. Puis Laurent est mort. Il n'avait pas la pêche. Je me disais : « C'est pour ça qu'il y est resté. » Il avait trop peur ; il était trop vulnérable. Et, en pensant à ça, je réalisais que, moi aussi, j'étais vulnérable. Moi aussi, je n'avais plus le feu sacré. J'ai revu Jean-Jacques en juillet. Ça ne m'a guère rassuré. Il avait l'air d'un zombie. Puis il est reparti en réa.

Là, l'oscillation a complètement changé de cap : « Qu'ils aillent se faire foutre avec leur putain de greffe ! » j'ai pensé. « Finalement, avec des perfs régulièrement, je ne m'en sors pas si mal. »

Puis, peu à peu, en Corse et en septembre, j'ai réalisé qu'en fait je ne tiendrais pas longtemps. Un jour ou l'autre, tous les antibiotiques seraient inefficaces. Là, je pourrais dire bye-bye aux vivants. Stéphane aussi m'a aidé avec sa tirade du lundi soir.

J'ai compris aussi que des gens m'aimaient, m'estimaient même. J'ai compris que je n'étais pas seul. Oh, bien sûr, la splendide humanité se moque de moi et je me moque d'elle, mais mes parents, mes amis, mes vrais amis – pas ceux qui viennent me voir de temps en temps histoire d'être en accord avec leur conscience –, mes vrais amis donc, valaient la peine de tout tenter. Et le monde aussi, peut-être, valait la peine d'être vu plus longtemps. Alors j'ai décidé, en mon âme et conscience, comme on dit, de tenter le coup. Et je pense avoir raison. Guy est mort. Ça aussi a été dur à encaisser, et pour Stéphane aussi, j'en suis sûr. Mais même Guy m'a poussé à continuer quand il était vivant. Il était mal ; il en avait chié, mais il n'a rien regretté. Sauf, peut-être, vers la fin. Et encore ? S'il existe un au-delà, je sais que Guy y est et que, là-bas, il espère bien que je vais tenir, comme Jean-Jacques a tenu. Maintenant, j'attends la greffe avec sérénité. Je pense pouvoir dire que je connais les risques. Mais, finalement, je n'ai pas le choix. Alors, je le ferai et j'y survivrai. Grâce à mes amis, grâce à Jean-Jacques.

Je suis prêt.

le 11. 11. 90 – dimanche, 11 h 35 du soir

J'ai vu le dernier film de David Lynch au ciné cet après-midi. Un film atypique, très surprenant, très personnel. Du Lynch quoi. Parfois incompréhensible, parfois génial. C'était *Sailor et Lula*, Palme d'or à Cannes en 90. Ils ont drôlement changé, en quelques années, les jurés. Entre *Thérèse* et *Lula* quelle différence ! Mais si j'écris ce soir, ce n'est pas pour faire de la critique cinématographique, pour ça j'ai mes fiches. Si j'écris, c'est parce que Lula m'a fait penser à Juliette. Elles n'ont aucun point commun, vraiment aucun. Pourtant, j'ai très vite pensé à elle. Serait-ce que je m'identifiais à Sailor ? Je ne crois pas. Enfin pas plus que je me suis identifié à d'autres personnages. Plutôt moins, même. Qu'est-ce qui fait que ce film éveille en moi le souvenir de Juliette ?

Sans doute est-ce un des rares films où les personnages ont vraiment l'air de s'aimer. Sailor et Lula sont amoureux comme le sont rarement des héros de cinéma.

Je me demande comment jouer aussi bien sans être réellement amoureux. Sailor et Lula, inexplicablement, me semblent le couple idéal ; vraiment faits l'un pour l'autre pourrait-on dire.

Mais c'est plus que ça. Je ne peux pas arriver à expliquer ce qui me touche et m'émeut dans cet amour, mais ça n'est pas parce que je ne l'explique pas que ça n'existe pas. Et je pense à Juliette. J'ai presque l'impression qu'elle est tout près, qu'en tendant le bras je pourrais la toucher. Ça me réconforte, mais à chaque fois la rêverie se prolonge et je me retrouve seul, réellement seul. Juliette. Ça fait presque mal de l'écrire. Je lui ai envoyé une lettre l'autre jour, d'une banalité affligeante. Style : « Je ne fais rien de spécial. Et toi ? Bye-bye. »

Je me demande si c'est vraiment ça l'amour ? C'est une sensation plus ou moins nouvelle pour moi.

Quand je pense sérieusement à tout ça, je me demande où cela pourrait m'emmener et je ne vois pas. Le Havre-Avignon. La différence entre une heure et une journée de route. Bah ! De toute façon je ne serais jamais allé la voir au Havre… Je n'aurais pas osé. Comme je n'ose jamais essayer, lorsqu'elle est avec moi, de lui parler.

Je me sens si sot. Que lui dire ? Comment le prendrait-elle ? Quand j'évoque nos anciennes rencontres, j'y vois souvent une amitié profonde, mais c'est tout. Peut-être à deux ou trois reprises est-ce allé plus loin. Je veux dire dans la conversation, dans certaines choses qu'elle m'a dites, qu'on ne confierait pas au premier venu. Mais c'est une preuve d'amitié. C'est tout. Ce soir, je me sens à la fois très bien et plutôt mal. « C'est une joie et une souffrance », comme il est dit dans un film, je ne sais plus lequel.

Je ne sais toujours pas si c'est cela l'Amour, mais j'ai rarement éprouvé de tels sentiments, de telles sensations, presque physiques, viscérales. L'envie de lui prendre la main et de la serrer dans mes bras. Rien de sexuel, en tout cas pas au sens où je l'entends souvent.

C'est marrant, je repense à Stéphane qui m'avait monté une baraque avec une fille pour qui je n'avais aucune, mais vraiment aucune attirance, et qui me disait : « Allons, Johann, tu crois que tu arriveras au chef-d'œuvre avec la première fille que tu rencontreras ! Non, il faut s'entraîner, se faire la main ! »

Et ce sermon de Ferrès Bueller sur Cameroon, son copain un peu coincé : « L'avenir de Cameroon est terne. Il n'ose rien. Il va se marier avec la première fille qui voudra bien de lui et elle le mènera par le bout du nez. Parce qu'il croira qu'elle lui aura offert ce qu'il considère comme le plus important. »

J'ai un air de famille avec Cameroon, je crois bien. Si j'analyse mon comportement avec les filles, il est, en façade, toujours le même.

Un garçon que les choses de l'amour indiffèrent. Sympa, peut-être même bon copain. Point.

En réalité, il y a deux cas : je trouve la fille conne pour une raison ou pour une autre. C'est très subjectif tout ça. Alors, je ne cherche pas à lui parler, je l'ignore. C'est dommage car je rate parfois des gens bien, mais bon…

Dans ce cas, quoi qu'il se passe, je ne veux pas en savoir plus et il ne me viendrait jamais à l'idée d'essayer de la séduire. Je la méprise tranquillement et, même si elle était valable, malgré moi, je la vire. Plus exactement, je la décourage par une splendide indifférence. J'ai fait ça très bien avec la fille que Stéphane m'avait choisie.

L'autre cas aboutit aussi, hélas, à une impasse. La fille vaut le coup. Pour des raisons là aussi subjectives, je l'estime, je la respecte (ça fait con mais je ne vois pas d'autre mot). Disons que sa morale, ses convictions correspondent suffisamment aux miennes pour que je recherche sa compagnie et discute avec elle. Souvent ces filles sont mes amies. Parfois, il arrive que ce sentiment d'amitié devienne flou et tende vers cette étrange impression qui fait que, dès qu'on entend le nom d'une personne, on y repense avec attendrissement. Plus d'une amie m'a fait flirter avec ce sentiment. Seule Romane m'a autant chaviré que Juliette. Et, dans ce cas, cette estime que je porte aux gens me paralyse et je n'ose le leur faire comprendre, de peur de les décevoir ; de peur de gâcher une belle amitié ; de peur de paraître ridicule. Je ne sais pas non plus dire ce qu'il faut. Je me sens sot, si sot. Et ça fait mal.

Alors, je rêve que je lui écris une lettre, poétique et belle, une lettre où je trouve le ton juste pour l'émouvoir.

Me voilà devenu romantique sans m'en rendre compte.

le 23. 11. 90 – vendredi, 15 h 15

L'alternance Bosc-Giens va recommencer. Lundi, je repars pour la Côte d'Azur. En hiver, ça sera probablement très calme. Trop. D'après ce que je sais, il y a trois malades à Giens : Denis qui est sympa, mais qui ne mettra sans doute pas beaucoup d'animation. Christine qui est sans aucun intérêt et un peu bête. Et François qui est plein de qualités, mais n'est hospitalisé que de jour. Ça risque d'être dur. Enfin, il y aura bien des entrées d'ici Noël. Moi, je compte partir le 22 ou le 23 pour profiter pleinement de Noël. L'année dernière, je l'avais passé avec un drain à l'hôpital du Val-d'Or. Ça n'avait pas été très drôle. J'espère faire mieux cette année. Pendant ma cure de perfusions à Giens, je reverrai aussi Jean-Jacques (enfin ce n'est pas sûr). Je dois aller à Marseille faire un ou deux examens complémentaires pour le bilan pré-greffe, et Jean-Jacques doit redescendre pour son bilan des six mois de post-greffe.

Je repars, théoriquement, le 12 dans l'après-midi. Il arrivera le 12 au soir. Je vais donc essayer de me faire prolonger de vingt-quatre heures pour le voir. Mais cela dépendra aussi des conditions d'hospitalisation. S'ils piquent comme des nuls, je ne resterai pas.

Quoi qu'il en soit, j'ai eu une agréable période à la maison. Je suis allé au cinéma chaque semaine. J'ai lu quelques livres à un rythme correct (notamment le dernier Stephen King) et j'ai pas mal discuté avec mes cousines. J'ai l'impression que le jeu de rôles n'est plus qu'un prétexte à nous voir. En un mois, nous n'avons fait que deux parties. En réalité, nous passons de plus en plus de temps à parler. De musique, de livres, de ciné, de BD, mais aussi de projets, de vie, de mort, de Dieu, des dieux, des extraterrestres, de Mars, du monde, de l'Irak, de la contestation étudiante, de mode, de nos parents, de nos grands-parents, d'amour, d'amitié, d'enfants, de mille et une choses. Ces discussions sont très agréables et prennent de plus en plus de place dans nos rencontres. A tel point que, ce week-end, nous n'avons que la création d'un démon-bras pour *Lorzaniah* au programme. Il est sous-entendu que nous allons parler le reste du temps.

Une autre activité essentielle de ces dernières semaines fut, pour moi, la participation au concours de nouvelles de la ville de Villeneuve-d'Asq, sur le thème « Et si Mozart m'était conté ».

J'ai toujours aimé écrire. J'ai, depuis longtemps, rêvé d'être un écrivain. D'ailleurs, je n'y ai pas renoncé. L'écriture est le plus vieux (et le moins coûteux) des moyens de communication entre les gens et les époques. Par « communiquer » je n'entends pas promouvoir une marque de lessive ou une couche-culotte. Non. Je prends ça au sens noble du terme. Faire partager une joie, un plaisir, une émotion à travers le temps et l'espace, c'est ce qu'il y a de plus formidable en ce monde, après le plaisir de la création. J'aime ça. J'aimerais faire ça toute ma vie. J'aimerais en vivre.

Il y a un an, j'ai donc participé à ce concours. L'année dernière, le thème en était le rêve. J'ai perdu. Ça ne m'étonne pas. J'aime écrire, mais ce n'est pas parce que j'aime cela que j'ai du talent. C'est dommage. Mais, bon. En tout cas, les organisateurs du concours m'ont renvoyé un courrier m'apprenant l'existence de celui de cette année.

Mozart en est le thème. Mozart, dont on connaît le statut d'enfant prodige, m'a fait penser (on réagit toujours en fonction de soi et de son expérience) à Pierre-Jean Grassi.

J'ai donc écrit un texte, qui fait six copies doubles, sur un adulte muco, compositeur classique. Je n'ai pas fait, heureusement, l'histoire de Pierre-Jean en l'appelant Mozart.

Je ne connaissais pas Pierre-Jean et je ne connais pas la musique classique. Ce que j'ai essayé de faire passer dans ce texte, c'est la réponse à la question fondamentale qui m'a longtemps torturé l'esprit, même si je n'arrivais pas à la formuler :

« Quel est mon rôle en ce monde, à moi qui suis faible, improductif, inutile ? A moi qui ne vivrai pas assez longtemps pour que le monde s'aperçoive que j'ai vécu ? A moi qui n'apporte aux autres que le malheur de ma condition ? »

J'ai répondu, en partie, à ces questions depuis seulement quelques mois. Pour moi, ce texte est important. Mais je ne sais pas si je vais réellement l'envoyer. Je le pense car je ne savais pas si je l'écrirais et je l'ai fini hier. Mais tout de même, certaines choses me retiennent.

La pudeur d'abord. J'en dis beaucoup sur moi, plus que ce que j'ai jamais dit, même à mes parents (quoiqu'ils l'aient sans doute ressenti). Ensuite, j'ai peur que mon histoire soit mal interprétée, qu'elle le soit comme une autocongratulation. Que l'on pense que je me fais une très haute idée de moi-même. Et je crains la réaction de mes proches et celle des autres mucos. Surtout ceux que j'aime et estime : François, par exemple, dont les critiques acerbes fusent facilement et sont si justes.

Évidemment, si je lui montrais le texte, il pourrait peut-être me montrer ce qui est bancal. Mais ce ne serait plus mon texte et je serais donc hors concours. On ne rôde pas un texte comme les règles des jeux de rôles. De toute façon, jamais je n'oserais le faire lire à des gens comme lui. Ni même à des proches. Si je l'envoie au jury du concours, je l'aurai moi-même dactylographié et photocopié. L'idée que des gens qui n'ont jamais vu ma tête et qui ne me connaissent que par courrier seront les seuls à lire le texte me soulage.

Je repense aussi à une conversation que j'ai eue avec Stéphane. Il partage les mêmes rêves littéraires que moi. Mais lui, il semble réellement doué. J'ai lu certains de ses textes et il en ressort une atmosphère particulière que l'on ne retrouve nulle part ailleurs. Si j'essayais de définir ses écrits, je les comparerais à un mélange de Kafka et de Lovecraft pour l'ambiance. Mais les sujets sont plus violents et plus proches du quotidien. De certains se dégagent, en tout cas, ce désespoir et cette tension sous-jacente communs aux deux autres écrivains. Il y a aussi une parenté avec Lautréamont, parfois voire avec Poe.

Bref, un jour on parlait de littérature et Stéphane m'a dit vouloir entrer dans la littérature par la grande porte. Il n'était pas question, pour lui, d'écrire un journal, mais un roman, de qualité, qui s'épargnerait la facilité de transposer sa vie (plutôt mouvementée). Or, c'est un peu ce que j'ai l'impression d'avoir fait. Mon histoire ne reprend pas un moment que j'ai vécu, mais j'ai sombré dans la facilité d'évoquer la mucoviscidose, le monde de l'hôpital que je commence à bien connaître et la maladie. C'est un peu facile !

D'un autre côté, en parlant de ce que je connais, je m'évite d'écrire trop de conneries et j'y gagne en authenticité. Je pense être bien placé pour parler de tout ça. Mais de musique ? Car, pour parler de Mozart, il m'a fallu parler de musique classique. Or, je n'y connais rien et je n'aime pas ça. Là, mon histoire semble trop idiote. Cette idée de temps entre les trois minutes d'une chanson et les deux heures d'un opéra est assez grotesque. D'autant que Pierre-Jean a composé des morceaux courts. Mais, dans la trame du récit, cela s'imbrique bien avec le personnage, obsédé par le temps qui lui reste à vivre.

J'ai fini hier, et même maintenant que cette nouvelle est achevée, je n'arrive pas à me décider. Ai-je fait un texte un peu bête, un peu pleurnicheur et exhibitionniste, un peu trop glorifiant et trop mièvre ? Ou est-ce qu'il correspond à quelque chose de réellement important qui pourrait amener les gens à réfléchir sur leur condition ?

Ce sentiment de jalousie à l'égard des bien-portants, qui ignorent leur chance et se font une vie d'enfer alors qu'ils ont un sacré avantage au départ, est lui-même critiquable. Car enfin, est-ce parce que j'ai tiré un mauvais numéro que je dois en vouloir aux autres ? D'ailleurs, il y a deux ans, jamais je n'aurais écrit un truc pareil. J'ai changé. Mon numéro n'est pas si mauvais, je l'ai déjà écrit ici. Je suis en train de tourner en rond dans ma réflexion. Car, finalement, ce texte part un peu à rebrousse-poil de ce que je fais d'habitude ou, du moins, de ce que je faisais.

En y repensant maintenant, ce texte est l'écho de ma rencontre avec les jeunes filles du Centre sportif du Pradet. La fois où j'ai raconté ma vie à des inconnues. Je garde un souvenir ému de cette rencontre. Elles m'avaient réconforté, d'une certaine façon. Et moi, que leur avais-je apporté ? Peut-être ce que la muco apporte au narrateur : une certaine conception de la vie. Si c'est bien cela que l'on retiendra de cette nouvelle, alors il me semble qu'elle est bonne. Il faudrait que je la retouche pour bien faire comprendre aux lecteurs que les deux personnages centraux gagnent, l'un et l'autre, dans cette rencontre. L'un parce qu'il se sent moins seul et l'autre parce qu'il se sent aussi moins seul. Ils s'enrichissent mutuellement, prenant, dans l'autre, la force nécessaire à affronter leurs épreuves. L'idéal serait de ne pas écrire cela noir sur blanc, mais de le faire ressentir au lecteur. Là, j'aurais vraiment réussi mon coup.

De toute façon, je vais partir à Giens. J'aurai un mois pour y repenser dans un contexte différent. Ce n'est qu'après les vacances de Noël, lorsque je serai à nouveau seul à la maison, que je pourrai dactylographier ce texte. J'aurai dix jours pour le faire et, ensuite, il me faudra décider si, oui ou non, j'enverrai cette nouvelle au jury.

le 28.11.90 – mercredi, 15 h 30

Je suis à Giens, dans la même chambre que la dernière fois. Nous sommes peu nombreux. Christine est partie ce matin (pas bien grave), ainsi que Sonia (c'est plus regrettable). J'ai fait la connaissance d'André. Encore un personnage particulier ! Il est âgé au moins de 26 ans (et sans doute plus). Il a sa propre maison, sa femme, et travaille comme photographe à plein temps. C'est une des premières fois qu'il a des perfusions. Il est en forme. Il fait partie de ces mucos sur qui la maladie semble ne pas avoir prise (ni physique, ni mentale). Mais son état de santé n'est pas un obstacle. Il n'est pas comme certains, qui ont peur de ceux qui sont vraiment atteints, et semble nous comprendre, tout en gardant son autonomie.

Christophe est rentré ce matin. Il n'a plus de malaises, n'est pas particulièrement encombré, mais il a perdu le feu sacré. Lui qui rit toujours, qui est le premier à faire le guignol, semble passif. Il ne parle pas trop et tous ses gestes sont pleins de lassitude. Ses dernières crises doivent avoir réveillé en lui des souvenirs désagréables. Il voit, à travers la mort de ses anciens amis, la sienne. S'il ne reprend pas le dessus, il va finir par ne plus avoir aucun tonus, et là, le pire est à craindre.

Mais je pense qu'il va y arriver. Si on le stimule, si on lui redonne le goût à la vie, si on le sort de sa torpeur, ce sera bon pour lui. A mon avis, les médecins n'y peuvent rien (sauf la psychologue peut-être) ni les antibiotiques.

Ici, il fait mauvais. Une légère pluie tombe. Je regrette la pluie normande. Moi aussi je suis gagné par la grisaille du temps. La Côte d'Azur sous la pluie, c'est vraiment lugubre. Je vais essayer de lire un bon bouquin pour me distraire. Avant d'être rongé à mort par les souvenirs pénibles que font resurgir ces couloirs lorsqu'ils ne sont pas animés et emplis de bruits.

le 10. 12. 90 – lundi, 11 h 05 du soir

Je suis à l'hôpital Salvator pour faire des examens complémentaires pour la greffe. Salvator à Marseille. Je suis hospitalisé salle Curtillet, là où était Jean-Jacques.

Là où il est, devrais-je dire. Car il est revenu pour faire le bilan des six mois de greffe. Je suis hospitalisé avec lui et Sofia. Alors que cette étape marseillaise aurait pu être un calvaire, tout va bien. Jean-Jacques a grossi : il fait environ soixante kilos. Il est en pleine forme. On a bien ri toute la soirée.

Pourtant, tout n'est pas si rose. Mardi 4, Éric Durand est décédé ici même. Il avait deux pneumothorax et attendait la greffe en super urgence. Il a trop attendu. J'ai aussi appris, avant-hicr soir, la mort de Lofti, un petit enfant muco, originaire d'Afrique du Nord.

Ici, j'ai vu les parents de Corinne, une muco de Béziers, qui est intubée en réa tiède à quelques mètres de là. Un article sur elle est paru dans *Var-Matin*, mais on est loin de la mobilisation générale pour Anne et Maud Croce.

A Giens, ça va mieux. Christophe recommence à déconner et Manu, son éternel comparse, est aussi hospitalisé. Il va lui remonter le moral mieux que nous. Martine est arrivée fatiguée au Coty, mais elle va mieux et espère être de retour chez elle pour Noël. Mais, désormais, elle va être obligée de venir plus souvent car, là-haut, les perfusions sont devenues sans effet.

Vendredi, c'est son anniversaire. On va aller fêter ça au restaurant. Mais avant, il faut se plier à la règle et faire les examens.

le 20. 12. 90 – jeudi, 15 h 45

J'écris de moins en moins souvent. Peut-être parce que ce qui me faisait peur ne me torture plus autant l'esprit. Non, j'en doute. Je pense encore à la greffe, trop même. Surtout ici. Martine est dans le même cas que moi : antibiodépendance, oxygénodépendance. Elle est, en plus, sous diurétiques, car son cœur se fatigue. Elle et moi serons parmi les prochains greffés. J'ai beaucoup parlé avec elle cette fois-ci. Elle est vraiment formidable. Je la reverrai en février. Elle va, je pense, être forcée de renoncer à suivre ses cours, trop fatigants, et risque d'adopter mon rythme.

Hier, j'ai vu Noirclerc. C'est la troisième fois en un mois. C'est un forcing psychologique (sic !) pour se faire greffer ! Je plaisante (mais juste à moitié car si l'on repense à Jean-Jacques, c'est la bonne technique). En fait, je l'ai rencontré une fois à Salvator et deux fois pour des conférences. Hier, c'était pour la remise d'un don d'EDF-GDF-Région Var, à l'AFLM. Il y avait « Dieu », mais aussi des chercheurs qui tentent de découvrir le médicament qui soignerait la mucoviscidose.

J'ai parlé avec l'un d'eux. Il était très sympathique et m'a un peu expliqué comment tout cela ne fonctionne pas. (Enfin, ce qu'il en sait, car il leur reste beaucoup à comprendre.) Il m'a proposé, ainsi qu'aux autres hospitalisés, de venir visiter les laboratoires de recherche de Nice et de Marseille. Je suis enthousiaste. J'essaierai d'obtenir cette sortie en février lorsque je reviendrai. D'ici là, je vais rentrer chez moi pour les fêtes de Noël qui seront, je l'espère, mémorables.

J'ai besoin d'écrire plus longtemps. Je voudrais expliquer mieux qui je suis et pourquoi je ne fais rien. Je voudrais parler des relations entre malades, entre soignants, entre êtres humains. De ce qui fait que, parfois, j'ai envie de tuer tout le monde, de ne voir personne, et de ce vide, de cette angoisse qui parfois me ronge, sans raison apparente.

Mais je le ferai plus tard. Au calme. Loin d'éventuelles personnes qui pourraient me surprendre en train d'écrire. Parce qu'écrire sur soi, sur ses émotions, est trop dur et trop impudique pour le faire au Coty.

Un peu d'humour pour terminer :

A la visite de sortie, Chazalette m'a dit avoir reçu un coup de fil de Santa Maria (en fait, un hôpital italien). Dans la mesure où, après Dieu, il y a le Christ et qu'il représente (dans mon

Panthéon médical) ce même « Christ », ça m'a fait bien rire quand il m'a dit : « Tu vois, je reçois même des appels de la Vierge ! »

le 26. 12. 90 – mercredi, 16 h 37

Je suis de retour chez moi. Je viens de fêter Noël avec mes parents, mes cousines, mes grands-parents et mon oncle et ma tante. C'est ma famille. Celle que j'aime, même si je me moque souvent de l'un ou l'autre. Même s'il m'arrive de m'énerver contre l'un ou l'autre. Ils représentent ma famille proche et nous sommes tous unis et amis. Pourtant, je ne sais pas pourquoi, être chez moi pour Noël n'a pas été si formidable. Je me suis un peu ennuyé. En fait, je n'avais goût à rien. Je n'avais pas envie de voir des gens (même Law et Aude). Je n'avais pas envie de sortir. Je ne voulais rien. Rien ne m'intéressait. Rien.

Une sorte de torpeur m'a envahi, comme à mon retour d'août. Juste une envie de dormir, de fuir la réalité, de rêver, d'oublier. Mais oublier quoi ?

La Mort ! Leur mort. Ma mort.

J'ai ressenti la même chose qu'après la mort de Laurent et de Fabrice, mais, cette fois, c'était Éric et Lofti. Les gens meurent autour de moi. C'est le moment de l'année où l'on dresse le bilan des trois cent soixante-cinq derniers jours. Le bilan muco est lourd ; en un an : Éric, Maud, Christophe, Laurent, Fabrice, Guy, Lofti, Éric sont morts.

En un an, Éric, Anne, Christelle, Gilles, Jean-Jacques, Laurent, Guy, Corinne ont été greffés. D'après Noirclerc, depuis le début des greffes à Marseille, trente-deux personnes ont été opérées dont vingt mucos (dont dix cette année).

Et pour 91 : Benoît, Martine, François, moi… Qui sera greffé, qui ne le sera pas ? Qui survivra, qui mourra ? Combien de gens, que je ne connais pas encore, mourront cette année ?

DUR ! Tout cela fait beaucoup de morts ! Trop de morts !

Ça commence à me ronger. Je me rappelle ce que disait Christophe, après sa greffe, avant d'aller mal : « Au départ, on en voit partir. On se dit : Bon, il n'a pas eu de chance. Puis, deux, puis trois, puis quatre… Et là, on voit son tour venir. »

Il n'y a rien de plus vrai. Parfois, même, on a hâte que son tour arrive !

Mais, putain, quand on voit Jean-Jacques, on a hâte d'être greffé et pas de crever ! Il faut tenir. Il faut regarder devant. Il faut, même, voir après. Après la greffe. Que ferai-je après la greffe ?

Avant d'être malade, je suivais des études classiques. Je visais un Bac D, puis une carrière dans la biologie. J'étais dans un lycée chrétien et privé. Il y avait une course à la réussite, une émulation entre les élèves. Un peu comme dans une entreprise qui motive son personnel. On nous préparait à être de parfaits employés (des cadres, de préférence) pour des entreprises dynamiques et compétitives. Puis, ma santé se dégradant, j'ai arrêté mes études.

Au départ, ça ne devait durer que trois semaines (le temps d'une bonne cure de perfs), mais je suis resté en convalescence jusqu'à la rentrée des vacances de la Toussaint. Là, je n'ai repris les cours (sur l'ordre de ma mère et de mon médecin) que trois après-midi par semaine.

A ce moment, j'ai eu l'intuition que je ne reprendrais pas les cours réellement longtemps. En décembre, j'ai fait une « détresse respiratoire ». Si ça avait continué comme ça, je serais mort à l'heure qu'il est.

Mais le docteur « Bagdache » m'a parlé de la greffe. J'ai rencontré le professeur Bisson qui a accepté de me faire les tests pré-greffe à l'hôpital Foch. Mais j'appris plus tard que j'étais le premier muco qu'il allait opérer. Devant les problèmes particuliers de mon cas, il a préféré renoncer et m'a envoyé à Giens et à Marseille. Le temps que tout cela se décide, on était en mars 89. J'ai fait mon bilan pré-greffe, par intermittence, en trois mois à Marseille. En septembre, s'est posé le problème scolaire. Allais-je reprendre les cours ?

Mon année sabbatique avait anéanti ma motivation. La perspective d'une année gâchée par la greffe m'a fait renoncer à reprendre les cours. (A ce moment, je croyais être greffé en 90.) C'est à cette époque aussi que j'ai vu la mort de près.

Non pas que j'aie risqué ma vie personnellement. Mais, à Giens, à ce moment, s'était trouvé John. John, que j'avais vu aussi en forme que n'importe qui en mars, et qui était alité, avec une voie centrale, des intra-lipides le nourrissant la nuit, des heures et des heures de perfs, et l'oxygène vingt-quatre heures sur vingt-quatre, à quatre litres/minute. Je l'ai vu partir (trop tard) à Marseille où il est mort, faute de greffon, quelques jours après.

La mort de John m'a choqué plus que toute autre. Le voir si faible, si fatigué, si impuissant, m'a fait l'effet d'une douche froide. J'espère ne jamais en arriver là, car c'est plus atroce que tout. Mourir à petit feu, en attendant, jour après jour, une greffe chimérique et en perdant, jour après jour, la foi en la vie ! En venir à ne plus rien vouloir, qu'une seule chose : « Que ça cesse ! » « Qu'on soit greffé ou qu'on meure, peu importe, mais que ça cesse ! »

De voir John m'a fait prendre conscience (même si ce n'est qu'aujourd'hui que je réalise que c'est ÇA qui m'a servi de déclic) qu'il ne fallait pas brûler ma vie avant la greffe.

Je vois la vie un peu comme une mèche qui, lentement, se consume. Et, plus on fait de choses, plus on boit, plus on fume, plus on se fatigue, plus elle brûle vite. Pour ralentir la combustion, j'ai arrêté l'école. Je me ménage et je tiens le plus longtemps possible, jusqu'à la greffe. Pourtant, si j'ai arrêté l'école, je n'ai pas arrêté d'apprendre. J'apprends tous les jours, en lisant, en regardant la TV, en rencontrant des gens, en écrivant pour mieux me connaître et en écoutant.

Cependant, l'école, telle que je m'en souviens, ne m'intéresse plus guère. Ma vie est hors des sentiers battus depuis deux ans. Je pense que je n'arriverai pas à rentrer dans le moule : petit boulot, petite famille, petites vacances, petit week-end et petite vie… Je n'en veux plus ! Une fois que j'en aurai la possibilité, je veux vivre plus que ce que vivent les gens normaux.

Mon rêve serait d'être un artiste, écrivain ou metteur en scène. Mais avoir mon Bac, puis mon DEUG, puis mon doctorat, ça ne m'intéresse plus. Je pense que j'irai jusqu'au Bac, puis, qu'après, je prendrai une route plus personnelle.

Il me semble que cette mise au point était nécessaire. Pour moi, en tout cas. Pour ne pas me laisser aller à somnoler en ruminant la mort. Pour reprendre foi en la vie. Pour bien voir où je veux aller et pour me donner les moyens d'y parvenir.

Parfois, il faut s'arrêter, faire le point. Regarder le chemin parcouru et celui qui reste à faire. Sinon on s'éloigne de la voie et l'on s'égare loin du « Sentier d'or ».

le 31. 12. 90 – lundi, 1 h 30 du matin

Il est tard, ou très tôt. J'écris juste quelques lignes, les dernières de ma jeunesse insouciante. Dans un peu plus d'une heure, j'aurai 20 ans. Est-il très tard ou très tôt dans ma vie ?

Hier, je suis allé au mariage d'une cousine. J'y ai vu son frère Éric, dont j'ai déjà parlé. Il y avait aussi Olivier Devloo (je m'y attendais). Par contre, j'ai aussi revu Arnaud Rosières, grand rôliste devant l'éternité, et Guillaume Baïssas. Il y avait aussi Maçon (impossible de me rappeler son prénom) que je connaissais beaucoup moins. Ils m'ont rappelé ma scolarité. Ça me semble si loin ! En tout cas, on a bien ri et ce fut une superbe soirée. (Moi qui ai horreur des mariages !)

Demain, enfin ce soir, je fête mes 20 ans avec celles qui m'ont accompagné toutes ces années : Laurence et Aude. Mes plus vieilles amies. Les seules (et seuls) que j'ai conservées vingt ans.

Il est vraiment tard. Je vais me coucher. On verra si, au réveil, je suis devenu un adulte. (Quoique j'aie encore un an : avant Giscard, la majorité était à 21 ans.)

C'est à la fois exaltant et inquiétant de vieillir.

L'autre jour, j'ai entendu que des savants auraient réussi à isoler les gènes du vieillissement dans l'ADN et qu'ils allaient créer des fleurs immortelles... En fait, je ne suis plus très sûr de l'avoir entendu... Il me semble bien pourtant.

De toute façon, il ne faut pas que je flippe en pensant à mes 20 ans. A Giens, les trois quarts ont plus de 20 ans et ils sont encore plus cons que des gosses, parfois !

C'est fou. Je n'arrive pas à me résigner à lâcher le stylo. Je pense : « C'est la dernière fois que j'écris à l'âge de 19 ans. Demain, je lirai ça et j'aurai perdu une année de ma vie. »

Et quelle année ! Ce ne fut pas la meilleure ! Ni la pire, je pense. J'ai passé la première année de ma vie à Giens. J'étais un bébé hospitalisé pendant quatorze mois. Je ne m'en souviens plus, mais ça avait dû être pire !

Une chose est sûre : cette dix-neuvième année fut la plus intense qu'il m'ait été donné de vivre jusqu'ici.

Je ne préfère pas imaginer la vingtième.

On verra sur le coup. Allez, cette fois, je vais me coucher. La nuit porte conseil. Elle va m'aider à trier tout ça.

le 6. 1. 91 – dimanche, 16 heures

J'ai 20 ans. L'année quatre-vingt-onze vient de commencer. L'actualité politique est toujours incertaine. L'ultimatum de l'ONU pour libérer le Koweït expire le 15. Y aura-t-il la guerre ? Les uns disent que oui, les autres que Saddam se retirera quelques jours après le 15, histoire de sauver la face. C'est ce qui serait le plus raisonnable et qui permettrait aux deux camps de s'en tirer honorablement. Mais Saddam Hussein est-il raisonnable ? (sic !)

S'il y avait la guerre, elle ne toucherait, pour l'instant, que l'armée de métier. C'est pour ceux qui font leur service militaire là-bas que c'est dur !

L'année quatre-vingt-onze s'annonce sous le signe de la greffe.

Je me souviens, en quatre-vingt-dix, avoir pensé : « C'est l'année de la greffe ou c'est la dernière », et j'ai tenu le coup jusqu'en quatre-vingt-onze.

Alors, va-t'en savoir…

Mais il ne faudrait pas croire que j'ai changé parce que je me mets à discuter de politique avant de parler de moi (mon thème favori). C'est simplement que, pour la première fois de ma vie, une année commence avec une forte présomption de guerre et que ça m'inquiète. En fait, j'ai l'impression que le monde est en mutation. Depuis deux ans, les choses changent (à l'Est, bien sûr, mais aussi en France) et en tant que citoyen moyen, sans influence sur tout ça, j'observe avec intérêt cette métamorphose.

La première semaine de quatre-vingt-onze fut fantastique. J'ai eu l'occasion de revoir Arnaud, qui est un de mes meilleurs amis, même si j'ai peu de contacts avec lui. Le jour de l'An, j'ai fait un jeu de rôles avec mes cousines. Le 2 et le 3, j'ai joué avec Arnaud, Éric, Olivier et Frédéric (que je connais moins). Ils ont redynamisé ma passion du jeu qui allait en s'estompant. Avec Laurence et Aude, je suis trop familier. Je les connais trop et elles me connaissent trop. Ce qui fait qu'au lieu de jouer, nous parlons. Le plus souvent de nos lectures ou de ce que l'on a vu ou entendu récemment, mais aussi de Giens, de muco, de maladie, de mort parfois… Ainsi, je leur ai dit pour Éric et Lofti, alors que je ne l'ai pas dit à mes parents.

Il fallait que j'en parle, que je me défoule sur quelqu'un et je ne veux pas charger le moral de mes parents, sauf si je ne peux faire autrement.

Mais, avec Arnaud et sa bande, c'est différent. Ils me savent malade, savent que je ne vais plus en cours. Point. Ils ne connaissent personne là-bas et tant mieux, d'une certaine façon.

Ainsi, durant ces deux jours, ou plutôt ces deux après-midi, nous n'avons fait que jouer. Du jeu de rôle. Du jeu de rôle, du jeu de rôle, du jeu de rôle ! toujours du jeu de rôle… RRRAAHHH ! Ça fait du bien de ne penser qu'au jeu. A cette activité ludique, mais intelligente et enrichissante, qu'est le jeu de rôle.

Ma passion est repartie de plus belle. Le lendemain, j'ai demandé à Law de m'acheter, à Paris, le jeu *Cyber Age*, dont je vais lire les règles cette semaine. Et surtout, je ne ressens plus ce problème pour « rentrer dans le jeu » comme on dit.

Dans un jeu de rôle, le début de la partie est toujours difficile, car il faut faire l'effort de s'intéresser à ce qu'a dit le maître de jeu, pour que l'imagination s'emballe et vous fasse rentrer dans la partie proprement dite. Exactement comme quand on lit un roman où, au début, il faut réussir à se plonger dans l'histoire pour que le monde réel cesse d'exister, pour que la page et le texte s'évanouissent, et pour que le plaisir devienne total. Eh bien, ces derniers mois, cet effort m'était de plus en plus pénible. Grâce à mes amis, il m'est à nouveau aisé. C'est ce que Stephen King appelle dans le roman *Misery :* le trou. Et j'adore tomber dedans. C'est même un des plus grands plaisirs de la vie que de tomber dans le trou qu'une imagination débridée a creusé pour vous.

Alors, voilà. Je suis rassuré. J'ai 20 ans. J'aime toujours autant les jeux de rôles, les livres, les bandes dessinées, les films d'aventure… Et les histoires de Tolkien me font toujours rêver. J'aime toujours autant les super-héros, *Indiana Jones*, *La Quête de l'oiseau du temps*, King… Enfin, tout ce qui a fait ma jeunesse. Je ne suis pas devenu un vieux chnock !

J'ai simplement découvert autre chose. Ce quelque chose en plus n'a rien retiré de la magie qui, pour moi, entoure le rêve. Au contraire.

Je suis bien comme ça. Je suis vraiment heureux. Rien qu'en regardant autour de moi, je vois des affiches de films, des dessins, des photos qui me rappellent autant de moments formidables. Et quand, lassé de regarder les murs de ma chambre, je contemple mes bibliothèques, j'y retrouve ce même bonheur.

La seule différence, c'est que, il y a quelques années, je m'endormais à 10 heures devant la télé et que je me levais à 8 (quand je faisais la grasse matinée), et que, maintenant, je me couche rarement avant 1 heure et demie, et, si je me lève avant 10 heures, c'est un exploit.

J'avais les horaires de maman. J'ai pris ceux de mon père.

le 7.1.91, non, le 8.1.91 : 0 h 30

A 7 heures moins vingt, j'ai reçu un coup de téléphone de Jean-Jacques. Martine a été greffée aujourd'hui (enfin, hier, puisque minuit est passé). Elle a été opérée à 2 heures du matin. Encore une fois, alors que rien ne l'annonçait, une greffe survient. Martine m'est très proche. Elle avait déjà été appelée il y a plus d'un an, mais la greffe n'avait pas eu lieu (problème des dons d'organes). Aujourd'hui, ça y est. Je suis confiant. Elle est forte. Elle s'en sortira. Et l'équipe de chirurgiens est vraiment bonne. Je suis heureux pour elle, qui attendait depuis longtemps : deux mois de plus que moi, si j'ai bonne mémoire.

Et puis, pour elle, les études étaient très importantes. Elle allait être obligée de les lâcher. Ça lui aurait cassé le moral. La dernière greffe a eu lieu il y a moins d'un mois. Tant mieux. Nous sommes tellement en attente. Encore une amie qui se fait greffer. Quand Frédéric et François l'auront été aussi, seule Juliette me retiendra à Giens.

Quant à Stéphane, il n'est pas près d'accepter la greffe (mais il n'en a pas besoin). Je pense pouvoir le voir hors de l'hôpital, une fois greffé. Avec Jean-Jacques, on voulait se faire une superbe fête si on s'en sortait. On invitera Martine.

Tout à l'heure, papa est monté dans ma chambre. Je faisais ma kiné en regardant la télé, comme tous les soirs. Il a tourné en rond dans la pièce, en faisant semblant de s'intéresser à des objets (qu'il connaît par cœur). Au bout d'un moment, il a fini par s'asseoir près de moi et m'a dit un truc du style : « Martine est greffée et pas toi », en prenant cet air contrit qui m'exaspère.

Ça m'a choqué qu'il puisse être jaloux de la greffe de Martine. Il l'a prise comme si c'est moi qui aurais dû être appelé. Il n'a rien compris : savoir Martine greffée m'a fait tellement plaisir ! Elle le voulait vraiment, comme Jean-Jacques. Yannick n'a pas compris qu'on ne pouvait pas être jaloux de Martine. Elle est trop formidable pour ça. Et le simple fait qu'elle ait été greffée après avoir rencontré deux fois Noirclerc, lors de son dernier séjour à Giens, prouve que ces visites à la va-vite ont leur importance. Elles prouvent que, là-bas, à Marseille, il pense à nous…

Maintenant, va venir la période la plus dure : la réa. Mais je suis sûr que Martine s'en sortira. Elle a la force de s'en sortir.

le 9.1.91 – mardi, 11 h 50

J'ai chanté trop vite. Tout n'est pas si simple. Il n'y a pas que l'envie de vivre qui compte. Il y a la chance, ou la malchance. La guigne, la mouise… Martine n'a pas eu de chance !

Aujourd'hui, à la même heure, ou presque, qu'hier, Jean-Jacques m'a retéléphoné. Martine est morte. Décédée après la greffe proprement dite, alors qu'elle était encore au bloc. Son cœur était trop fatigué. Il n'a pas tenu la longueur de l'intervention.

Martine est partie, alors qu'elle venait de fêter son vingt-deuxième anniversaire. Elle avait des projets plein la tête, un copain sympathique, des parents géniaux. Ce soir, ils sont seuls. Leur fille unique est morte. Une de mes meilleures amies est morte. Elle qui n'était que gentillesse, compréhension, joie de vivre… Elle est morte. J'en ai pleuré, comme un gosse, dans les bras de papa. Curieusement, après, j'ai passé la soirée dans un état d'indifférence et de stupeur assez effrayant. J'avais l'impression de ne rien ressentir.

Je ne réalise pas encore vraiment. Comme souvent, la mort me touche à retardement. Ce soir, je regarde la télé, tout en écrivant. Il me faut du bruit. Je ne veux pas du silence. Je veux du bruit, une présence : la présence illusoire de types qui gesticulent et rigolent à plus de cent cinquante kilomètres de là, dans un studio TV.

Martine. Pourquoi elle ? Elle qui était aimée de tous. A Giens, tous ou presque étions un peu amoureux d'elle… Ça fait mal et, en même temps, j'ai du mal à réellement ressentir sa mort. Je crois que le plus dur sera pour demain, voire après-demain.

Après-demain, ce sera son enterrement. Jean-Jacques y sera, ainsi que Joseph et Georges, et peut-être quelques autres. Ses parents et Olivier ne seront pas seuls. J'aurais aimé y aller, mais je ne pense pas que ça m'apporte grand-chose. Je vais me fatiguer et me démoraliser. Je ne veux pas non plus que mes parents prennent des vacances pour m'emmener. Et puis, un tel voyage serait difficile à organiser. Je vais donc rester ici. J'aurai une pensée particulière, jeudi, lors de l'inhumation.

Martine. Elle était en Corse. A Giens, en octobre et en novembre… J'ai vécu pas mal de choses avec elle, ces derniers temps. Je l'ai bien connue. J'en suis heureux. Elle était formidable. Toujours, lorsqu'on me parlera de la Savoie, je penserai à la « fille de la montagne » : Martine Noraz.

Je vais aller me coucher. Je ne sais pas si je vais dormir facilement et si je ferai de beaux rêves. Maintenant, c'est le seul endroit où je la reverrai.

Une dernière chose : Martine s'est endormie pour la greffe, confiante. Elle ne s'est jamais réveillée. Elle n'a pas compris ce qui se passait. Elle n'a pas souffert. « Elle a eu au moins la chance d'avoir la greffe », a dit sa mère à Jean-Jacques. Tant mieux. C'est au moins rassurant de savoir qu'elle n'a pas connu d'agonie. Comme Éric Chabaud, il y a presque un an, à quelques jours près, Martine est morte sans trop souffrir.

le 10.01.91 – jeudi, 0 h 15

Mercredi a été terrible. Je n'ai pas arrêté de penser à Martine, à des moments passés avec elle. Je suis triste. Si triste. Elle va être portée en terre dans quelques heures. A 10 h 30, je crois. Maman a dû faire parvenir des fleurs à sa famille. Moi, je viens juste de finir une lettre atroce où j'essaye d'apporter mon soutien à ses parents. Beaucoup plus que pour Guy, je ressens fortement la mort de Martine. Je suis atterré. Je n'arrête pas d'y penser. Je fais semblant de m'intéresser à ce qui se passe autour de moi, mais, toujours, je reviens à elle.

J'ai passé une partie de la journée chez mes grands-parents. Je ne leur ai rien dit. Je ne voulais pas subir des questions du genre : « Et comment c'est arrivé ? » ou ce genre de choses…

Martine me manque. J'ai à nouveau regardé les photos que j'ai d'elle, quelques clichés pris en Corse. L'ironie de la vie : en revenant de Corse, elle est allée voir Jean-Jacques à Marseille. Elle a croisé Noirclerc. Elle était si en forme qu'elle lui a dit qu'elle ne souhaitait plus vraiment la greffe. Il avait mis son dossier de côté. Et, maintenant, elle est morte de cette même greffe. Il aurait fallu greffer un bloc cœur-poumons. J'en pleure. J'ai envie de prendre un immense pinceau et d'écrire partout son nom, sur tous les murs : MARTINE. Elle qui était la plus gentille, la plus courageuse des filles que je connaisse. Martine. Martine. Martine. Martine. Martine. Martine. Martine.

le 11. 1. 91 – vendredi, 15 h 30

Le temps passe tout doucement. Martine laisse un vide qui ne sera jamais comblé. J'ai beaucoup parlé de Juliette et peu de Martine dans ce journal. C'est que Juliette m'attire et que je l'aime. Suis-je amoureux réellement d'elle ? Je n'en sais rien. Enfin, je n'en suis pas sûr. Mais si j'aime Juliette, Martine représentait pour moi un modèle. Un modèle de gentillesse, de compréhension, de générosité, d'intelligence, de beauté, de toutes ces choses que j'aime. Martine, c'était un peu comme l'inaccessible étoile ! Quelqu'un de trop beau pour pouvoir y penser. Et puis, elle avait un ami, un « prétendant » : Olivier. Et même si elle n'en avait pas eu, jamais je n'aurais osé penser à elle autrement que comme une amie. Elle était trop mûre, trop « adulte » pour moi. C'était plutôt comme une grande sœur. Une grande sœur idéale… Sa disparition me touche plus que toutes les autres.

Je m'imaginais souvent les gens de Giens comme des cubes. Au centre, il y a moi. Autour, huit autres qui symbolisent le cercle de mes amis proches et sincères. Autour de ce premier cercle (ou carré), il y a ceux que j'aime et apprécie, mais avec qui j'ai moins d'affinités, et ainsi de suite jusqu'à ceux que je n'aime pas. Martine était dans le premier carré. Avec Jean-Jacques, Stéphane, François, Juliette, Lætitia, Anne et Frédéric. Parmi ces gens, il y avait aussi Guy, même si seuls huit cubes peuvent en entourer un. Si un jour tous ces cubes venaient à s'écrouler, alors je crois que je m'écroulerais aussi.

Le temps va passer. Peu à peu je vais moins penser à ma peine. « Le temps cicatrice les blessures », a-t-on coutume de dire. Alors, il faudra beaucoup de temps, car celle-ci est profonde et pleure encore. En fait, je ne veux pas qu'elle se referme. Je ne veux pas, dans dix ans, entendre le nom de Martine sans que mon cœur se serre. Je ne veux pas oublier quelqu'un d'aussi exceptionnel, d'aussi bon.

Je me souviens d'avoir parlé de la mort avec Martine. Elle m'a dit à peu près ceci : « Je ne veux pas mourir car j'ai peur de ne plus jamais retrouver ça. Là-haut, on doit survivre, mais ce ne sera plus jamais pareil. »

Oui, elle avait raison. Même si l'âme survit à la mort, ce ne sera plus jamais pareil. Quoi qu'il en soit, je lui donne rendez-vous au-delà de la mort. Si jamais je peux le faire, j'irai retrouver Martine, après ma mort. Et tant que je vivrai, je penserai à elle.

Ce que je vais écrire maintenant pourrait choquer, surtout quelqu'un ayant perdu un être cher, mais, pourtant, je n'écrirai pas pour provoquer. Ce que je vais confesser peut paraître absurde, dérisoire, voire cruel. Pourtant, c'est un peu vrai pour tous.

Quand, à 6 ans, mon arrière-grand-mère est morte et que je l'ai vue sur son lit de mort, ça ne m'a rien fait. J'étais impressionné, bien sûr, mais je n'ai le souvenir d'aucun chagrin.

A 10 ans, un des enfants de ma classe s'est fait tuer par un chauffard. C'était un mercredi. Il est mort en traversant la rue pour aller chercher une paire de lunettes qu'il avait oubliée chez sa grand-mère. J'ai eu de la peine. J'ai beaucoup pleuré. J'ai regretté de ne pas l'avoir assez connu et de lui avoir, parfois, lancé une ou deux vannes, comme en disent souvent les enfants entre eux. De ces vannes blessantes, parce que souvent vraies. Les enfants sont très cruels parfois.

Le 26 mai 1986, j'ai retrouvé la date exacte dans mes notes, mon chat « Tigron » a disparu. Parti en promenade un matin, il n'est jamais revenu. Cette disparition m'a fait plus de peine que tout ce que j'avais connu avant. J'adorais cet animal, à la fois beau, fort, gentil et si fascinant. Après sa disparition, je l'ai cherché partout. Tous les soirs, pendant une semaine, je l'appelais en criant son nom à tue-tête. Je l'ai beaucoup pleuré. J'ai exploré toute la région en scooter pour retrouver, ne serait-ce que son cadavre. Je suis allé prier à l'église – ultime recours – pendant un mois, chaque dimanche. J'ai tout fait. Je l'appelais encore plusieurs mois après (sa mort ?) sa disparition. Aujourd'hui encore, j'ai deux photos de lui dans ma chambre. Tigron…

Ça peut paraître idiot, mais, cette année-là, ce jour-là, je suis mort quelque part. L'enfant que j'étais est mort.

Pour la première fois, quelque chose de vraiment sacré et indispensable au bonheur m'a été retiré. Pour la première fois, j'ai réalisé que rien ne me protégeait plus qu'un autre, que, moi aussi, je pouvais souffrir. Ma bulle dorée a éclaté. Cinq ans après, le souvenir de ces jours m'est encore pénible.

Bien sûr, un chat n'est qu'un chat. Rien de commun avec un être humain. Pourtant, c'est le même sentiment que la mort de Martine fait naître en moi. Ma bulle a éclaté à nouveau. Je ne suis pas plus protégé qu'un autre et même ceux que j'aime, qui me sont indispensables, peuvent mourir. Après le retour à la vie normale de Jean-Jacques, je l'avais oublié. J'avais cru qu'aucun des êtres que j'aimais réellement ne pouvait mourir. J'avais tort. C'est pour ça que j'étais confiant lundi soir.

Dimanche 6 janvier, j'écrivais que j'étais rassuré. Malgré mes 20 ans, tout ce qui avait fait ma jeunesse avait gardé son attrait, son éclat merveilleux. J'avais réussi à oublier la maladie quelques jours. Elle s'est chargée de se faire rappeler à mon bon souvenir. Alors, aujourd'hui, même *Indiana Jones* a perdu un peu de son éclat.

Oh, je sais qu'avec le temps cette pensée obsédante se fera plus discrète. Que je passerai même, peut-être, une journée sans l'avoir, sans la faire affleurer à la surface de mon esprit.

Mais toujours elle sera là, enfouie certes, mais là. Et j'en suis heureux, car je ne veux pas oublier. Jamais.

Je ne suis plus un enfant. Je ne le peux plus. J'ai vu trop de gens mourir. Mais je reste et veux rester capable de m'émerveiller. Plus comme un enfant le ferait, non, mais plus encore que ne le ferait un enfant, parce que, justement, j'ai vécu des événements durs.

Cependant, la tristesse de ne plus pouvoir m'émerveiller avec Martine à mes côtés ne s'effacera pas.

le 14.1.91 – lundi, 15 h 50

J'ai passé le week-end à me distraire : samedi j'étais chez Thierry. Nous avons fêté notre vingtième anniversaire ensemble. C'était une très agréable soirée. Thierry est décidément chouette. Quand je pense qu'à un moment j'ai failli me fâcher avec lui, je suis bien content de pas l'avoir fait. Je n'ai pas oublié Martine pour autant. Je me suis rappelé, surtout au moment où nos parents ont amené deux gâteaux, avec chacun vingt bougies, le soir du 15 décembre au resto russe, pour l'anniversaire de Martine…

Le lendemain, je me suis levé à midi ! Mes cousines ont passé l'après-midi à la maison. On a fait un jeu de rôles. Une partie de Cthullu. Le titre c'était : *Mort et enterré*.

Cette semaine, j'ai particulièrement remarqué les gens parlant de mort. C'est ahurissant ! Bien sûr, il y a les films, mais là, quoi de plus normal ? On ne fait pas un film avec des bons sentiments, de l'amour et de l'eau fraîche. Sauf Rohmer, m'a-t-on dit. Le plus ahurissant, c'est le nombre de fois où le sujet revient à la télé, au journal télévisé, dans les conversations… Attention, je ne dis pas ça parce que je suis choqué, loin de là. Je suis même le premier à parler de mort. Elle m'obsède, me terrifie et me fascine à la fois. Ce que je veux dire, c'est qu'elle a une place immense dans notre vie. Dans ma vie, mais aussi dans celle de chacun, de tous. Elle a une place immense dans le monde et la société. C'est la clef de voûte de la civilisation. Il n'y a pas une journée sans qu'elle soit évoquée.

La semaine dernière, j'ai dactylographié mon texte sur la muco pour le concours de Villeneuve-d'Asq. J'ai fini par l'envoyer. Je crois que je n'avais rien à faire d'autre la semaine dernière : recopier à la machine un texte était l'activité idéale. A la fois suffisamment prenant pour m'occuper et à la fois suffisamment simple pour me permettre de faire quelque chose, malgré ma peine et mes pensées toujours axées sur Martine.

J'ai envoyé le texte aujourd'hui. Il ne partira que demain, date limite du concours. La poste de Bosc n'étant pas très rapide, je ne sais si mon texte arrivera à temps. En fait, je ne sais pas très bien si le 15 est la date limite d'envoi ou de réception des nouvelles. Je verrai bien si mon texte est retenu. Je laisse le hasard décider. De toute façon, j'ai à la fois envie et peur qu'on lise ce texte. Je voudrais crier à la face du monde ce qu'y dit « Thierry », mon personnage muco et, en même temps, j'ai honte de le dire. Comme quand je suis passé à la télé. Comme avec ce journal, dont l'existence est secrète, sauf pour Stéphane et Frédéric. Et encore, ils n'ont aucune idée de ce que j'y écris.

Je devais rejoindre Jean-Jacques à Giens à la fin de la semaine. Je n'y serai pas. Je vais encore assez bien pour rester à Bosc dix jours. Je ne descendrai donc pas ce week-end. Cela pour revoir encore Laurence et Aude, pour ne pas retrouver trop vite l'ambiance de Renée-Sabran. Pour profiter encore de ma maison. De toute façon, je reverrai Jean-Jacques à la fin février, lors de la « période des anniversaires » (ceux de « Tof » et de « Manu »).

Après cela, je serai sur le départ pour Bosc. Peut-être remonterai-je avec Jean-Jacques en Alsace pour passer quelques jours avec lui. J'ai un peu honte de ne pas descendre le voir ce week-end, alors que sa meilleure amie est morte. Car, si j'étais ami avec Martine, il l'était depuis plus longtemps que moi. Mais je ne veux pas « laisser tomber » mes cousines non plus. Elles ont toujours été là, à mes côtés. Nous avons tant en commun, tant de souvenirs et tant d'années. Depuis que je vais à Giens, j'ai l'impression de les avoir un peu trahies, elles aussi. Je ne peux pas toujours privilégier ceux de Giens sous prétexte que mon amitié avec elles est trop vieille pour rompre. Je suis tiraillé entre deux mondes : celui de mon enfance et celui de ma maladie. Je ne préfère ni l'un ni l'autre. J'y ai rencontré des gens formidables dans les deux.

le 17.1.91 – jeudi 15 heures

La guerre du Golfe a commencé ce matin, à 1 heure, heure de Paris. Zéro heure GMT. Le monde a les yeux rivés sur le conflit. Les alliés, dirigés par les Américains, ont, par des raids aériens, évité le pire. Ce matin, à 1 heure, on a appris que les premières bombes étaient tombées sur Bagdad. J'étais en train de lire un livre de Michael Moorcock quand Maman est montée dans ma chambre pour me prévenir. J'ai allumé (enfin elle m'a allumé) la TV : image générique du JT de TF1.

Le présentateur a déclaré : « J'allais remonter dans mon bureau quand la dépêche est tombée. L'offensive américaine pour libérer le Koweït a commencé. Officiellement. »

J'ai regardé la TV jusqu'à 3 heures ce matin, pour la rallumer à 10 heures. Depuis, je regarde et écoute en permanence les infos. Actuellement, j'écoute France-Info.

Je vis, pour la première fois, dans un pays en guerre. Je ne sais pas, bien sûr, ce qu'il en adviendra, mais je crois cette guerre juste. J'espère, comme l'ont dit hier les députés, que « cette guerre ait valeur de précédent pour faire respecter les décrets de l'ONU ». Pour que soient, ensuite, réglés les autres problèmes au Moyen-Orient, au Tibet et en Russie…

J'ai la volonté (ou la naïveté) de croire que l'armée des forces de l'ONU pourrait s'ériger en une police internationale, ce qui garantirait au monde une paix durable. Le monde est en mutation, je l'ai déjà dit. Cette guerre me semble nécessaire. La naissance d'un ordre nouveau, comme celle d'un être nouveau, se fera dans le sang et la douleur. Mais, a priori, la précision extraordinaire des armes américaines garantit de faibles pertes civiles… Enfin, espérons. Il ne faut pas que la défaite soit ressentie comme la défaite de l'Irak, mais comme celle de Saddam Hussein. La guerre est déclarée. J'ai à la fois peur et suis très excité. Une partie de moi serait prête à emboîter le pas au son du clairon. C'est assez bas comme sentiment, mais j'ai l'impression d'assister à *La Charge de la brigade légère*. Comme quand, dans *Star Wars*, Yan Solo revient aider les rebelles et que « l'Étoile de la mort » explose. C'est mon côté masculin belliqueux qui doit vouloir ça. Je me rappelle ce que disaient Philippe Noiret et Sabine Azéma dans *La Vie et rien d'autre*, lors de la scène du bal : « Regardez-les ! Ils sont prêts à repartir à la boucherie. » C'est un peu vrai.

Pourtant, je sais le prix d'une vie humaine. Je crois même être particulièrement qualifié pour le connaître. Moi qui serai bénéficiaire d'une opération au coût faramineux, moi qui boirai, chaque semaine, pour mille francs de Cyclosporine, moi pour qui une équipe entière, de plus de quarante personnes, sera mobilisée, moi pour qui la société dépense une fortune en médicaments, moi pour qui des centaines de médecins, d'infirmiers, de soignants auront dépensé une partie de leur temps et de leur énergie, moi qui ai perdu une de mes meilleures amies il y a moins de dix jours… Alors, oui, je connais le prix de la vie !

Je crois, en mon âme et conscience, que si nous avions cédé, le déséquilibre au Moyen-Orient aurait été encore plus grand. Plus tard, d'autres guerres auraient éclaté. Et que penser de ce qu'aurait fait Saddam Hussein de la bombe atomique ? Oui, je crois cette guerre nécessaire. J'espère qu'elle réglera de nombreux problèmes, pour que le troisième millénaire commence dans la paix et l'équilibre international.

le 21. 1. 91 – lundi, 23 h 15

Certains matins lorsque je me réveille, que les rêves se disloquent et que je retrouve mon lit, ma chambre, ma réalité, parfois, sans qu'aucun fait précis ne me menace, j'ai peur. Je me réveille et j'ai peur. Je sens comme un poids, un sentiment d'oppression, de peur diffuse et latente, sous-jacente. Comme si une « épée de Damoclès » me menaçait. Cette peur, souvent, s'évanouit d'elle-même après quelques instants. Pas aujourd'hui. Elle m'a taraudé toute la journée !

La mort de Martine me pèse toujours beaucoup. Je retourne à Giens jeudi. En réalité, cela fait plus d'un mois que je suis ici. Il n'y a rien d'étonnant à ce que je doive repartir. Mais j'ai peur. Pourtant le mois de février à Giens est animé. Une bonne partie des mucos viennent y faire leur cure d'hiver. Il y aura des gens sympa. Et, en faisant attention, je ne devrais pas avoir de pneumo comme l'année dernière. Je ne devrais donc pas louper l'ambiance sympa. D'autant qu'il n'y aura tout de même pas autant de monde qu'en août. On ne se marchera donc pas dessus et on devrait profiter des relations humaines tranquillement. J'y reverrai aussi Jean-Jacques qui va faire un tour là-bas la semaine prochaine. Et il y aura aussi Anne, Lætitia, François, Frédéric (peut-être ?), Jeannine, André (?) et les autres qui sont sympathiques, même s'ils ne sont pas des amis aussi chers que Jean-Jacques ou Stéphane.

Hier, je suis allé au cinéma. J'ai vu un film fantastique, dans tous les sens du terme : *L'Échelle de Jacob*. Un film parfait dont le climat est l'exacte copie de ce sentiment dont je parlais avant. La finalité de ce sentiment, c'est la mort, selon le film. Ça ne m'étonne pas !

Mais je ne baisse pas les bras. J'ai peur, parfois, mais je ne suis pas résigné. J'ai envie de croire en Dieu, en une vie après la mort, en une pérennité de l'âme. Je veux revoir Martine. Je voudrais tant que ça soit comme ça. Mais je ne fais que vouloir y croire. Je n'ai pas de certitude. Je me perds entre une religion, dont les adeptes ne me plaisent pas tous, et entre une science qui réfute l'existence prouvée de l'âme et de la survie de celle-ci. Je m'égare entre des superstitions, comme l'astrologie, et une idée nihiliste : rien n'a d'importance. La vie n'est que le hasard, une anomalie dans l'univers de matière morte. Il n'y a pas de Dieu, pas d'âme. Rien.

Je voudrais croire, mais je ne le peux.

Comme Voltaire le montre dans *Zadig*, les voies de Dieu sont incompréhensibles pour l'homme. Mais pourquoi cette incompréhension ? Pourquoi ce vide ?

Pourtant, la vie est si forte. L'émotion est si noble lorsqu'elle est pure et sincère. Quand on est au cinéma, on ne fait que regarder un écran où des images, qui ne sont même pas des ombres, s'agitent. Ce n'est que de la matière. Mais elle véhicule la vie. C'est un « petit miracle » à l'échelle humaine. Le miracle est plus fort que jamais lorsque l'on voit *L'Échelle de Jacob*.

Il est tard. Dans le Golfe, la guerre fait rage. Et moi, qui suis à des kilomètres de la distance maximale que peut parcourir un missile, je sens une sourde angoisse qui ne me lâche pas. L'angoisse de ma vie qui fuit.

L'idée que je peux être « opéré-et-mort-demain » fait mal.

Ce soir, l'oscillation est négative, pour la première fois depuis des mois. Ce soir, les microbes qui infectent mes poumons – ces parasites qui vivent à mes dépens – et les médecins, qui disposeront de mon corps et de ma vie sans que j'y puisse rien, me semblent être les démons de l'enfer et le sanctuaire de la mort.

La géhenne médicale : Marseille. Mars. Mort.

L'image du film, assimilant hôpital et enfer, ressemble, cruellement, à l'histoire d'une de mes amies de Pontcharra. Elle avait 22 ans, un ami, des parents, une vie, une âme. Elle s'appelait Martine.

Je ne me suis toujours pas fait à sa mort.

le 23.1.91 – mercredi, 17 h 40

Je viens de téléphoner à Juliette. Elle m'a appris qu'elle était à Giens il y a quinze jours. On s'est croisés. Elle a dû y arriver juste après mon départ. Elle pense revenir vers le 16 février, date à laquelle je ne serai pas loin du départ. On va encore se croiser…

Je n'ai pas réussi à lui parler de Martine ; je n'ai pas pu engager la conversation là-dessus. Et elle non plus. Pourtant, j'aurais aimé en parler. Je crois que seuls ceux de Giens pourront comprendre ce que je ressens. Je ne peux en parler ni à mes parents ni à mes amis. Je ne l'ai pas encore dit à mes cousines. Il faut dire qu'elles ne la connaissaient pas... Mais, bon, je ne leur ai toujours pas dit pour Guy non plus, bien qu'elles l'aient rencontré.

Je crois que mon trouble, le poids qui me pèse, ne s'agrandiront pas là-bas. Au contraire, je pense qu'entre nous nous pourrons nous aider mieux que ne le ferait quiconque. J'avais craint qu'à Giens je ne m'enfonce encore plus, en revoyant les lieux où j'ai connu Martine. Je pense qu'au contraire cela va exorciser, d'une certaine façon, ma douleur. J'ai hâte de revoir Lætitia : avec elle je me sens en confiance.

Je verrai peut-être Juliette, à la fin de mon séjour. Lui dévoilerai-je mes sentiments ? Rien n'est moins sûr. Ne serait-ce qu'au téléphone, elle m'a paralysé. En même temps, rien qu'à sa voix, une partie de mon anxiété s'est apaisée. Ça m'a fait du bien de l'entendre parler et rire. Je crois qu'en fait, depuis le début de l'année, je me suis enfermé dans une tour d'ivoire. Seul dans cet isolement, j'ai nourri en moi un malaise qui est en train de détruire ma volonté de vivre, d'être greffé. Au milieu des autres, je retrouverai mon ancienne détermination. Grâce aux autres.

Je pars demain.

le 29. 1. 91 – lundi, minuit 15

A Giens, j'ai perdu une partie de mon angoisse, mais pas de ma peine. Je suis hospitalisé avec Lætitia, François, Benoît et Julien (qui, après avoir beaucoup déconné et fumé, semble en être revenu et qui m'est nettement plus sympathique). J'ai revu Jean-Jacques ce week-end. Il va toujours bien, même s'il était un peu inquiet à cause de l'opération qu'il doit subir demain : on doit lui enlever des fils métalliques qui le gênent. Ce n'est rien, comparé à la greffe... Mais personne ne va se faire opérer de bon cœur. Mon père est descendu à Giens avec moi. Il est reparti samedi soir. Avant (la veille, pour tout dire), lui, Jean-Jacques, Lætitia, François et moi sommes allés au restaurant. Nous avons passé une bonne soirée.

Un détail m'a froissé : nous étions cinq à une table prévue pour six. Comme si la table avait attendu l'arrivée de Martine.

Martine. On en parle de temps en temps. Pas trop. La pudeur d'un groupe est souvent forte. Et puis, parler pour dire quoi ? Qu'on la regrette, c'est évident ! Qu'on n'y peut rien, c'est atrocement vrai. Jérôme a eu cette phrase : « C'est injuste. » Je l'ai déjà entendue à propos de décès. Elle m'a toujours paru idiote. Toute mort est injuste. Et, en même temps, ce n'est pas injuste. C'est comme ça. Quand votre heure a sonné, on n'y peut rien. La pauvreté est injuste, car l'homme peut y remédier. La mort m'a toujours paru hors de la justice, hors de ce qui est ou n'est pas juste.

Cette phrase me rappelle trop *Calimero* pour ne pas évoquer pour moi l'atmosphère misérabiliste de ce dessin animé. Ce caneton m'a toujours énervé à subir les choses sans réagir. Il me semblait qu'en disant « c'est injuste, c'est vraiment trop injuste », il se dérobait à ses responsabilités. Il faisait reposer sur un autre son malheur.

Pourtant, malgré tout, rien n'est plus vrai.

La mort de Martine est injuste. Elle aurait dû vivre. Elle méritait de vivre. D'après Chazalette et l'interne, il y aurait eu, dès le départ, un problème avec le greffon qui n'aurait pas été de grande qualité. Et divers problèmes ont surgi au cours de l'intervention. Y a-t-il eu faute ? On ne le saura jamais. Il n'y a pas eu d'autopsie. Mais les médecins restent vagues, comme toujours, trop vagues, pour que je puisse avoir une idée précise de ce qui s'est réellement passé.

Pour ce qui est des greffes, Christophe (un enfant de plus de 10 ans) est en extrême urgence à Marseille, entre vie et mort. Gilles ferait pneumothorax sur pneumothorax. Il est question de le regreffer. Anne Croce, si médiatique, serait, à la suite d'un rejet, au bord d'une seconde greffe…

Ces nouvelles ne sont pas bonnes. Elles aggravent la peur de

Jean-Jacques pour ce qui est de l'opération de demain, même si lui, comme nous, savons très bien qu'il n'y a aucun lien de cause à effet.

Yves, c'est le nom du nouveau – il n'est pas très clair dans sa tête –, nous a raconté des trucs déments (deux mois d'occlusion, cinquante Créon par jour...) et a un comportement étrange. Depuis qu'il est là, on rigole bien. Malheureusement, on rit plus de lui qu'avec lui.

Ce n'est, certes, pas humaniste de rire ouvertement aux dépens de quelqu'un, mais, après ces dernières semaines, ça fait du bien. Ma réserve de méchanceté est pleine. « Docteur vieux rat », mon ego imaginaire du *Who's who de l'Underground muco*, fait très fort. J'ai du fiel à en revendre. J'ai besoin de me défouler. Il a commis l'erreur d'être au mauvais endroit au mauvais moment. Tant pis pour lui, car même Lætitia participe au délire.

le 3.2.91 – dimanche, 22 heures

Je suis seul dans ma chambre. Cette fois-ci je dors dans la chambre à un lit qui donne sur la pinède et la route de Giens. Je ne suis pas face à la mer. C'est une chambre chargée de souvenirs. C'était celle de John et de Jean-Jacques, de Guy aussi (en avril). L'autre jour, Jean-Jacques m'a vu ici et m'a dit : « C'est la chambre des futurs greffés. » C'est vrai, elle est particulière. A tel point que, certains soirs, dans l'obscurité, j'y repense.

Ici, l'ambiance est retombée. Lætitia et Jean-Jacques sont partis en Alsace pour dix jours. J'espère qu'ils vont s'amuser. Ils représentent beaucoup pour moi. Ce sont mes amis et plus encore. Comme un exemple à suivre. Leur couple est si menacé : par la greffe (celle de Jean-Jacques, mais aussi celle – inévitable à plus ou moins longue échéance – de Læti), par la séparation régulière (pas loin de huit cents kilomètres entre Petit-Landeau et La Londe), par la vie... Ils sont tous deux en sursis. Leur amour est si vrai, si fort, tellement fort que, l'autre soir, lors d'une soirée chez les internes, Jean-Jacques a même parlé d'un enfant ! Ils personnifient ce pari sur la vie dont me parlait Stéphane en Corse.

Et moi ? Moi, mon horoscope prévoit, à partir du 6 février, la fin d'une sombre période (c'est le moins qu'on puisse dire) et l'influence de Vénus jusqu'au 21. Je sais bien que ce n'est pas très rationnel, mais j'aimerais que ça se réalise. Je pense à Juliette. Et si elle arrivait le 6 ? Ça serait délirant !

Mais, oserais-je seulement lui parler ? Cela fait tout juste un an que je connais Juliette (autrement que de vue...). Je l'avais déjà croisée lors de ma toute première visite à Giens. Mais j'étais si décontenancé, si timide et si apeuré de me retrouver là que je n'avais discuté avec personne. C'est lors de ce séjour aussi que j'ai connu Jean-Jacques, puis, plus tard, Martine. Depuis, je suis ici comme un poisson dans l'eau !

Quoi qu'il en soit, c'est en janvier 90 que j'ai revu Juliette. Nous avons parlé tout un après-midi. Je crois bien que dès ce jour-là je suis tombé amoureux. J'aurais voulu le lui dire mais j'ai eu mon pneumo. Je suis resté un mois sans me lever. Lors de l'anniversaire de Manu, Juliette est sortie avec Bruno (un aide-soignant qui avait été engagé pour l'été 89 et qui, depuis, est resté avec la bande des mucos-bourrés). J'ai laissé tomber. Mais ils ont « cassé » rapidement.

Toute cette histoire fait très roman à l'eau de rose à quatre sous. C'est vraiment pitoyable d'écrire des conneries pareilles. L'important est ailleurs. L'important c'est, qu'un an après, je pense toujours à Juliette, chaque jour. Parfois, je me prends à rêver qu'une année après Jean-Jacques, je vais suivre le même parcours. J'aimerais tellement.

Aujourd'hui, je suis allé voir le film *Flatligners*. Les héros tentent de voir ce qu'est l'au-delà. Il se trouve que, depuis longtemps, c'est mon problème majeur. Le film est bon. Son message ressemble à celui de *L'Échelle de Jacob*. Il pourrait se résumer ainsi : expiez vos fautes, apprenez à vivre en accord avec vous-même, en paix, faites de vos démons intérieurs des anges, et la mort sera douce et belle. Une idée attrayante et, a priori, intelligente. En tout cas, le film part du postulat qu'il y a quelque chose après. D'ailleurs, un des personnages fait remarquer que toutes les peuplades, toutes les religions partent du même postulat. J'aimerais que ce soit vrai. Et si seuls ceux qui y croient accédaient à la vie après la vie ?

Dans le film, l'actrice Julia Roberts ressemble presque à Juliette avec ses lunettes. Ça m'a sauté aux yeux. Décidément, on nage en pleine romance.

En tout cas, il y a une ressemblance réelle ici qui choque tout le monde. Jean-Jacques le premier. Le programme de greffe prévoit que Noirclerc, en échange de greffons, opère des Italiens : la dernière à être venue ici s'appelle Alessandra. Par moments elle ressemble tant à Martine que c'est à en crier. Jean-Jacques, qui passait dans le couloir, l'a entr'aperçue du coin de l'œil, assise sur une table de kiné. Il s'est arrêté net.

Martine me manque. Parfois, je passe devant sa chambre, je m'arrête un instant, j'essaye de me rappeler comment elle était aménagée en décembre. J'ai presque l'impression de la voir et, au dernier instant, je constate que la chambre est vide. J'ai un peu parlé de l'inhumation avec Jean-Jacques et les autres. Jean-Jacques a écrit un poème le soir où il a appris sa mort, poème qui a été lu par le curé lors de la messe. J'ai demandé à Jean-Jacques de me l'envoyer. Je suis aussi allé au port hier. Là se trouve un petit photographe qui, certains soirs, fait la tournée des restaurants et photographie les convives. En octobre, il nous avait photographiés au resto chinois, avec Martine et Olivier. Lætitia doit encore avoir la référence des photos. Ils gardent les négatifs deux ans. A son retour d'Alsace, je lui demanderai de les faire développer pour moi. Si elle ne le peut pas, elle me donnera les tickets et je le ferai. Martine. Pourquoi ? Oui, pourquoi ?

Nom de Dieu. Pourquoi ?

Mon démon intérieur s'appelle mucoviscidose et, après ce qu'elle m'a fait, je ne suis pas près d'être en paix avec elle. Je la hais.

Sans compter ce que m'a appris Jean-Jacques :

Corinne est morte du CMV.

Christophe en réa.

Gilles aussi.

Anne Croce aurait fait un rejet grave, mais non mortel.

Et ce soir l'interne est passé dans le service. Yves a entendu parler de quelqu'un qui serait dans le coma.

Lequel ? C'est la question.

Je la hais. Simplement, je la hais.

le 9.2.91 – samedi, 15 heures

Cette semaine fut une des pires que j'aie vécues sur le plan physique. Une fièvre de 39 à 40° m'a tenu tout le temps. Je m'essoufflais pour un rien, sans parvenir à me dégager les bronches. Mon état physique était déplorable. J'ai maigri. J'ai perdu de l'appétit. Plus que tout, j'ai perdu l'espoir de vivre. La foi. Le courage de vivre, comme me l'a, fort justement, écrit Stéphane. Je me traînais dans le Coty sans envie, sans désir de faire quoi que ce soit. J'avais perdu l'envie, mon moral était au trente-sixième dessous.

C'est que cette semaine, pour la première fois, j'ai ressenti ce qu'était l'inefficacité d'un traitement. Souvent, ici, on entend : « Les perfs ne lui font rien. » Dans ce cas, on change le traitement. On prend un antibiotique plus fort et ça repart. Jusqu'au jour où tous les antibios sont inefficaces. Ce qui a failli m'arriver. Ma fièvre persistante et l'aggravation de tous mes résultats m'ont fait très peur. J'ai vraiment broyé du noir.

Aujourd'hui, je ne sais pas si le nouveau traitement (une combinaison de deux antibiotiques en perfs, deux en gélules et deux en aérosols) sera réellement efficace, mais au moins j'ai retrouvé mon entrain, mon envie et ma volonté de me battre pour m'en sortir. Mais je crains de replonger. Il suffirait de peu de chose.

La mort a toujours été mon centre d'intérêt principal. Je veux dire que, déjà, à 10 ans, alors que j'ignorais complètement la gravité de la muco, cela me préoccupait. J'en avais très peur et, en même temps, elle me fascinait. Qu'y a-t-il après ?

That is the question.

Cette question qui m'a toujours trotté dans la tête et qui, cette semaine, m'a vampirisé l'esprit. Il n'y a pas que ça qui me trottait dans la tête. Combien de temps tiendrai-je en réa ? Aurai-je la chance d'avoir un greffon in extremis ? Où serai-je en mars ? Je me voyais déjà trachéotomisé…

Mais, peu à peu, me mêlant aux autres (les juillettistes sont de retour), je me suis débarrassé, en partie, de mon malaise.

Aujourd'hui, ça va mieux mentalement. Physiquement, l'issue reste incertaine. Mais si on est guéri dans la tête, on est à 80 % guéri dans son corps.

Quoi qu'il en soit, je viens d'atteindre la cote d'alerte de la greffe. Faire une surinfection après quinze jours de perfusions de Ciflox montre bien que je ne tiendrai plus des années, ni même des mois. La greffe commence à être à envisager très sérieusement sous peu.

De toute façon, après cette histoire, je ne sais pas si Chazalette me laissera rentrer à la maison. Et, si je rentre en mars, pour profiter des vacances de mes cousines, il ne faudra pas que j'oublie l'eurosignal.

Il y a longtemps que je sais qu'il faut que je sois greffé. Aujourd'hui, je le ressens beaucoup plus parce que je vais moins bien. C'est normal. Le tout est de partir pour la greffe sûr de soi et confiant. Maintenant, je sais que si je claquais lors de l'intervention, je ne ferais qu'éviter une longue et pénible agonie.

Je repense aux paroles de Stéphane : « La mort de l'autre n'est pas ma mort. »

le 16.2.91 – samedi, 14 h 35

Hier était un pénible anniversaire : celui de la mort de Christophe. Celui, aussi, de cette journée où j'ai eu trois drains posés à cause de mes pneumos. Heureusement, cette année, le mois de février est moins sinistre.

Ce soir, nous allons fêter un anniversaire, de naissance cette fois. On ira manger une paella au « Thalassa », puis ce sera la nuit en boîte : au « Nash ».

Exactement le même programme que le 14 Juillet.

Nous sommes une trentaine. Depuis deux ou trois jours, je balance entre l'amusement et l'agacement. Les « mucos-bourrés » sont presque tous là. Il ne manque que Louis et Simon. Ce soir, ils vont être sévèrement atteints. D'ailleurs, certains ont déjà attaqué hier soir…

Mais je ne sais quelle conduite avoir. Il est sûr que j'irai au restaurant avec eux, mais en boîte ?

Je ne sais pas danser. J'ai l'air ridicule sur une piste et je m'essouffle en une seule chanson. Je n'aime pas la musique du « Nash » (rap et house, de la merde quoi…). Je ne peux pas boire car j'aurai ma voiture et la charge de mes passagers. De plus, le Tiénam me fait déjà vomir en temps normal, alors bourré… Je ne veux pas recommencer l'expérience d'août où j'ai vomi trois fois dans la matinée et puis, mon état général est moins bon. Je risquerais gros en buvant vraiment. Du coup, aller en boîte ne me tente guère. Sans parler de la fumée et de la musique assourdissante.

Mais Juliette est revenue. Elle ne sera hospitalisée que lundi, mais dort, en attendant, chez une amie. Ce soir, c'est le moment où jamais de tenter ma chance. En boîte. Au « Nash ». Cependant, Juliette est-elle vraiment faite pour moi ? Seule, elle est très sympathique et même plus. Mais sa façon d'être avec les mucos-bourrés m'énerve. Elle semble en admiration devant cette bande d'abrutis. Je veux dire qu'ils sont sympathiques (enfin, presque tous…), mais pris isolément. Ensemble, ils forment une mafia muco déplorable. Leur humour scatologique est digne d'un gosse de 5 ans, leur conduite est pire et leur façon d'envoyer des vannes très hypocrite. Ils donnent l'impression de vous charrier pour rire, mais ils deviennent véritablement mauvais au bout d'un moment.

Et Juliette rit de leurs blagues stupides et ne semble pas voir qu'ils sont minables. Moi-même, parfois, je ris avec eux de bon cœur. Mais cela jusqu'à un certain point.

S'ils ne sont que quelques-uns, ils sont très agréables, mais en groupe ils sont infects. J'en ai discuté avec certains. Jean-Jacques, Lætitia, François, Stéphane, Anne, Martine, Sonia et aussi Nathalie (qui, pourtant, fait la fête et ne se prive pas de boire) ont tous vu cela.

Cet abêtissement, je ne suis pas sûr que Juliette l'ait perçu. Et ça m'emmerde. Au fond, est-elle comme eux ou comme moi ? Est-ce qu'elle joue à se cacher la vérité parce qu'elle les connaît depuis trop longtemps, ou est-ce qu'elle *est* comme eux ?

J'ai, en partie, discuté de cela avec Sonia. Ai-je déjà parlé de Sonia dans ce journal ? Je ne m'en souviens pas. C'est que, depuis un an, je n'ai pas été très souvent hospitalisé avec elle. Pourtant, à mon arrivée ici, nous étions sans arrêt au Coty aux mêmes dates. Sonia a 17 ans, mais elle est plus mûre que beaucoup. Elle est en pré-greffe. Elle, François, Benoît et moi devons, d'après Chazalette, être greffés cette année. Sonia est jeune, mais elle a déjà beaucoup appris. Elle a déjà vécu beaucoup de choses. Elle est lucide, parfois trop. Elle me fout le cafard quand je l'entends, elle si jeune, gentille et si sinistre, dire : « Je n'ai pas d'avenir en dehors de la greffe. » Ça fait peur, parce que c'est vrai. Et cette désillusion face à sa vie est une des choses les plus tristes que j'aie vues ici.

Maintenant, je me souviens avoir déjà parlé d'elle. Au moins une fois, en juin. C'était au moment où Stéphane avait perdu le moral, après la greffe de Jean-Jacques.

Stéphane a toujours été hostile à la greffe et plus encore aux médecins. Comme s'il les rendait responsables de la maladie. Nous étions allés sur le port d'Hyères manger une crêpe, un soir. On avait emmené Sonia qui partait le lendemain et elle avait dit à Stéphane qu'elle voulait être vite greffée « car elle ne pouvait continuer comme ça ». Cette simple phrase avait suffi à lui faire accepter le départ à la greffe de Jean-Jacques. Du moins, c'est l'impression que j'en ai eue.

Sonia, donc, partage ma vision des choses. Elle a compris que les mucos-bourrés se voilent la face. Martine est morte. Elle était leur amie depuis au minimum sept ans. Grégoire en a un peu parlé, mais poussé par Jean-Jacques. Lætitia, qui ne la connaissait que depuis le mois de septembre, m'en a longuement parlé. François ne se confie jamais, mais je sais qu'il y pense. J'en ai parlé avec Sonia. Longuement. Je lui ai aussi appris la mort de Corinne. Elle la connaissait, mais n'avait pas eu de nouvelles. Et pour cause... Sonia est sensible et voit les choses en face. Mais ce n'est pas pour cela qu'elle ne sait pas profiter de la vie. Elle rit. Comme d'autres ici que j'aime et estime, elle sait être gaie ou grave. Elle est humaine. Les mucos-bourrés se vantent de ne pas s'enfermer dans la maladie. Ils n'en parlent jamais et vivent sans qu'elle leur gâche la vie.

Ils ont bien de la chance !

En attendant, ils ne voient ni ne connaissent personne en dehors de l'hôpital. Où qu'ils aillent, ils sont ensemble. Ils font les cons. Ils disent ne pas être esclaves de la mucoviscidose. La bonne blague ! Ils le sont plus que nous. Ils se voilent la face derrière une barrière de fumée et d'alcool. Ils font comme si de rien n'était si un copain meurt. En eux grandit un abcès, plein de rancœur et de peine contenues trop longtemps. Insidieusement, l'abcès se développe. Si un jour il explose, ils ne pourront pas faire face. Enfin, je crois. Les copains de beuverie ne sont pas les meilleurs.

Alors, ce soir, je serai au restaurant. Peut-être aussi au « Nash ». Mais je ne ferai rien de particulier. Si jamais je veux faire d'une fille ma compagne, sérieusement, je ne pense pas que je me dévoilerai dans une telle ambiance.

le 25. 2. 91 – lundi, 16 h 05

Je viens de passer mon cinquième week-end ici. Les mucos-bourrés sont de plus en plus lamentables. Je ne supporte plus leurs gags débiles. Souvent, ces derniers jours, je repense à une chanson interprétée par Sardou. Une chanson qui contient à peu près ces vers : « J'ai oublié tous les débiles de mon carnet d'adresses, avec le nom des imbéciles qui formèrent ma jeunesse. » C'est un peu l'effet que me font les mecs de l'AMB.

Stéphane, avec qui je corresponds toujours et à qui je parlais des histoires de l'AMB (qui périclite irrévocablement), m'a écrit à peu près ceci : « Il n'y a rien à prendre dans une telle association. Certains attendent d'elle ce qu'elle ne pourra jamais donner : une relation humaine chaleureuse. » C'est bien vrai. La conduite du groupe de février est écœurante. L'année dernière, c'était pourtant une superbe équipe ! Mais il nous manque Anne, Stéphane et Hervé. Par contre, il y a Grégoire, Gustave… Ça ne peut pas être pareil.

En ce moment, chacun tente de faire la fête un maximum et de baiser, ou de sortir avec le plus de nanas possible. Vendredi, c'était la fête des internes. Personne n'a été ivre mort, mais ils en ont bien profité… Samedi, on a attendu que le temps passe en buvant. Hier, ça a été… Ce soir, il y a une soirée « Tarpé » d'organisée. Tout cela me révolte et me dégoûte. Si ça continue comme ça, je ne toucherai plus à une goutte d'alcool de ma vie. Ce n'est pas tant le fait qu'ils soient bourrés qui me gêne (d'ailleurs, soyons honnête, pour l'instant, aucun n'a été malade) que leur envie d'être bourrés.

A la soirée des internes, vendredi soir, je me suis assis à côté de Juliette. Pendant dix minutes j'ai retrouvé la Juliette que j'avais connue en février, sensible et intelligente.

Elle m'a parlé de la mort de Martine, m'a dit qu'elle commençait juste à s'en remettre. Que tous les matins, jusqu'à ces derniers jours, elle se réveillait en pleurs. Elle m'a dit la regretter beaucoup, que c'était sa meilleure amie.

Ça m'a bouleversé. J'aurais voulu lui faire comprendre que sauter sur le moindre prétexte pour faire la fête n'était pas un bon moyen.

Je crois que ces fêtes régulières sont comme une fuite en avant, un plongeon dans l'oubli. Ce n'est que cacher le problème, pas l'affronter. Je doute que Martine aurait eu la même réaction si c'était Juliette qui était morte. J'aurais voulu dire à Juliette que, pour moi aussi, c'était dur, mais que son attitude n'était pas la bonne. Je n'en ai pas eu le temps. Entendant une musique qui lui plaisait, elle est repartie danser et ne m'a plus reparlé de ça depuis.

Avant de partir, j'aimerais lui ouvrir les yeux, mais je doute de pouvoir y arriver. L'influence des autres est trop forte.

Dans tous les milieux, il arrive que l'on se lance des vannes, pour rire. Mais dans la bouche de certains, cela n'a pas l'air du tout d'être de l'humour. Ils ne respectent rien, ni personne. Ils commencent à m'être vraiment insupportables. Je passe le moins de temps possible avec eux. Surtout quand ils sont en groupe. Pris individuellement, ils sont encore buvables.

Mais je fais de la misanthropie aiguë. Je n'ai qu'une hâte : rentrer. Retrouver des gens sincères et amusants. Je suis vraiment dur avec les mucos alors que je les ai souvent suivis, me direz-vous. Certes. Je suis hypocrite et me permets de les insulter copieusement sur papier, alors qu'en face d'eux, je m'écrase. Oui, c'est sûr.

Il y a une réelle solidarité entre eux. Si l'un d'eux est malade, ils le soutiennent. C'est vrai aussi.

C'est sûr. J'écris peut-être aussi sous le coup d'une colère que je regretterai plus tard.

Mais…

Cette colère est venue progressivement, au fil des heures, des jours passés avec eux… Si mon traitement avait mieux marché, je serais parti plus tôt, sans autant les juger. Cette colère est donc le fruit d'une observation longue. A force d'entendre des vannes sur n'importe qui (que l'intéressé soit là ou non), à force de les voir toujours prendre le contre-pied de ce que l'autre a dit pour l'embarrasser, à force de jouer à celui qui aura le dernier mot, je finis par douter de leur réelle et profonde amitié.

Bien sûr, on ne peut pas aimer tout le monde, mais le problème est que, justement, ils font semblant d'être tous frères, tous amis, alors que seuls deux ou trois sont d'authentiques copains. Les autres ne sont que des types avec qui on rigole bien quand ils sont là, et de qui on rigole bien quand ils ne sont pas là !

C'est cette fausse amitié qui me choque. Cette façon de reprocher à quelqu'un de ne pas t'avoir écrit alors que tu te fous de sa lettre, et que tu n'as pas écrit toi-même.

Bref, le gang muco commence à me dégoûter franchement. Heureusement, dans cette médiocrité des contacts humains, quelques-uns restent des gens de qualité, dont on sent qu'ils sont sincères. En général, ce sont les filles qui sont les mieux. C'est avec elles que l'on peut aborder des sujets de conversation qui dépassent le niveau « baise-sexe-vannes idiotes-murge ».

Seul, au milieu de cette fange, François reste égal à lui-même. Juliette m'a déçu depuis la Corse. Sonia, que j'estimais plus que les autres, a aussi chuté. Elle est sortie, vendredi soir, avec un type dont elle ne connaissait même pas le nom. Nathalie, après m'avoir fait de grands discours sur Karl et ses copains, s'est lamentablement ingurgité du pastis toute la soirée de samedi, pour finir dans les bras de Gustave… Bref, rien ne va plus.

Enfin, chacun peut faire des conneries de temps à autre. J'en ai bien fait en février. Une fois n'est pas coutume.

Quoi qu'il en soit, lorsque je regarde les mucos et que je pense qu'après la greffe je ne les reverrai plus souvent, je suis plutôt content. En juillet, je me plaisais avec eux. Depuis, j'ai compris que ce n'est pas avec ceux du Coty que j'aime me retrouver, mais juste avec quelques-uns. Après la greffe, rien ne m'empêchera de garder le contact. D'ailleurs, Stéphane n'est pas revenu depuis octobre et je lui écris toujours.

Vivre au milieu d'eux m'est devenu pénible.

Après cette surinfection qui m'a fait peur, il y a trois semaines, et ce constat fait aujourd'hui, je n'ai plus qu'une hâte : me faire greffer !

Pour revivre normalement et voyager librement. Rendre visite à ceux que j'aime et estime : Stéphane, François, Jean-Jacques, Lætitia…

Cela fera bientôt un an que j'ai commencé la rédaction de ce journal. C'est, je pense, le moment de tirer un petit bilan de cette première année passée à écrire mes états d'âme.

La première chose, c'est que je suis heureux d'être encore vivant. Ce n'était pas évident il y a un an.

En un an, j'ai mûri. J'ai découvert un ami très cher : Stéphane ; j'ai découvert, puis perdu, une amie très chère : Martine. J'ai peut-être fait aussi un long parcours psychologique pour arriver aujourd'hui à souhaiter encore la greffe, malgré la peur, malgré l'éventualité de ma mort. J'ai vu la mort de beaucoup de gens. Celle de Guy m'a aussi affecté. Mais pas tant que celle de Martine. Je m'en doutais depuis plusieurs mois. J'ai aussi vu le courage et la force de Domi qui, après son accident, a réussi à reprendre le dessus. Dominique que l'on voit plus souvent ici et que j'apprécie. C'était bel et bien une année sandwiches.

Je rentre chez moi vendredi prochain. J'ai hâte de retrouver ma famille. J'ai pourtant peur. Peur de ne pas me sentir bien là-haut non plus. Peur d'arriver, comme en décembre, et de reconnaître les choses et les gens sans m'émouvoir. Peur qu'à force de voyager je ne sois plus chez moi nulle part.

Mais, ça m'étonnerait. Je crois plutôt que cette sensation de décembre était liée à la tristesse de quitter une ambiance rendue agréable grâce à la présence d'amis. Rien de tel cette fois-ci.

le 27. 2. 91 – mercredi, 13 heures

Il est curieux de voir comme rien n'est jamais fixe et sûr dans la vie. Aucun jugement, aucune théorie, aucune idée, aucune opinion ne résiste au temps. L'esclavagisme, la royauté et le communisme (malgré ce qu'en avait dit ce bon vieux Karl) ont tous été balayés par le temps. Comme le sera un jour cette société de consommation.

Il en est de même des rapports humains. Ici, après toutes les horreurs que j'ai écrites sur les mucos-bourrés, je ne peux m'empêcher de penser que j'ai poussé le bouchon un peu loin.

C'est vrai, ce sont des connards.

Mais moi aussi.

Leur attitude m'énerve prodigieusement. Pourtant, il suffit

parfois d'un sourire ou d'un mot gentil pour que je révise mon jugement sur untel ou untel. Je crois que tant que la vie continue, les gens sont susceptibles de changer (en bien ou en mal), qu'un jour un de leurs actes vous surprendra, parce que nous avons plusieurs facettes, parce que les êtres humains sont si complexes que je ne sais toujours pas qui je suis précisément.

Peut-être que, ces derniers jours, je me suis moi-même coupé d'eux. Il faut bien dire que je ne suis pas toujours très sociable. Et, si leur conduite me semble mauvaise, je devrais aussi revoir la mienne.

Ceci dit, cela ne retire rien à leurs défauts. Je pense encore ce que j'ai écrit sur eux. Mais l'écriture est une thérapie, un exutoire. Raconter ce que je pensais d'eux m'a libéré en partie de cette haine. Ce qui fait qu'hier, en y repensant, j'ai éprouvé le besoin de nuancer ce que j'avais écrit. Notamment sur l'amitié. Il est vrai que certains se foutent royalement des autres, mais on ne peut être ami avec la terre entière. Chacun a un petit cercle d'amis véritables. Moi comme eux. Espérons donc que leur amitié est sincère et réelle. Et si leur comportement à mon égard, ou à l'égard d'autres, n'est pas idéal, ce n'est peut-être qu'un juste retour des choses.

J'ai été choqué par ce silence sur la mort de Martine, mais, moi aussi, j'ai été peu loquace, voire très peu ému par la mort de certains. Ce n'est peut-être que ça.

Non, ce n'est pas que ça ! Ils connaissaient Martine depuis des années. L'enterrer si vite, c'est tout de même monstrueux. Le vide qu'elle laisse est si grand ! Parfois, pour le combler, j'allais dans la salle de kiné qu'elle préférait, me la remémorant telle que je l'avais vue et je prononçais son nom à voix basse. Pour que moi seul l'entende.

Les « mucos-bourrés » sont plutôt pitoyables. Parfois, je pense que ce sont peut-être eux qui ont raison. Vivre à cent à l'heure, sans regarder derrière soi ceux que l'on laisse en route, c'est peut-être la seule voie pour ne pas trop souffrir. Mais, juste après, je pense que ce n'est pas la meilleure. Somme toute, j'aime mieux souffrir !

De toute façon, ils ne vont plus « me prendre la tête » longtemps. Je viens de passer la visite. Je repars bientôt chez moi. Je vais me libérer l'esprit de tous ces petits riens qui, accumulés sur cinq semaines, m'ont fait les mépriser.

Je reviendrai dans un mois (et plus tard encore si je le peux) l'esprit plus calme. Cette hospitalisation a été trop longue. Je commençais à « péter les plombs ».

L'air sain de Bosc-le-Hard me fera le plus grand bien. Ça me permettra de repartir d'un bon pied.

Avant de rentrer, il y a une chose que je voulais mettre au point avec moi-même :

Yves, le type bizarre dont je rigolais en début de séjour, est rentré chez lui. Ce garçon a, effectivement, une case en moins. Au départ, il m'a bien fait rigoler. A la fin, il m'aurait plutôt fait pleurer. Il est bizarre, plein de tics et incapable de tenir une conversation normale. Mais il s'est, en partie, confié à moi. Je l'ai emmené trois ou quatre fois se promener. Il m'a même offert des cartes postales de chats pour me remercier.

Alors, finalement, il n'aura pas eu un mauvais souvenir de moi. Même si j'ai ri de ses travers, je l'ai respecté. Ce n'est pas un ami. Il m'énervait parfois. Je ne l'ai pas compris. Il aurait fallu que je passe par où il est passé, mais je le respecte. Et c'est parce que je le respecte que je ne raconterai pas son histoire ici. Il est même plus digne de respect que certains autres.

le 6. 3. 91 – mercredi, 11 h 40

Je suis revenu à la maison depuis moins d'une semaine. J'y ai retrouvé avec grande joie un monde où je me sens pleinement heureux. Depuis dimanche, je suis avec mes cousines. Après les crétins de Giens, ça fait vraiment plaisir de les voir. Hélas, malgré tout, je ne parviens pas à récupérer. L'infection qui ronge mes poumons devient tenace. Pas moyen d'éviter la fièvre. J'ai recommencé, aujourd'hui, les antibiotiques par voie orale et j'ai accentué mon traitement par aérosol. Sans cachets de Doliprane j'aurais plus de 39° C de température. Bien que je ne sois pas essoufflé...

Je crois que cette putain de greffe devient urgente.

Les dernières statistiques sont de 50 % de réussite. Il faut que j'en sois. Pour voir ce que je veux, pour vivre assez longtemps, jusqu'à être rassasié de souvenirs et d'émotion.

J'aimerais tant pouvoir m'émerveiller encore de longues années à la vue d'un film, d'un paysage, à la lecture d'un livre. Et partager cela avec mes amis. Probablement pas avec Juliette.

En fait, je pense que je ne suis pas fait pour vivre avec une fille ou avoir une petite amie. Je suis trop solitaire. Trop anticonformiste aussi. Je rêve d'un engagement sincère et profond. Ce n'est plus à la mode. D'ailleurs, je n'ai jamais suivi les modes. J'ai, bien sûr, été influencé par la culture des années quatre-vingt, mais jamais je n'ai suivi de mode.

Mon adoration pour *La Guerre des étoiles* ou les jeux de rôles sont bien plus qu'une « mode » pour moi : c'est ce qui a représenté l'essentiel de mes loisirs pendant dix ans. Comme les super-héros, le fantastique (dans la littérature ou ailleurs). Tout cela m'a aidé à forger ma personnalité, et ma personnalité n'a rien d'une mode !

le 11.3.91 – lundi, 18 h 30

Je suis toujours à la maison, malgré une fièvre régulière et, a priori, incurable. Tous les jours, je monte à 39° C, après les repas de midi. Seul, hier, je n'ai pas dépassé les 38° C, ce qui est, somme toute, raisonnable.

A l'instant, j'ai le thermomètre sous le bras... Dans quelques instants je saurai. Cette semaine est passée à toute vitesse. Comme un rêve. Laurence et Aude sont déjà de retour au lycée. Leurs vacances sont déjà finies. Nous avons passé une semaine, non pas à jouer aux jeux de rôles, mais à créer des personnages de jeux de rôles. C'était une création longue et, le plus souvent, assez fastidieuse. J'ai un peu l'impression que l'on a gâché cette semaine. On a moins déliré que l'on aurait pu. Dommage…

De mon côté, j'essaie de profiter au maximum de mon séjour ici. D'autant qu'il risque d'être court. Demain, je pars à Paris voir le docteur Feigelson qui m'a soigné toute mon enfance, pour tenter de trouver l'origine de ma fièvre : 38° C aussi aujourd'hui ! Ça va un peu mieux. En fait, ça va bien, à part ce petit désagrément. Mais bon, je ne peux pas passer toute ma vie avec cette fièvre.

J'ai vu l'autre jour – jeudi – à la télévision un homme qui me fascine littéralement et littérairement : Hervé Guibert. Il était l'unique invité d'*Ex-Libris*. Il a le sida. Il m'a beaucoup plu, notamment lorsqu'il a parlé des façons dont les autres lui parlent. Il dit que l'écriture lui a sauvé la vie. Peut-être. Moi, en tout cas, elle me l'a facilitée, m'a permis d'exorciser certaines peurs. Je pense que j'achèterai son bouquin. J'aimerais mieux cerner le personnage. Il est, en tout cas, terriblement charismatique avec cette gueule de cinéma qui en ferait un magnifique tueur. Le visage émacié et amaigri, le regard fort et pénétrant, caché, par moments, par un chapeau de feutre rouge.

Et, ce qu'il décrit, l'emprise qu'a le sida sur lui, correspond parfois à celle que peut avoir sur moi la muco. Il a écrit dans un de ses livres : « J'ai toujours su que je serais un grand écrivain. » Alors là, moi qui rêve d'être un jour reconnu comme lui, j'ai craqué ! Ce type me plaît. Il a, d'ailleurs, cette dureté qui, parfois, emplit mes idées.

Durant la semaine, j'ai scandalisé une ou deux fois Laurence et Aude : je me souviens d'un soir où l'on parlait de ceux qui meurent avant la greffe. J'ai dit à Laurence que j'aurais la chance d'être de la même taille que le connard d'adolescent qui part sans casque sur sa mob. Ça l'a choquée, je crois. Quand j'ai dit que j'étais un muco en fin de droits aussi… Guibert a parfois le même type de réaction. Ça m'a plu.

Cependant, malgré tout, mon blindage a ses défauts. En revenant de Giens, j'ai critiqué ouvertement les mucos-bourrés. Ma mère a été très surprise de me voir critiquer ceux que je portais aux nues il n'y a pas si longtemps. En fait, quand je pense à Giens, je n'ai aucune envie d'y retourner.

Parce que mes amis n'y sont plus guère nombreux.

Stéphane, qui s'est exaspéré bien avant moi de l'attitude des malades et des soignants, ne veut plus y revenir.

Jean-Jacques, greffé, n'a plus grand-chose à y faire et passe, quand il y est, ses journées avec Lætitia.

François reste tel un roc au milieu de ces connards.

Frédéric et moi nous sommes manqués. Il est arrivé le jour même de mon départ.

Anne ne reviendra pas avant l'été, butée qu'elle est.

Juliette est passée à l'ennemi.

Martine est morte.

Je pense toujours à Martine. Cette amie qui – en six mois – m'était devenue si chère. Je pense à elle chaque jour. Je devrais peut-être écrire, à nouveau, à ses parents. Je pense qu'ils doivent se sentir bien seuls. Ce doit être une mauvaise période. La mort de leur fille est trop proche pour que le temps ait adouci leur chagrin, et trop lointaine pour que les relations qui, ayant déjà envoyé un petit mot, semblent vous oublier. Par rapport à la mort des autres mucos, celle de Martine m'apparaît comme une perte irremplaçable.

Je vois ça un peu comme une rivière, un fleuve plutôt, où voguent des navires. Je suis sur la berge et je regarde les bateaux s'en aller dans le lointain. Chaque bateau porte un nom : le *John Bonnant*, le *Laurent Kolb*, le *Guy Ensellem*, le *Christophe Carvallo*. Certains bateaux disparaissent déjà dans le lointain. Ils sont si petits qu'ils sont entraînés rapidement par le courant ; d'autres, bien que lointains, sont encore nettement visibles, à cause de leur taille.

Et, juste devant mes yeux, une splendide goélette à quatre mâts masque l'horizon. Lentement, comme à regret, elle descend le fleuve. C'est le *Martine Noraz*. Parfois, la nuit, je rêve qu'elle n'est pas morte. Que la goélette n'a jamais quitté le port. Je m'éveille et déjà le réel resurgit. Je crois avoir déjà écrit ici ce que j'ai lu dans un programme TV sur la femme de Paul

Michael Glaser qui, ainsi que ses enfants, a le sida. Elle disait que, pour elle, c'était le sommeil qui était agréable, car, chaque fois qu'elle se réveillait, le cauchemar recommençait. C'est souvent l'impression que j'ai.

Mais attention : un jour tout est terrible. La maladie, la mort m'obsèdent et m'ôtent jusqu'au désir de faire quoi que ce soit ; mais un autre jour, sans que rien de tangible ne change, la maladie n'est plus qu'un tremplin vers plus d'intensité de la vie. La mort, une ennemie déjà vaincue, et la greffe une simple étape vers une vie pleine de joie. Dieu merci, les jours fastes sont plus nombreux que les jours sombres. Même si, depuis janvier, ça ne va pas fort. Et si, dans ce journal, les jours sombres sont supérieurs aux jours fastes, c'est bien parce que, les jours fastes, je n'ai pas besoin d'écrire. Car, comme disait Gainsbourg, qui est mort tard samedi 2 mars : « Le plus beau dans la vie, hélas, ce sont les naufrages. »

le 15. 3. 91 – 15 heures, ce vendredi

Je viens de recevoir deux lettres qui m'ont fait bien plaisir. Celle qui m'a le plus touché vient de Jean-Jacques. Je n'avais pas de nouvelles de lui depuis plusieurs semaines. Je l'ai vu la dernière fois, avec mon père, fin janvier. Je savais qu'il était revenu à Marseille, suite à une fièvre constante, un peu comme celle que j'ai eue la semaine dernière. Avant mon départ de Giens, il était question qu'il y vienne faire des perfusions, mais ce n'était pas encore sûr.

Aujourd'hui, il vient de m'écrire une lettre où il m'apprend qu'il a fait, à Giens, des perfusions contre le rejet. A priori son traitement s'est bien passé. A l'heure où j'écris ces lignes, il est, théoriquement, chez lui. D'ailleurs, lorsque j'aurai fini d'écrire, je l'appellerai.

Outre des nouvelles, il me donne aussi un encouragement à vivre comme je n'en ai que rarement reçu. « Accroche-toi », écrit-il. Oui, j'ai bien l'intention de le faire. Rien que pour lui.

Depuis que l'attitude de fêtards des autres mucos m'a définitivement dégoûté de leur compagnie, je craignais un peu que Jean-Jacques, qui est leur copain depuis sept ans, soit à mettre dans le même panier. Mais sa lettre prouve que je l'avais bien jugé. C'est un ami. Un vrai. Et même si « la boîte » l'intéresse plus que la littérature fantastique, c'est un homme de cœur.

Visiblement, les autres, à Giens, ont interprété les distances que j'ai prises avec eux comme étant une baisse de moral de ma part. Tant mieux, ça m'évitera d'entrer en conflit ouvert avec eux. Mais ce que j'apprécie, c'est que Jean-Jacques, me sachant démoralisé, m'ait écrit pour me secouer les plumes. Comme l'a parfois fait Stéphane. Ça, c'est super.

D'autant que le mois de février fut véritablement pénible. C'est peut-être vrai aussi que mon moral en avait pris un coup. C'est même sûr. Mais cette période est révolue et mars s'annonce sous de meilleurs auspices. Cela fait quinze jours que je suis ici et je vais bien. Ma fièvre est tombée et mon état pulmonaire est bon, grâce à tous les antibiotiques que j'ai avalés pour faire tomber la fièvre.

La seconde lettre que j'ai reçue était signée de Nathalie. Là aussi, cela m'a fait plaisir et m'a un peu surpris. Je lui répondrai bientôt. Elle aussi me semble tout de même quelqu'un de valable, même si certains de ses aspects me sont étrangers.

L'autre soir, je parlais de Giens, à table, avec mes parents. Ma mère m'a fait remarquer qu'au bout du compte j'avais fini par rejeter les mucos-bourrés (enfin, elle ne les appelle pas comme ça !). Elle m'a dit, qu'on est, somme toute, prisonnier de son éducation. On juge les gens issus d'un milieu social inférieur (qui n'ont pas reçu la même éducation, a-t-elle dit) comme un peu vulgaires. Et les autres comme un peu coincés ou prétentieux, aurait-elle pu ajouter. Pour me le prouver, elle a cité mes amis : Thierry, Laurence et Aude, François, Stéphane ou Jean-Jacques, et m'a dit que ces gens étaient comme nous. Des gens de classe moyenne, petits bourgeois. C'est partiellement vrai. Je pense, effectivement, ne jamais m'entendre avec un type trop fruste ou trop guindé. Mais, ces frontières ne sont pas absolues.

La preuve : recevoir une lettre de Nathalie, qui a vécu dans un milieu à faire dresser les cheveux sur la tête de ma mère, m'a fait plaisir. Et quand deux personnes ne sont pas trop débiles, elles peuvent s'entendre, même venant de pays très différents, de cultures presque opposées. La preuve, Pierre Desproges était bien copain avec Renaud !

le 29. 3. 91 – vendredi, 17 heures

J'écris. Je ne sais pas trop de quoi sera constitué ce texte. Rien de particulièrement marquant n'a eu lieu depuis quinze jours. Si, une chose, mais elle ne m'enthousiasme pas. Il y a une semaine, j'ai téléphoné à Jean-Jacques pour avoir de ses nouvelles. Il devait passer une fibroscopie et avoir aujourd'hui les résultats pour savoir si son rejet était fini. Mais le problème, c'est François. François qui, après avoir passé dix jours chez ses parents, est revenu très fatigué à Giens. Au point qu'il est en hospitalisation complète et assisté par un respirateur artificiel ! Je voudrais savoir comment il va aujourd'hui. Ça fait déjà plusieurs jours que je voudrais appeler, mais je n'ose pas.

J'ai peur. Peur que ça finisse mal pour lui aussi. Peur que l'hécatombe continue. Peur de faire un jour le tour de France des cimetières où seront enterrés mes amis.

J'ai déjà la Savoie et Paris à visiter… François est quelqu'un d'exceptionnel, mais il est tellement secret… Il est difficile de savoir ce qu'il pense. Pourtant, peu à peu, j'ai appris à le connaître, à l'apprécier. Mais je ne connais toujours pas sa vision de la vie, sa philosophie. Je ne sais pas pourquoi il se bat pour vivre. Je ne sais même pas s'il a encore envie de se battre. Il semble désabusé. Il est grand et droit, dans son attitude comme dans la vie. Il me fait penser à ce chêne de la fable de La Fontaine. Il a l'air fort, toujours impassible, égal à lui-même.

Je sais, pourtant, que ce n'est qu'une façade. Les événements ont prise sur lui. J'ai peur qu'un jour cette façade tombe. Que, d'un coup, sa volonté casse. J'ai le sentiment qu'il est fragile sous cet aspect un peu rigide. J'ai peur.

Quant à Jean-Jacques, il semble qu'il soit en froid avec Lætitia. Je ne sais pas exactement à propos de quoi, mais ils ont dû s'engueuler. D'après ce que Jean-Jacques a laissé filtrer, elle ne voudrait pas se faire soigner. Lætitia a toujours été en froid avec la greffe. Elle n'a jamais accepté vraiment l'idée qu'elle doive se faire charcuter. Le sort de Martine n'a pas dû la faire changer d'avis. Sans doute est-ce là la raison de cette petite brouille.

Si Jean-Jacques est un type costaud, il ne peut pas, non plus, tout assumer. L'angoisse du rejet, la mort de Martine qu'il aimait depuis des années, la maladie de Lætitia et ses problèmes personnels. Bref, tout ça fait beaucoup. L'autre jour, il avait plutôt envie de baisser les bras et de plaquer Læti.

Tout cela m'a démonté le moral à moi aussi. Je viens de le comprendre. Cette semaine et la précédente furent agréables en ce qui concerne ma propre vie. J'ai fait une superbe partie de jeu de rôles avec mes cousines et des copains à elles. J'ai lu. Je suis allé au cinéma, etc. Enfin, je me suis adonné à tous ces loisirs que j'aime. Et malgré tout cela, il y avait un « je ne sais quoi » qui n'allait pas. Je me suis réencombré. Je recommence un traitement par voie buccale en espérant qu'il me donnera un sursis avant les perfs et Giens. En écrivant aujourd'hui, j'ai mis le doigt sur ce qui fait mal.

Je ne m'en suis rendu compte que lorsque je me suis vu écrire une page sur François malade, alors que je pensais juste signaler ça d'une phrase ou deux.

En fait, ça m'angoisse ! Imaginer Giens sans lui ! Je crains pour sa vie ! Je ne sais pas si le fait d'écrire cela peut, par un effet divin, empêcher sa mort. Je le voudrais tant. Quand Martine a été greffée, j'étais confiant et plein d'espoir en sa vie. Et puis l'impossible est arrivé.

Je relis ce passage. Je me dis : c'est dingue ! C'est pas permis d'écrire des conneries pareilles. S'il lui était arrivé quelque chose je le saurais... Il n'y a pas à écrire ça. C'est du simple bon sens. Rien n'indique qu'on en arrive là. Une surinfection, ça se jugule. J'en suis la preuve. Et puis, Chazalette sait ce qu'il faut faire. Il est compétent. Mais je ne parviens pas à m'ôter réellement cette crainte de l'esprit.

J'écris. J'écris sur une peur qui ne m'a pas obsédé comme ça toute la semaine. Du moins pas consciemment. Cet après-midi, j'étais mal dans ma tête, en crise, ressassant des tas de trucs dont j'ai déjà parlé dans ce journal. Je suis sorti. Il faisait beau. La nature était en fête. Le printemps commence à bourdonner. Je me suis assis sur la marche de la maison et j'ai contemplé la cour, les arbres, les fleurs, l'herbe, les petits brins de bois... La chienne dormait à côté de moi. C'était un moment extraordinaire. Je rêvais tout en me laissant charmer par les oiseaux. J'ai même ôté mes chaussettes et mes pantoufles. J'ai marché pieds nus dans l'herbe, sentant la caresse de l'herbe haute, les frôlements de la végétation, contre mon pied, ma chair. J'ai savouré cette sensation de froid et d'humidité qui me chatouillait, me faisait presque rire. C'était un moment très étrange. Comme je n'en connais que rarement. Une sorte d'extase rêvée. Moi, qui ne suis pas trop enclin à l'écologie.

Alors que je savourais le vent, les insectes sur la vigne vierge, je pensais : je vais monter, là-haut, écrire pour garder le souvenir de cette expérience. Je ne savais pas trop quoi écrire. Dans ma rêverie, j'ai abordé tant de sujets. Des tas de souvenirs d'enfance qui me sont revenus, se mêlant à mes expériences actuelles.

Le souvenir, entre autres choses, de Véronique, sœur d'un camarade de classe, avec qui j'ai découvert les choses de l'amour, comme on dit. Je n'ai jamais vraiment su ce qu'elle pensait. Moi, je crois que j'en avais surtout après son cul. Son corps de jeune fille commençait à apparaître. Elle avait de petits seins tout ronds. J'étais moi-même plus proche de l'enfant que de l'adolescent. Je l'ai un peu caressée pendant quelques semaines. Et puis, un jour, elle en a eu marre. Elle s'est dérobée, me demandant si je l'aimais vraiment. Je ne sais plus très bien ce que j'ai raconté, mais ça ne lui a pas plu. Je suis rentré chez moi la queue basse, sans mauvais jeu de mots.

Mais ce souvenir est toujours excitant et agréable.

En ce moment, je lis une histoire de vampire. C'est assez dément cette façon sexuelle de transcrire l'acte de tuer. Quand on lit ça, on a l'impression qu'il n'y a rien de plus délectable, de plus voluptueux.

C'est curieux cette façon qu'a l'esprit de voyager, de passer d'une chose à l'autre. Une rêverie rappelle un souvenir, comme un exemple illustre une théorie. Et puis, l'évocation de ce souvenir, qui devrait ne durer qu'un temps, comme l'exemple, pour revenir ensuite à la préoccupation initiale de l'esprit, en devient la préoccupation principale. Comme si l'exemple, avant qu'il ne soit terminé, appelait l'explication d'une nouvelle théorie qui, elle-même, sera illustrée d'un exemple. Un peu comme un texte où s'ouvrirait une série de parenthèses, toutes incluses les unes dans les autres, sans que, jamais, on ne puisse voir une parenthèse se fermer.

La préoccupation principale de ce texte, c'est Giens et ses occupants, leur vie, leur survie. Mais cela, je ne l'ai compris qu'en écrivant. C'est aussi ma préoccupation essentielle depuis deux ans. La mucoviscidose, après avoir pourri mon corps, commence à pourrir mon esprit et à l'accaparer. Ce pourrissement mental est aussi dur à juguler que le pourrissement physique. Mais je refuse que la maladie ronge aussi mes loisirs. Elle a eu mon corps. Elle a eu mes sentiments. Elle a détruit une partie de ma vie, de mon amour de la vie. Elle ne m'empêchera pas de rêver.

le 3.4.91 – mercredi, 17 heures

La psychose du pneumothorax est revenue. Elle me harcèle depuis vendredi soir. Je regardais *Buffet froid*, quand la première douleur paralysa un instant le côté gauche de ma poitrine. Ce fut très bref, mais très intense.

Ce genre de douleur revint plusieurs fois pendant le weekend. Je ne pensais pas, réellement, avoir de pneumothorax, mais craignais plutôt d'en faire un bientôt. J'ai passé ces deux jours assis dans mon lit, l'oxygène à portée de la main, en train de lire un bouquin sur les errances morales d'un vampire. Mais les douleurs ont été trop répétées pour les ignorer. La mort dans l'âme, j'ai pris dimanche soir la décision d'annuler les réjouissances prévues pour le lendemain.

A savoir, une longue journée chez mes cousines où, après un déjeuner animé, j'aurais fait une partie de jeu de rôles avec des amis à elles. Le soir, mes parents devaient venir nous rejoindre à Sotteville-lès-Rouen. Il était prévu un dîner de Pâques familial.

Je suis plutôt pudique. Je ne montre que rarement mes sentiments. Sauf à ces feuilles d'écolier. Même si je suis bouleversé, je tiens le choc. J'ai pleuré un matin de septembre 89, anticipant la mort de John. J'ai pleuré ce soir de janvier où Jean-Jacques m'a appris la fin sinistre de Martine. Je parle des fois où j'ai pleuré devant quelqu'un. Dans les deux cas, c'étaient mes parents. Avant-hier matin aussi, j'ai éclaté en sanglots après avoir décommandé Laurence, Aude et leurs amis.

Toute ma détresse m'a submergé. J'étais au trente-sixième dessous. Je craignais d'avoir un pneumo. J'avais peur de respirer, de bouger, de tousser de crainte que cet effort – si minime soit-il – provoque l'effondrement de mon poumon gauche. Comme le droit, obstrué par l'infection, ne fonctionne pour ainsi dire pas, je craignais, à chaque respiration, que ce fût la dernière. Les noms des morts, et des vivants en bonne place pour la mort, tournaient dans ma tête. J'étais seul. J'ai craqué. Pleurant sur mon sort comme une midinette qui s'est fait plaquer.

Là, il s'est passé quelque chose d'extraordinaire : Colette est descendue au rez-de-chaussée. Sans me le dire, sachant très bien que je n'aurais pas voulu, mais sachant encore mieux que je le voulais réellement, elle a appelé mes cousines.

« Je leur ai dit que tu étais triste », m'a-t-elle dit le soir. A-t-elle parlé de mes larmes ? Si oui, personne n'a fait mine d'être au courant. Elles ont ménagé mon amour-propre. Toujours est-il que mes cousines n'ont pas hésité. Elles sont venues l'après-midi même, amenant avec elles leurs amis d'école. Chamboulant l'organisation initiale, elles ont apporté le jeu et nous avons passé un après-midi qui restera un de mes plus beaux souvenirs.

Alors que le matin je me voyais à l'article de la mort, l'après-midi, à travers l'imagination, je déjouais les plans d'un dieu moorcochien, oubliant mon angoisse. Les parents de mes cousines sont même passés à la maison cinq minutes. Ils ont apporté les blinis que nous aurions dû manger ensemble le soir même. Laurence, Aude, Valéry et Thierry, leurs copains, sont repartis peu avant 8 heures. Cette visite m'a vraiment ému. Pour moi, elles ont fait ce qu'elles ont pu. Je les aime. Elles sont formidables.

Ça n'a l'air de rien cette histoire. Venir chez moi ne prend que trois quarts d'heure. Mais, pour moi, c'est beaucoup. Surtout quand on sait qu'elles ont dû vaincre la réticence de leurs amis qui n'osaient pas venir chez moi. Sans doute par crainte de gêner. Quand on sait que Laurence, qui n'aime pas conduire, a perdu son temps pour aller chercher, dans des quartiers inconnus d'elle, ses amis pour les amener ensuite. Ce n'était pas évident. Il eût été cent fois plus simple pour elle de jouer la partie chez elle, comme prévu. Mais sans moi.

Une autre personne qui m'a ému et secouru, c'est mon médecin généraliste, qui me soigne quand je suis à Bosc. Un lundi de Pâques, il n'a pas hésité un instant à venir m'ausculter et à rester discuter avec moi et mes parents jusqu'à ce que nous soyons rassurés. Il a été comme il faut l'être avec moi : rassurant sans être trop protecteur, m'écoutant et m'expliquant, ponctuant ses paroles d'un humour revigorant. Bref, il a su trouver le ton juste et me libérer de mes craintes.

Le lendemain, j'ai fait une radio : pas de pneumo.

Je suis quand même essoufflé. Les douleurs sont un signe d'encombrement. Je vais donc repartir lundi prochain pour Giens. Non sans avoir revu mes cousines ce prochain week-end.

Je ne sais comment je vais retrouver l'hôpital.

Je ne sais pas qui y sera. A la limite, j'aime autant avoir la surprise. Je n'ai pas retéléphoné depuis l'autre jour. Je n'ai pas osé.

Je sais juste une chose : dans sa dernière lettre, Stéphane promet de venir me rendre visite là-bas.

le 5.4.91 – vendredi, minuit moins dix

J'ai enfin réussi à trouver la force de téléphoner à Giens. L'imminence de mon départ m'a aidé à passer à l'acte. Dieu merci, ces craintes n'étaient que de fausses prémonitions. Même si François a maigri, il est à Giens et entame sa convalescence. Pas de réa à Marseille, cette fois. Quand l'aide-soignante qui m'a répondu m'a proposé de me passer François, un poids sans nom a disparu. Jean-Jacques, lui, a eu moins de chance. Il a eu un rejet. Il est encore à Marseille et pour encore, au minimum, une semaine. Sachant cela, je l'ai appelé dans la foulée. Impossible de connaître la gravité réelle du rejet. Il a été transporté en réa tiède et sa mère est redescendue à Marseille pour le soutenir. Il m'a dit avoir été traité avec le plus puissant anti-rejet connu. Mais, pour tempérer mon éventuelle inquiétude, Jean-Jacques s'est empressé d'ajouter : « Ça va mieux. D'ailleurs, ça ne méritait pas la réa tiède. Ils ont voulu frapper fort pour définitivement stopper le rejet. » Je pense, tout de même, qu'il a salement dégusté. J'ai aussi appris, par Jean-Jacques, que Christophe Petit a été greffé il y a quelques jours. Pour l'instant, il va bien. Gilles Moreau (ou Maillet), qui avait été greffé il y a un an, vient d'être regreffé après cinquante jours de coma. C'est hallucinant. S'il survit, ce sera un vrai miracle ! Comment le corps peut-il résister si longtemps à la mort ? Je n'en reviens pas. Ils lui ont greffé un bloc cœur-poumons. Ils ont eu raison de ne pas recommencer le coup de la monogreffe. Je crois bien que ça avait achevé Guy.

Au milieu de ces espoirs de vie, il y a aussi un échec. Un muco mort de plus. Mais cela, je ne l'ai appris que deux heures plus tard, de la bouche de maman, qui, de son côté, a téléphoné à la surveillante du Coty, pour prévenir le service de mon retour imminent. Ce muco mort, c'est Fabien. Un jeune que j'ai croisé quelquefois à Giens. Il avait l'air sympa. Il était très jeune (12 ou 13 ans) et paraissait encore plus jeune qu'il n'était. Une sale histoire, mais je ne prendrai pas le temps de pleurer sa disparition. J'ai trop à faire pour éviter la mienne et déjà trop souffert de celle de Martine.

Il y a une frontière entre l'esprit et le corps. Entre sentir et ressentir physiquement les choses. N'importe quel lecteur de mon journal en saurait beaucoup sur moi, mais aucun ne ressentirait physiquement d'émotion juste à sa lecture.

Les rares fois où mon moral est si bas que mes angoisses en deviennent physiques, c'est quasiment intolérable. Alors, même si c'est égoïste, je ne laisserai pas cette nouvelle mort devenir une souffrance physique.

J'ai eu mon comptant de souffrances cette semaine. Non content des miennes, je me suis plongé dans celles d'Hervé Guibert, l'écrivain malade qui m'avait beaucoup plu à *Ex-Libris*.

Je me sens, vaniteusement, proche de lui.

C'est un écrivain. Une de mes ambitions est d'être, un jour, digne de cette profession. Il est malade ; moi aussi. Il fait des photos ; moi aussi. Il est homosexuel ; vu comment je m'y prends avec les demoiselles, je vais finir pédé !

Il a un certain goût du morbide. Moi aussi.

Ce type m'intéresse. Certaines choses qu'il dit sont très justes. Notamment cette attirance, cette envie, ce désir de mort, qui parfois l'anime. Là aussi, je suis un pâle imitateur. J'ai déjà pensé au suicide. Mais jamais je ne le ferais. Je sais pertinemment qu'il serait stupide de me supprimer alors que, même dans le coma, je pourrais encore être greffé et sauvé. Et pourtant, certains soirs, ou dans des moments de solitude, j'imagine mon suicide. Je vais jusqu'à penser à ma lettre d'adieu, à mon testament, à la cérémonie funèbre, m'amusant de la façon la plus morbide qui soit de cet événement.

Dans mes rêves les plus fous, mes parents retrouvent ce journal et décident de le proposer à un éditeur, qui le publie. Je deviens alors, comme Anne Frank, un petit génie littéraire mort-né. Né grâce à sa mort. Le plus drôle, c'est que je pars dans ces chimères même lorsque je suis calme et heureux, même lorsque je suis l'esprit en paix et confiant dans mes capacités.

Finalement, comme Guibert, je suis un peu amoureux de ma maladie qui fait de moi un personnage romanesque.

J'aime aussi chez Guibert son humanité, cette façon de se livrer entier, avec ses faiblesses et ses défauts, au lecteur.

Tout en expliquant et en montrant sa maladie, la peur qu'elle suscite, mais aussi l'humiliation et la gêne du malade face au corps médical, face aux amis atteints ou non, il reste digne.

Son livre m'a captivé. Je l'ai lu en deux jours. Je m'offrirai prochainement le dernier qu'il vient de sortir : *Le Protocole compassionnel*. La morale du livre *A l'ami qui ne m'a pas sauvé la vie* ressemble à celle de la BD de Stéphane : *La Mouche éphémère*. A savoir : « Pourquoi faut-il apprécier les choses quand elles touchent à leur fin ? »

Pourquoi faut-il être menacé par la maladie pour prendre conscience de la beauté de la vie ?

le 18. 4. 91 – jeudi, minuit moins dix

Deux semaines ont passé. Je suis à Giens, seul dans ma chambre où j'écris ces quelques lignes.

Nous sommes peu nombreux : François, Sonia, Hervé, Corinne et Rabah qui est parti hier midi. Mais ce séjour est nettement plus agréable que celui de février. L'ambiance est bien meilleure. Ici (à part peut-être Corinne qui se garde de s'étendre sur le sujet), on est tous d'accord : le groupe des mucos-bourrés part en couilles. Le nôtre est sympathique, mais ni Corinne ni moi n'avons très bien pris une amourette entre Sonia et Hervé. Ils sont tous les deux très chouettes et vont bien ensemble. Mais voir Sonia dans les bras d'Hervé m'a rendu un peu jaloux. Je pense que pour Corinne c'était pareil. Enfin, je n'ai rien à dire. Si j'avais voulu « sortir », comme on dit, avec Sonia, je n'avais qu'à essayer. Simplement, ça m'a un peu piqué au cœur. Pas bien fort, mais suffisamment pour que je me rende compte que la frontière entre amitié et amour est bien floue.

Jean-Jacques, lui, est toujours amoureux de Lætitia, même s'ils ne se sont pas vus depuis plusieurs jours. Jean-Jacques vient de passer une fibroscopie. Son rejet est terminé.

Christophe et Gilles se remettent apparemment bien de leur greffe.

Un muco que j'ai rencontré ici en août, Lilian, s'est, lui, fait greffer à Paris, m'a dit Chazalette.

Côté mauvaise nouvelle : une jeune fille qui était très aimée par les malades, Sandy, est morte. Je l'ai appris par hasard ce matin lors d'une conversation téléphonique avec Læti. Cette mort ne me touche pas plus que celle de Fabien.

Enfin, Chantal, une amie de Martine, fait des pneumothorax à répétition. Elle est partie aujourd'hui à Marseille pour se faire « talquer ».

Personnellement, je ne me suis pas senti aussi bien depuis la Corse. Je fais du sport. Je grossis et je tente de récupérer mon souffle. Je me sens dynamique, fort et vivant. Il faudra impérativement conserver cet acquis physique une fois revenu à Bosc.

le 29. 4. 91 – lundi, 16 heures

Déjà de retour chez moi. Ce séjour à Giens est passé très vite, presque trop. Je suis dans ma chambre qui est un de mes lieux préférés sur cette planète et je regrette un peu le couloir du 2 Est. Bien sûr, je suis content de ne plus avoir de perfusions et d'être chez moi, au mieux de ma forme. Mais Hervé, Sonia, François, Corinne me manquent. Je connais Hervé depuis ma première hospitalisation au Coty. Je l'aimais bien, mais je ne l'ai vraiment découvert que cette fois-ci. Il est drôle et intelligent. Il délire, mais il sait quand il faut être sérieux. Il est généreux et sensible. Comme avec Jean-Jacques nous n'avons pas de goûts vraiment en commun, mais chacun respecte et comprend l'autre.

Hervé était là en janvier. Il a vu partir Martine. On en a parlé à plusieurs reprises, mais jamais longtemps. Il ne le supportait pas. Je me souviens d'Hervé lors de l'agonie de John. Il était bouleversé et révolté. La mort de Martine l'a peut-être encore plus touché, mais lui ne fait pas comme ces connards de mucos-bourrés : il affronte de face la mort, sans avoir besoin de se protéger derrière une ivresse répugnante.

Au Coty, la vie continue. A chaque saison son lot d'inquiétudes. Pour François qui, encore faible et très essoufflé, est allé rendre visite à « Dieu ». Le « grand sécateur », comme il l'appelle, lui a laissé la liberté de décider si, oui ou non, il voulait accélérer le processus de la greffe. A ma connaissance, François n'a toujours rien décidé. La greffe n'a jamais enthousiasmé François, comme Jean-Jacques qui, lui, hurlait dans les couloirs : « Alors, elle vient c'te greffe ? » Non. François a toujours été flegmatique. L'autre jour, dans l'un des rares moments où il parle de lui, il m'a dit : « S'il faut en passer par là, je le ferai… Mais bon. Mieux vaut une vie au ralenti que pas de vie du tout. »

Quand je l'ai quitté hier, il regardait la télé dans sa chambre. Dans ces moments-là, je hais cet engin, le dernier amusement, la dernière impression de vivre des mourants qui le regardent toute la journée. Ça me rappelle John. Heureusement, François a plus de choses auxquelles se raccrocher que John. Et puis, il n'est pas au même stade que John. Il marche sans peine, sur de petites distances certes, mais c'est déjà ça. Par contre, sortir le fatigue. Ne serait-ce que de faire une visite à une librairie et à une autre boutique, sans avoir à conduire ni à beaucoup marcher, et il veut rentrer, essoufflé. Cette fois-ci, je ne laisserai pas les kilomètres dresser entre lui et moi cette barrière qu'il m'avait été si difficile de briser par un simple coup de fil. Je vais l'appeler dès ce soir. De même pour Jean-Jacques.

Après son rejet, il est remonté chez lui en Alsace. Mais, fiévreux, essoufflé et fatigué, il est revenu à Marseille deux jours après. Il est toujours soigné pour une infection due au piocyanique. La question est : « Est-ce à cause de sa liaison avec Lætitia ? » On n'en sait rien. Ce que je sais, par contre, c'est que Lætitia aussi se pose la question. J'espère que ce n'est pas elle qui est la cause de cette infection. Jean-Jacques et elle se soutiennent l'un l'autre. Ils ont tous deux besoin de leur amour commun.

François, Lætitia et Jean-Jacques : trois personnes avec qui il ne faut pas perdre le contact.

J'ai reçu un journal intitulé : *La Lettre aux adultes mucos*. Il y a du bon et du mauvais dedans, mais un article d'Agnès Le Bars m'a bien plu et je le reprends en partie ici :

« C'est vrai que la mucoviscidose est une dure école : école de la solitude, de la souffrance, du renoncement, de l'humilité, de la dépendance et de la vérité implacable. Mais, à côté de cela, que de trésors m'ont été découverts et offerts !

« Ce furent, tout d'abord, l'amour et le soutien de mes parents et amis. Puis, j'ai découvert, ensuite, la force de combattre et de repousser toujours plus loin ses propres limites, l'art d'apprécier chaque instant et chaque fait de la vie avec la chance d'en connaître le prix. Il y a aussi cette conscience et cette maîtrise uniques de son corps qui vont en s'approfondissant au fur et à mesure que la maladie progresse. La liste est loin d'être close. Elle tend simplement à vous montrer que si on sait y puiser ses ressources, la mucoviscidose peut apporter autant de joies que de douleurs. L'équilibre alors rétabli vous conduit à une vie plus riche et plus sereine et pleine de surprises impossibles. »

Voilà. Cette fille a tout compris de la mucoviscidose. C'est une plaie, une belle merde, mais c'est aussi un fantastique révélateur. Révélateur de soi, de la vie, de la valeur de l'amitié, de la valeur des gens, de la valeur de l'amour aussi.

L'amour entre Lætitia et Jean-Jacques, qui est cent fois plus beau que celui de Roméo et Juliette. L'amour d'Hervé et Sonia qui commence à peine. Mais là, je suis moins sûr de sa durée. Est-ce une amourette passagère ou est-il vraiment fort ?

Quoi qu'il en soit, je me suis habitué à les voir se tenir la main dans la rue et à s'embrasser, furtivement, quand une kiné a le dos tourné. Corinne aussi, je crois ; même si, pour elle qui était sortie avec Hervé il y a un an, la pilule fut plus dure à avaler. Enfin, je crois. Il est difficile de savoir ce que pensent réellement les gens et, à ce petit jeu-là, je me suis plus d'une fois cassé les dents.

Quant à moi, célibataire endurci, j'ai croisé Juliette à deux reprises. Vendredi et samedi. Elle m'a à nouveau fait bondir le cœur. Elle a quelque chose, une certaine élégance coquine qui m'attire. Mais elle fait partie de cette bande et tant qu'elle sera avec eux, je ne veux ni trop la voir, ni trop la fréquenter. Pourtant, elle vaut mieux que ça. Je rêve de lui écrire une lettre pour lui montrer qui sont ces crétins qui se disent ses amis. Mais si je ne la convaincs pas et qu'elle montre la lettre aux autres, alors la guerre sera ouvertement déclarée et les séjours à Giens deviendront proprement invivables.

Déjà qu'on n'a plus de permissions !

Juliette est descendue à Giens pour les vacances de Pâques. Elle n'est pas hospitalisée. C'est dire qu'elle apprécie leur compagnie. En fait, ça me fait plus de peine qu'autre chose.

Un dernier mot sur Chantal. Après un séjour à Marseille où ils ont talqué son poumon, elle est revenue à Giens pour des perfusions. Mais elle sature et ne pense qu'à partir. Grâce à Hervé qui la connaît bien, j'ai pu la découvrir un peu plus. Elle n'a pas les mêmes motivations que moi, elle travaille, vit en couple. Elle est d'une autre génération, mais c'est quelqu'un de valeur. Comme, heureusement, quelques personnes de Giens.

le 5.5.91 – 3 h 35 du matin

Je ne peux pas dormir. C'est physiquement impossible.

Après trois semaines au top niveau de ma forme, je suis redescendu, en quelques jours, au trente-sixième dessous. Un essoufflement curieux, qui est allé en s'aggravant tout au long de la semaine. Malgré les antibiotiques et les aérosols, rien n'y a fait. Cette nuit, l'oxygène est presque à 4 litres/minute et, dès que je m'allonge, je suffoque. Je suis crevé. En plus, un rhume mal venu m'oblige à respirer par la bouche les trois quarts du temps. Je ne me sens à l'aise dans aucune position et, depuis 1 heure du matin, je tourne et me retourne dans mon lit, m'énervant de ne pas trouver le sommeil. Et, plus je bouge, plus je m'essouffle.

La journée avait pourtant commencé normalement. Au réveil, j'étais essoufflé, mais sans commune mesure avec maintenant. Je suis allé au cinéma voir les Doors avec mes cousines, puis j'ai fini l'après-midi chez elles. Au retour, déjà bien essoufflé, j'ai voulu faire un aérosol de Fongizone, pensant que seul cela pouvait me dégager les bronches ; mais l'aérosol a eu un effet pervers et m'a essoufflé comme un bœuf.

J'ai fait venir le médecin. Il a été sympa et dévoué. Il m'a injecté, en sous-cutanée, du Salbutamol, puis, en I. V. du Lassilix, pour diminuer mes pulsations cardiaques et ma tension. Ensuite, nous sommes allés à Rouen passer une radio qui ne montre, à mon sens, rien d'extraordinaire.

A un moment, il a été question que je dorme en réa. Mais, finalement, comme la réa était pleine et que, chez moi, je dispose de tout l'O_2 que je souhaite, je suis revenu « dormir » chez moi. Enfin, écrire !

Il y a quelques minutes, j'ai retrouvé l'usage de mes deux narines. Je vais donc essayer de dormir.

De toute façon, je vais repartir à Giens très rapidement. C'est curieux, en une semaine je n'aurai rien fait de spécial à Bosc. J'aurai traîné toute la journée sans entreprendre réellement un seul truc.

Je n'aurai pas lu de roman, juste quelques articles, pas vu de film. J'avais sans cesse la nostalgie des trois semaines précédentes où, avec les autres, j'ai déliré comme un fou.

Hélas, je vais me retrouver quasiment seul là-bas. Bah ! Je tiendrai compagnie à François.

C'est marrant, quelques jours avant mon départ, j'ai vu la

psychologue du service. Elle m'a dit que j'étais en superforme et je lui ai répondu que je ne criais pas victoire trop vite. Que j'avais entendu parler de cancéreux qui étaient dans une période de récession de la maladie et qui avaient, brusquement, rechuté, pour mourir un mois après… Je n'ai pas l'intention de mourir dans un mois. Mais, néanmoins, il y a là une certaine forme de prémonition. Je savais que cet état « miraculeux » ne durerait pas.

Enfin (est-ce cela qui a causé ma détresse respiratoire de ce soir ?), j'ai téléphoné avant-hier à Jean-Jacques. Je téléphonais, peinard, pour prendre de ses nouvelles. Il pouvait à peine parler : oxygène à dix litres, une sonde dans l'aine pour passer les perfs, très fatigué. Il fait une mononucléose. Ça a l'air de l'épuiser.

Putain, il ne faut pas que ça finisse mal cette histoire. Si ça continue, je vais aller en réa, dans le lit à côté du sien, et je vais lui botter le cul pour qu'il s'en sorte ! Dès que je serai à Giens, je lui écrirai pour le secouer, comme il m'a écrit l'autre fois. Je lui renverrai l'ascenseur.

le 11. 5. 91 – samedi, minuit moins dix

Déjà une semaine que je suis à Giens. J'ai réussi à récupérer. Je suis revenu à une respiration normale, ni miraculeusement bonne comme il y a trois semaines, ni désastreuse comme il y a une semaine exactement.

L'autre nuit, après avoir écrit, mon cœur avait recommencé à battre la chamade. Je n'ai que très peu dormi. Au plus une heure. Et par courts intervalles. Le matin, le docteur Gondard est revenu. J'étais toujours dyspnéique. Il a essayé de téléphoner à Chazalette sans succès. Puis à Feigelson qui, lui-même, a téléphoné à Noirclerc.

Ce type m'a épaté. Je ne suis pas, à proprement parler, son malade, il ne me connaît que peu. Mais, un dimanche matin, il m'a fait une véritable consultation par téléphone. Il a longuement parlé au docteur Gondard et lui a dit de me faire une piqûre de corticoïdes. Ça a mis fin à mon malaise respiro-cardiaque en vingt minutes. Après, j'ai enfin pu dormir jusqu'à midi.

Quoi qu'il en soit par la suite, j'avoue que Noirclerc m'a aidé et a été très chic avec moi, ce matin-là. Il a même préconisé mon hospitalisation au Coty, alors que je pensais qu'il choisirait de m'envoyer à Marseille. Vraiment un mec sympa et dévoué. Surtout que j'ai appris par la psychologue qu'il a perdu sa fille d'une tumeur au cerveau inopérable, il y a un mois. Comme le héros de *Chantier*. Lui, après un pareil choc, trouve encore le moyen de sauver des vies, alors qu'il a été impuissant à sauver une de celles qui lui étaient la plus chère. Mme Piraud nous a dit : « C'est un géant. » Je finirai bien par la croire.

Après ce coup de fil, la suite ne fut que péripéties administratives pour trouver un avion et de l'oxygène. Le soir, j'étais au Coty 3. En chambre d'urgence. Celle où j'ai commencé ce journal en février 90, quand j'avais mon pneumo.

Ici, au contact des autres, j'ai récupéré ma force morale. Le reste devrait suivre.

J'ai vu Gilles et Christophe. Tous deux ont eu une chance folle. Ils ont l'air en forme. Gilles a même l'air mieux qu'après sa première greffe. Cette seconde chance est un espoir fantastique. C'est aussi exceptionnel que la première greffe à mon sens. Guy n'est pas mort pour rien.

Demain, c'est l'anniversaire de François. Il a 25 ans. C'est l'âge moyen de la population muco. C'est l'espérance de vie muco, si on préfère. François est toujours en train de se battre, mais il semble avoir perdu l'espoir de vraiment récupérer. Il reste sur son lit, face à la TV toute la journée. Sauf pour aller manger. Il doit gamberger. Accélérer le processus ? Ne pas l'accélérer ? Toujours cette oscillation !

Demain, pas de resto, ni de boîte. Juste un gâteau surprise (? sic !) et quelques cadeaux en témoignage de notre amitié. De la mienne en tout cas.

François qui, une fois greffé, laissera un vide au Coty, comme Jean-Jacques qui me manque et qui végète toujours à Marseille.

Il semble qu'il va un peu mieux, mais ce n'est que l'impression qu'il m'a faite au téléphone, mardi.

Quant à moi, mes amis me soutiennent : Laurence et Aude m'ont déjà appelé et j'ai reçu, ce matin, deux lettres chaleureuses de Thierry. Comme le Coty est calme en ce moment, je vais mettre à profit mon temps pour lire un peu et faire du courrier. Tout cela parallèlement à un programme de remise en condition physique que je commencerai lundi.

Ce midi, maman, qui, inquiète, était descendue pour une semaine dans le Var, est repartie. Elle s'inquiète toujours. Hier et avant-hier nos relations ont été un peu tendues. J'ai remarqué que, souvent, quand mes proches sont à Giens longtemps, je finis par m'engueuler avec eux. J'ai un peu honte de l'avoir, parfois, envoyée paître. Mais c'est plus fort que moi. Et puis, quand je suis de mauvais poil, j'ai tendance à me défouler sur ceux dont je sais qu'ils ne me laisseront pas choir pour autant (mes parents, Laurence et Aude).

J'espère quand même ne pas lui avoir trop pourri son séjour.

Ce soir, à la pensée que je ne la reverrai pas demain, je suis triste. Mélancolique comme je le suis rarement ici. Il faut dire que le choc de mon malaise passé, ma santé et ma respiration s'améliorant, je commence à fermement regretter ma maison.

le 2. 6. 91 – dimanche, 10 h 30 du soir

Par où commencer ? J'ai tant à dire. Il me faudra plusieurs jours pour tout exprimer.

Le 13 mai 1991, j'ai été greffé ! J'ai fait le grand saut ! J'ai survécu. Je me sens bien. Je respire. Je vis. Je vis. Je vis pour longtemps encore. « La deuxième mi-temps commence », m'a dit le docteur Chazalette. « Le phœnix renaît de ses cendres », m'a écrit Stéphane Adam.

Si je n'ai pas écrit plus tôt, c'est que l'événement fut si primordial, si fondamental, qu'il m'a fallu ces trois semaines pour pouvoir écrire dessus.

Je viens de relire les dernières pages du journal. J'ai été surpris d'y trouver un si grand compliment sur Noirclerc et une mention sur ma mort dans moins d'un mois (mort que j'ai affrontée plus directement que jamais) et sur Jean-Jacques (qui est dans la chambre en face de la mienne) : comme si, sans le savoir, j'avais annoncé ma greffe sur le papier.

Pourtant, le jour « J », rien ne me prédestinait à ça. Je me suis réveillé sans y penser. Je suis allé faire une échographie à Toulon. J'ai fait ma kiné, déjeuné, une partie de flipper (celui du 2 Est a été réparé) et je suis redescendu en salle de kiné, comme chaque jour.

Là, en dix secondes, tout a basculé.

C'est Chantal, une infirmière, qui est venue me dire de « ne pas m'éloigner cet après-midi ». On avait tenu le même discours à Jean-Jacques. J'ai tout de suite compris, mais je n'y croyais pas : « C'est louche », ai-je dit.

Et là, contre toute attente, au lieu de s'empresser de nier et de m'expliquer que je devais attendre un examen, elle m'a confirmé : « Tu as peut-être un greffon. » Ce que je veux dire, c'est que j'étais sûr qu'il ne s'agissait pas de ça, sans avoir pu m'empêcher d'y penser. C'était trop soudain, trop fou pour être vrai. Je croyais qu'il s'agissait d'une bêtise administrative ou d'une erreur du labo qui m'obligeait à refaire des examens. Un truc banal, quoi. Je lui ai fait répéter : « Un greffon ? Pour moi ! Aujourd'hui ! »

Ça a dû être l'émotion la plus forte de ma vie. Je ne saurais la décrire. J'ai eu le souffle coupé, les jambes aussi. Heureusement que j'étais assis ! J'ai dû blêmir ! Même maintenant, le souvenir de l'émotion est très puissant.

On m'a dit que rien n'était sûr. On attendait l'autorisation parentale. Elle a été obtenue moins de quinze minutes après. Durant ce quart d'heure, j'ai continué ma kiné avec Monique et j'ai pensé… J'ai revu les derniers mois. Mon séjour fastidieux de février. Le mois de mars passé à redouter un retour à Giens. Les trois semaines avec Hervé et cette forme si vite perdue juste après. Cette semaine terne à la maison où je n'avais goût à rien.

Cette phrase de Feigelson, prononcée dans l'avion, avant l'atterrissage à Hyères : « Il ne faut pas qu'il remonte. Il faut le greffer bientôt. Il a fait une alerte cardiaque. Les autres seront plus longues et plus dures. Après, il faudra aussi greffer le cœur. » Et qu'allais-je faire de mon été ? A Giens, avec les mucos-bourrés ? Non, merci. Chez moi ? Peu vraisemblable. Et, de toute façon, je n'en profiterais pas. Alors je me suis dit : « C'est un bon jour pour se faire greffer. »

A partir de là, j'étais décidé. J'ai foncé.

Je crois que je suis parti aussi dignement que Jean-Jacques, déterminé et décontracté. Ayant depuis trop longtemps cogité pour s'effrayer une fois au pied du mur. Tout a été très vite. J'ai téléphoné à ma maman. Elle a pleuré. Je l'ai rassurée. Je l'ai embrassée. J'ai passé le combiné à la surveillante. Pas un instant je n'ai pensé : « C'est peut-être mon dernier coup de fil. »

Pour la première fois de ma vie, j'ai eu la foi. J'ai su que j'allais m'en tirer. J'en étais sûr. J'ai fait (j'allais écrire « mes adieux »), j'ai dit « au revoir » à tout le monde. Particulièrement à François. Et aussi à Geneviève et à Renée, les deux aides-soignantes qui me sont les plus proches et qui m'ont soutenu pendant ces deux ans. Au moment de partir, j'ai pris Geneviève dans mes bras et j'ai serré. Pareil pour Renée, mais là, vu sa taille, je n'ai pas pu serrer mon étreinte. C'était comme une communion. C'est l'effet que ça doit faire de recevoir le Christ en soi, quand on y croit. Dans ce geste, il y avait tant de chaleur, tant d'amitié, d'émotion et de souvenirs. D'espoir, aussi. C'était fou.

J'y ai dissipé mes dernières craintes, comme un enfant qui se rassure en tenant sa maman dans ses bras. François aussi est sorti de son habituelle bonhomie tranquille. Il n'a pas trop su comment me montrer son amitié. Il m'a passé une K7, que j'ai écoutée maintes et maintes fois depuis, et a serré les poings, en levant les bras en signe de victoire. Là aussi, c'était fou, intense comme jamais.

Puis, il y a eu le voyage. Sans motards. Juste une ambulance, sirène hurlante, certes, mais juste une ambulance.

Je suis arrivé à Marseille confiant, regonflé à bloc et dans un état d'excitation intense. Mais, maître de moi, de mes gestes, de mes paroles. Je crois qu'on peut dire que j'avais su garder mon sang-froid. J'ai été accueilli par une femme formidable : une anesthésiste qui m'a tout de suite donné confiance.

Plus d'encre. J'écris avec le stylo Bic publicitaire de l'hôtel où sont descendus mes parents. (Dessus il y a écrit : Hôtel-Restaurant Jean Roubin. 13009 Marseille. Tél. 91. 41. 18.09. Il est blanc et bleu. C'est écrit en vert.) Elle m'a emmené dans son bureau et j'ai téléphoné aux gens que j'aime pour les prévenir : Thierry, mes grands-parents ont répondu. Je n'ai pas pu avoir mes cousines, ni Stéphane au téléphone. Marrant. Je n'ai pas pu parler aux trois personnes auxquelles je tenais le plus. L'heure tournait. Il fallait y aller. Je suis monté en service (là où je suis maintenant). J'ai retrouvé Jean-Jacques et Lætitia. Ça m'a fait super plaisir de les voir. Jean-Jacques, mon exemple de toujours, mon grand frère. Et Lætitia, sa copine. Cette fille si gentille et si douce. Celle avec qui j'ai partagé, en premier, le deuil de Martine.

Je me suis préparé, puis on m'a descendu au bloc. Entretemps, Mme Piraud m'a rejoint. Elle a attendu mes parents pour les accueillir. Il était 18 heures, ce lundi 13 mai. J'entrais au bloc. Je me suis dit : « Ce n'est que ça ? Un simple bloc opératoire. Comme les autres. » On m'a posé un cathlon. L'anesthésiste m'a prévenu : « Tu t'endors… » Même pas eu le temps de réaliser. Rien senti. Pas même ce léger bourdonnement dont j'avais l'habitude lors des fibros. J'ai sombré. Confiant.

Je me suis réveillé le lendemain. Vivant ! Vainqueur !

Le récit n'est pas fini, mais cette journée fut si intense, que je ne me sens pas de rédiger tout de suite la période postopératoire. Il est minuit moins vingt. Je reprendrai plus tard. Demain soir peut-être.

le 12. 6. 91 – mercredi, 21 h 45

Pas facile d'écrire en post-greffe. Les jours se suivent, se ressemblent jusqu'à se confondre.

Mais chaque jour apporte une complication nouvelle. Du moins, c'est l'effet que ça fait. Des complications mineures, mais qui empoisonnent la journée. Depuis mon réveil, j'ai eu le droit à la fièvre (plusieurs fois), à la rétention d'eau, au drain qui fuit, à la diarrhée, aux douleurs abdominales, aux insomnies, à l'amnésie. Mais ce ne furent que des péripéties aussitôt oubliées. Seul, le premier soir fut vraiment dur. J'avais de la fièvre et j'étais essoufflé. Presque plus qu'avant la greffe. Là, j'ai douté. Après la phase euphorique d'un réveil parfait, après la joie d'avoir été extubé quelques heures seulement après mon réveil, je me suis vu mal barré. Qu'est-ce que j'étais venu faire dans cette galère ? Si j'étais resté avec mes anciens poumons, je serais tranquillement à Giens, avec mes perfusions et mes copains.

En fait, j'ai eu peur en entrant dans une nouvelle phase de ma maladie dont j'ignorais tous les tenants et les aboutissants.

Avec la muco, j'étais en terrain de connaissance. Je connaissais mon corps, mes poumons. Je savais analyser mes sensations, m'autoprescrire mes antibiotiques. Bref, j'étais en terrain connu. Avec la greffe, j'entrais dans l'inconnu. Et l'inconnu fait peur !

Je me souviens encore d'un cauchemar fait en réa, qui m'avait beaucoup marqué. J'ai souvent rêvé de trucs qui pourraient passer pour des cauchemars, mais ça ne m'effrayait pas vraiment. Là, je me suis réveillé en sursaut, avec un cœur à cent cinquante battements/minute. Je l'ai vu sur le moniteur de contrôle.

J'étais à Giens. Sur le parking du Coty. Il faisait nuit. J'allais partir avec ma voiture, mais je laisse tomber un cachet de Tocco 500. Je me baisse pour le ramasser et l'avale. Je me trompe ; je prends un morceau de goudron à la place. Il s'écrase dans ma bouche, se colle à mes dents, à mon palais, comme un chewing-gum infernal. J'étouffe. Je sens mes forces s'affaiblir. Arrivent, de loin, deux phares de voiture qui foncent sur moi. Je suis allongé sur le sol en train de me débattre pour échapper à la voiture. Le goudron fondu me dégouline sur la mâchoire, tombe sur la route et s'y colle, ralentissant mes mouvements. Je me réveille en sursaut.

Drôle de rêve. Mélange de maladie et d'accident. Comme ma muco et l'accident qui, j'imagine, a frappé la femme qui a donné ses poumons : une Toulonnaise de 24 ans. C'est tout ce que je sais d'elle.

Dans la période de réa, les drogues me faisaient halluciner ! Rien qu'en fermant les yeux, je voyais des tableaux dignes de Dali. Je me souviens, entre autres, de têtes de bébés qui se déformaient hideusement. Un peu comme les personnages de Jérôme Bosch. Il y avait aussi des dragons (nettement plus agréables) et des hommes volant sur un ciel d'un bleu unique, qui était merveilleux. C'était à la fois mouvant et récurrent, comme un cycle.

Heureusement, peu à peu, la peur a cédé la place à la confiance. Confiance dans les médecins, dans ma propre capacité de survie, de guérison. Confiance dans l'avenir ; confiance dans la vie. Finalement, après quinze jours de réa, je suis remonté au deuxième étage, dans le service de chirurgie thoracique du professeur Noirclerc.

L'avenir est maintenant plus dégagé. Les moments de doute s'espacent. Je reprends confiance dans mon corps. Enfin, je reprenais, car depuis lundi, j'ai appris, lors d'une scintigraphie de contrôle, que mon poumon gauche était mal vascularisé. L'artère pulmonaire gauche est, en effet, rétrécie. C'est une sténose et le poumon n'est pas suffisamment irrigué. Une angiographie et un ballon gonflable de sept millimètres de diamètre n'ont visiblement pas suffi à rouvrir suffisamment le passage. L'artère normale fait quatorze millimètres.

Cependant, malgré cela, je me sens en forme. Je me sens fort. J'ai déjà gagné un litre aux EFR. J'ai une saturation de rêve. Mes battements de cœur se sont considérablement ralentis, tombant au-dessous de soixante, par moments. Je me sens bien. Je respire merveilleusement. Comparé à avant, c'est le paradis ! Si je n'avais pas des perfusions en permanence, je piquerais volontiers un cent mètres !

Alors, je ne sais pas. Que vont-ils faire pour remédier à la sténose ? Je crains qu'ils n'opèrent, mais ils n'en ont, visiblement, pas l'intention. Pour l'instant, les médecins ne paraissent pas inquiets. Mon état de santé paraît bon. Demain, je passe ma quatrième biopsie pulmonaire. Elle devrait nous renseigner sur les dommages que crée ma sténose sur mes poumons, sur mon poumon gauche surtout.

Mais la greffe, c'est tout de même merveilleux.

Je regrette Martine. Je pense encore beaucoup à elle. L'autre jour, j'ai eu ses parents au téléphone. Il faut dire que je suis installé dans la chambre que Jean-Jacques a longtemps occupée. Au départ, je recevais ses coups de fil. Comme nous avons pas mal de connaissances en commun, je suis tombé, par hasard, sur les parents de Martine. Ça m'a fait plaisir de les entendre. Ça m'a bouleversé et, en même temps, ça m'a fait du bien. Je me sentais un peu coupable d'avoir survécu. Les entendre m'a soulagé de ce poids. Ils essayent de rester près de leur fille, fidèles à sa mémoire, en prenant des nouvelles de ses anciens amis. Je crois qu'ils ont réellement été heureux pour moi.

On m'a dit aussi que François a accepté de figurer sur la liste d'attente depuis que je suis parti. Mme Piraud, qui est venue me voir, m'a dit que j'avais encouragé François en partant, content, à la greffe. Tant mieux. Rien ne me fait plus plaisir. J'espère profondément que ça marchera pour lui.

Depuis ma greffe, le professeur Noirclerc a greffé, avec succès, une femme relativement âgée. Il a aussi greffé un muco espagnol, nommé José. Mais lui n'a pas eu ma chance. Il était si encombré qu'une fois endormi ses poumons relâchés ont libéré tout leur mucus. Ce qui a provoqué un arrêt cardiaque ou presque. L'équipe de greffe a, immédiatement, lavé les poumons avec une fibroscopie comme j'en faisais avant. Mais l'irréparable était accompli. L'intervention fut difficile et José est mort le surlendemain. Je ne le connaissais pas. J'ai juste vu ses parents, le soir et le lendemain de la greffe.

Cet événement m'a, à nouveau, permis de mieux comprendre ma chance. Ce soir, le professeur Noirclerc greffe le jeune

Steve. Il est de très petite taille. Il a de la chance d'avoir eu un greffon. Bien qu'il ne soit pas parmi mes amis, je lui souhaite bonne chance. A l'heure qu'il est ses poumons doivent prendre l'air d'une façon bien peu orthodoxe.

Jean-Jacques, lui, va mieux. Son rejet est fini, mais lui a définitivement abîmé les poumons. Pour l'instant, il est chez lui. Mais il a besoin d'oxygène et ne supporte pas ça. Il m'a téléphoné dimanche et n'avait pas trop le moral.

J'écris au fur et à mesure que les idées et les mots viennent. C'est très décousu, certes. Mais je n'ai guère le courage d'écrire en ce moment. Je suis souvent las. J'ai une anesthésie générale par semaine. Je ne suis pas revenu au top level psycho-intellectuel, comme l'écrivit, une fois, le docteur Chazalette dans une lettre à Philippe Gondard. D'ailleurs, mon écriture chaotique à l'extrême, presque illisible, en témoigne. Là, j'écris très gros ; je suis plus l'impulsion de ma main que je n'écris avec application.

Une chose est sûre : la greffe est une bien curieuse épreuve où alternent espérance et joie, doute et crainte, avec une rapidité étonnante. La muco était une pathologie du temps. Les passages à vide et les moments de répit duraient des semaines. Là, c'est plus brutal. Ce soir, mon artère me préoccupe. Qui sait ce qui m'inquiétera demain ?

Mais j'ai revu Sophie Lacombe l'autre jour, au réveil de ma première biopsie. C'est elle la première muco à avoir été greffée par Noirclerc. Noirclerc qui, après la mort de José, est venu me voir pour m'expliquer ce qui s'était passé. Il était visiblement bouleversé. Il m'a dit, ça m'a frappé : « Je ne suis pas Dieu. Lorsqu'un pépin arrive pour la première fois, on ne peut pas toujours faire face. Maintenant, nous savons que ce risque existe. Nous allons modifier le protocole de greffe pour que ça n'arrive plus. » Il a répété plusieurs fois : « On n'est pas Dieu. » Il a même précisé : « Heureusement que les premières greffes se sont bien passées, sinon, nous aurions peut-être renoncé. »

La première greffée : Sophie. Justement, ses parents ont dit aux miens de ne jamais se décourager. Que même si des problèmes survenaient, à long terme nous serions gagnants. Alors, je ne vais pas me laisser emmerder par une suture d'artère. Non mais !

Je me suis battu pour tenir jusqu'à la greffe. Je ne vais pas baisser les bras aujourd'hui.

Je me souviens de Stéphanie Gaquant – la seconde greffée – qui avait dit à la télé, dans une émission que je possède encore sur une K7 vidéo : « Le plus dur, c'est l'attente. »

Avec le recul, je pense que c'est sans doute vrai. Cette épée de Damoclès qui, perpétuellement, vous menace, c'est assez fou ! Savoir qu'à tout instant on peut vous appeler à la renaissance comme à la mort donne à chaque acte une intensité rare. Une intensité particulière que j'espère avoir réussi à capter au cours de l'année précédente. A la limite, je me demande si cela vaut le coup de continuer à écrire ce texte. L'histoire serait aussi belle si le texte se terminait par :

« Le lundi 13 mai, Johann Heuchel a été greffé. Il vit, aujourd'hui, dans sa maison de Bosc-le-Hard, avec ses parents. »

Mais bon, je continue le journal, parce que ma vie continue. Mieux, elle reprend. Parce qu'il reste encore des amis qui attendent la greffe : Sonia, François, Benoît, Frédéric (qui est revenu à Giens et pour qui la greffe devient urgente). Et puis les autres. Ceux qui ne tiendront pas jusqu'au jour où les scientifiques guériront la muco et qui, à mon avis, seront obligés d'en passer par là : Lætitia. Hervé. Juliette ? Non, peut-être pas Juliette.

Malgré ma greffe, qui signifie, à plus ou moins long terme, l'arrêt de ma fréquentation du Coty, je pense beaucoup à elle. Je crois que je suis passé à côté de quelque chose de beau et de fort. Mais, peut-être que je me berce d'illusions. Malgré tout, je repense à cette lettre que je voudrais lui écrire pour lui montrer mon point de vue sur ses copains. Eux, je ne les regretterai pas.

Par contre, une chose m'apparaît déjà comme une corvée. C'est d'avoir à supporter mes parents continuellement. Je m'étais fait au break de Giens. J'ai peur qu'à la longue ils m'ennuient, pire, qu'ils m'énervent. Séparément, ça va très bien. Mais, ensemble, ils me crispent. Il faut dire qu'à trois, dans une chambre de petite taille, quand on est fatigué et qu'on reste là toute la journée, le moindre fait irritant prend des proportions gargantuesques. A la maison, j'aurai Joséphine. Je reprendrai l'école. Ça ne sera pas comme avant où je restais tout le temps à la maison avec eux le week-end. J'aurai plus d'autonomie, ce qui devrait rendre les choses supportables et même agréables.

Voilà, jetées pêle-mêle, quelques-unes de mes réflexions de greffé. Maintenant, dans l'hôpital, je ne suis plus le « muco », mais le « greffé ».

Nouvelle étiquette. Je l'accepte. Je la chéris. J'espère qu'elle ne va pas me couper des autres mucos. De ceux que j'aime et estime, car, comme je l'ai écrit à Sonia : « J'ai rencontré en deux ans plus de gens de valeur que dans mes dix-huit autres années. » J'ai vu et vécu l'exceptionnel. L'oscillation a pris fin. J'ai atteint un premier but. Maintenant, reste à réussir une vie qui peut devenir exaltante. Reste à ne pas gâcher ma chance. Le docteur Chazalette qui « m'a à la bonne » a dit à mes parents que je ferai de grandes choses. J'aimerais qu'il ait raison.

Car, après tout, pourquoi moi ? Pourquoi ai-je survécu ?

Plusieurs personnes m'ont dit que j'étais courageux et volontaire. A force de me passer « la brosse à reluire », je finis par le croire. Alors, Johann Heuchel, qu'est-ce que tu vas faire ?

Vivre !

le 18.6.91 – mardi, minuit moins cinq

Je suis encore à Marseille. L'opération date de trente-cinq jours.

Aujourd'hui, j'ai failli partir à Giens. Les médecins ont donné leur accord. Je suis sortant. Mais le hasard a fait que je reste ici jusqu'à samedi. A Giens, les chambres de post-greffe ne sont pas encore décontaminées après le départ de Christophe et de Gilles.

Jean-Jacques est aussi de retour à Giens, après une courte semaine passée chez lui. Il fait un rejet chronique. Les médecins disent qu'il va, peu à peu, récupérer. Après quatre mois de traitement anti-rejet, son rejet était fini. C'est ce qu'a révélé la dernière biopsie. Mais Jean-Jacques n'y croit pas. Il est fatigué. Il est sous trois litres d'O_2. Il en a marre et n'a plus le moral. Il pense à une seconde greffe et a visiblement perdu le feu sacré. Il subit la greffe. Lui qui l'a tant souhaitée ! Plus personne ne sait trop quoi lui dire pour lui redonner le moral. Moi le premier.

C'est terrible ! On ose à peine l'appeler en pensant au calvaire que sera la conversation. Jean-Jacques en a marre. Depuis fin janvier 1990, il a passé environ trois mois chez lui. Trois mois sur dix-huit !

J'ai eu plus de chance. Après trente-cinq jours, il était encore en réa, alors que moi, je suis sortant. Pourtant le pneumologue du service m'a averti : ma sténose partielle présente un risque : mon poumon est ventilé, il respire, mais il est mal vascularisé. Résultat : en cas d'infection, les perfusions comme les antibiotiques seraient peu efficaces sur ce poumon gauche. Si ce poumon s'infectait trop, la seule solution serait l'ablation dudit poumon. Une nouvelle opération pulmonaire. Ma seconde lobectomie ! Ah ! Super ! C'qu'on rigole !

Bon, maintenant que je connais le danger, je vais veiller sur ce poumon comme une mère sur son fils. C'est marrant, avant la greffe, c'était mon poumon droit qui merdait. Maintenant, c'est le gauche. Comme dit la chanson : « Vivre et mourir en alternance, vivre et mourir en abondance… »

Quand j'ai appris ça, j'ai pâli. C'est ce que m'a dit ma mère.

Honnêtement, j'espère éviter ça. Du coup, j'ai hâte que les deux mois passent pour avoir mon angiographie. Tant qu'à faire…

La semaine dernière, un jeune muco de 10 ans du nom de John (le nom m'a choqué tout de suite) a subi une triple greffe « cœur-poumons-foie » à Paris. D'après *Paris-Match* (qui se délecte de la saga des greffes sur les p'tits mucos), c'est le cinquième au monde à vivre ainsi. Si Fred garde son cœur, il restera une première mondiale ! Ces deux derniers jours, Benoît est venu faire la réactualisation de son bilan. Je l'ai vu un peu, mais nous étions chacun pris de notre côté. Et comme il n'est pas très bavard, on n'a pas trop discuté. Mis à part de la greffe, éternel sujet. D'une actualité brûlante, ces jours-ci.

Il paraît que François commence à être vraiment fatigué. Il est temps pour lui d'être greffé. Ça devient urgent. Sinon, il risque d'aborder la greffe vraiment très fatigué. Il est sous antibiotico-dépendance totale. Je pense beaucoup à mes amis de Giens. Ils sont si géniaux. J'aimerais tellement que tous s'en tirent. Je ne me sens pas de revivre un deuil comme celui de Martine.

Le pire, c'est que moi qui suis maintenant greffé, je me sens un peu gêné vis-à-vis d'eux. Tous, nous savons bien qu'en l'état actuel des choses, la greffe est la seule porte de sortie. Mais, c'est dur de vanter cette opération quand on pense que celui, ou celle, à qui l'on parle risque d'y laisser sa vie. Pourtant, c'est sûr, il n'y a pas à tergiverser.

Autre sujet de tergiversation : Juliette. Décidément, je n'arrête pas de penser à elle. L'autre nuit, j'ai rêvé qu'elle était chez mes grands-parents avec d'autres mucos. A un moment, on se retrouvait seuls et je lui racontais mes errances amoureuses. Dans le rêve, ça la surprenait beaucoup, mais j'arrivais à lui dire ce que j'avais sur le cœur. En fait, je regrette de n'avoir rien tenté, mais je sais pertinemment que je n'aurais jamais osé. Je ne voulais pas faire un mauvais remake de l'histoire entre Læti et Jean-Jacques. Et puis, avant la greffe, je n'étais pas sûr de moi. J'ai souvent pensé à ce qui aurait pu se passer si Jean-Jacques était mort à la greffe. Je ne voulais pas prendre un tel risque. Et puis, je suis sûr que Juliette cherche quelqu'un de « normal » pour sortir avec. Elle aurait du mal à assumer deux maladies. Enfin, je crois.

Maintenant que je suis greffé, il vaut mieux pour moi penser à chercher aussi une fille « normale ». Mais je n'arrive pas à oublier les moments de complicité que j'ai eus avec elle. Des moments où je me sentais proche d'elle. Si proche. A force, j'ai rédigé une lettre où je lui explique tout ça. Dans la lettre je lui fais comprendre ce que j'éprouve (ou éprouvais) pour elle.

Mais, surtout, j'essaye de la persuader d'arrêter de vivre comme vivent les mucos-bourrés. Elle court à la mort. La mort de la joie de vivre d'abord. J'en suis convaincu. Cette façon de vouloir faire la fête à tout crin, c'est sombrer définitivement.

L'alcool à ce niveau, ça devient pathologique. C'est comme une béquille dont ils ont besoin pour avancer dans la vie (c'est pas très neuf comme formule, mais c'est bien adapté).

Le problème, c'est qu'elle est fêlée cette béquille !

Le problème, c'est que ce n'est pas une façon de vivre.

Si Martine avait vécu, elle n'aurait pas noyé un deuil dans l'alcool. Parce que la vie peut être belle, même avec la muco. Surtout avec elle. La muco donne à la vie une intensité, une force particulière. On en connaît la valeur, le prix, de cette vie. Que Juliette la gâche, ça me gêne. Parce que je l'aime quelque part. J'en suis accro d'une certaine façon.

Pourtant, pour elle, comme pour moi, il vaut sans doute mieux que les choses en restent là. Alors, j'ai écrit une lettre assez fracassante ? L'enverrai-je ?

Je ne sais pas. Je voudrais ouvrir les yeux à Juliette. Mais, à quoi bon rouvrir des blessures à peine cicatrisées, et une lettre peut être mal comprise, mal interprétée. Ai-je le droit de la juger, de vouloir la changer ? Après tout, elle est majeure et vaccinée. Je ne sais. Par moments, je me dis qu'elle va comprendre. Que c'est presque un devoir de lui dire, au moins une fois, la vérité (ma vérité) en face pour qu'elle puisse juger par elle-même. A d'autres, je pense qu'elle va me trouver ridicule, vieux jeu, chiant, donneur de leçons, moraliste, prétentieux et con. Les pensées intimes des autres sont probablement à mille lieues de ce qu'on imagine.

Tout cela fait beaucoup de questions et peu de réponses !

le 22.6.91 – samedi, 10 h 30

Je suis de nouveau à Giens, quarante jours après ma greffe. Je suis revenu dans ce lieu où j'ai vécu tant de choses exceptionnelles.

Je suis au 3 Centre, secteur post-greffe. De l'autre côté du couloir, Jean-Jacques dort dans sa chambre. Il repart demain à Marseille pour passer de nouveaux examens. Il semble fermement décidé à se faire regreffer. J'ai l'impression que ça lui redonne un peu le moral de penser à une autre greffe, comme la première fois où la pensée de la greffe l'avait aidé à tenir, malgré des poumons lamentables.

A Giens, j'ai revu Fred et François qui semblent en forme. Benoît, lui, est reparti hier.

Mais la surprise – que dis-je ? le choc – a été de revoir Juliette ! Moi qui n'arrêtais pas de penser à elle...

A mon arrivée au Coty, j'ai vu, discutant sur le balcon, François, Juliette et Jean-Jacques. Ce sont eux qui m'ont accueilli. Superbe comité d'accueil !

Juliette. Elle vient de finir son Bac écrit et est descendue aussitôt pour faire des perfusions, qu'elle va interrompre une journée pour passer l'oral. Elle a l'air fatiguée. Mais, elle et moi, avons parlé longuement comme au bon vieux temps. Heureusement que j'étais masqué ! C'est plus facile pour dissimuler quand on rougit ou qu'on se mord les lèvres pour ne pas dire trop vite des paroles lourdes de conséquences. Oui, Juliette m'émeut décidément beaucoup. Elle m'a raconté comment elle avait pris de mes nouvelles et suivi, par l'intermédiaire de Jean-Jacques et de Lætitia, mon rétablissement.

Elle est fatiguée tout de même. Comme Lætitia, elle refuse la greffe. C'est son droit le plus strict. On a discuté de choses banales (la santé, les études, son prochain déménagement), mais je l'ai, à nouveau, sentie proche de moi. J'aurais aimé pouvoir, au moins, lui faire la bise, mais ce masque de chirurgien, qui fait partie de ma tenue vestimentaire quotidienne ici, m'en empêchait !

Je ne lui enverrai pas de lettre. Je ne la lui donnerai pas non plus. Elle est trop catégorique, trop définitive, et va me brouiller avec les mucos-bourrés. Ce n'est pas la peine.

Je vais, par contre, essayer de lui faire comprendre ma pensée. Lui dire qu'on s'est un peu éloignés l'un de l'autre et que je le regrette. Lui dire, aussi, de profiter de la vie, autrement qu'un verre à la main. Mais ce sera dur. Pourtant, cette fois, il faut que je lui en parle. Après, les juillettistes seront là et elle risque de s'éloigner, à nouveau.

Être ici est, à la fois, très agréable et très décevant. Je suis à Giens, en terre connue, presque chez moi si l'on compare le temps passé ici et à Bosc depuis un an. Et pourtant, je dois m'isoler au 3.

Au 2 : François, Fred, Juliette, Catherine (qui est sympa aussi) et Didier (un copain de Fred) sont ensemble. Et moi, je croupis ici. Seul.

Ce n'est pas la solitude qui est dure à supporter. C'est l'idée que l'on peut la rompre en faisant trois pas ; que, physiquement, rien ne vous en empêche. Mais en sachant que, si l'on fait ça, on risque, après un délai d'incubation, d'être infecté.

Être près des gens que l'on aime et ne pas pouvoir partager leur amitié, ça c'est terrible. Pire que la solitude marseillaise.

le 25. 6. 91 – mardi, 22 h 30

Le Coty, vu sous l'angle de la post-greffe, est assez frustrant. Savoir mes amis tout près sans pouvoir leur parler et sans pouvoir me mêler à eux. Je dois porter un masque pour ne pas être contaminé. Je me sens bête avec ça sur la tronche. Pourtant, il faut le garder et je le ferai quoi qu'ils disent, quoi que je ressente. D'ailleurs, les gens que je compte parmi mes amis ne m'ont rien fait remarquer.

J'ai redécouvert Juliette. La Juliette, celle dont je suis tombé amoureux en février 90. Je la croyais égarée, devenue une fille un peu bête, ne pensant qu'à rire. J'avais tort. Elle est restée sensible et douce. Elle a encore les mêmes valeurs que moi, les mêmes idées que moi sur la vie. Elle sait son prix. Simplement, quand elle est avec les autres, elle profite de la vie d'une façon un peu plus excentrique que moi. Et encore, ce n'est même pas vraiment ça. Quand on est seuls tous les deux, je la redécouvre comme il y a dix-huit mois. Je n'ai rien dit. Lui dire quoi ?

« Juliette, je t'aime. Je n'ai pas osé te le dire avant, mais maintenant que la greffe nous sépare, je le fais. » Ça serait ridicule... D'ailleurs, je n'oserai probablement jamais. « Je ne sais pas parler aux filles », comme on dit. Je suis un handicapé des relations amoureuses. Et puis, pour tout un tas de raisons dont j'ai déjà parlé, il vaut mieux que je me taise.

Bref, je me torture à loisir en pensant à elle, en discutant avec elle et en taisant tout cela.

Ici, je redécouvre les autres. Les relations changent avec la greffe. Il y a ceux qui viennent vous voir avec un grand sourire en vous disant : « Ça me fait drôlement plaisir de te voir comme ça. »

Généralement, ce sont les mêmes qui n'ont montré qu'indifférence polie à mon égard avant ma greffe. Ou qui, pire, semblaient se contre-foutre de la mort d'autres malades. Bref, une belle bande de sales hypocrites (ce sont surtout les femmes qui ont ce comportement).

Il y a les autres, les amis, qui se passent de tout commentaire, parce que, dans ces cas-là, ça se suffit à lui-même.

Il y a ceux qui vous parlent, tranquillement, sans la mettre en avant dès qu'ils vous voient, de leur joie de me savoir greffé et en bonne santé. Ce ne sont pas toujours ceux que l'on croit. Ce sont des moments rares où je me rends compte que, pour certains, je suis quelqu'un de valable. Ça fait toujours plaisir.

Ainsi, ce soir, je suis descendu sur la galerie, au 2. J'allais voir François. Comme je me sentais un peu sot de descendre comme ça, j'ai pris le prétexte d'amener des BD.

Attitude qui est assez péjorative, vu qu'elle donne peut-être l'impression que je descends pour un objet (même si c'est moi qui l'apporte) et non pour les gens. Enfin, bref. J'arrive devant l'office où François, une infirmière et Valérie discutaient. J'arrive et Valérie dit : « Voilà un greffon qui se balade. »

Je fus, comme qui dirait, assez vexé. Enfin, c'est une spécialiste. Un soir, lors d'un repas important avec un délégué de l'AFLM*, elle avait déliré avec Stéphane Zanna sur l'AMG

---

* Association française de lutte contre la mucoviscidose.

(Association des mucos greffés). Elle aurait même prévu l'adhésion à titre posthume. Ça avait choqué Hervé, Sonia et Rabbah. Moi non, mais là je ne l'ai pas trop appréciée. Cette fille est capable du pire, pourtant, parfois, elle sait être agréable.

Toujours est-il qu'après une conversation pénible (François ne voulant visiblement pas vexer Valérie en partant) et longue, je suis remonté au 3.

Là, je suis tombé sur Ludivine. Je n'ai pas parlé d'elle dans ce journal. Elle a environ 16 ans et fait partie d'une équipe de filles encore un peu enfantines à côté de Sonia. Elle a la réputation de draguer tout ce qui bouge (même moi, il y a un an), ce qui n'est pas trop pour me plaire.

Mais, ce soir, elle m'a parlé avec tant de gentillesse et de sincérité que je me suis senti obligé d'en parler ici. Ludivine est douce et sympathique. Elle sort avcc Didier, le copain de Frédéric. Enfin, là n'est pas la question. En ce qui me concerne, j'ai revu, ce soir, mon jugement sur elle.

D'ailleurs, je me suis souvenu du mois de février 90. Particulièrement du 15 (ou 16 ?) février. Le jour de la mort de Christophe. Elle était bouleversée, comme nous tous. Elle était venue me voir, m'avait pris dans ses bras. On était restés un moment dans les bras l'un de l'autre, terrassés par la proximité de la mort.

Elle m'avait dit de m'accrocher, que je ne devais jamais « partir » comme ça. Je ne m'en étais pas souvenu depuis. Il y a des gens comme ça. Que l'on voit de temps en temps, avec qui l'on n'a pas toujours beaucoup discuté, mais qui nous sont chers.

Viva la vie !

le 26. 6. 91 – mercredi, 10 heures

Aujourd'hui, j'ai changé de chambre. Je suis maintenant du côté mer. Cela a ses avantages et ses inconvénients qu'il est inutile, ici, de détailler.

Aujourd'hui, je suis allé à Hyères, en permission, avec mes deux parents : Yannick est revenu hier.

C'est bizarre les choses que je consigne dans ce journal. Depuis la greffe, pas un mot sur mes parents et, depuis quelques jours, mes errances amoureuses ont pris le pas sur la greffe, sur la santé de mes amis. Non, simplement, ce sont des choses établies, stables. Je veux dire que le fait que mon père soit revenu me voir ne m'est pas indifférent, simplement c'est dans l'ordre des choses. Cela ne pose pas de problème, ni ne crée d'incertitude. Or, ce journal est, après l'histoire d'une oscillation, l'histoire de mes nouvelles incertitudes.

De même François, Fred, Sonia, Benoît attendent leur tour pour la greffe. Tous les quatre attendent, mais sont décidés (pour autant que je puisse en juger). Là aussi, donc, il n'y a pas de doute (hormis celui de la réussite de la greffe) sur leur volonté.

Par contre, l'attitude à adopter avec Juliette me plonge dans un trouble sans fin. Il faut dire que j'aime à ressasser cette question. J'y trouve une forme de rêverie éveillée fort agréable. Depuis la greffe, la recherche de l'âme sœur devient de plus en plus importante pour moi. C'est le printemps. Les grands singes sont en rut !

Et moi, qui sens maintenant l'avenir à portée de main, je commence à ressentir cruellement ce manque. Il me faut trouver ma moitié.

J'avais besoin, pour vivre physiquement, d'une rencontre avec ma moitié biologique. Avec quelqu'un qui serait comme une copie (la plus parfaite possible) de ma chair.

Pour vivre émotionnellement, j'ai besoin de ma moitié spirituelle. Avec quelqu'un qui soit comme un complément de mon âme.

Avant la greffe, je pensais trouver cette partie chez moi, parmi les filles de mon lycée. A un moment, j'ai bien rêvé réussir à faire part à Juliette de mon désir. A l'époque, je pensais, instruit par l'exemple de Jean-Jacques et Lætitia, que cela serait possible. Que, même une fois greffé, je ne risquerais rien. Mais aujourd'hui, je n'en suis plus très sûr. Leur amour est fabuleux et très fort pour avoir ainsi résisté à l'usure du temps. Mais j'ai bien peur que cela finisse en tragédie. Jean-Jacques est reparti à Marseille. D'après la kiné d'ici, ils vont, finalement, le regreffer. J'espère que ça marchera. Mais j'ai peur. Jean-Jacques a trop enduré ! Le feu sacré qui l'animait ne fait plus que rarement surface. Il est moralement à bout. Usé par une année d'hôpital. Il a eu tant de problèmes la première fois ! J'espère que cette nouvelle attente (si elle se confirme) lui redonnera espoir dans la greffe, comme il l'avait avant.

« Je me suis fait greffer une année trop tôt », m'a-t-il dit l'autre jour. C'est terrible, parce que je crois qu'il a raison. Il a tellement désiré la greffe, tellement fantasmé sur « l'après », qu'il n'en est tombé que de plus haut. Et Lætitia commence à sérieusement souffrir de tout ça.

Jean-Jacques a son caractère, pas toujours facile ; elle a ses problèmes. L'autre soir, elle m'a téléphoné. J'étais encore à Marseille. Elle a eu des propos très durs. Je pense que c'était un coup de blues passager. Mais, néanmoins, elle a raison ; elle ne peut pas tout assumer : sa propre maladie, la maladie de Jean-Jacques et sa déprime. J'espère que ça l'a soulagée de me dire tout ça. En tout cas, cette fille est formidable. Elle est d'une force rare, qu'elle-même ne se connaissait sans doute pas, et dont elle ne se rend peut-être même pas compte.

Maintenant que je suis greffé et que je vais revenir à la vie sociale scolaire, j'ai l'impression que tous vont me sembler fades, creux, insignifiants, gamins, nunuches ou orgueilleux.

Quand on a connu des filles de la trempe de Martine, beaucoup d'autres ne soutiennent pas la comparaison.

J'ai un peu l'impression de découvrir les qualités des gens quand il est trop tard. Martine est morte. Lætitia est avec Jean-Jacques. Sonia avec Hervé. Attention, loin de moi l'idée d'aller chercher du côté de Læti ou de Soso. Non, jamais. J'ai trop de respect pour elles. Si elles ont choisi quelqu'un, jamais je ne m'y opposerai. D'ailleurs, je n'avais absolument pas décelé cette grandeur d'âme chez Læti avant qu'elle ne soit avec Jean-

Jacques. Par contre, en ce qui concerne Sonia, j'envie Hervé. Mais là aussi, je n'ai rien fait. Et tant mieux.

Voilà, ce soir encore, je ressasse les mêmes histoires. Ce journal ressemble de plus en plus aux « non-aventures amoureuses de Johann Heuchel » et de moins en moins à ce qu'il devrait être : un témoignage de mon état d'esprit face à la maladie.

C'est fou de voir à quelle vitesse le corps humain récupère. Je me sens de mieux en mieux chaque jour. Demain, je ferai du vélo, du vrai. Ce soir, j'ai même fait quelques foulées en courant. Et le pire, c'est que cela me semble naturel. J'ai déjà oublié (mon corps a déjà oublié, pas mon esprit) les sensations qu'engendrent la mucoviscidose et des poumons remplis de pus.

Ce samedi, le docteur Chazalette nous a conviés, mes parents et moi, à assister à une conférence sur le don d'organe. Nous avons accepté. Si j'ai la parole, il faudra que j'insiste là-dessus. Car, plus le temps passera, plus il me semblera naturel de respirer à pleins poumons et moins je pourrai apprécier la valeur de la greffe.

Je suis prêt à parier que Stéphanie l'a déjà oublié.

Je suis sûr que François rêve du jour où il l'oubliera.

le 5. 7. 91 – vendredi, 23 h 20

Beaucoup de jours ont passé qui continuent à constituer ces années sandwiches de ma vie.

D'abord les détails purement matériels.

J'ai raté la réunion sur les dons d'organes. J'avais de la fièvre. Je suis retourné à Marseille pour le bilan de six semaines. Mon poumon gauche est un peu vascularisé, mais il ne travaille pas. Il n'y a pas d'échange gazeux. Malgré mes deux litres huit de capacité vitale aux EFR, je ne respire que sur un poumon. Mais ça va. Autre problème : une éventuelle ablation de polypes. En elle-même, l'intervention m'indiffère. L'anesthésie ne sera pas plus longue qu'une biopsie. J'espère juste qu'ils ne repousseront pas régulièrement. Je retourne mercredi prochain à la Timone pour faire un scanner des sinus afin de voir ce qu'il en est exactement.

L'essentiel, maintenant. (Pas mal cette phrase : ça ferait un bon titre à ce journal.)

Jean-Jacques semble reprendre un peu du poil de la bête ! Son moral semble remonter. J'ai l'impression qu'il met ses dernières forces à attendre cette seconde greffe.

Je l'ai un peu évité lors de mon séjour à Marseille. J'avais peur de son CMV, c'est vrai, mais, surtout, j'avais peur de son moral. J'avais l'impression qu'il pouvait m'emmener avec lui dans la maladie. Sensation très désagréable pour deux raisons : d'abord parce qu'elle est stupide et irrationnelle. C'est un peu comme une superstition. Ensuite, parce que j'avais l'impression de le trahir. Je crois qu'il m'en a un peu voulu de ne pas être allé le voir, même si, le dernier jour, au téléphone, on a bien discuté.

François, lui, est parti ce soir, chez ses parents pour quelques jours. Il est parti avec perfusions et respirateur, mais il va voir autre chose que le Coty.

Lætitia est arrivée hier. Elle est hospitalisée au 2. Nous ne nous étions qu'entrevus hier. Ce soir, nous avons discuté pendant deux heures, à la belle étoile, sur le balcon. C'était très agréable. Un moment rare. Vrai et authentique. Lætitia me ressemble. Elle a les mêmes aspirations et les mêmes jugements que moi sur la vie, l'amitié… Bien sûr, on n'est pas d'accord sur tout, mais sur l'essentiel on l'est.

Elle m'a parlé de Jean-Jacques bien sûr. Elle se sent coupable de ce qui lui arrive. A-t-elle tort ? A-t-elle raison ? Je ne sais. Quoi qu'il en soit, moi, je me protège avec le masque. Alors, évidemment, elle se pose des questions. Elle se sent responsable de ce qui arrive à Jean-Jacques.

Ça me désole. Elle m'a dit et m'a fait comprendre qu'elle aimerait que je le répète à Jean-Jacques : elle m'a donc dit qu'après la seconde greffe elle le quitterait. Elle va se sacrifier pour lui, pour qu'il vive une vie normale… Je n'ai pas trop su quoi dire, si ce n'est que sa présence avait aidé Jean-Jacques.

Au moins sur le plan moral. Pauvre Lætitia. Ce n'est pas simple pour elle. Et que fera-t-elle après ?

On a beaucoup parlé. Des jours passés, de Martine, de ma greffe, de nos vies, de notre avenir, de l'avenir de nos relations. Moi qui ne reviendrai pas ici. On s'est rencontrés. On s'est connus. On se croise. Puis la vie nous éloigne…

« Dommage. »

Ce sont ses propres termes.

On a repensé à un projet un peu fou qu'on avait vaguement ébauché : partir en Italie en vacances avec elle, Jean-Jacques, Hervé, Martine, Stéphane et moi.

Ça ne se fera jamais.

Mais j'espère bien organiser un jour quelque chose de similaire.

Demain, Stéphane doit passer me voir. Je ne l'ai pas revu depuis septembre. Ça me fait vachement plaisir de le revoir. Il arrive demain de bonne heure et ne restera pas. Il faut que je sois concis pour dormir le plus vite possible.

Deux dernières choses : dimanche soir, à 10 h 20, l'avion en provenance de Paris atterrira avec, à son bord, Law et Aude, qui, sous le nom d'Akowod, vient de trouver un bon pseudonyme. Elles resteront quinze jours. Quinze jours de rêve après ces longs mois difficiles.

Mais il ne faudra pas abandonner les autres pour autant : François, Læti…

Law a eu son bac. Comme Sonia et Juliette. Je suis très heureux pour Sonia. Elle le méritait plus que toute autre. Juliette a enfin eu le sien. Tant mieux. J'espère qu'elle en fera quelque chose. Aujourd'hui, elle m'a semblé plus superficielle que l'autre fois, mais elle était avec Florence. Elle est différente quand elle est seule.

Comment se fait-il qu'elle ne voie pas ce qui crève les yeux ? Comment se fait-il qu'elle s'arrête parfois à des trucs si insignifiants ? Lætitia, elle, comprend. Elle analyse les choses comme moi. La muco lui a vraiment tout pris. Même si, paradoxalement, elle lui a donné Jean-Jacques.

le 6. 7. 91 – samedi, 23 h 20

Rien que pour avoir vécu cette journée, je suis heureux d'avoir été greffé et d'avoir résisté. Il n'est pas si tard, mais je suis vanné. Je reviendrai bientôt sur cette journée tant attendue : celle du retour d'Estevan Nadamas.

En attendant, je m'endors avec des tas de souvenirs et d'éclats de rire dans la tête.

le 7. 7. 91 – dimanche, 22 h 25

Cela doit faire cinq à dix minutes que Laurence et Aude ont atterri à Hyères – aéroport de Toulon –, Côte d'Azur. Pourtant, ce n'est pas ce soir ma préoccupation.

Ma préoccupation, c'est Lætitia. J'ai encore discuté avec elle, ce soir. De 8 à 10 heures.

Elle est mal dans sa peau, mal avec Jean-Jacques. Elle broie du noir. Et ça me fait de la peine. D'autant plus que je ne sais pas quoi faire pour lui remonter le moral. Je n'ai jamais eu l'impression d'être très doué pour ça. Son spleen est réel. Elle ne joue pas la comédie ; rien à voir avec ces gens qui font une montagne d'un rien. Elle n'est pas bien dans sa peau, n'arrive pas à accepter sa maladie, ne se reconnaît pas dans les autres (remarque, moi non plus). Elle ne supporte pas sa marginalité. Elle a 23 ans et devrait se prendre en charge, lui dit-on. Comment ne pas comprendre que, lorsque faire un pas est un effort, aller chercher ne serait-ce que le sel dans la pièce voisine est une souffrance.

Se « prendre en charge », c'est facile quand on respire. Et puis elle se prend déjà vachement en charge vis-à-vis de sa santé. Quand on est fatigué, que l'on ait 30, 50 ou 70 ans, ou 23, c'est trop dur. D'ailleurs, si elle le pouvait, elle le ferait.

Comme moi, qui suis trop heureux pour me faire servir. Il y a du plaisir à faire les gestes du quotidien sans s'épuiser.

Jean-Jacques, dont elle est amoureuse, lui demande beaucoup. Il ne se préoccupe plus que de lui, dit-elle. Je ne pense pas qu'elle exagère. Elle n'en peut plus de jouer à « tout va bien – je remonte le moral aux autres ». En plus, elle est lucide et pas bête. Elle est fatiguée. La mucoviscidose la ronge. Elle commence à envisager la greffe. Mais, à contrecœur. Elle a encore un long parcours à faire avant de la désirer réellement et d'être prête.

Lætitia. La vie n'est pas simple pour elle.

C'est dur à entendre et à dire, mais je la vois se débattre dans toutes ces inquiétudes et j'ai vraiment l'impression que, pour elle, tout est noir. Il y a peut-être un peu de lumière, mais elle n'éclaire pas fort !

Stéphane, hier, lui a dit : « Il faut donner sans rien attendre en retour. » Dans ce genre de discussion, il est toujours radical.

Il serait pourtant temps de lui donner quelque chose en retour. Elle paraît si triste. Mais que faire ? Que dire ?

Être présent, c'est – je crois – déjà un début.

Dans un mois je partirai, ensuite je ne la reverrai plus qu'épisodiquement. Peut-être pas avant une ou plusieurs années. Peut-être jamais. Il ne faut pas que, emporté par ma joie de revoir Laurence et Aude, je l'oublie. Je le jure dans ce texte : il faudra que je prenne le temps de la voir. D'abord, ça me fera plaisir.

Je ne joue pas au petit scout qui fait sa B. A. J'ai une amie formidable et je voudrais la voir au maximum, sans vexer personne, avant de partir.

J'espère ne pas la trahir en écrivant tout cela. Peut-être ne souhaite-t-elle pas qu'il y ait de trace de nos conversations. Mais, si j'écris, ce n'est pas pour nuire ou blesser. C'est pour mettre au clair mes idées. Les trier et les ordonner. Les reformuler serait plus juste.

Si j'écris, c'est parce que le trouble que Lætitia a provoqué en moi est trop fort pour rester au stade de simple pensée.

Du coup, je n'ai plus guère envie de m'étendre sur la journée d'hier. J'ai de la chance. Je croyais, j'ai cru être quelqu'un que la vie n'avait pas ménagé. J'en tirais même vanité, un certain orgueil ! Dans le genre : « Moi, j'en chie et je continue ! ! ! »

Foutaise. J'en ai réellement chié deux ou trois fois, peut-être quatre. Pas plus. Ma survie a toujours été mon seul problème. L'amour de mes parents m'est acquis, celui de mes proches aussi. Ce n'est pas un amour aussi passionné que celui qui unit Jean-Jacques et Lætitia, mais c'est un amour infiniment plus simple, plus facile, plus acquis.

Stéphane a parlé à Lætitia hier. Il a peut-être été meilleur que moi. Lui aussi a eu des problèmes, mais il les a surmontés grâce à une hargne assez phénoménale. Une hargne qui n'a d'égales que sa sensibilité et sa gentillesse. S'il était là, il protesterait sûrement, argumentant, expliquant que, non, il n'est pas « gentil ». Mais, quoi qu'il en pense, il l'est ! Dommage pour lui. C'est sa double identité, ses deux « moi » : Capt'ain Mickey et Estevan Nadamas.

Hier, nous avons discuté, ri, parlé de choses sérieuses ou futiles. Bref, on a vécu. Il m'a laissé un tee-shirt sur lequel il a dessiné mon double épistolaire : le « docteur vieux rat ». Il m'a aussi laissé deux livres : les Œuvres complètes de Rimbaud et *Démons et Merveilles* de Lovecraft. Ce sont des « collectors ». Ce sont ses propres volumes. De même, il a laissé à Lætitia son livre « coup de cœur du moment ». Cela s'appelle *Lettre à un jeune poète* d'un dénommé Litz ou Critz, ou quelque chose de ce genre... Il est vraiment génial comme type ! Aujourd'hui, après simplement quelques heures passées avec lui, il m'a manqué.

Il y a des gens comme ça, que l'on rencontre juste quelques heures et qui vous manquent à jamais.

Martine en faisait partie.

le 12.7.91 – vendredi, 11 h 10 du soir

Depuis lundi matin Law et Akowod sont à Giens. J'ai partagé du mieux que j'ai pu mon temps entre elles, mon père et mes amis du 2 Est. Je suis bien content de les revoir, elles aussi. Mais quand je pense qu'après les examens du 29 juillet, je quitterai presque pour toujours mes amis du Coty, je ne peux m'empêcher de « regretter » de ne pas les voir plus. Je veux dire que mes cousines et moi avons la vie devant nous.

Et combien de temps me reste-t-il avec les autres ? Frédéric, Lætitia, François... ?

Lætitia est partie aujourd'hui faire des perfs chez elle, pour encore dix jours. Elle sature. Elle souffre et ça me fait de la peine.

Je crois bien qu'en d'autres circonstances j'aurais pu être amoureux d'elle. D'ailleurs, ne le suis-je pas un peu ?

La vie est cruelle. Je ne voudrais pas me séparer d'elle et des autres. Mais, pourtant, la greffe a créé une distance entre nous.

Aujourd'hui, j'ai aussi revu la bachelière de l'année : Sonia. Elle est en vacances dans la région, avec ses parents, et vient au Coty faire ses séances de kiné. Elle semblait assez en forme, même si elle m'a dit être fatiguée. J'espère que je pourrai discuter avec elle, mais ce ne sera pas facile.

J'allais voir Lætitia le soir, après le départ de Laurence et Aude. Là, Sonia ne sera là qu'en même temps que mes cousines.

Quant à Juliette, elle est en hôpital de jour depuis mon retour à Marseille. Je ne fais que la croiser de temps à autre.

François est toujours chez lui. Il doit revenir lundi. Renée m'a dit que les médecins voulaient qu'il attende sa greffe à Marseille. Il semble avoir repris du poil de la bête pourtant, mais ses résultats sont « catastrophiques ».

Que Noirclerc revienne vite ! Qu'il le greffe ! Qu'il regreffe Jean-Jacques ! Qu'il les greffe tous ! Tous ceux que j'aime. Lætitia me fait peur. Elle refuse la greffe et les examens. Pourtant, elle en aurait besoin. J'espère, de tout cœur, qu'elle pourra s'en passer, mais j'en doute !

Sur la liste d'attente, mes meilleurs amis.

Mis à part Stéphane.

A côté d'eux, Laurence et Aude sont rassurantes. Elles, au moins, quand je leur parle, je ne pense pas : seront-elles là dans un an ?

Je me souviens du voyage en Corse.

A la fin du séjour, il y a eu une réunion pour que chacun dise ce qu'il pensait de ce séjour. Quand mon tour est arrivé, j'ai dit (après avoir mis les pieds dans le plat avec les mucos-bourrés) en plaisantant : « Si je suis encore là l'année prochaine, je reviendrai. » Martine était à côté de moi, ainsi que Juliette. Elles ont dit, un peu agacées : « Johann, pas d'humour noir ! »

Un an après, c'est Martine qui manque à l'appel. Je ne veux plus connaître ça ! Aujourd'hui, Mme Piraud, la psychologue du service, m'a dit que, dans la vie, il ne faut jamais dire jamais. J'aimerais tant que ce soit faux. A chaque fois que j'écris, que je me penche sur mes souvenirs, je reviens sur cette blessure encore vive.

L'inquiétude ne finira donc jamais ?

le 17. 7. 91 – mercredi, 11 h 10

Je viens de prendre ma Cyclosporine, la pièce maîtresse du traitement anti-rejet.

Il y a déjà quelques jours de cela, le 13 juillet au soir pour être précis, Benoît a été greffé. Deux mois jour pour jour après moi. L'attente a pris fin pour lui aussi. Pour l'instant, il est en réa. Il va bien, aux dernières nouvelles. C'est Jean-Jacques qui m'a appris pour Benoît. Je l'ai su un jour avant les autres. Espérons que tout ira bien. Benoît m'a toujours été sympathique, même si ce n'est pas mon plus cher ami.

François est revenu au Coty « relativement » en forme. J'ai aussi revu Sonia, ce qui m'a fait très plaisir. Elle est toujours aussi sympa et mignonne. On a un peu discuté ensemble. C'était très agréable. Elle a eu son Bac. J'ai eu ma greffe. Maintenant, il ne reste plus qu'à intervertir les mots et ce sera parfait.

Mon Bac justement. La perspective de reprendre les cours ne m'enchante guère. On s'habitue au farniente… Ça va être dur. En plus, je ne sais même pas si je le veux vraiment ce putain de Bac.

En fait, malgré mes cousines (ou à cause d'elles, parce que

leur présence me rend plus précieux mon temps libre), je suis assez mal dans ma peau. J'en ai marre des soins. Marre d'entretenir mon corps, de faire du sport, des examens, marre des gens qui vous disent quoi faire, marre de mon père la plupart du temps, marre de cette merde de masque. Marre, mais marre…

Et pourtant, je ne veux pas rentrer à la maison. J'ai pas envie. Je ne veux pas quitter Giens. Mes amis : François, Lætitia, Fred, Sonia. Et Anne Heimerman qui va revenir. Et Hervé. J'ai peur de ne plus les revoir. Je me demande aussi si je supporterai mes parents et les réflexions très longtemps.

J'imagine déjà les mises en garde de ma mère, les reproches de mon père. Par moments, ils me font franchement chier. J'atteins le « ras-le-bol total ». Je n'aspire qu'à jouer aux jeux de rôles. Pour l'instant, c'est la seule chose qui m'intéresse. Ça et discuter avec mes copains.

En fait, avec cette greffe, j'ai atteint une étape importante de ma vie. C'était mon seul but durant tout ce temps : survivre le plus longtemps possible, et maintenant que ma survie ne me pose plus de problème majeur, je suis comme un athlète qui n'a plus d'adversaire à abattre. Moi qui vivais ma vie intensément, je ne parviens pas à goûter cette nouvelle vie. Elle me paraît fade, commune, pleine de désagréments. Malgré ma force nouvelle, je suis plus faible qu'avant. Moralement plus faible. Il me faut un nouveau but. Quelque chose de fort et d'intense qui colore ma vie. Je ne veux pas devenir un individu banal, rongé par le système, aligné sur les standards de la société. Je veux continuer ces « années sandwiches ».

Les soins aussi m'agacent prodigieusement.

Je n'ai jamais été attiré par le sport. En faire n'a jamais été un but. Or, maintenant, pour développer ma musculature défaillante, il faut que j'en fasse : vélo, tennis, gymnastique, kiné (encore et toujours), aérosols. Je mets tout sur le même plan. Ce ne sont, pour moi, que des contraintes médicales comme les perfs. Au moins, pendant une perfusion, on peut lire, écrire, faire des jeux de rôles, mais pendant un entraînement de tennis ?

Mes cousines sont là.

Je ne les vois que l'après-midi.

C'est trop peu.

Pourtant, je réalise l'absurdité de ce ras-le-bol. La honte même que je ressens en ronchonnant après une demi-heure de tennis que François rêverait de faire. Vis-à-vis des autres, de ceux qui souffrent, qui luttent, je ne dois pas m'en tenir à des broutilles égoïstes. Il y a tellement plus grave. Je suis un peu en train de faire ce que je reprochais aux gens en forme : râler pour des riens, alors que la vie est devant moi-eux.

C'est, sans doute, un contrecoup de ces mois d'angoisses larvées. C'est probablement normal, mais guère excusable.

Pour Sonia, pour Lætitia, pour François, pour Martine, Guy, John, Hervé, Fred et les autres, il faut que je surmonte ce spleen. Il faut que je lutte contre cette paresse. Que je me soigne bien. Pour les encourager, mais aussi pour être en paix avec moi-même et ma famille. Sinon, à quoi servirait d'avoir fait tout cela ?

Quelle ironie de perdre goût à la vie alors qu'elle s'offre à vous.

Un but.

Une volonté encore plus grande.

Une raison de vivre.

Un art de vivre.

Pour que survive cette rage de vivre, cette foi, cet amour de la vie.

Pour que je reste vivant.

le 25. 7. 91 – vendredi, 11 h 25

Beaucoup de folles journées depuis la dernière fois. Law et Akowod sont reparties en Normandie. Ça a été quinze jours superbes. Même si la cohabitation avec Yannick a causé quelques heurts, ça sera vite oublié. D'ailleurs, à la fin, comprenant qu'entre lui et elles, c'est elles que je choisissais, il a arrêté de m'emmerder avec ses histoires. En tout cas, on a bien joué.

Loïc Dechaume est arrivé au milieu de leur séjour et nous avons fait du Cthullu. Une superbe aventure où l'amour a sauvé le monde. Dit comme ça, ça fait un peu cul-cul, mais c'était un grand moment du jeu de rôles.

Law et Akowod sont parties. Je les rejoindrai le plus vite possible. Je pars à Marseille dimanche prochain et j'espère être à Bosc le lundi de la semaine suivante.

D'ici là, je profite au maximum de mes amis. Hier soir, je suis allé au restaurant avec Lætitia, Anne et Stéphane. C'était une soirée très agréable. Eux sont les vrais mucos. Je veux dire qu'eux comprennent que la muco n'est pas un prétexte pour faire la fête. Eux n'oublient pas les gens sitôt qu'ils sont dans la tombe. Je m'en suis voulu de ne pas avoir emmené Sonia – qui s'est fait hospitaliser complètement : elle paie la fatigue de son Bac –, mais je doute que les autorités médicales l'auraient laissée venir. Cette soirée fut superbe. On a ri, sans avoir recours à des blagues stupides et à l'alcool, on a aussi parlé, plus sérieusement, de notre avenir à tous.

La soirée s'est finie par une idée aussi bizarre que marrante : chacun a signé un morceau de sucre pour les autres. Une sorte de souvenir fétiche.

On a fait un peu la même chose avec Law et Aude, en prêtant serment sur un énorme eucalyptus et en emportant chacun un « gland » de cet arbre.

Ma mère est venue pour le week-end. Le samedi soir, avec elle, papa et mes cousines, nous sommes allés au resto chinois, puis au « Pub-Billard ». Je les ai emmenés à « La Baie d'Along » à Carqueiranne où j'ai déjà passé tant de bons moments. Puis, au pub, autre lieu que j'ai beaucoup fréquenté avec mes meilleurs copains.

Stéphane Adam, mon fidèle comparse, a passé deux jours à Giens. Hélas, avec les différents examens, je ne l'ai pas vu autant que je l'aurais voulu. Mais bon…

Hier soir, nous étions quatre. Mais nous aurions pu être huit. Manquaient Sonia, François, Hervé, Martine, et Jean-Jacques aussi.

Loïc ne va peut-être pas très bien avec le groupe, mais il est tout aussi lucide sur la conduite des mucos-bourrés et tout aussi sympa que les autres. Avec lui, évidemment, je parle jeux de rôles, et les autres sont un peu pris au dépourvu… Le jeu de rôles me passionne toujours. J'ai même l'intention de me racheter un nouveau jeu d'ici la rentrée. J'hésite encore sur le titre : *In Nomine Satanis/Magna Veritas* ou *Les Prédateurs*.

Ce que j'ai appelé « le syndrome de l'acte accompli » est fini. J'ai retrouvé le moral, le feu sacré. Mener une vie normale m'emmerde ? Pourtant, m'a dit Stéphane, « c'est pour ça que tu t'es fait greffer. Non ? ». Et puis, il m'a dit que, même pris dans le système, je resterai unique.

Mes parents m'ont parlé de me louer un studio à Rouen, près de mon école. Ça me permettra d'avoir un minimum d'indépendance. Après ce que j'ai vécu à Giens, j'ai besoin d'indépendance. Je ne supporte plus de les avoir derrière mon dos.

Et puis, à l'école, j'essaierai de trouver la fille de mes rêves. Parce que, en revoyant Juju avec les autres, j'ai redécouvert celle que je n'aime pas. Toute cette histoire était trop compliquée. J'avais fait une croix dessus en février. Je n'y touche plus. Je n'enverrai jamais la lettre que j'avais écrite à son intention. J'ai encore avec moi le brouillon.

On en a discuté avec Anne, Lætitia et Stéphane. On est d'accord : il y a deux Juliette. La sympathique, la douce, l'intelligente et puis la fêtarde. Et Martine qui me manque. On a longtemps parlé d'elle, hier. Ça m'a fait plaisir de l'évoquer avec ceux qu'elle a connus.

Sa mort a été la chose la plus dure de ces deux dernières années. De ma vie même, je n'ai jamais ressenti un tel vide. Pourtant, je ne la voyais que peu, mais elle me manque. Beaucoup ont renoncé à la greffe après ça…

Le fait que tout aille bien pour moi les rassure ; mais, en même temps, c'est une nouvelle inquiétude. Lætitia se pose la question : je le sais.

Si c'était LA solution ?

Je m'en voudrais d'envoyer à la greffe un ou une ami(e) si

l'issue était tragique. Pour cela, j'essaie de ne pas trop en parler. Je ne réponds qu'aux questions qu'on me pose.

Enfin, j'essaie, parce que c'est tellement fort pour moi, qu'une fois lancé sur le sujet, je ne m'arrête plus. Je préfère laisser les gens décider eux-mêmes.

Mardi, comme maman était encore là, j'ai fait mon « pot d'adieu ». Je n'aimais pas cette idée de fêter ainsi ma greffe. Je trouvais ça impudique. Vis-à-vis de Martine, de Guy, de John, mais aussi vis-à-vis de Jean-Jacques. Lui qui est toujours à Marseille ! Après lui avoir dit qu'ils allaient le regreffer, ils se sont rétractés. Ils pensent que c'est psychologique et qu'il va se remettre. En attendant, son moral est retombé. Ils le bourrent de calmants et veulent le renvoyer à Giens pour qu'il reprenne des forces.

Je ne sais plus trop quoi penser.

Un coup ils disent oui, un autre non.

On ne sait plus sur quel pied danser.

Il se produit le même phénomène avec mon artère : débouchera ? débouchera pas ? Suspense…

Attendre. Toujours attendre.

Comme François qui est revenu de Marseille, après avoir fini de refaire son bilan pré-greffe.

Comme Benoît qui attend pour sortir de réa.

le 2.8.91 – vendredi, 20 h 45

Je viens de passer une semaine à Marseille. Je repars demain à Giens. Je viens de passer mon bilan des deux mois (en fait, cela fait déjà deux mois et vingt jours). Le bilan est bon. Pas d'infection, malgré la présence de CMV et quoique mon artère ne se soit pas agrandie. La semaine ne fut pas formidable. Ici, malgré la présence de Jean-Jacques et de Xavière, chacun reste chez soi. On est tous plus ou moins contagieux les uns vis-à-vis des autres et l'ambiance de Giens n'y est pas. Jean-Jacques me fait peur. Il est méconnaissable. A son retour, Noirclerc lui a dit qu'il se remettrait et qu'il ne le regrefferait pas. Du coup, toute son énergie est partie. Dire qu'il n'a pas le moral est un doux euphémisme. Il a craqué. Complètement. Il fait des crises d'angoisse impressionnantes et hurle dans le service. Le tank est détruit. Jean-Jacques n'est plus lui-même. Je n'ose pas lui parler, ni l'appeler.

J'ai honte de le lâcher comme ça, mais je ne sais pas quoi faire. Lui parler de quoi ? Lui qui est ici depuis presque un an et trois mois ! Hier, Lætitia, Anne et Juliette sont venues le voir. Elles ont un peu discuté avec lui, mais Anne m'a dit que ça ressemblait plus à un monologue. Elle, qui a déjà connu ce genre de situation, m'a dit qu'elle n'aimait pas que les gens viennent lui raconter leurs loisirs et activités. Elle avait envie de leur dire : « Si vous saviez… »

Alors voilà, je me sens comme un traître vis-à-vis de Jean-Jacques, mais je ne peux pas lui venir en aide.

J'ai lu une BD assez formidable. C'est *Le Grand Pouvoir du Chninkel*. Parmi les phrases qui m'ont frappé, il y avait une maxime sur la trahison. Je la cite de mémoire :

« Je te pardonne, car la trahison abaisse celui qui la commet et élève sa victime. »

Jolie maxime.

J'espère rentrer à Bosc-le-Hard mercredi ou jeudi. Croisons les doigts pour cette histoire de CMV.

Demain, peut-être irai-je chez Lætitia avec les autres, pour se faire une soirée sympa. Mais je ne sais pas vraiment ce qui va se décider et si Læti fera cette soirée.

Je vais bientôt rentrer chez moi. J'ai pas mal de choses à faire : des films à voir, des parties de jeux de rôles à jouer, ma chambre à redécouvrir, mon chat et mon chien qui m'attendent, un studio à aménager, l'école à reprendre, la vie à redécouvrir et aussi l'espoir de rencontrer une charmante jeune fille… Rhaah lovely… !

Benoît, lui, est toujours en réa. Trois semaines demain. C'est vraiment long. Il se remet moins vite que moi. Il n'était toujours pas extubé au début de la semaine. Vu comment la réa est dure à supporter, ça doit lui sembler bougrement long.

Pas grand-chose de neuf sous le soleil de Marseille. Demain, c'est le retour à Giens. Quelques jours encore à Giens. J'y retrouverai Hervé qui est arrivé hier ou aujourd'hui. Ce sera le dernier baroud. Avec mes amis de Giens. Les mucos de la résistance !

Ça me fout le bourdon de les quitter.

le 8. 8. 91 – jeudi, 1 heure du matin

Je pars dans treize heures. C'est la fin de l'odyssée de la greffe. Je retourne demain à Bosc par l'avion de 15 h 15. Mais je quitte Renée-Sabran à 14 heures.

Mes sentiments sont partagés entre une immense joie et une immense tristesse. Je vais regretter l'ambiance du Coty, la présence de mes vrais amis, la liberté loin de l'autorité parentale… Surtout les amis !

François va mal. Il est sous respirateur toute la journée. Il en a marre. Ne parle plus… Il est dans la chambre où John a agonisé il y a deux ans. Je suis sûr qu'il y pense. L'attente de la greffe est devenue son unique préoccupation. Il subit ce que j'ai toujours voulu éviter à tout prix. C'est le pire qui puisse arriver. Attendre la greffe dans cet état d'urgence doit être intolérable.

Sonia aussi attend, mais elle va encore bien. Elle quitte l'hôpital vendredi. Elle est vraiment superbe comme fille. Je l'admire. Elle a eu son Bac malgré des conditions extrêmement dures. Elle est gentille, intelligente et sensible, mais aussi forte et courageuse. Elle est aussi plus lucide que Lætitia. Il faut dire qu'elle est fatiguée depuis plus longtemps. Elle accepte mieux la maladie.

Hervé est là aussi, mais lui se masque la réalité. Depuis la mort de Martine, il ne veut plus entendre parler de greffe. Je le comprends, mais ce n'est, je pense, pas la solution.

Anne Heimerman est retournée dans sa Lorraine natale. Elle est en forme et espère encore attendre avant de passer entre les mains de Noirclerc. Elle n'est pas pressée, mais, le cas échéant, elle est, je pense, prête.

Lætitia n'a rien résolu. Elle commence à comprendre que la

greffe est peut-être la seule solution mais a encore du chemin à faire avant de l'accepter. Elle réagit violemment face à la maladie et se compare trop aux autres. A mon avis, il faut qu'elle arrive à vivre avec sa maladie et qu'elle cesse de vivre contre. Je veux dire qu'elle est encore révoltée par son sort. Peut-être lui manque-t-il une certaine forme de résignation.

Jean-Jacques : j'ai parlé aujourd'hui avec la psychologue du service, qui m'a rassuré à son propos. Ses crises sont l'objet d'une attention toute particulière de l'équipe médicale. Sur le plan physique, Noirclerc estime qu'il peut récupérer. Sur le plan psychologique, il stresse. Mais il faut bien dire qu'il y a de quoi stresser.

Mme Piraud m'a dit que, si je n'arrivais pas à téléphoner, écrire un petit mot serait mieux que rien. Je le ferai sans doute car, après l'avoir « évité » à Marseille, je n'ai pas le courage de lui téléphoner.

Stéphane Adam reste égal à lui-même.

Il est ce que j'aspire à être. Un ami, un maître, un confident, un exemple, mais surtout un type unique.

Benoît : je n'ai pas de nouvelles de lui depuis Marseille. Il se remet doucement (très) à ce que j'en sais. Et Frédéric qui attend fermement lui aussi.

Durant cet été, je les ai tous revus et cela m'a fait énormément plaisir.

Le professeur Noirclerc m'a donné un cahier de post-transplantation à remplir. Chaque jour, je dois y indiquer mon état de santé et d'autres facteurs médicaux qu'il est fastidieux d'énumérer. Pourtant, l'un d'eux, « l'échelle de bien-être », me paraît important. Cette échelle va de zéro (la mort) à dix (la vie, plus vive que jamais). Elle tient aussi compte du moral. L'autre jour, à la visite, le docteur Chazalette m'a demandé à quel échelon j'étais : « le neuvième », ai-je répondu.

« Pourquoi ?

– Parce que je ne suis pas chez moi avec mes cousines, que mon chat me manque et que je voudrais partir », ai-je dit.

En fait, ce n'était que du baratin. Je ne m'en suis aperçu

qu'après. Je me suis moi-même trompé. A la maison avec Law, Akowod et Lookheed je ne serai toujours pas à dix. Pour cela, il faudrait que tous ceux que je viens d'évoquer soient, comme moi, avec la vie devant eux. Je ne veux pas les obliger à aller à la greffe, mais je pense que je ne pourrai être pleinement heureux que lorsque je saurai que plus aucune épée de Damoclès ne les menace.

Pour cela, j'aimerais vraiment que les scientifiques trouvent LE médicament. Pour que le spectre de la mort s'éloigne. Tous sont des gens formidables ! Et beaucoup – que je connais moins bien – aussi. Je les aime. Je tiens à eux. Je ne veux plus revivre la tragédie de janvier. Maladie. Mutation. Mucoviscidose. Mort. Martine. Miracle !

Tous ces mots commencent par la même lettre. Maison aussi. Demain, c'est le retour. La fin des années sandwiches ? Certes, non. J'ai envie de leur hurler mon amitié, mais je ne le ferai pas. D'ailleurs, ils comprennent très bien. Et malgré les kilomètres, j'espère que nous resterons amis et proches. C'est mon vœu le plus cher ce soir.

le 20. 8. 91 – mardi, 11 h 44 mn 08 s

Cela aurait dû être un texte plein de joie et de bonheur. De la joie de celui qui, de retour parmi les siens, profite pleinement de ses poumons neufs et de son temps libre. Libre. Libre. Mais, aujourd'hui, j'ai appris ce que je redoutais tant d'apprendre depuis mon départ de Giens : François est mort.

Lui n'a même pas eu la chance d'être greffé. Il est mort il y aura une semaine demain. Il a été porté en terre, au cimetière de Giens, aujourd'hui. Il est mort à Marseille d'une crise cardiaque, lui aussi. Ce soir, Mme Piraud m'a parlé et m'a raconté la dernière semaine de mon ami. Je ne m'étendrai pas là-dessus. Juste le fait que son cœur ait subitement lâché, alors que les médecins comptaient encore sur un délai de quinze jours pour la greffe.

François est mort. Pour la troisième fois cette année j'ai

pleuré. C'était un type extraordinaire. Et je n'ai pas attendu sa mort pour le dire. C'était un ami. Un vrai. Un type droit et digne. Généreux, sensible et authentique. Je me souviens d'avoir dit le jour de ma greffe : « Après, occupez-vous de François. Il en vaut la peine. » Oui, il valait vraiment la peine.

Il paraît qu'il est resté égal à lui-même jusqu'à la fin. Que ça s'est passé vite. Il était à Marseille et, la veille de sa mort, il était question de le ramener à Giens.

C'est donc ainsi que meurent les mucos. Non pas étouffés, mais d'un arrêt du cœur. Épuisé d'avoir tant donné.

Oui, le cœur de François avait trop donné. Au propre comme au figuré. Il avait enterré son frère. Et puis, la mort de Martine l'avait bouleversé. Il me l'avait dit.

J'aurais tant aimé le voir, greffé, à la maison. Lui montrer la Normandie, Rouen, Bosc…

Encore une fois : pourquoi lui ?

Le groupe de mes amis continue d'éclater !

D'après Mme Piraud, les parents de François (des gens formidables comme lui) lui ont dit qu'il fallait que je sois fort, que je profite de la vie, que François l'aurait voulu.

Ça m'a beaucoup touché. Notre amitié était belle et rare. François n'a pas eu la moindre amertume quand j'ai été greffé. Jamais il ne m'en a voulu. Je sais bien que je « n'ai pas pris son tour », mais, néanmoins, je n'arrive pas à m'ôter ça de la tête.

Ce soir, j'ai mal. Mal comme en janvier.

J'écris pour évacuer le trop-plein de peine.

J'espère qu'ailleurs François, Martine, Guy, John sont heureux et qu'ils respirent de toute la force de leur âme.

Souvent, en voyant François, je pensais à John. Ils étaient dans la même chambre. Celle que Jean-Jacques occupait quand on l'a appelé. Celle que j'occupais, moi, avant ma greffe. Celle où est mort Fabrice Lardé, un muco que je n'ai pas connu, mais qui était, lui aussi, quelqu'un de bien, m'a-t-on dit.

Cette chambre…

François est mort. J'ai du mal à le croire. Et pourtant…

En une minute, toutes les joies de la semaine passée me sont apparues bien futiles. Mes jeux de rôles, ma forme, la partie de Cthullu nocturne que Law, Akowod, Valéry (un ami de Laurence et Aude très marrant et mordu par le jeu de rôles depuis peu) et moi avons faite… Une période radieuse. Trop.

Je me suis, d'ailleurs, plusieurs fois fait la réflexion (évidemment, c'est facile d'écrire ça maintenant, mais je jure y avoir pensé) : « Tout ce bonheur, c'est presque anormal, comme trop beau pour être vrai ! » Un jour, chez Christophe, j'ai lu une carte postale dont la maxime m'a bien plu : « Le bonheur existe. La preuve, c'est que, tout d'un coup, il n'existe plus. »

Rien n'est plus vrai.

François s'était inventé un double-super-héros, comme moi et « docteur vieux rat », ou Stéphane et « Estevan ». C'était « docteur silence ».

Un nom terrible. Prédestiné. Dans ces moments-là , je suis prêt à croire en Dieu, au Diable, à la destinée et à la magie. L'esprit humain est toujours désarçonné par la mort.

François. Ces deux années passées ensemble, ça a vraiment été super.

le 22. 8. 91 – jeudi, 23 heures

Aujourd'hui, j'ai réussi à trouver le courage d'appeler au téléphone ceux de Giens et la maman de François.

Les médecins veulent qu'Hervé respire, la nuit, avec le « Monal », l'appareil qui a fait tant de bien à Anne. Hervé n'a pas l'air enchanté, mais je crois qu'il va accepter.

Sonia m'a dit être bien dans son corps, mais mal dans sa tête. Tout est confus pour elle. Elle ne sait plus vraiment où elle en est. J'aurais voulu la voir à Marseille. Mais elle y sera une semaine avant moi. Je repars là-bas le 2 septembre pour le bilan des trois mois.

Je n'ai pas pu avoir Frédéric. J'ai aussi téléphoné à Geneviève (en fait, Sonia me l'a passée). Elle est éprouvée par la mort de François qu'elle connaissait beaucoup.

Moi aussi. J'ai été beaucoup plus avec François qu'avec Martine. Lui habitait sur la presqu'île. C'est d'ailleurs chez lui que j'ai téléphoné pour parler à sa maman.

Cette femme est d'un courage et d'une dignité extraordinaires. C'est elle qui m'a réconforté au téléphone ! Comme François, elle est d'une extrême pudeur et d'une grande générosité. Elle va aider M. Noirclerc afin qu'il puisse accueillir plus de malades et dans de meilleures conditions. Elle et son mari vont faire un peu la même chose que les Croce, mais sans le battage médiatique.

Elle m'a dit, en quelques minutes, des choses fortes et essentielles : « Que je ne sois pas affecté par le sort de François, que je profite de ma greffe, que François l'aurait voulu. Que je garde de lui le souvenir de ce qu'il était il y a un an et pas de ces dernières semaines où il souffrait moralement. » François, deux jours avant sa mort, lui a dit : « Je n'en peux plus. »

A-t-il senti la fin venir ? Je ne sais, mais il n'était pas idiot. Il a dû comprendre...

François, comme Martine, était « quelqu'un ». Un type rare que je suis heureux d'avoir connu.

Cet après-midi, avec mes parents, je suis allé en ville acheter des fringues pour l'hiver. A un moment, je les ai laissés et suis rentré dans la cathédrale de Rouen. Je sais que François était croyant. Martine aussi, je crois. J'y ai allumé deux cierges. Je les ai mis l'un à côté de l'autre et j'espère qu'ils brûlent encore.

Bien sûr, ce n'est pas le fait de brûler un bout de cire qui va tout changer.

Mais je voulais le faire. Je me suis senti mieux après. Ce n'est qu'un symbole, mais j'y étais attaché. Je n'ai pas fait de prière. Mais de tout mon cœur, de toute mon âme, j'étais avec eux. Mes amis. Partis. Morts. Ailleurs.

Cette année aura été la plus belle et la plus terrible de ma vie, j'en ai l'impression. Tant de bonheur et tant de peine en si peu de temps.

François était un peu comme un frère pour moi. Je le voyais à chaque séjour à Giens. Il avait sympathisé avec mes parents et mes cousines. Il est venu me voir tous les soirs quand, il y a plus d'un an, j'avais mon pneumo. Il passait au moins une heure avec moi, m'apportait des livres... A l'époque, qui aurait cru que je lui survivrais ?

J'avais écrit un jour que François ne se battait pas. C'était faux. Il se battait. Seulement il n'en disait rien. Il n'était pas démonstratif. Discret à tel point que certains ne s'apercevront même pas de sa disparition.

Mme Piraud, l'autre jour, m'a dit que ma greffe et son succès, que mon attitude joyeuse lors de mon départ avaient redonné le moral à François qui, après la mort de Martine, ne croyait plus trop à la greffe. Cela m'a fait très plaisir et, si c'est vrai, tant mieux. C'est le moins que je pouvais faire pour François. François qui, dans mon cœur, est immortel !

François, Martine, j'espère bien vous revoir dans ce monde qu'on dit meilleur.

le 26. 8. 91 – lundi, 11 h 30 du matin

Drôles de journées où alternent moments de joie et de peine. Avec les autres, j'oublie un peu ma peine. Mais, lorsque je suis seul, la mort de mes amis revient me hanter. Avec Laurence et Aude, lors de nos parties de jeux de rôles, mes soucis, mes peines s'estompent.

J'ai décidé d'être heureux et de profiter de la vie, comme me l'a dit la maman de François. Je serai vivant pour deux... pour trois.

Paradoxalement, alors que François est mort, ma vie prend un nouveau départ. Je retourne à J. B.* en première « S » le 10 septembre. Je vais avoir un studio près du lycée où je déjeunerai le midi. Un pied-à-terre en ville. Comme m'a dit papa : « Tu fais tout à l'envers ! Tu as eu ta retraite avant de travailler et tu as ta résidence secondaire en ville ! »

---

* Lycée Jean-Baptiste-de-la-Salle.

Je prends, peu à peu, mon indépendance. Tant mieux. Ça m'évitera d'entrer en conflit avec mes parents. De toute façon, ils ne m'agacent plus comme en juillet. Sans doute étais-je trop énervé par cette greffe sans m'en rendre vraiment compte.

Je revis donc. C'est un sentiment merveilleux que de sentir l'avenir devant soi. L'adolescent du troisième âge cède le pas au « jeune adulte ».

Mais je n'oublie pas ceux de Giens. Je voudrais téléphoner à Lætitia, écrire à Anne, mais je ne trouve pas le temps (ou ai-je peur de le trouver ?). Lætitia, elle, doit se sentir bien seule. Et Jean-Jacques qui ne va pas. Je commence à penser qu'il ne se remettra jamais. Il est trop enfoncé pour remonter. Geneviève m'a dit qu'il était intubé, mais je n'ai pas eu d'autres personnes pour le confirmer. Il faut dire que je n'ai pas trop cherché à réellement savoir.

La peur, là aussi.

Jean-Jacques n'arrivera pas à surmonter son subconscient. Il se croit fini s'il garde ces poumons-là, alors qu'ils n'ont rien d'anormal. Si ce n'est que le stress, les spasmes ? Mais est-ce Jean-Jacques qui provoque ces spasmes ? Et Noirclerc ne veut pas le regreffer. D'ailleurs, supporterait-il une deuxième intervention ?

Je crains qu'un jour une crise d'angoisse trop forte ne le tue, comme est mort Christophe. J'ai honte de penser cela. Je n'ose pas lui téléphoner. Je ne peux pas. Je lui ai écrit une petite lettre l'autre jour, mais elle m'a paru bien maladroite et insignifiante comparée à l'aide dont il avait besoin. Enfin, je l'ai tout de même envoyée. Je ne crois pas que j'aurais pu faire mieux. Jean-Jacques est un tank, disais-je. Probable. Mais il a toujours été excessif. Je crois que la cuirasse percée, la machinerie est très fragile. Instable.

Il est 11 h 52 et je vais laisser ce texte pour aller faire du vélo. Pour cultiver mon souffle et respirer cet air qui a tant manqué à François.

J'ai eu une chance énorme. Pourquoi ?

Pourquoi moi ? Pourquoi eux ?

Dieu, qu'est-ce que tout cela veut dire ?

le 1.9.91 – dimanche, 20 h 45

Je suis revenu à Marseille. Hôpital Sainte-Marguerite. Pavillon 8. Cantini II. 2e étage. Chambre 209. Celle que j'occupais juste après ma greffe, il y a à peine trois mois.

Trois mois. Quand j'y repense, j'avais beaucoup plus la forme il y a trois mois. Je parle de forme morale. Ce soir, rien ne va plus. Je suis pourtant habitué aux examens et aux hôpitaux, mais je me sens mal. Mes parents me manquent. Je m'en veux un peu ce soir de ne pas leur avoir consacré plus de temps. Eux m'ont consacré tout le leur depuis de longs, longs mois. Ils m'ont aidé et fait plaisir chaque fois qu'ils l'ont pu. Qu'ont-ils eu en retour ? Des réflexions chaque fois qu'ils se mêlaient de mes soins, une série d'absences (j'étais chez mes cousines), etc. Et ce soir, en revoyant les notes qu'a prises maman pour moi, la valise qu'elle a remplie au mieux, je me sens triste. Il est un peu tard pour cela !

Et puis j'ai peur. Peur d'être infecté, de devoir avoir des perfs. Depuis quelques jours, je dors mal, je crache légèrement le matin et j'ai un peu de fièvre. Oh, pas grand-chose. Avant la greffe, je n'y aurais même pas fait attention. Juste 37,6-37,7. Je me sens désemparé. Je mesure, tout d'un coup, l'angoisse qui serait la mienne si quelque complication survenait. Maintenant que j'ai joué mon va-tout : la greffe. Je serais désespéré si cette solution s'avérait mauvaise.

Comme je plains Jean-Jacques ! Et comme j'ai peur de lui ressembler. Je suis dans la chambre qu'il occupait quand je suis revenu ici début août. Maintenant, il est en réa à Salvator.

Ce soir, tout va mal. Je suis seul et loin de chez moi. Comme un enfant de 10 ans, je regrette mon foyer. J'ai beau me dire que c'est idiot, que, dans quelques jours, je serai chez moi, j'ai peur. J'ai de la peine.

Justement, à l'instant, mes parents m'ont appelé. Ça m'a fait plaisir. La maison leur semble vide ce soir.

La transition entre la liberté et les contraintes de l'hôpital, la transition entre la proximité de ma famille et la solitude, c'est dur.

Me revoilà donc à Marseille. La ville où se joue le destin de mes amis et le mien. La ville où nous mourrons probablement tous. Tôt ou tard !

La rapidité de l'avion et des transports modernes m'a toujours sidéré. Hier à Sotteville avec Law, Akowod et Valéry (un nouveau joueur) ; ce soir à Marseille, seul ! Tant de changement en si peu de temps. Dépaysement assuré. Patience. Demain sera un autre jour !

Pour ne pas trop me morfondre et m'apitoyer sur moi-même, je décide d'arrêter là ce texte. Je vais écrire une lettre pleine de joie de vivre et de rêve. Je vais écrire à Loïc.

le 3.9.91.

Je suis toujours à Marseille et cela jusqu'à la fin de la semaine.

L'autre soir, alors que j'écrivais à Loïc, les veilleuses sont passées faire leur ronde. Dans la chambre, en face, j'ai entendu la voix d'une jeune fille qui disait venir du Cantal. J'ai pensé : « Sans doute quelqu'un qui est en bilan pré-greffe : une muco. »

J'avais tort. Et comment !

Le lendemain matin, je suis parti passer une scintigraphie avec elle. Et là, je l'ai reconnue : Sophie. C'est la première muco que Noirclerc a greffée. C'est un peu grâce à elle que tout a pu continuer. Noirclerc me l'avait dit un jour : « Si ça n'avait pas marché dès le départ, il n'aurait pas continué. » J'ai pas mal discuté avec elle et ses parents hier.

En fait, je suis resté dans sa chambre jusqu'à 1 heure du matin. On a beaucoup parlé. De la greffe, bien sûr, mais aussi de Giens, de Christophe, que Sophie connaissait bien et aimait beaucoup. On a parlé de pas mal de choses. Des plus sérieuses aux plus farfelues. Ça a été une soirée géniale. Je ne m'attendais pas à ça. Sophie est une fille formidable, elle aussi. Elle a beau être la première greffée, elle ne s'en vante pas et reste très simple. En plus, elle est charmante. Elle est beaucoup plus simple que Stéphanie.

Ce soir, d'ailleurs, je pensais bien revenir discuter avec elle (même si les veilleuses ont écrit sur le cahier de relève que j'avais quitté sa chambre à 1 heure du matin), mais elle est partie, probablement en permission, avec ses parents. Sans doute est-elle allée au restaurant, comme moi, avec papa, en août.

Du coup, je me retrouve seul ici.

Seul avec ce journal.

Il y a un an, jour pour jour, je partais en Corse avec mes meilleurs amis. Aujourd'hui, qu'en reste-t-il ? Martine et François sont morts. Moi, je ne suis plus vraiment au Coty. Stéphane y est retourné. Il m'a écrit, mais n'a fait nulle mention de la mort de François. Ça m'a étonné. Peut-être n'a-t-il pas osé m'en parler, pensant que je ne savais pas ? Je vais probablement lui répondre et essayer de lui remonter le moral. Sa dernière lettre, pleine de dessins marrants, m'a fait plutôt froid dans le dos. Comme s'il n'allait pas et me le cachait. Peut-être que je m'abuse, mais je ne le pense pas. Je connais Estevan. Il est fort. Je veux dire qu'il en a déjà vu pas mal et qu'il a pour lui une philosophie de la vie formidable. Philosophie qu'il m'a fait partager. Mais, parfois, sa philosophie se retourne contre lui et le blesse, l'empêche de reprendre le dessus.

le 11.9.91 – mercredi, 23 h 09

Je suis toujours à Marseille. Alors que j'allais partir, m'éveillant après la biopsie, vendredi dernier, Colette, une grosse blonde placide, la surveillante du service, m'a annoncé que j'avais un rejet. J'ai dû rester en hospitalisation.

Quelle chienlit ! Quelle chienlit ! Mais quelle chienlit !

C'est mon premier rejet. Il n'est pas bien méchant. Je ne l'ai même pas senti, occupé par mes examens et par mes allées et venues récentes entre la Timone et Sainte-Marguerite. Maman est revenue samedi soir pour m'épauler. Je suis dans la chambre 209. Celle du début de ma greffe, celle de Jean-Jacques. Celle d'où il hurlait en pleurant d'impuissance, de lassitude, de rage et de douleur. Car il n'y a guère que cela à faire ici.

Je ne sais d'où vient le rejet. Est-ce la mort de François qui me revient dans la gueule par l'intermédiaire de mon corps et de mes lymphocytes T4 ? Est-ce le hasard d'un taux trop bas ? Je ne sais. Il y a beaucoup de facteurs qui influent sur le taux. Trop pour que l'un d'eux soit clairement mis en évidence cette fois. En tout cas, j'ai dû réintégrer une chambre redevenue stérile. Ma mère a dû s'habiller presque comme en réa, et les infirmières ressemblent, à nouveau, à des techniciennes de la NASA.

Mais l'isolement est terrible. Le temps est long, plus long que je ne l'aurais cru. L'après-midi surtout, qui n'en finit pas, est le plus mauvais moment. Le temps passe et l'esprit trépasse. L'envie de sortir, de bouger, de respirer, de se lever pour changer la chaîne de télé finit par mourir. Comme une peau de chagrin, la soif de vivre s'éteint, s'endort. C'est terrible. Le renoncement est la pire des choses. En quelques jours, je suis devenu une loque pantelante, sans âme, sans désir, sans envie. Juste un légume avachi devant une télévision abêtissante. Je regarde TF1, c'est dire !

Je hais la télé dans ces moments, mais je ne peux m'en détacher, ni la couper. Tout se brouille, et ma conscience, comme évanouie, ressemble à un immense récepteur TV.

J'ai cru dépérir. Jean-Jacques est devenu fou. Pas étonnant. C'est le procès de Kafka fait au corps. L'hôpital comme ça, c'est une forme de torture extrême. Ne rien faire. Ne rien vouloir faire. Quelle horreur ! Jean-Jacques, qui est intubé à Salvator, connaît le pire de tout. Pire que l'agonie de John. C'est une agonie, car je suis presque sûr que jamais il ne quittera Marseille vivant. Post-greffe. Longue. Sans même l'espoir infime du miracle de la greffe. A moins que Noirclerc ne le réopère, mais j'en doute. D'ailleurs, implicitement, maman en parle comme d'un mort.

Sans elle, j'allais finir pareil. Elle a fait du forcing pour que je rentre à Bosc vendredi soir. Je crois que, sans cela, je désespérais jusqu'à jeudi prochain pour passer ma fibro. Une semaine ici, c'est comme un mois à Giens, sans personne. Une prison.

D'ailleurs, un type ne s'y est pas trompé. J'ai entendu ça, ce matin, à la radio :

« Un malade, prisonnier à "Sainte-Marguerite", s'est enfui l'autre nuit en sciant les barreaux de sa chambre. »

Il y en a donc bien qui s'évadent !

Bref, la fibro suivante n'étant que jeudi, mes soins se résumant à une piqûre de corticoïdes par jour, je vais me casser.

Il faut que je parte ou je vais devenir dingue ici. C'est l'horreur. Chez moi, je serai mieux. Stimulé par la vie, l'extérieur, l'air, les champs, les animaux, les fleurs, les arbres et la forêt. Stimulé par mes cousines, mes parents, mes proches et non pas par une saloperie d'écran cathodique.

Que je ne refasse plus de rejet, que je ne reste plus là, à attendre le soir, la nuit, puis le jour suivant. Encore et encore. Et là je vivrai. Intensément.

J'ai l'impression d'avoir beaucoup perdu en quelques jours. Du temps d'abord, mais aussi des forces morales, physiques et mentales.

Même ce soir où je me sens mieux, j'ai du mal à écrire, l'esprit embrouillé par tant de non-désir, de non-vie, de « Néant ». Pas du chaos, du néant ! L'impression d'avoir la tête creuse, mal à penser, mal à écrire, mal à faire obéir ma main, mal à tenir mon stylo, mal dans le bras, affaibli par une semaine de repos forcé involontairement acquis. Je veux dire que j'aurais pu me secouer mais ne l'ai pas fait. Pas voulu. Atroce.

Je deviens une marionnette médicale. Même mon imagination « jeu-de-rôlesque » est à court. Rentrer. Me ressourcer. Revivre. Fuir cette antichambre de la mort. Moi qui avais toujours le feu sacré à Giens, ici je suis une loque.

J'ai téléphoné à Giens. Stéphane et Sonia y sont. Je sais que j'ai beaucoup de chance d'être greffé et vivant, mais je les envie…

Je suis fatigué d'écrire, j'ai la tête lourde, la main peu sûre. Je fais pitié. Je vais arrêter là et reprendre plus tard, quand je serai de nouveau moi-même.

le 14.9.91

Je suis bolhardais, pas marseillais ! Tout mon être me le hurle. Chaque détail ici m'est amical, agréable. Je suis chez moi. Je suis dans ma chambre ce matin.

J'ai rêvé cette nuit. Rêve prophétique ou illusion chimérique ? J'étais à Giens, au Coty, je retrouvais les autres malades. En fait, à part Patrick Lorthioir, je ne connaissais personne. Mais j'étais heureux de le (les) voir. Comme si je retrouvais quelqu'un avec qui partager ce sentiment de perte depuis la mort de François.

« Tu souffres ?

– Oui. »

Je crois qu'il a dit quelque chose comme « moi aussi ».

Il y avait aussi une fille aux cheveux mauves que je n'ai pas reconnue. Elle m'a fait penser à Pyloche, une X-Men. Plus près de la réalité, à Ludivine, pour le mauve justement. Elle était belle et triste.

« C'est ça la force de la maladie, lui ai-je dit. Nous faire rencontrer des gens admirables et les reprendre. C'est ça qui donne un sens à la vie. »

Un sens ?

Maintenant que je suis réveillé, je ne sais pas trop si ça a un sens. Mais c'est là qu'il faut chercher.

A Giens, il y a Sonia, et Stéphane, et Fred.

Sonia m'a écrit une longue lettre que j'ai lue hier, à mon arrivée. Je lui répondrai une fois de retour à Marseille, puisque, selon mes accords avec Noirclerc, j'y retourne demain.

D'ici là, profitons de l'air de la vie.

le 16. 9. 91 – lundi, 21 heures

La vie est bizarre. Tant de joie et de peine se mêlent depuis des mois que ça en devient ahurissant. Cette impression d'être la créature d'un romancier torturé me reprend. Ironie de la vie et de la mort. La mort qui tient la vedette du show, aujourd'hui encore.

L'hécatombe continue. Aujourd'hui, j'ai appris la mort de Jean-Jacques et d'Anne Croce.

Ce matin, j'attendais les ambulances (comme toujours...), lorsque j'ai vu la famille de Jean-Jacques arriver. Il y avait ses parents et deux de ses trois sœurs. Je suis allé les voir, devinant déjà la nouvelle. J'avais deviné juste. Jean-Jacques est mort ce samedi à 6 heures. Tout a lâché : le cœur, le foie, les reins. D'après ce que j'ai compris, il a eu un deuxième épisode rénal. La première fois son moral l'a sauvé. Pas la seconde.

Jean-Jacques était un très bon copain, mais depuis qu'en juillet Noirclerc a refusé de le regreffer, il n'était plus que l'ombre de lui-même. Je savais que ça finirait comme ça. Tout le monde le savait. Lui le premier.

Depuis de longs mois, il ne goûtait plus la vie, mais subissait l'existence. Le plus atroce dans tout ça, c'est l'état dans lequel il a fini sa vie. Seul ou presque, abandonné par ceux de Giens, par moi, par nous. Mais que pouvait-on faire ? Aurait-il agi différemment à notre place ? Je ne crois pas. Il n'aurait même sans doute pas été aussi généreux que Lætitia. Pour elle, ce doit être terrible.

Je ne l'ai pas encore appelée car je n'ai pas le téléphone, mais je le ferai demain.

Jean-Jacques est mort et l'hécatombe continue. Un an après Guy, Jean-Jacques est le quatrième ami que je perds. Pourtant je ne suis pas effondré comme pour François et Martine. Sa mort était « annoncée » et puis, pour lui, c'est plus une délivrance qu'autre chose.

Un jour, au Coty, dans la cuisine, il avait écrit : « La souffrance, c'est rassurant, ça n'arrive qu'aux vivants. »

J'avais ajouté : « Mais jusqu'à quel point la souffrance est-elle supportable ? »

Aujourd'hui, la phrase prend une consistance qu'elle n'avait pas, celle de la réalité. Jean-Jacques est parti « à la terrasse du temps qui passe », comme il disait.

Le jour de sa greffe, il a dit : « Si je crève, qu'est-ce que je dis aux potes d'en haut ? »

Stéphane a répondu : « Qu'ils pensent à nous. »

Voilà, ils sont ensemble ce soir. Jean-Jacques et Martine. Par-delà la mort.

Et Anne Croce a rejoint Maud !

Je suis plutôt lyrique ce soir. Mais Jean-Jacques était poète à ses heures. Il a écrit deux poèmes. Un à la mort de John, l'autre à celle de Martine

Mais, moi, je suis vivant et, bon Dieu, je n'ai pas l'intention de canner demain !

J'ai passé la journée avec deux journalistes. Ils avaient filmé et interviewé Guy autrefois. En mars 90. Il y a un siècle…

J'avais aussi été filmé au milieu du groupe des « petits mucos qui attendent une greffe ». Je les avais complètement oubliés, eux et leur reportage. Aujourd'hui, ils resurgissent et ont l'air décidés à finir leur reportage : un documentaire sur le service de Noirclerc qui sera scindé en deux parties : « il y a un an » et « aujourd'hui ». J'ai passé l'après-midi à les regarder travailler. C'était très intéressant. Bien plus qu'un après-midi de glande dans ma chambre. Du coup, moi qui croyais m'emmerder, je n'ai pas vu la journée passer.

Pour ce qui est de mon nombril, il va plutôt bien. Noirclerc m'a parié trois bouteilles de Coca-light que mon rejet était passé et que je reprendrai l'école la semaine prochaine. Avec les journalistes qui iront me suivre en Normandie pour attester que la greffe, ça marche. La preuve…

Avec les journalistes, je suis redescendu en réa, pour qu'ils filment. C'est un peu débile, parce que jamais je ne serais rentré dans « le saint des saints », la salle de réa, sans eux. Mais bon, c'était plus symbolique qu'autre chose. Mais, en réa, je n'ai pas vu Benoît. Il en est donc ressorti les pieds devant lui aussi. Même si, officiellement, rien n'a été dit.

Ce matin, j'ai rencontré Steve à la scintigraphie. Lui va super bien. Il a pris sept kilos ! J'ai discuté un peu avec sa mère. Elle n'avait pas non plus de nouvelles de Benoît. « C'est bizarre », m'a-t-elle dit. Là aussi, j'avais deviné juste. Qu'a-t-il eu ? C'est le seul mystère qui règne autour de sa mort, le dernier. Benoît était sympa, mais je n'avais pas tissé avec lui de lien privilégié. Qu'importe, pour quelqu'un, quelque part, c'était l'être le plus important du monde.

Je commence à avoir l'impression d'être un survivant au milieu d'un jeu de massacre.

John, Sarah, Cédric, Éric Chabaud, Maud, Éric Gouchet, Guy, Laurent Kolb, Sandy, François, Jean-Jacques, Anne... Benoît.

Et encore certains noms qui m'échappent, comme cette jeune mariée, morte des suites opératoires en juin 89. Ce fut la première de ma liste.

Cette fin d'été a d'ailleurs été particulièrement meurtrière. La moisson de la faucheuse a été bonne. Bon. Stop. J'arrête de chercher, je vais en trouver d'autres.

le 24. 9. 91 – mardi, 23 h 20

Je suis encore et toujours à Marseille.

Mon rejet est fini mais, après avoir pour la seconde fois passé le week-end chez moi, je suis revenu pour passer à la Cyclosporine en gélules et stabiliser mon taux monoclonal.

Mais la semaine dernière est passée vite, entre les journalistes, les examens et mes trajets...

Mercredi, les journalistes m'ont filmé en train de conduire une bagnole : une Ford Escort décapotable ! C'est génial comme caisse, un vrai plaisir. En plus il m'est – il nous est – arrivé un truc fou digne de James Bond ! Alors qu'on roulait sur la corniche, les flics nous ont arrêtés. Au début, il n'y avait qu'une voiture, mais en un instant, une autre est arrivée ainsi que deux motards. Deux des flics avaient une petite mitraillette à la main, paraît-il, mais je ne les ai pas vus. Tout ce beau monde avait l'air sur les dents. Une fois que les journalistes leur ont expliqué de quoi il s'agissait, ils ont été plus relax, mais ils nous ont tout de même conduits au poste sous escorte. Et quelle escorte ! Deux motards, une voiture de police devant nous et une autre derrière, le tout sirènes hurlantes et gyrophares en action ! Quelle agitation, même le jour de la greffe je n'avais pas eu droit à tout ça ! Finalement, arrivés à l'hôtel de police, les deux journalistes ont été reçus par le grand chef de la police marseillaise. L'explication, Xavière et moi, on l'a eue à leur retour. En fait, on avait, trente secondes plus tôt, fait demi-tour dans une ruelle où se trouve la résidence surveillée du général Aoun ! On était tombés en plein dispositif antiterroriste, avec notre caméra. Ils ont cru qu'on filmait en vue de préparer un attentat. Méfiants, les flics ont même gardé la bande pour vérifier que les journalistes n'avaient rien filmé de suspect !

Ce fut un vrai délire. Ouah ! Traverser Marseille escorté comme l'ennemi public numéro un ou le président de la République, c'est pas banal.

Mais tout ça, c'est de l'anecdotique. En fait, le grand changement concerne l'école. Je suis allé vendredi soir à J. B. et j'ai appris qu'il existait des premières « A » : section littéraire. Du coup, la « S » m'est apparue bien lourde : trente-cinq heures de cours, avec de l'économie, car ils m'avaient inscrit dans une première particulière (où l'on fait le lycée en quatre ans). Bref, l'horreur. Du coup, je suis devenu officiellement un littéraire. C'est un peu un défi. Je ne sais pas si j'ai, réellement, une maîtrise suffisante du français, mais je ne voulais pas recommencer la même chose qu'avant mes trois années sabbatiques.

Comme dit la chanson : « j'aurais voulu être un artiste ». Je crois que la première « A » me donnera une meilleure approche culturelle et artistique. Et puis, comme la médecine j'en ai ma claque, que seule l'astrophysique m'intéresse (et que je suis trop nul pour y arriver), je pense me tourner vers une profession littéraire : le journalisme, puis écrivain ? Je rêve un peu, mais après tout, pourquoi pas ? Si je veux y arriver, il faut bien me lancer un jour.

J'ai changé en trois ans. Ma vie a basculé.

Je ne pouvais pas ne pas en tenir compte.

Alors, comme Stéphane, me voilà littéraire !

Est-ce une réelle révélation d'une véritable attirance ou est-ce l'influence de Stéphane qui, après trois ans, est devenue prépondérante sur celle de J. B. ?

Bien sûr, Stéphane m'a influencé, mais je crois qu'il m'a aussi ouvert les yeux sur moi-même.

La poésie de Lautréamont me semble, tout de même, plus fascinante que le nombre d'Avogadro.

le 26. 9. 91 – jeudi, 21 h 18

Demain je devrais rentrer à la maison définitivement. J'espère en tout cas, parce que Marseille j'en ai ma claque… Je suis loin de l'état dépressif dans lequel j'étais il y a quinze jours. Mais tout de même. Dès que je reste seul, je repense à ce cortège de morts. Ça m'obsède, surtout ici…

Cet après-midi, je suis allé au secrétariat de Noirclerc et j'ai vu une des secrétaires qui tapait une liste sur un ordinateur. En haut de la liste : Sophie Lacombe. Le nom était suivi de deux dates : date de naissance et date de greffe. Beaucoup d'autres noms avaient droit à une troisième colonne : date de décès.

Sans trop avoir l'air de regarder, j'y ai vu le nom de Laurent, de Christophe et de Benoît. Il avait droit à trois colonnes…

Après ma visite de réa j'en étais presque sûr, mais Benoît aurait pu être transféré à Salvator, comme François ou Jean-Jacques. Mais non. Lui aussi est mort. En août, selon toutes probabilités.

J'ai vu aussi mon nom : deux colonnes suffisent.

Posé sur le bureau, il y avait aussi le compte rendu d'une fibro au nom d'Anne Croce : « L'examen des tissus pulmonaires, post mortem, après dix-neuf mois de greffe... » Je n'ai pas lu plus loin. Dix-neuf mois, c'est long. Jean-Jacques en était à quinze. Rien n'est jamais gagné. Même après la greffe. Et avant. Le nombre de gens qui viennent en bilan pré-greffe est terrible. Tant de gens avec la mort aux trousses... C'est terrible.

Il y a trois semaines, j'ai parlé avec une jeune fille qui venait faire son bilan. La semaine dernière, c'était un Italien de Naples : Maurizio. Et cette semaine une jeune Parisienne, Nathalie, était là. Elle aussi est très sympathique. Elle a un peu peur, je crois. J'espère lui avoir redonné un peu de courage ou d'espoir. Et cela sans vouloir jouer les missionnaires.

Et Sonia. Et Fred. Je pense beaucoup à eux. J'aimerais les revoir. Peu à peu, Sonia a remplacé Juliette. L'autre jour, j'ai même rêvé que je la courtisais. Encore une utopie sentimentale. Une de plus. Je deviens le spécialiste de la chose. Je ne sais pas si Sonia est toujours avec Hervé. Je crois que oui. Quoi qu'il en soit, Sonia est vraiment une fille formidable. Je voudrais vraiment qu'elle soit greffée vite.

L'autre jour j'ai téléphoné à Lætitia. On a un peu parlé, mais pas de Jean-Jacques. Je me demande même si elle savait. J'ai été lâche, je n'ai pas pu lui en parler. C'était trop dur. Elle devait probablement savoir, car à Giens Mme Piraud le savait. Donc les malades aussi. Je pense que Juliette, qui est très amie avec elle, le lui aura dit. A moins que, comme moi, elle n'en ait pas eu la force.

Il faut que je la rappelle ou que je lui écrive. Ce serait plus facile de lui écrire mais j'ai peur de la blesser, d'écrire quelque chose qui lui fasse mal ou qu'elle interprète cela comme de l'indifférence.

Elle est fatiguée. Très fatiguée. Cette mort risque encore d'aggraver son état. Dans la muco le moral joue un rôle déterminant. Un battant, un combattant de la maladie risque de mieux s'en sortir qu'un type défaitiste. « C'est l'envie de vivre qui fait vivre », ai-je écrit à Sonia. J'en suis convaincu. Si l'on a un but, quelque chose ou quelqu'un à qui l'on tient, si l'on a une raison, une envie de vivre, on a toutes ses chances. Lætitia vient de la perdre. Elle mène un combat solitaire et refuse la greffe. Lætitia est formidable. Sans elle, Jean-Jacques serait mort bien avant. Mais elle, sans Jean-Jacques, que va-t-elle devenir ? J'ai peur pour elle.

Sois forte, Lætitia, forte comme ce 31 mai.

Quant à moi, je suis en train d'essayer de stabiliser ce putain de taux de cyclosporine et ça me gonfle sérieux !

Au fait, dans la liste de la secrétaire, j'ai retrouvé le nom de cette fille qui fut la première que j'aie connue et qui est morte. Elle s'appelait Patricia Chauvier.

Ça n'a pas grand-chose à faire à cet endroit, mais je veux le noter avant d'oublier.

Je ne suis pas vraiment superstitieux, pourtant parfois je n'ose écrire ce que je pense. J'ai peur que le fait de l'écrire, de laisser une trace écrite de ma pensée, ne lui donne une réalité qu'elle n'aurait pas sinon. Je n'aime pas écrire de telles choses, mais je veux aussi être le plus franc possible avec moi-même. Ce qui est souvent difficile.

J'en ai marre de voir mes copains mourir.

C'est mon Viêt-nam à moi. Ma croix. Ma douleur.

J'aurais tant voulu qu'on s'en sorte tous. J'aurais tant voulu faire cette fiesta chez Jean-Jacques, tant voulu accueillir François chez moi, tant voulu partager ce souffle nouveau avec Martine, tant voulu visiter Guy à Paris. Et tant d'autres choses encore. Comme ce projet qu'avaient Jean-Jacques et Lætitia : aller en Italie à six, dans une maison d'amis de Lætitia. Y aller avec Martine, Stéphane et Hervé. Vivre !

Dieu, qui que vous soyez, faites que l'on se retrouve ailleurs, pour jouir de l'éternité que l'on n'a pas eue sur cette planète.

le 2. 10. 91 – mercredi, 13 h 20

J'écris dans ma chambre, à Bosc-le-Hard. Le soleil me chauffe le dos. En face de moi, Lookheed fait sa toilette. On va voir s'il passe la patte derrière l'oreille. Pendant que j'écoute Morillon, je continue à écrire ma vie sur ces feuillets d'écolier.

Oui, plus que jamais je suis un écolier. Je reprends l'école demain à 8 heures. J'entre en première « AB » au lycée Saint-Jean-Baptiste-de-La-Salle à Rouen. A 11 heures, deux journalistes (Philippe et François) viennent me filmer en cours. Le premier jour !

Quelle entrée discrète ! D'un côté ça m'amuse (les autres ne vont rien y comprendre et j'aime bien susciter le mystère). D'un autre (et celui-ci est prépondérant) ça me fait peur et ça m'ennuie. Je vais être obligé de tout raconter, du moins l'essentiel, pour expliquer ce bordel aux autres.

« Tu t'en sortiras par une pirouette », a dit ma mère. Ben voyons !

Demain, c'est donc ma rentrée. Trois longues années après ce vendredi 23 septembre 1988 où j'ai mis, pour la dernière fois, les pieds à l'école de façon sérieuse. La rentrée me fait peur et m'enthousiasme à la fois. Enfin, j'atteins ce but : reprendre une vie normale, reprendre les études, reprendre contact avec des gens qui vivent une vie normale. Mais, en même temps, j'ai peur de leur regard. J'ai beau me dire que je serai plus vieux, plus mûr, je me sens mal à l'idée de côtoyer ces types. Certains auront peut-être quatre ans de différence avec moi. Et puis, réussirai-je à redevenir un écolier normal ? Le poids de cette trilogie médicale est tellement fort.

Bah, on verra bien !

De toute façon, il faut que je fasse quelque chose qui m'occupe l'esprit. Car, dès que je suis inactif, mes pensées se mettent à tourner en rond : la greffe – la mort – les copains disparus – à quand mon tour ? Et Xavière qui est infectée, qui a un microbe qui résiste à tous les antibiotiques et à qui Noirclerc a dit qu'il faudrait peut-être la regreffer !

Je suis rentré à Bosc-le-Hard le vendredi 27 septembre. Samedi, j'avais une poussée de fièvre : j'ai atteint 40,3°C ! Balaise. J'ai cru que j'allais devoir repartir à Marseille le lendemain. Philippe Gondard est venu. Il a appelé Noirclerc. J'avais l'impression de revivre ce samedi de mai, dix jours avant ma greffe. C'était horrible. J'ai tout envisagé : rejet, pneumonie à la Xavière, tuberculose. Finalement, c'était un banal virus de merde. Rien de grave, mais, putain, quelle trouille ! La greffe m'a rendu peureux, anxieux. L'œil rivé à mes résultats de voldyne et de peak-flow (deux appareils qui mesurent respectivement la capacité vitale et le volume expiration maximum/seconde), j'angoisse dès qu'ils baissent un peu. Je suis devenu stressé, anxieux. J'ai joué mon va-tout. Je crois avoir gagné. Mais que ferais-je si j'avais perdu ? Dans cette histoire, c'est un peu « qui gagne perd ». Enfin, rien n'est sûr avant un ou deux ans. Après, la vie devient meilleure. Comme pour Sophie, la recordwoman de longévité. Et pour longtemps encore !

Giens me manque. Sonia, Fred, Læti et Stéphane, comme je voudrais les revoir ! Ils sont mes derniers amis. Hervé. Les derniers de la résistance.

Eux seuls comprennent et ressentent ce que je ressens. Ici, il y a mes parents, ma famille, mes cousines, mais ce n'est pas pareil. Avec eux pas de souvenir de resto chinois, de délire pendant les repas ou la kiné, pas de souvenir de virée sur le port d'Hyères, pas de souvenir de Corse, pas de souvenir de tristesse partagée, de confidences échangées sur le balcon du Coty une fois la nuit venue, pas de souvenir d'excursions foireuses organisées n'importe comment, pas de souvenir de fous rires complices, de moqueries macabres, ni de soirée un peu trop arrosée.

Avec eux, je ne suis qu'une moitié de moi-même. Bien sûr, ils m'aiment, je le sais bien, mais je n'ai pas avec eux cette relation privilégiée, cette complicité qu'apportent les souvenirs et la maladie. Bien sûr, il y a eu des séjours pénibles, insupportables presque, mais le cœur a tendance à ne se souvenir que des bons moments.

Sans doute est-ce là la source des sentiments nommés nostalgie. L'impression qu'ont les gens qu'ils étaient plus heureux avant, il y a quelques années.

Pourtant samedi, sans Laurence et Aude cela aurait été encore plus terrible. Elles m'ont permis de prendre la chose avec humour. Je ne voulais pas « craquer » devant elles. J'avais mon image de malade déconneur et ironique à sauvegarder. Elles m'ont permis de mieux supporter cette angoisse, de ne pas la laisser se répandre et envahir mon esprit. L'humour est une défense. L'ultime défense. Quand elle tombe, il ne reste que le désespoir et la peur. Le clown triste. Oui, je suis à ma façon un clown triste. Comme Stéphane. Comme l'étaient Jean-Jacques et François. John et Christophe.

L'école va donc m'éviter de trop ressasser ces sombres préoccupations. D'autant qu'on me l'a souvent répété : les rejets surviennent quand on n'a pas le moral. Et le dernier en date semble accréditer cette théorie. Du coup, quand je n'ai pas le moral, je me dis : « Je vais faire un rejet », et j'ai encore moins le moral. C'est un cercle vicieux.

Il faut que j'évacue toute cette peur, que je redevienne rieur et déconneur, que je sois pleinement vivant et heureux de l'être.

Pour moi, pour mes amis, vivants ou morts. D'une certaine façon, c'est le plus beau cadeau que je puisse leur faire. Pour que toute cette souffrance ne soit pas vaine, pour qu'elle ait un sens.

le 12. 10. 91 – samedi, 10 h 45

J'ai reçu une lettre de Stéphane. Une lettre belle et sincère. Une lettre qui vous redonne du courage. Stéphane m'a répondu au sujet de François et de Jean-Jacques. Il est assez d'accord avec moi. Mais, par-dessus tout, il m'a fait comprendre qu'il ne faut pas pousser les gens à se faire greffer.

Il a eu une très belle métaphore : comparant la vie à un avion condamné à s'écraser. Pour survivre, on peut tenter de sauter en parachute, mais en sachant qu'il peut ne pas s'ouvrir. Certains prennent le risque et sautent, d'autres ont trop peur du vide. Que faut-il à ceux-là ? De l'attention, de l'amitié ou de l'amour, encore plus que pour les autres.

C'est vraiment juste. A chaque fois Stéphane trouve les mots qui conviennent pour exprimer ce que je ressens confusément. Stéphane est un type admirable. Il a décidé de se battre pour nous, pour moi, pour eux, pour la charmante Sonia. Que lui, qui n'est pas aussi directement concerné que moi, s'investisse personnellement, et que moi je reste le cul sur mon fauteuil, ce n'est pas normal. Stéphane va aller à l'AG de l'AFLM qui a lieu dans quinze jours. Du coup, j'irai aussi. Il faut être honnête, c'est avant tout pour le revoir, mais aussi pour tenter de faire avancer les choses.

Je peux bien faire ça pour tous ceux qui viennent chaque semaine à Cantini en bilan pré-greffe.

L'autre cadeau que je peux leur faire, c'est de vivre normalement. C'est la conclusion à laquelle j'ai abouti et c'est celle à laquelle Stéphane, lui aussi, a abouti.

Pourtant, ceux de Giens me manquent. Je leur ai téléphoné mercredi. Fred est toujours là, mais il va partir à Paris pour l'AG (entre autres). Je le reverrai donc lui aussi. Sonia a été obligée de revenir à Giens après une semaine. Elle a raté la rentrée de la faculté. Lætitia est rentrée aussi, après avoir fait une première cure, inefficace, chez elle. Je leur ai parlé à tous les trois pendant un peu plus d'une demi-heure. Lætitia m'a parlé de Jean-Jacques. Elle espérait encore pour lui. Elle espérait que, comme Gilles, il pourrait s'en sortir. Hélas, je suis presque sûr que Jean-Jacques n'a jamais été en liste d'attente depuis sa première greffe. Je le lui ai dit. Ai-je bien fait ? Cela va ébranler encore plus sa confiance en Noirclerc. De toute façon, elle est libre de son choix. Au téléphone, elle n'avait pas l'air trop ébranlée. Mais elle m'a dit que c'était dur pour elle !

Ils me manquent. Sonia surtout. J'ai l'impression d'être amoureux d'elle.

Depuis la dernière fois, j'ai repris les cours. J'ai bien fait de changer de section : « A » me convient mieux que « S ». Je m'y sens plus à l'aise. La classe est sympathique. Je commence à reconnaître et à repérer les gus. Les journalistes sont venus me filmer le jour même de la rentrée. Ça a, effectivement, été assez cocasse, mais pas aussi gênant que je ne l'aurais cru. Après j'ai expliqué en classe que j'avais été trois ans à l'hôpital, mais sans leur en dire plus. Cependant, je sais qu'une femme qui est à l'AFLM a son fils dans ma classe. Il a donc dû tout leur dire, car depuis lundi je n'ai plus eu de questions. Ou alors, ils ne sont vraiment pas curieux.

J. B. a un peu évolué. La discipline est toujours forte, mais le fait que les filles soient acceptées a amélioré l'ambiance. Moi, ça me fait tout drôle de les voir au bahut. Je n'ai pas l'habitude. Mais, comme à Giens, c'est d'abord avec elles que je parle.

Ma classe est sympathique et bigarrée : il y a vingt-huit personnes, une Noire, Josiane, une Suédoise, Sarah, et une Française qui a vécu au Zaïre, Véronique. Plutôt bigarré !

Un des garçons de ma classe est absent cette semaine. Son père s'est tué, le week-end dernier, en voiture. Même ici la mort frappe ! Elle est partout évidemment.

C'est ce que j'ai dit au journaliste : « Les seuls moments de désespoir que j'aie connus, c'est à la mort de mes amis. » Pour une fois, je n'ai pas dit trop de conneries. On verra ce qu'ils en feront. Wait and see…

D'ici là je vais continuer à m'éclater et à profiter de cette forme que j'ai. C'est quasiment miraculeux. Chaque jour, je vais à mon studio sans être essoufflé. Je fais des tas de choses dans la journée et, si le soir je m'endors rapidement, cela n'a rien à voir avec cet épuisement continuel d'avant la greffe ! Hier, j'ai même fait du sport à l'école : du volley-ball. Bien sûr, j'étais nul, mais physiquement je l'ai très bien supporté. Je ne tousse plus. Je respire pleinement. C'est bon.

Et, hier après-midi, avec ma voiture, je suis allé acheter des livres (le volume un de l'intégrale de Lovecraft : du fantastique du meilleur choix) et des posters. Là aussi, j'ai traversé Rouen sans fatigue, marché presque trois heures sans être essoufflé. Je goûte à la vie. Je suis plus indépendant. Je vais où je veux. Je suis libre. Libre de marcher, de courir, d'aller voir mes cousines ou de travailler. Libre et heureux. J'ai l'impression que le monde s'ouvre à moi et qu'il m'attendait.

Je n'oublie pas Giens. Loin de là. Mais je suis aussi heureux que je puisse l'être.

le 22.10.91 – mardi, 18 h 30

Je suis allé samedi dernier à l'AG de l'AFLM. J'ai revu Stéphane, Frédéric, Sofia, Ludivine, Denis. Ceux qui sont mes grands amis ou de bons copains. Il y avait aussi Stéphane Zanna, Valérie Portuguez (tous deux très sympa) et puis Tof et sa nana, Georges, Florence… Bref, les autres. Je n'ai revu tout le monde que peu de temps. J'avais été malade vendredi et je ne suis donc resté que de 15 à 19 heures. J'ai aussi revu Mme Piraud, et Læti m'avait écrit un petit mot. Ce fut une belle et bonne journée, même si, obligé d'assister à des conférences, je n'ai pas pu trop discuter avec les autres. Qu'importe ! Les revoir m'a fait plaisir.

Les exposés sur l'avenir des soins de la muco sont, apparemment, encourageants. C'est M. Navarro, le médecin de Nathalie, qui nous a fait l'exposé. Mais il a dit que les malades dont l'infection avait eu des répercussions anatomiques sur les poumons n'avaient que la greffe comme solution. Il a donné quelques chiffres : on en est à 60 % de survivants à quatre ans de post-greffe. Ceux qui sont au quatrième mois ont fait le plus dur. Parmi eux, seuls 15 % meurent dans les deux années à venir. Ces chiffres sont plutôt bons. Un autre chiffre important : depuis le 1er janvier 91, Noirclerc totalise 80 % de réussite. Heureusement ! La vie de tant de gens repose dans ses grosses mains !

Celle de Nathalie, qui m'a gentiment écrit, pour me remercier de lui avoir dit ce que je pensais de la greffe. Ça m'a fait plaisir de savoir que je l'avais aidée. Elle aussi, elle en vaut la peine.

Hier, j'ai téléphoné à Giens. J'ai eu Lætitia qui n'a pas le moral. Elle est fatiguée et sa saturation baisse malgré les perfs. Elle m'a dit une phrase qui m'a fait mal ; un truc du genre : « On verra comment ça va finir. » Terrible ! Je ne veux pas que ça finisse… J'ai aussi parlé à Sonia.

Sonia à qui je pense beaucoup. J'ai toujours eu des amours imaginaires, comme avec Juliette. Imaginant une relation improbable, en partie à cause de ma timidité. J'ai aimé beaucoup de filles ainsi : Romane, fille d'amis de mes parents, Juliette, Martine, et maintenant Sonia.

Or, hier soir, elle m'a invité chez elle pour son anniversaire. Ça ne veut peut-être rien dire. Qu'importe, c'est déjà beaucoup. J'espère vraiment y aller. Hier, maman n'avait pas l'air contre, malgré mon infection. Si j'y allais, ça serait vraiment formidable. Sonia est vraiment un fille extra. Je crois qu'elle est toujours avec Hervé, mais je n'en suis pas sûr. De toute façon, même si je n'y vais qu'en ami, je serai déjà heureux. Mais je l'aime tout de même plus qu'en ami. Une fois encore, la frontière entre amitié et amour est floue. J'étais amoureux de Juju, mais elle m'a déçu. Sonia est plus constante qu'elle. Sonia a toujours évité les mucos-bourrés, ou, du moins, n'a jamais été dupe ni subjuguée par eux. Sonia… j'ai hâte de la revoir.

Et Juliette, elle, a eu un grave pneumothorax. Elle est à l'hôpital de la Conception à Marseille pour se faire talquer, comme Chantal, quelques semaines avant ma greffe. Ça doit être dur pour elle. Moi qui ai eu ma dose de pneumothorax, je sais de quoi je parle. Ce soir, je vais essayer de lui téléphoner.

La vie continue donc. L'école me réussit moralement, mais pas physiquement. Je ne peux pas faire autant de sport qu'en été et je tousse un peu. Est-il sage d'aller chez Sonia ?

Certainement pas. Surtout si je concrétisais mon désir. Mais, pourtant, je sais pertinemment que, si je peux, j'irai. Est-ce à dire que je recommence les mêmes erreurs que Jean-Jacques ? Peut-être.

Mais, moi, j'ai une chance que n'a pas eue Jean-Jacques, c'est que Sonia soit greffée. Après, rien ne nous séparera plus. Si ce ne sont les kilomètres et mon éternelle timidité.

le 25. 10. 91

C'est foutu. Je n'ai plus aucune chance d'aller à Gap pour l'anniversaire de Soso. Colette a téléphoné à Barthélémy* pour lui demander son avis. Évidemment, il a dit non. Paraît que les

---

* Médecin des hôpitaux de Marseille.

mucos non greffés sont porteurs d'un pseudomonas multirésistant et increvable.

Apparemment, une fois qu'on l'a attrapé, on est mal barré. Il a fait allusion à Jean-Jacques, ce serait une des causes de sa mort. Pauvre Lætitia. Si c'est vrai, c'est horrible. Mais je ne le lui dirai jamais. Et puis, pour Jean-Jacques, tout allait de travers.

Quoi qu'il en soit, ce soir je suis triste. Au lieu d'évoquer « le bon temps » avec Soso, je vais rester là. C'est plus que de la déception, c'est de la peine. Depuis l'autre jour, je ne pensais qu'à ce voyage. Il faut que j'attende que Sonia soit greffée pour la revoir. Dieu, faites que tout aille bien ! Je vous en supplie. Je l'aime, Sonia.

La muco m'a permis de la rencontrer et maintenant c'est un obstacle. Chienne de vie. Avant, à chaque fois qu'un truc un peu risqué, mais attrayant, se présentait, je réussissais à le faire et sans dommage : la Corse, aller à la réunion des adultes mucos, aller au resto avec eux, etc. Mais, cette fois, ça a raté. Et ça me désole. C'est sûrement plus sage ainsi, bien sûr. Mais c'est tellement moins chouette. La seule chose qui me console un peu, c'est de penser que je sacrifie un week-end avec elle pour mieux la revoir par la suite. A Marseille en post-greffe, et puis à la maison ou chez elle, pour son dix-neuvième anniversaire.

J'ai comme une impression de vide dans la poitrine. Et ce vide, aucune partie de jeu de rôles, aucune sortie ciné, aucun livre, aucune BD ne saurait le combler.

Je compte bien, plus tard, prendre ma revanche sur cette occasion manquée. Sonia, on se reverra. Je le jure.

Ah oui ! Je suis en vacances depuis trois heures. Pour la première fois depuis trois ans, cela revêt un aspect concret. Le plus drôle c'est que je redoute un peu ces vacances. Je n'aurai même pas l'école pour m'occuper l'esprit.

Giens a laissé sur moi des traces indélébiles. Il est fini le temps où, quand mon esprit dérivait paresseusement, je pensais aux films et aux parties de jeu de rôles. La greffe, la vie, la maladie, la mort, mes amis… Tout cela ne cesse de me revenir.

Ça m'obsède. Loin d'eux, j'ai l'impression de ne plus être vraiment moi. Une part de moi est restée sur la presqu'île de Giens. Une part de mon âme, de mon innocence, et de mon cœur.

le 3. 11. 91 – dimanche, 22 heures

Ma semaine de vacances s'achève ce soir. Je ne suis pas allé chez Sonia. Pourtant, ce soir, je suis plus proche d'elle. Je suis à Marseille pour le bilan des six mois. J'ai retrouvé la chambre 209, téléphone 53 24. Celle que j'avais la dernière fois. Je dois dire que, mis à part lundi dernier, j'ai réussi à m'occuper l'esprit. Je suis allé à Rouen acheter des trucs, trois fois au cinéma, deux fois chez Law et Akowod faire une partie de *Stars Wars* (que nous finirons la semaine prochaine) et une fois chez Thierry. Samedi, des gens de la famille sont venus déjeuner, et aujourd'hui je suis à Marseille.

J'ai écrit à Sonia pour lui dire que je ne pouvais pas venir. Si tout s'est passé comme prévu, ce soir elle est à Marseille dans son studio pour reprendre la fac demain. Elle fait un DEUG « B ». Je l'appellerai donc demain à son studio (elle m'a envoyé son numéro de téléphone). J'ai dans la tête une idée un peu folle : demander une permission un après-midi et aller la voir…

Plein de choses m'en empêchent, mais le simple fait d'échafauder des plans pour le faire m'amuse. J'ai un autre rêve : c'est le week-end de la Toussaint, le plus meurtrier de l'année. Et si elle était greffée cette semaine ? Si je l'accompagnais au bloc comme l'ont fait pour moi Jean-Jacques et Lætitia ?

Encore un rêve ! D'autant que, par expérience, je sais que les greffes surviennent quand on les attend le moins. Pourtant, tout à l'heure, j'ai cru entendre la voix de Noirclerc dans le couloir et j'ai bien failli y croire.

Dans la chambre d'à côté, il y a toujours Anna-Rita. Elle n'est pas partie depuis tant de temps. Pourtant, elle avait le sourire ce soir. Elle cherche un appartement à Marseille, pour être plus près de l'hôpital. Elle fait ce que je veux éviter le plus possible : changer mon cadre de vie à cause de ma santé.

La muco a eu mon corps, puis mon esprit. Elle a blessé mon cœur et envahi ma vie. Si elle me forçait à changer de cadre de vie, que me resterait-il ? Que resterait-il de celui que j'étais il y a tout juste cinq ans ?

La semaine dernière, j'ai eu une sorte de période de crise avec mes parents. Ils étaient toujours après moi à vérifier si je faisais mon sport, ma kiné, si je chiais bien, etc. Ils m'ont mis hors de moi. Je les ai envoyés promener pendant trois jours, puis ils m'ont un peu lâché la grappe, mais ça a été dur. J'en avais vraiment ras le cul. Ça, plus la tristesse de ne pas voir Soso, je n'avais pas trop le moral. Mais je ne sais pas trop comment, c'est revenu peu à peu.

Nathalie va mal ; elle est très fatiguée. Je l'ai appelée deux fois à la demande de Noirclerc et vais continuer à l'appeler d'ici. Elle vit quelque chose de terrible. Comme François cet été. J'espère juste pour elle que cette attente ne se transformera pas en agonie.

Ce soir encore la greffe m'obsède. Elle me torture bien plus maintenant qu'avant. Avant, j'étais décidé. Même si j'ai eu différentes périodes difficiles, je pense qu'au fond de moi j'ai toujours voulu la greffe et su que c'était ma seule porte de sortie. Mais maintenant que je suis derrière, je me dis que si ça n'allait pas je ne pourrais rien faire de plus. J'ai joué mon va-tout. Du coup, chaque signe de rejet ou d'infection m'angoisse et il en faut peu, en général, pour que je me voie à l'article de la mort. Même si je sais que c'est stupide et que je n'ai pas de gros problèmes, je suis sur le qui-vive, guettant chaque symptôme de chute, à l'écoute des réactions de mon corps. La greffe, c'est une bataille. Ce n'est pas la fin de la guerre. Pourtant sans elle, c'est la mort, inévitable pour tant d'amis.

Lorsque j'ai rencontré Stéphane en 90, il se plaisait à répéter la phrase leitmotiv d'*Highlander* : « there can be only one ». Parfois, j'ai l'impression d'être celui-là. Le dernier survivant. J'ai l'impression que moi seul resterai pour raconter et dire ce que nous avons vécu. Tous. Je les aime. Je veux la vie. La vie avec eux. Eux tous.

Cette nuit, j'ai rêvé que je revenais à Giens, que je croisais des anciens amis et qu'on me disait : « Unetelle est morte, Untel aussi. » En me réveillant, j'ai pensé à Audrey (pourquoi elle ? Parce qu'elle est passée à la télé il n'y a pas très longtemps peut-être… Mais elle n'était pas seule dans l'émission)… Je me suis réveillé et je me suis dit : « Elle est morte. »

C'est complètement irrationnel. Ce n'est qu'un cauchemar parmi d'autres. Mais quand je dis que la muco a envahi ma vie, elle a même envahi mes rêves. Bien sûr, ça ne date pas d'hier, mais parfois j'envie Laurence qui ne semble rêver que de super-héros et de dragons !

J'ai écrit pas mal depuis tout à l'heure. Et je m'aperçois qu'une fois de plus je m'apitoie sur moi-même.

PUTAIN ! Johann, tu devrais avoir honte ! Où tu vas comme ça ? Cesse de pleurnicher et profite plutôt de la vie !

La solitude me pèse. Pourtant, je ne suis pas vraiment seul. Mais je n'ai plus personne avec qui partager mes peurs et mes espoirs. Plus personne qui soit proche de moi et qui ait vécu la même chose. Je ne suis pas vraiment entouré non plus. J'ai un peu une impression de vide. Une envie d'aimer quelqu'un, de tout lui dire, sans retenue ni pudeur. J'ai envie d'aimer, d'embrasser. De serrer dans mes bras, de réconforter et d'être réconforté. Je suis comme tout le monde.

le 14. 11. 91 – jeudi, 17 h 30

Aujourd'hui, cela fait six mois que j'ai été greffé. Pour quels résultats ?

Je respire librement. Je vais à l'école. Je suis plus indépendant, moins couvé par mes parents. « Je vais vers mon autonomie », comme m'a dit Noirclerc jeudi dernier, lors de ma visite de sortie, après avoir passé mes examens (qui sont tous bons). Je revis donc.

Pourtant, tout n'est pas rose : sur le plan médical, je traîne une mini-infection qui revient dès que j'arrête les antibiotiques (per os) plus d'une semaine. Je n'ai donc pas de suivi scolaire régulier (quoique, dans le fond, je m'en fous un peu). Cette semaine, c'était la semaine des examens trimestriels au bahut. Jamais je n'étais allé à ces examens plus relax. J'ai tellement relativisé les choses que je m'en moque un peu. Mais, néanmoins, ces retours de fièvre réguliers m'emmerdent.

A Marseille, j'espérais secrètement voir arriver Sonia pour qu'elle se fasse greffer. Après tout, c'était le week-end du 11 novembre, le plus meurtrier de France…

Il y a bien eu une greffe, mais ce n'était pas Soso. Dieu merci. Car ça s'est mal passé. M. Decray est mort. C'était un type sympa qui attendait à Marseille depuis janvier. On avait discuté ensemble en septembre. Il était allé à Giens, n'arrivait pas à savoir si – oui ou non – il avait la muco. Maintenant, il n'a plus rien. Encore un type sympa qui crève.

A Marseille, j'ai fait plus ample connaissance avec Anna-Rita. Elle a encore la tuberculose, mais n'est plus contagieuse. Le dernier soir, on a discuté ensemble jusqu'à 1 heure du mat. Malgré l'obstacle de la langue on a réussi à se parler. Anna-Rita est gentille et très sympa. Je regrette de ne pas avoir vraiment lié connaissance plus tôt avec elle. Elle va louer un appartement à Marseille pour ne pas finir son traitement (des antibiotiques per os) à l'hôpital. Elle en a encore pour quatre mois ! Je la reverrai dans quinze jours, lorsque je reviendrai pour me faire, à nouveau, dilater mon artère.

Anna-Rita a elle aussi connu la mort d'amis et, pire que tout, de son frère. A la suite de ça, elle a eu plusieurs rejets importants. Maintenant, c'est fini, mais elle a attrapé la tuberculose. Je ne l'ai jamais écrit je crois, préoccupé surtout par Jean-Jacques et Læti, mais elle était là ce 13 mai.

A Marseille, j'ai aussi voulu aller voir Sonia. J'ai acheté une carte détaillée de la ville. Sa rue est près de la gare Saint-Charles, elle-même desservie par le métro. Je lui ai téléphoné une première fois le mardi soir. Puis, le lendemain, sachant que je pouvais avoir une permission pour le jeudi, j'ai essayé de me faire inviter. Mais elle avait cours le jeudi après-midi. Dégoûté ! Le sort s'acharne. J'avais tout prévu, même un gros mensonge pour justifier ma balade : aller voir un magasin de jeux de rôles dont j'avais l'adresse.

En plus, maintenant, toute l'équipe marseillaise va être au courant ! Lors de la visite, j'ai méchamment gaffé.

Noirclerc regardait mon cahier de post-greffe. J'avais failli venir une semaine plus tôt parce que les mesures du peak-flow et du respirex baissaient. Comme Noirclerc est convaincu que le moral joue un rôle prépondérant dans tous les phénomènes de rejet, il a voulu vérifier s'il y avait corrélation entre cette baisse et mon moral. Et il y avait. Alors il a voulu savoir pourquoi... Je lui ai dit la vérité.

A savoir que c'était ma mère qui, à force de se préoccuper de ma santé, me stressait, et que j'avais été mécontent de ne pas aller chez Sonia.

J'aurais mieux fait de la fermer.

Il a répondu qu'il fallait que j'attende qu'elle soit greffée pour la voir. Et, comme ce n'était pas la première fois que je lui parlais d'elle, il a ajouté, d'abord à l'intention des nouveaux internes : « Sonia est une de ces personnes attachantes que l'on doit greffer rapidement. »

J'ai commencé à rougir. Puis il a ajouté : « C'est ta petite amie ? » J'ai balbutié que non, mais j'ai senti mes joues s'empourprer.

A tel point que, de retour dans ma chambre, même Anna-Rita m'a demandé pourquoi j'étais tout rouge !

En plus, lors de cette visite, il y avait tout le monde : le psy, Barthélémy, la kiné, les internes, la diététicienne... J'aurais mis une affiche dans le couloir pour annoncer : « Johann est amoureux de Sonia », ça n'aurait pas été pire.

J'espère qu'ils ne lui en parleront pas.

Et, pour en finir avec cette semaine, j'ai été pris dans les grèves d'Air-Inter. Au lieu d'arriver à 16 heures à Orly, je suis arrivé par le TGV gare de Lyon à 20 heures, sans avoir eu le temps de téléphoner à la maison. Heureusement, j'ai réussi à joindre Colette qui a dit à Yannick, lorsqu'il l'a rappelée d'Orly, où j'étais. On est rentrés à 1 heure du matin à la maison.

Pendant mon absence, Colette avait reçu l'agrandissement d'une photo que j'aime particulièrement. C'est une photo de Giens prise en mai 90.

Dessus, il y a une partie de mes meilleurs amis : François, Frédéric, Sonia, Stéphane et Lætitia. Il y a aussi Didier que je n'ai vu que cette fois-là et qui était plutôt cool et puis Annie. Celle-là je ne l'aime pas trop, mais comme on ne la voit pas trop sur la photo, ça va.

Aujourd'hui, j'ai six mois révolus de greffe. Et ce qui me manque le plus, ce sont eux : mes amis. Chaque jour loin d'eux augmente un peu ma nostalgie. J'ai téléphoné à Lætitia hier. Elle est malheureuse. Elle n'a plus de but. Jean-Jacques mort que lui reste-t-il ? Ses amis ? Juliette qui est toujours à Giens à cause de son pneumo. Il a été talqué mais elle ne sort toujours pas. Pas même en permission. Stéphane, Anne, moi ?

On est loin. Elle est seule. Elle ne sait que faire. La greffe ? Elle y songe, mais n'est pas décidée. Et si elle la fait, ce sera à contrecœur. J'avoue que je ne sais pas si elle s'en sortira. J'ai peur pour elle. Et que puis-je faire ? La pousser à la greffe ? Je ne pense pas que ce soit une bonne solution. Mais sinon, elle et moi savons trop bien comment cela finira.

C'est trop. J'ai peur. Je voudrais que la vie soit plus facile. C'est trop de peine, d'angoisses, de larmes et de souffrances. Que deviendrons-nous ? Qu'est-ce que tout cela veut dire ?

Hein ? Lætitia, sois forte. Si tu en as encore le désir…

Je ne voudrais pas finir là-dessus. Parce que ce que l'on écrit m'a toujours paru prendre, par le simple fait que l'on en garde la trace, une certaine réalité. C'est absurde peut-être, mais je ne peux pas me défaire de cette impression.

Je ne voudrais donc pas finir par cet espoir de désespoir. Mais je ne vois pas quoi rajouter. Parce que, lorsque je regarde attentivement, je ne vois pas de raison d'espérer.

Ou si peu.

le 20. 11. 91 – mercredi, 16 heures

Je commence à avoir une idée de la classe où je suis. Globalement, ils sont quand même un peu légers. Il y a le style : « Je ne suis préoccupé que par mes notes. » Il y a le genre : « Je suis jeune, je déconne gentiment. » Il y a le style : « Vive le foot. »

Mais quelques-uns se dégagent du lot :

Guillaume, mon voisin de math, a l'air sympa, même s'il déconne parfois pas mal. En fait, ce qui m'a plu chez lui, c'est que c'est le seul qui s'est demandé (avec un dénommé Cartier aussi) ce que j'avais. Il est en tout cas sympa et semble avoir de la conversation en dehors des histoires purement scolaires, du foot et de ce genre de choses.

En fait, seuls un ou deux ne semblent pas sympa.

Mais de tous, la fille la plus intéressante est visiblement Héloïse. Elle paraît plus mûre que beaucoup, elle est sympa, prête à rendre service. Ce sont les seules, avec sa copine Sabine, avec lesquelles j'ai eu une vraie conversation sur la greffe. Je sais qu'Héloïse veut faire médecine, mais elle ne semble pas avoir posé ces questions uniquement pour ça. Quoi qu'il en soit, c'est une des rares personnes que je retrouve avec plaisir. Les autres sont trop inconsistantes.

Nathalie est en réa à Paris. Elle est intubée et attend toujours. Ça devient vraiment critique comme situation. La pauvre, ça doit vraiment être dur pour elle et sa famille. Je lui ai écrit la semaine dernière pour essayer de la soutenir. J'essaierai de le refaire cette semaine.

Mme Piraud a téléphoné à Colette pour avoir de mes nouvelles. Elle lui a dit que Sonia est revenue à Giens. Sonia ne va pas mal ; elle est revenue à temps. Que Noirclerc se dépêche, c'est tout ce que je demande. Mis à part ça, rien de neuf.

A J. B. c'est l'excitation de la fin du premier trimestre et les élèves tentent de deviner qui sera le meilleur d'entre eux. Personnellement (même si, et c'est normal, il est toujours préférable d'être dans le lot de tête), je m'en fous un peu. Ils veulent être premiers. Qu'ils le soient !

Heureusement que l'école est là pour retenir mon attention un minimum, sinon je crois que, rapidement, je déprimerais. Lorsque je suis seul je n'arrête pas de penser aux autres. Ils me manquent. Souvent, en cours, je regarde ma montre et je me dis : « Tiens, à Giens, ils doivent faire ci ou ça. » Non pas que je préférerais être malade. Mais à quoi cela sert-il de respirer librement et d'avoir la vie devant soi si l'on ne peut pas la partager avec qui on voudrait ?

le 01. 12. 91 – dimanche, 21 h 30

Comme à chaque fois que je reviens à Marseille, je passe ma première soirée à remettre à jour mon journal.

Or donc, je suis revenu à Marseille plus tôt (beaucoup plus tôt que prévu). Pour la première fois depuis ma greffe, je me sens physiquement atteint : essoufflé et oppressé. Surtout lorsque je fais des efforts, comme de monter des escaliers, porter une valise ou faire mes dix minutes quotidiennes et minimum de sport.

Ce qui se passe exactement, je le saurai cette semaine : au programme il n'y a que deux examens, les EFR et la scintigraphie. Évidemment, avec leur organisation habituelle je vais devoir attendre mercredi pour faire la scinti. Mais je crois que, dès demain, je serai fixé.

Rejet ou infection ? Infection ou rejet ?

Les deux, mon capitaine.

Ce soir je fais le mariolle, mais je n'ai pourtant guère le cœur à rire. Cette semaine fut pénible. Ce sentiment de solitude n'a fait qu'empirer, jusqu'à atteindre les proportions d'une mini-déprime. L'ennui. La séparation de ceux qu'on aime. Dur.

Ce soir, je suis là, à l'hôpital. J'ai la chambre 208, juste en face de celle que j'occupe en général. C'est dans cette chambre que j'ai été prémédiqué pour la greffe. C'est ici aussi qu'était Sophie.

Justement, en arrivant j'ai demandé à l'infirmière qui m'a dit qu'elle était là ! En permission, comme Xavière. Toutes les deux sont essoufflées. Xavière est infectée. Sophie aussi probablement. Si elle avait un rejet, elle n'aurait pas le droit de sortir.

Anna-Rita est à son appartement.

J'espère les revoir. Sophie surtout, avec qui j'ai plus d'atomes crochus.

C'est curieux, mon spleen de ces dernières semaines vient de la solitude, alors qu'à J. B. je rencontre des tas de gens. Pourtant c'est ici, à l'hôpital, que je me sens presque plus vivant. C'est un peu chez moi ici. J'y ai presque plus ma place que dans ce lycée où je ne parviens pas à m'intégrer.

J'ai reçu une lettre de Stéphane Adam. Lui aussi a l'air plutôt découragé. C'est le spleen. Est-ce la saison qui veut ça ? A Bosc, on n'a presque pas vu le soleil de la semaine. Il était toujours caché derrière un brouillard terne et triste. La vie n'est pas vraiment drôle ces jours-ci. Pourtant, ce qui m'a sorti de ma déprime, le déclic qui m'a aidé à surmonter ce sentiment de futilité, c'est bel et bien la mort. Paradoxalement, elle m'a sauvé de mon marasme. Pas parce que j'avais peur. Non. J'envisageais même le suicide. Oh, pas réellement bien sûr, mais je m'imaginais, avec une complaisance malsaine, le moyen d'en finir et de rejoindre les copains. Ailleurs.

Puis d'un coup, j'ai pensé à Sonia et à François, à tous. Et je me suis dit que j'étais en quelque sorte leur espoir, leur but. Je dis ça sans orgueil. C'est juste que je vais bien après ma greffe. C'est un privilège. D'une certaine façon, je suis important pour ceux qui attendent. Nathalie me l'a prouvé. Et pour ceux qui sont morts aussi. A travers moi, ils vivent un peu. Si je me tuais, je les tuerais une deuxième fois. Depuis, j'ai repris le dessus. J'arrive à Marseille avec l'intention ferme de me soigner physiquement.

Si possible, moralement aussi.

Avant je vivais pour la greffe. Il me faut un nouveau moteur. Je ne sais pas s'il a pour nom Sonia ou Héloïse ou Germaine… Je sens que c'est d'une amie dont j'ai le plus besoin. A tel point que je me suis entiché d'Héloïse, la fille la plus mûre de la classe, celle que je sens la plus proche de moi. Je ne crois pas être vraiment amoureux. Au point où j'en suis, je crois que je pourrais tomber amoureux de n'importe qui – ou presque.

Ça me fait un peu peur ! Pour l'instant, il me faut retrouver cette respiration facile et agréable.

Après on verra.

Aujourd'hui commence le mois de décembre. Le 14 ça aurait été l'anniversaire de Martine. Je pense beaucoup à elle ces jours-ci. Je n'ai jamais arrêté de penser à elle, mais cette date qui approche me la rend encore plus présente à mon esprit. Dire qu'il y a un an, on était ensemble à Giens…

La veilleuse vient d'entrer. Elle a pris les restes de mon dîner et m'a apporté du tilleul.

J'ai vu Xavière, alitée dans la chambre 209 et, à côté, j'ai entr'aperçu Mme Lacombe. Il y avait de la lumière depuis mon arrivée dans la chambre. Sophie était-elle vraiment en permission ? Je n'ose pas aller la voir ce soir. Je ne sais pas si je dois me protéger ou la protéger de mes microbes. Résultat, je suis ici comme un con, tout seul dans ma chambre. Demain, j'essaierai de me renseigner et d'aller voir Sophie. Je n'ai rien à dire à Xavière.

Alors, voilà. De retour à Marseille. J'espère que ce séjour, long ou court, me permettra de récupérer, de recharger mes accus. Drôle de vie où je vais me ressourcer à l'hôpital. Pourtant, chez moi, mes parents m'exaspèrent plus qu'autre chose. A J. B. j'ai l'impression d'être chez des gosses (au fait : mort de rire ! Moi qui me fous des places, je suis le premier de la classe. C'est trop drôle !). Il y a bien mes cousines, mais je ne les vois qu'une fois par semaine et, le reste du temps, je replonge dans mon marasme.

En fait, la solution la meilleure et la plus simple serait d'enfin m'intégrer à J. B. Mais j'ai mis longtemps à me faire à Giens. Il me faudra autant de temps – si ce n'est plus – pour me réadapter à J. B. Un détail amusant : comme je tiens secret ce journal, j'ai étalé mes affaires de classe sur la table et je fais semblant de travailler sur Voltaire.

le 6.12.91 – vendredi, 21 heures

Bravo ! Au jeu du greffé crétin j'ai gagné un joli rejet. Pourtant, plus les jours passaient, plus je pensais y échapper. J'étais moins essoufflé. Je tenais bien sur le vélo d'appartement de la salle de gymnastique de l'hosto. Mais on n'échappe pas à son destin (sic !).

Quoi qu'il en soit, les examens normaux n'ont pas suffi pour déceler mon rejet. Il a fallu la biopsie. Ce soir, je suis donc à Sainte-Marguerite, je m'empiffre de pop-corn en regardant le « Téléthon 91 ».

La semaine fut riche en événements. Elle fut paradoxalement meilleure que celle d'avant, où j'étais à J. B.

J'ai revu Sophie, la première greffée, avec qui j'ai bien rigolé cette fois-ci encore. Dimanche, je ne l'ai pas vue. Lundi, je l'ai entrevue. Le soir, je n'ai malheureusement pas osé aller la voir. Elle était avec sa mère qui dormait dans sa chambre. Le mardi, ça a été l'éclate. On a déliré toute la journée et jusqu'à 1 heure du mat. J'ai retrouvé cette ambiance façon Giens. J'étais bien. Heureux. Elle est partie le lendemain. J'ai aussi parlé avec Xavière. Elle a une bronchiolite. Il va falloir la regreffer. Elle sera sur la liste en janvier. Jusqu'ici seul Gilles a survécu à cette épreuve. Mais elle a le moral, elle rigole de son sort et ça c'est un encouragement. Elle a du cran, il faut le reconnaître et même si je n'ai pas toujours été très proche d'elle, hier soir, alors que j'étais dans sa chambre avec elle et sa mère, je l'ai redécouverte et elle m'a impressionné. Ce soir, elle est chez elle et tant mieux.

Le roman de ma vie continue. L'insolite a encore frappé.

A 18 h 15, hier, on a tiré trois coups de feu sur l'hôpital. Comme l'a dit Xavière : « Il y a trois mille chambres et c'est sur la mienne qu'on tire ! » Deux impacts de balles sur la fenêtre de la chambre ! Les policiers sont venus. Ils disent que c'était du 22 long rifle. D'après eux, on a tiré depuis les hauts immeubles en face. Marianne, une des infirmières, était dans la chambre. Il paraît qu'elle a eu une frousse du diable. Comble de l'ironie, après l'incident, Xavière est venue la trouver et lui a dit : « Tu veux que je te prenne ta tension ? »

C'était plutôt cocasse. Quoi qu'il en soit, on a vraiment tiré sur l'hôpital. La voiture d'une infirmière a aussi été touchée. Faut être malade pour tirer sur un hôpital ! Sans doute des gosses débiles qui ont voulu essayer le flingue de papa.

Les flics sont donc venus : on se serait cru chez Derrick. Après l'attaque du QG d'Aoun, Xavière va finir fichée au grand banditisme international !

Quant à moi, après un départ plus que précipité de Sainte-Marguerite pour avoir le vol de 16 h 50 et profiter du VSL commandé par Xavière et sa mère, je suis arrivé à l'aéroport. Là, à la sortie du VSL, j'ai entendu qu'on faisait une annonce à mon nom. Je me suis présenté au comptoir information. On m'a dit de ne pas partir pour Paris et d'appeler le secrétariat du professeur Noirclerc. C'est là, dans l'aéroport de Marignane, que j'ai appris officiellement (car intuitivement je le savais déjà) que j'avais un second rejet.

J'ai donc laissé Xavière et sa maman pour repartir en taxi (un fumeur bourru et mal embouché) jusqu'à l'hôpital. J'ai réintégré ma chambre. On m'a posé une voie centrale et demain matin on commencera le traitement : des corticoïdes à haute dose et des antibiotiques pour éviter toute infection qui pourrait découler de l'anéantissement artificiel de mes défenses immunitaires.

J'écris ce soir, car demain ma mère sera avec moi et je ne pourrai pas écrire.

Dans la chambre 210 qu'occupait Sophie se trouve, ce soir, Laurent Siméoni chez qui j'avais passé une chouette journée en 90, après mes pneumothorax. Lui aussi est essoufflé. Il a eu sa biopsie ce matin et doit rester ce soir sous surveillance médicale. Nous avons vu M. Noirclerc ce soir qui revenait, je crois, d'un congrès à Paris. Laurent a aussi un rejet d'après lui… Il rentrera demain matin chez lui, mais risque de revenir lundi se faire soigner comme moi. Enfin, Sophie est repartie chez elle, mais avec des corticoïdes, et elle devra revenir la semaine prochaine si elle tousse toujours.

Sonia est toujours à Giens. Lætitia y est aussi revenue. Elle est avec Valérie Portuguez avec qui elle avait sympathisé la dernière fois.

La vie continue. La mort aussi. Je n'ai pas eu de nouvelles de Nathalie depuis longtemps. C'est mauvais signe. Je sais aussi que Rosia, une petite gitane qui venait à Giens, est morte cette semaine à la Timone. Mais l'aventure de la greffe continue. Mardi, l'équipe de Noirclerc a greffé un Italien, qui, aux dernières nouvelles, va bien. Il est au-dessous, en réa.

Pendant ce temps-là, à J. B., des inconscients travaillent. Je leur en veux un peu de ne pas savoir ce qui se passe autour d'eux et, en même temps, je ne peux pas les en blâmer.

J'ai peut-être un rejet un peu plus sévère que celui de septembre, mais j'ai aussi retrouvé le feu sacré auprès de mes amis, de ceux de ma race et des soignants. Ce soir, je me sens fort et prêt à affronter la semaine de réclusion qui m'attend.

Dans un film, *Les Jardins de pierre* de Copolla, il est dit par les héros :

« A nous et à ceux de notre race.

– Y'en a plus des masses. »

Ce soir je n'ai qu'un verre de tisane hospitalière pour trinquer. Mais j'ai envie de lever mon verre et de faire mienne cette boutade militaire :

« A nous et à ceux de notre race.

– Y'en a plus des masses ! »

le 15. 12. 91 – dimanche, 21 h 45

Maman est repartie. Elle est restée toute la semaine avec moi, alors que j'étais dans le secteur stérile. J'ai bien apprécié qu'elle vienne. Elle m'a tenu compagnie et, malgré cette promiscuité forcée, nos rapports sont restés bons. Je ne veux pas dire que mes rapports sont mauvais avec elle mais, en général, au bout d'un certain temps, elle me gonfle. L'amour maternel c'est beau, mais c'est un peu étouffant à la longue.

Pourtant, cette fois-ci, elle n'a pas passé son temps à me couver. Pas de : « As-tu pris ta Cyclo ? » « As-tu pris ta Fongizone ? » « As-tu pensé à pisser dans le bocal ? » « As-tu fait ta kiné ? » « Comment te sens-tu ? » « T'as froid ? » « Tu veux que je ferme les volets ? », etc.

Au-delà d'un certain nombre de questions de ce genre, je disjoncte invariablement. Je n'ai disjoncté qu'une fois en une semaine. C'était la nuit dernière (comme quoi il était temps qu'elle parte).

Samedi après-midi, j'ai été pris de ce qu'il faut bien appeler de très violents maux de tête. A tel point qu'un interne est venu m'ausculter pour savoir si je n'avais pas de méningite, ou si je ne m'étais pas coincé une vertèbre. J'ai eu vraiment mal. J'ai souffert physiquement. Je ne parvenais pas à trouver une seule position qui me soulage. C'était dur. En plus de la nervosité incontrôlée, je n'arrivais pas à conserver mon calme, je me contractais involontairement, remuant comme un damné.

La souffrance physique est intolérable au-delà d'un certain seuil. Elle envahit l'esprit qui, submergé, devient incapable de contrôler le corps…

J'ai cru que je devenais dingue. Moi qui n'avais pas trop la pêche (mon rejet est traité, mais je suis encore gêné pour respirer par moments et surtout fatigué), j'ai découvert qu'il pouvait y avoir bien pire comme situation.

Heureusement, alors qu'on m'emmenait à la radio, la douleur est devenue tolérable, puis a diminué jusqu'à n'être plus qu'une gêne que je pouvais facilement reléguer au second plan. Elle ne monopolisait plus mon esprit. Puis elle est partie. Pourtant j'ai eu peur. Peur que cette douleur soit le signe d'une perte de mes facultés mentales. La douleur me torturait tant que je me débattais sur mon lit pour tirer ma tête de cet étau invisible. J'aurais fait n'importe quoi pour ne plus avoir mal. Cette pensée a pris le pas sur toutes les autres. Je ne parvenais pas à me calmer.

J'ai fait une espèce de minicrise de nerfs. J'ai pensé à Jean-Jacques. Oh oui, j'ai pensé à Jean-Jacques et à ses gémissements, ses pleurs et ses cris, lorsqu'un soir, en août, il a eu une crise. A ce moment, j'ai cru que mon ami était devenu fou. J'ai su qu'il était allé trop loin dans la souffrance. Que jamais plus il ne serait le même. C'est peut-être ce soir-là que j'ai su, inconsciemment, qu'il allait mourir.

Et hier, c'est moi qui hurlais et vociférais. Je me suis dit : « Je vais crever. » Oh, pas tout de suite, mais dans quelques mois. Dans quelques crises… Ce soir encore, écrire cela m'est désagréable et je sens vaguement la douleur revenir. Je continue à écrire. Je n'aime pas écrire pour anticiper quelque chose de désagréable. Toujours cette impression que le fait de laisser trace de quelque chose (même quand ce quelque chose n'est qu'une divagation) porte à conséquence.

Mais peut-être devrais-je, pour une fois, ne pas mentir par omission.

Je le peux puisqu'il s'agit de moi.

Donc, j'ai pris conscience que j'allais crever. Pas dans l'instant mais dans un laps de temps beaucoup trop court. Surtout pour moi. J'ai pris conscience que la vie n'est qu'une suite de réactions chimiques, qu'une mécanique que l'on rafistole au coup par coup. Bien sûr, cela a été dit cent fois. Mais le ressentir viscéralement, c'est autre chose !

Mon corps part en lambeaux. Il se désagrège, se décompose. Les médecins le rafistolent, ôtent et remplacent les pièces défectueuses, mais viscéralement rien ne change et le corps s'achemine vers la fin.

Le corps entame, dès le premier jour, cette lente agonie qu'est la vie.

J'ai eu peur. Jamais je ne quitterai Marseille. Un moment de désespoir. Intense. Atroce.

Mais peu à peu, j'ai repris le dessus.

J'ai voulu évacuer ce souvenir, le laisser de côté. Le soir j'ai lu une BD de super-héros et regardé la télé. Je ne voulais plus y penser de peur de replonger dans cette angoisse. Alors cette nuit, quand maman m'a demandé si j'avais mal à la tête, je suis devenu furax.

Tellement furax que je me suis refait mal au crâne et que mes beuglements ont attiré les veilleurs. Ils m'ont donné un Diantalvic et je me suis endormi pour rêver.

Un rêve dont je me souviens encore un peu ce soir. Un rêve presque aussi terrifiant que celui que j'avais fait en réa.

J'arrivais dans une maison. En Alsace, je crois. Là il y avait la famille de Jean-Jacques. Je revoyais une de ses sœurs et son mari, ainsi que ses parents et pleurais dans leurs bras. Puis nous mangions. A la suite du repas, je me retrouve devant la porte d'entrée de la maison. Là, il y a un panneau. Je ne me souviens plus des détails, mais il était divisé en deux colonnes. Dans la première se trouvaient différents symptômes. En face, il y était inscrit une durée correspondant au temps de vie perdu pour chaque maladie.

fièvre 38° C	5	jours
fièvre 39° C	10	jours
fièvre 40° C	40	jours
mononucléose	1	an
tuberculose		
toxoplasmose		
sténose		
hémorragie		
hépatite		
diabète		
méningite		
bronchiolite	TOTAL	

Le tableau était noir avec de jolies bordures dorées travaillées finement. Aussi macabre que pitoyable et joli. Un petit tableau suspendu par deux chaînettes d'or.

Puis, sortant d'un puits, des tentacules (quatre je crois), dont la consistance était à mi-chemin entre le carton bouilli et les membranes stomacales, nous attaquèrent. L'un d'entre eux s'enroula autour de moi. Je réussis à le mordre et, tirant le cou au maximum, j'arrachais à cette aberration vivante un tentacule terminé par une pince de crabe rouge, gonflée d'une eau croupie qui s'écoula quand l'appendice tomba sur le sol.

Un rêve explicable, reflet de mes angoisses de la journée et de ma lecture de Lovecraft.

Que ressortir de tout cela ?

Qu'en tirer ?

Qu'y comprendre ?

Je deviens quelqu'un d'anxieux. Sans le savoir, je suis constamment sur la corde raide, prêt à plonger. La vie, la mort de mes amis, la souffrance que j'ai côtoyées ont broyé mon âme. Je ne suis plus que l'ombre de l'enfant gai et insouciant que j'étais. Plus que jamais ma bonne humeur et mes rires sont un masque. Je ne serai plus jamais le même. Mais Dieu, puisqu'un jour je dois mourir, que ce ne soit pas comme un chien sur un lit d'hôpital, ayant renoncé à toute dignité intellectuelle. Que je ne finisse pas anéanti moralement. Épargnez-moi cette déchéance !

Depuis longtemps mon corps ne m'inspire pas grand-chose de valable. Bien sûr ; je me défends toujours d'être complexé, mais finalement rien n'est plus faux. Je suis petit, maigre, frêle, maladif... Parfois j'ai l'impression de faire rire, ou encore pire, pitié.

Pitié. Pitoyable. Être pitoyable. C'est l'ignominie absolue. Mais je me suis habitué à mon corps. Parfois, je l'oublie. Jamais tout à fait. C'est sans doute pour ça que je ne suis jamais sorti avec une fille depuis que Véronique m'a jeté. D'ailleurs elle a bien fait. Maintenant je crois qu'elle m'aimait beaucoup plus que moi. Si mon corps me rebute, j'ai pour moi mon esprit. J'apprends facilement ; je comprends assez vite ; je ne crois pas trop mal penser ; j'aime les choses de l'esprit, les livres, les films ; j'aime les joutes d'idées ; j'ai de l'imagination ; j'aime parler, discuter, écrire, lire, voir. Ma culture n'est pas phénoménale mais je suis fier de ce que je sais. Mon esprit fonctionne vite et bien. L'autre soir, paralysé par cette douleur, je l'ai senti dérailler. Et j'ai eu encore plus peur.

Lire, comprendre, découvrir sont des joies fondamentales pour moi. Je ne conçois pas ma vie sans cela. Si je perdais la raison, je veux dire si je perdais mes facultés mentales suffisamment pour m'en rendre compte, mais suffisamment peu pour ne pas oublier, je crois que je me tuerais. Je ne supporterais pas de vivre dans un monde que je ne comprendrais pas. Je ne supporterais pas de vivre dans un monde où je serais incapable d'identifier du premier coup d'œil une publicité d'un film, où je ne pourrais plus parler d'égal à égal avec un autre. Un monde où chaque geste du quotidien serait pour moi une énigme.

Pourtant, c'est cette brèche qui s'est ouverte un instant hier. Et ça me terrifie.

Une trop grande quantité de stress, de peine refoulée trop longtemps pourrait me faire chavirer. Heureusement j'ai une bouée de sauvetage : ce journal.

Plus que le culte du souvenir ou l'ambition de devenir écrivain en m'entraînant régulièrement à retranscrire mes émotions, c'est la thérapie qui est la raison première de ce journal.

Voilà pourquoi j'en ai commencé la rédaction dans une des périodes les plus noires de ma vie. Voilà pourquoi j'ai écrit à partir de ce moment. Celui où après plusieurs mois d'hôpital, de soins, après plusieurs pneumothorax, après un mois d'isolement, cloué sur ce qui prenait des allures de lit de mort, celui où, revenant d'une consultation chez Noirclerc (où j'espérais qu'il allait me promettre la greffe très rapidement), j'étais vraiment au trente-sixième dessous.

J'étais nerveusement épuisé. Et si Stéphane m'a aidé à reprendre le dessus, écrire aussi m'a soulagé. Comme ce soir.

Le texte de ce soir pourrait s'arrêter là. Mais pour ne rien oublier, pour que tout soit dit, j'ai encore quelques faits à rapporter.

Le traitement anti-rejet est fini. Demain je recommence les examens pour savoir s'il a été efficace. Malheureusement, dans la bataille contre mes lymphocytes T, mon pancréas a reçu quelques balles perdues. En d'autres termes, la forte dose de corticoïdes m'a, momentanément, rendu diabétique. J'ai eu des injections d'insuline pendant quelques jours. Ce soir, les hautes doses étaient derrière moi : ma glycémie baisse peu à peu.

Laurent Siméoni est à la Timone. Il a une infection au CMV, mais en a déjà eu et devrait être sur pied pour Noël.

Sophie est revenue cet après-midi. Elle doit refaire son bilan car ils ont trouvé qu'elle avait la toxoplasmose et ils veulent tout revérifier. Elle est dans la chambre 329, au troisième étage. Je suis allé la voir ce soir mais suis redescendu à 9 h 30 car j'avais la dextro (glycémie) à faire et je l'ai trouvée déjà couchée. Elle s'est levée à 5 heures du matin pour venir ici et, même si elle m'a dit avoir dormi dans la voiture, elle doit être fatiguée. En tout cas je la reverrai cette semaine.

Sa mère n'est pas avec elle. Comme elle savait que j'étais encore là, elle a jugé que ma présence lui suffisait. Ce qui m'a fait plaisir. C'est agréable de savoir que les gens apprécient votre compagnie. Surtout quand vous-même appréciez la leur.

Nathalie est morte. Plus personne n'en parle. Elle était en réa la dernière fois et, si elle vivait encore, Noirclerc m'aurait demandé de lui écrire pour lui remonter le moral. Il n'a rien dit.

Noirclerc, lui aussi, traverse une période « un peu dure ». Ce sont ses propres termes. Je ne m'en souvenais plus, préoccupé que je suis par mes propres deuils, mais sa fille est morte l'année dernière d'une tumeur au cerveau.

Et lui qui fait des miracles, à qui tant de gens doivent la vie, n'a rien pu faire pour elle. Elle s'appelait Maud, comme la petite Croce.

Sauver la vie des autres, de gens qui ne sont pas grand-chose pour vous, et être impuissant face à la mort de sa fille !

Si j'écris ça ce n'est pas par indiscrétion mais parce qu'il me semble important que moi, qui ai été sauvé par lui, je profite de cette nouvelle chance. C'est, encore une fois, le moins que je puisse faire. Noirclerc est un géant. Malgré ce qu'on a dit à Giens, c'est un homme exceptionnel. Même s'il n'a pas sauvé Martine, Guy, Jean-Jacques, François ou Nathalie, je l'aime bien. Je l'admire.

Et honnêtement, il est plus digne d'admiration que Schwarzennegger !

le 20.12.91 – vendredi, 21 heures

Je sors demain ! Enfin !

Lorsque j'ai appris la nouvelle de Barthélémy (lui qui n'est pourtant pas très conciliant en général), j'ai été franchement content.

D'autant que je n'osais pas trop y croire, hormis cet après-midi où un heureux pressentiment m'a accompagné. Mais ce n'était pas gagné d'avance. D'autant que la nuit de lundi à mardi fut une des pires que j'aie connues. A minuit, mon mal de tête m'a repris. Un Efferalgan n'a rien fait. Le Di-antalvic non plus.

Une première injection intraveineuse de Dafalgan a rendu la douleur supportable mais pas suffisamment faible pour me permettre de trouver le sommeil. Une seconde injection n'a rien donné. Puis, finalement, ils m'ont filé du Nubrin (la drogue qu'on me donnait en réa).

Une drogue, le mot est juste puisque c'est de la morphine. J'ai eu deux piqûres dans la journée. Depuis ça va mieux, mais j'ai passé une nuit blanche et une journée noire. Je n'ai trouvé le sommeil qu'à 5 heures du matin. La souffrance a été intolérable jusqu'à 3 heures environ et présente jusqu'à 5 h 30. La douleur et le manque de sommeil m'ont épuisé.

Le lendemain, aux EFR je m'endormais entre deux passages dans la salle d'examens.

J'ai dormi toute la journée, n'émergeant que de 7 heures du soir à 11 heures. J'étais tellement fatigué que je ne suis pas allé voir Sophie ce soir-là. Il vaut mieux que je ne l'aie pas vue d'ailleurs, car ma compagnie n'aurait pas été des plus agréables.

Sophie. Sa présence a été un vrai soutien pour moi. Non pas que je lui aie raconté mes malheurs, mais sa joie de vivre, son rire, sa simple présence même m'ont fait bien plaisir et ont égayé cette semaine. Sans elle je crois bien que j'aurais sombré dans la déprime la plus noire. Il y a bien un psychologue ici. Il s'appelle David. Mais je n'ai pas encore en lui la confiance que j'ai en Mme Piraud. Il a trop l'air de faire son métier, de fouiller dans la tête. Avec Mme Piraud, c'est différent. On cause. C'est comme de parler avec un ami en qui j'ai confiance.

Mais honnêtement, que peuvent faire les autres pour vous quand on a déjà tellement de mal à se comprendre ? Grâce à Sophie, j'ai réussi, faute de mieux me comprendre, à revivre un peu les émotions et les souvenirs de Giens. J'aime beaucoup Sophie. Elle est l'espoir (trois ans et demi de greffe), la gentillesse, la drôlerie. Il n'y a que ses goûts que je ne partage pas. Elle est encore plongée dans les séries TV américaines et les dessins animés.

Étrange mélange de naïveté, à travers ses goûts et de « vieillissement » quand on songe aux épreuves qu'elle a traversées. Mais son goût pour les dessins animés vient de sa jeune sœur (16 ans), Hélène.

Car paradoxalement, c'est Hélène qui semble être l'aînée. Comme elle n'est pas malade, elle a apparemment plus d'indépendance que Sophie qui s'est alignée sur ses goûts.

Elle doit revenir ici à la mi-janvier (vers le 15 – et moi vers le 5). Si je ne reste pas longtemps, je ne la verrai pas. Elle doit revenir pour se faire opérer de polypes. Elle y est obligée car elle ne respire que par une seule narine et elle risque donc, plus que moi, l'infection. Elle devra rester trois semaines : une première semaine d'examens, une seconde pour l'opération et les suites directes (à la Timone, car le chirurgien des sinus opère à la Timone) et une dernière semaine de convalescence ici, en effectuant d'autres examens, pour savoir si l'intervention aura amélioré quelque chose.

Quant à moi, ce soir, mon rejet n'est pas fini, mais a diminué d'intensité. Il est aussi faible que celui de septembre. Barthélémy pense qu'il va passer sans traitement IV. Je peux donc rentrer chez moi jusqu'au 5 janvier. Là je referai un bilan, et, s'il est bon, j'aurai une nouvelle dilatation de mon artère.

Je rentre chez moi plein d'une force nouvelle : celle d'apprécier encore plus justement la valeur de ces moments de fête. La souffrance forge l'âme.

Hier soir, j'en ai d'ailleurs discuté avec Xavière. Elle est venue pour quelques heures. Juste le temps de faire une biopsie, car elle avait une respiration sifflante. Xavière aussi est une fille exceptionnelle. On est d'accord tous les deux sur un point, entre autres : les gens heureux ne connaissent pas le bonheur !

Xavière est forte aussi. Elle passe en ce moment une période pas drôle. Elle sera regreffée, elle. Pourquoi elle et pas Jean-Jacques ?

Je crois que c'est parce que Noirclerc a plus confiance dans ses réserves mentales. A les voir tous les deux, en juin 88, à mon second séjour à Giens, j'aurais parié à dix contre un que Jean-Jacques l'enterrerait.

Il avait l'air plus fort. Physiquement déjà, il était plus grand et moins, beaucoup moins maigre. Psychologiquement ensuite. Il semblait plus motivé : gueulant dans les couloirs : « Putain ! Elle vient c'te greffe ? », maniant l'humour noir. Je crois énormément aux vertus de l'humour noir. En faire, c'est la preuve que l'on peut prendre de la distance par rapport aux événements. Et tant que l'on conserve cette distance, on a une réserve suffisante pour survivre.

Et puis, finalement, c'est Jean-Jacques qui est mort le premier. Toute cette gouaille, cette effervescence n'étaient qu'une cuirasse. Une fois brisée, rien n'aurait pu le sauver.

Xavière est silencieuse, plus calme (quoiqu'elle rigole bien aussi). Finalement elle est intrinsèquement plus forte. C'est pour ça que Noirclerc lui donnera une seconde chance.

S'il met la main dessus. Car il y a quelques minutes, sa mère, qui l'attend à Paris, ne l'a pas vue descendre de l'avion. Il lui est encore arrivé un truc pas possible, je parie !

En face, il y a deux Italiens : Francesco et Maurizio. J'ai vu le premier à Giens il y a bientôt un an et le second ici en septembre. Je leur ai montré les photos que j'ai toujours avec moi : mon album fétiche qui résume, en gros, les dernières années de ma vie. Francesco (qui parle mieux français) a reconnu Jean-Jacques, François, Benoît et Hervé. Il m'a demandé des nouvelles de Jean-Jacques. Je n'ai rien dit. « Non lo so », ce qui doit vouloir dire « Moi pas savoir » en italien. Un petit mensonge pour un grand trouble.

Je me souviens de l'année dernière, à Noël. Jean-Jacques m'avait téléphoné. On avait bien ri et on s'était promis de se revoir chez nous. Il devait venir à Bosc en mars…

J'ai écrit aux parents de Martine le 12. Son anniversaire était le 14. J'écrirai de chez moi à ceux de Jean-Jacques et de François.

Papa m'a dit que Stéphane m'avait écrit. J'ai hâte de lire sa lettre.

Hâte aussi de retrouver mes cousines, mes parents, mes grands-parents, mon chat, Valéry.

Je vais essayer d'aller au cinéma (trois semaines sans salles obscures… ARGH !), et chez mes cousins paternels que je n'ai pas revus depuis un an. Une année entière. Une année qui, plus que toute autre, a changé ma vie.

Il y a quelque chose de mort en moi maintenant.

Je n'ai jamais cru tellement en Dieu. Du moins pas au sens catholique du terme. Mais je prie de temps à autre. Sans réciter de prière. Simplement, admettant l'existence de quelqu'un. Je crois en la vie après la mort. Mais, depuis cette année, je ne peux plus croire en la providence.

Trop de souffrances inutiles, trop d'espoirs déçus ont éteint à tout jamais l'idée que Dieu est foncièrement bon. Pire, il est injuste aussi.

En classe, j'assiste à des cours d'instruction religieuse. C'est obligatoire à J. B. A chaque fois, j'en ressors en sueurs, l'estomac noué.

Quand la prof fait l'éloge de Dieu bon et juste, j'ai envie de me lever et de crier. De dire ce que j'ai vécu et de lui dire : « Croyez-vous qu'un dieu tel que vous le décrivez puisse avoir laissé agoniser John, mourir Martine, condamné Jean-Jacques ? » Je connais presque suffisamment d'enfants ou de jeunes adultes morts pour que l'énumération des noms remplissent en entier son putain de cours ! Il suffit, de toute façon, d'ouvrir sa télé pour avoir la preuve de ce que je dis.

Évidemment, ma croyance en une vie dans l'au-delà ne colle

pas avec ma vision de Dieu. Mais il y a une chose que je sais : c'est que, s'il existe, il a une dette morale envers moi. Pourtant cet après-midi, deux ou trois fois je me suis adressé à lui pour pouvoir partir chez moi.

De toute façon cette question de Dieu suscite en moi trop de réflexions contradictoires pour que je m'y retrouve. Je sais juste que depuis 1991 je ne pourrai plus jamais être totalement heureux.

Jamais je ne marquerai 10 sur 10 sur mon carnet de greffe. Jamais !

Même si je réalisais mon doux rêve. A savoir, trouver la fille que j'aime, trouver celle avec qui je voudrais partager ma vie, celle qui pourrait tout me dire et à qui je pourrais tout dire. Parce que je suis sûr qu'à deux on serait plus forts.

C'est la quête de tout un chacun.

Je suis un romantique désespéré finalement.

Peut-être qu'elle arrivera quand je serai vraiment prêt, plus mûr, plus sage… Peut-être que, comme la greffe, elle arrivera au bon moment, pile. Quand je serai suffisamment responsable, quand je le voudrai totalement.

C'est curieux cette chance que j'ai eue. La greffe est arrivée à point nommé. Personnellement, je ne peux pas me plaindre. J'ai eu une chance incroyable. Pourquoi moi ?

Aucune idée.

Le tout est de s'en montrer digne.

Il y a une semaine je me demandais si cette vie valait d'être vécue. Je comprends, ce soir, que c'est ce que j'en ferai qui vaudra, ou non, la peine de la vivre. La difficulté de la vie c'est que, jour après jour, peu à peu, de détails accumulés en drames majeurs, elle vous oblige régulièrement à redécouvrir cette vérité première : rien n'est jamais acquis.

La joie de vivre, l'amour des autres, la valeur de l'homme sont immenses. J'espère ne jamais l'oublier.

Je vous aime tous. Je vous ai tous aimés.

le 30. 12. 91 – lundi, 23 h 55

Cela fait plus d'une semaine que je suis revenu à Bosc-le-Hard. Demain, pour le réveillon et mon vingt et unième anniversaire, nous irons faire la fête chez Laurence et Aude. J'ai passé ces derniers jours avec elles. On a joué au jeu de rôles bien sûr : *Star Wars, Mutant* (le jeu de Law) et *Nouveaux Héros* (le mien). Demain après-midi on devrait faire du *Winchester Stories* (le jeu western de Law et Valéry). J'ai aussi revu Thierry.

Logiquement, nous devrions aller jeudi à Paris voir l'exposition *Opéra-bulle* à la grande halle de la Villette, mais je doute que nous y allions. Mon diabète continue. La nuit dernière j'ai gerbé trois fois et j'ai eu de la fièvre. Ce soir tout va bien, mais j'ai néanmoins l'impression que mon corps se dérobe. J'ai maigri, j'ai presque rétrogradé à mon poids d'avant la greffe. Ma propre maigreur me fait peur. Avant, j'étais habitué à être un squelette vivant, mais depuis ma greffe, mes kilos supplémentaires me manquent.

Hervé Guibert est mort du sida. Sa disparition m'a causé un choc, moi qui m'étais senti proche de lui en lisant *A l'ami qui ne m'a pas sauvé la vie*.

Cet homme a fait un bond en avant grâce au sida, mais celui-ci a fini par le tuer. Il a connu l'agonie, la détresse et la déchéance, l'humiliation de la maladie. Mais lui au moins a pu crier sa rage de vivre. Pas comme tous ceux qui sont morts silencieusement, agonisant dans une réa marseillaise.

Freddy Mercury, le chanteur de Queen, est mort lui aussi. Du sida, comme Guibert.

Une rock star en moins pour certains, mais un talent qui s'éteint. « THE SHOW MUST GO ON » chantait-il. Oui. The show must go on. Le grand show de la vie !

Demain, j'aurai 21 ans. J'ai l'impression d'être si vieux, parfois.

La mort m'obsède. Elle a frappé un type que je connaissais. On était amis en cinquième. Je n'en fais pas un fromage parce que je ne l'aurais probablement pas reconnu dans la rue. Pourtant son histoire est atrocement stupide. Il avait un job de barman et avait un flingue pour se protéger la nuit. Le 5 décembre il était avec sa copine, il lui a montré le flingue, a enlevé le chargeur et l'a posé. Pour rigoler, la fille l'a pris et lui a tiré une balle en pleine tête, à 40 centimètres de distance. Elle ne savait pas qu'il restait une balle dans le canon…

Ça a dû être horrible pour elle. Il y a de quoi devenir dingue !

Cette histoire a bouleversé Thierry. Moi aussi, à un degré moindre parce que la disparition de mes amis m'a endurci. Mais tout de même. Finalement, la vie ne tient qu'à un fil pour tous.

L'année 92 va commencer. Stéphane m'a écrit qu'il en espérait de grandes choses, qu'il avait l'intuition qu'il allait enfin se réaliser. Pour ma part, je voudrais par-dessus tout que Sonia soit greffée et qu'elle s'en sorte. Je pense toujours beaucoup à elle.

J'ai un peu peur de l'idéaliser et d'être déçu le jour où je la reverrai, comme cela a été le cas avec Juliette. Mais je ne pense pas. De toutes les filles que j'ai rencontrées, je crois que Sonia est la plus proche de moi.

Nous partageons la même expérience, les mêmes espoirs. Je voudrais vraiment la revoir. Elle, mais aussi ceux de Giens que j'ai quittés ce 8 août. Ils me manquent. J'ai partagé avec eux les moments les plus intenses de ma vie. En trois ans je suis devenu un homme ; enfin, je crois.

Cet après-midi j'ai regardé en vidéo le dessin animé tiré du *Seigneur des anneaux*. Mon papa s'est gentiment moqué de moi. A mon âge, il était à quinze jours du mariage. Personnellement, je ne pense pas que les deux soient incompatibles.

Je crois que l'on peut être lucide, responsable, et se sentir quelque part un homme et rester fasciné devant une œuvre d'imagination belle et poétique.

Je crois aussi que le jour où mon imagination mourra, je mourrai. Si le présent prenait trop d'ampleur, si ma maladie ne me laissait plus le loisir de m'évader de temps à autre, je crois que j'en crèverais.

Pour cela Laurence et Aude me sauvent chaque jour. Elles

sont comme une bulle d'oxygène dans la suffocante emprise de la mucoviscidose. Elles sont mes plus anciennes compagnes dans cette vie, mes meilleures amies, mes confidentes. Elles en savent plus que mes parents.

Mais il est des choses que je ne peux confier qu'à ceux de ma race. A Stéphane. Il en est d'autres que je ne pourrais confier qu'à celle que j'aime ou à ce journal. Il en est une que je voudrais confier à Soso…

le 13.01.91 – lundi, 21 heures

Aujourd'hui, c'est jour anniversaire de greffe, de ma greffe. Huit mois. Et c'est un lundi, comme en mai. Et je fête cela à Marseille, dans la chambre 210, à côté de celle où j'étais en remontant de réa.

Je suis redescendu, avec maman, le 2 janvier.

J'étais essoufflé. Barthélémy avait été optimiste : mon rejet ne s'est pas passé de lui-même. J'ai refait une biopsie et l'on a entamé une médication nouvelle à l'OKT 3 (ou Laucathé 3, je ne sais pas trop comment cela s'écrit).

Ce médicament est un remède de cheval. Il me détruit presque aussi sûrement que mes lymphocytes. Du moins, c'est l'impression qu'il donne.

Une grande fatigue, de la fièvre, de la tachycardie, de l'hypertension, une migraine, des tremblements, des bouffées de chaleur, des démangeaisons : tout, il fait tout. Encore mieux que *mini-Mir*.

Avec 5 cc vous êtes raide pour 24 heures.

Heureusement, après la première injection, les effets secondaires disparaissent tandis que le corps s'habitue.

J'étais avec ma mère, qui m'a tout de même bien aidé. Papa est arrivé jeudi. Ils m'ont tenu compagnie tout ce week-end et sont repartis cet après-midi à 13 heures. Mais leur présence a eu un effet pervers. J'ai perdu la pêche quand ils étaient là. Je ne sais pas à quoi c'est dû exactement. J'étais heureux de les voir, mais en même temps je me sentais faible et avais besoin de protection. J'ai beaucoup, beaucoup dormi. Est-ce cela le début du phénomène dont Mme Piraud m'a parlé : la récession au stade d'enfant, puis de bébé ?

Peut-être en était-ce les prémices. Avec mes parents à côté de moi je me laissais aller, me faisais servir et dormais, comme un enfant.

Ce soir ils sont partis et j'en suis presque heureux. Je les aime bien pourtant, mais je crois que je suis plus fort seul face à ma maladie. Du moins dans certaines circonstances et celles-ci en font partie.

Seul, je dois subvenir à mes besoins élémentaires. Me lever de mon lit pour aller chercher un truc, pour pisser ou me laver. Avec ma mère à mes côtés je ne bouge pas. Elle me fait tout. J'aime ça parce que je suis un paresseux naturel, mais cela procure un sentiment de dépendance insidieux et dangereux. Une langueur du corps qui vient ensuite retentir sur l'esprit.

Ce jour que j'ai passé sans eux j'ai moins dormi. J'ai repris le dessin de personnages de jeu de rôles. J'ai dessiné Magnus, mon politicien de *Mutant*. Je ne suis pas mécontent du résultat. Ce soir je reprends la rédaction de ce journal en regardant Canal +.

Hier, j'ai écrit une longue lettre en réponse à la dernière de Stéphane. C'était une lettre belle et forte, pleine de foi en la vie. Elle m'a fait beaucoup de bien. Stéphane est vraiment quelqu'un que j'aime et admire.

Dans sa lettre, il écrit :

« Nous allons vivre parce que nous le voulons. »

C'est le nœud du problème. Ne pas baisser les bras. Jamais. Espérer. Croire en l'avenir, en cette vingt-deuxième année de mon existence. Cette nouvelle année sandwich : la première avec mes poumons neufs. Une année décisive, capitale, c'est sûr. Je dois trouver un nouvel équilibre dans ma vie entre ce que j'ai connu à Giens, ceux de J. B., ce que je peux faire, ce que je dois faire ou subir.

En ce moment, ce rejet qui dure depuis un mois m'a fait

rétrograder au stade de fatigue où j'en étais après la greffe. Je suis resté longtemps alité. Mes jambes ont refondu ; je ne suis plus stable dessus. J'ai été rebranché à un scope, surveillé comme un grand malade. Faible. Vidé par les médicaments (OKT 3 – Fortum – Ciflox-Cimévan – corticoïdes). Mais aujourd'hui, au septième jour, je vais mieux. Je n'ai pas retrouvé ma respiration de cet été. Après plus d'un mois de rejet, il me faudra autant pour récupérer. Mais je le ferai. J'y travaillerai.

La fatigue ne m'aura pas !

A la réflexion, je crois que ces épreuves de décembre et de janvier m'ont endurci et m'ont montré la fragilité de mon état physique et mental. C'est si facile de replonger dans la maladie, dans l'assistanat. C'est presque comme une drogue. Il y a une certaine délectation morbide à se voir dépérir.

Hervé Guibert disait qu'à un moment il avait aimé son sida. Je crois que j'ai aimé mon rejet. La maladie c'est une drogue. Difficile de s'en sortir, de prendre sa maladie à bras-le-corps. C'est mon challenge pour 92 et il est immense.

S'affranchir de réflexes et de manies acquis au fil d'une vie de handicapé !

Noirclerc et la science m'ont donné les moyens de me sortir de là. Une famille anonyme m'a fait don de la vie, de la faculté de respirer et d'être un autre.

A moi de l'exploiter. A huit mois, j'entrevois mieux ce qu'il reste à faire. C'est encore légèrement confus, comme voilé par le brouillard, mais, peu à peu, je comprends.

Il ne s'agit pas de reprendre les études, de travailler, de jouer et de profiter de la vie. Il ne s'agit pas, non plus, de trouver une compagne. Non, c'est bien plus ! Il s'agit de désapprendre tout ce que j'ai appris.

Ne plus considérer l'escalier comme un obstacle, mais comme le moyen de parvenir à l'étage supérieur. Ne plus craindre l'effort, mais le rechercher. Ne plus se complaire dans l'apathie physique, mais faire du sport.

Ne plus s'apitoyer sur soi-même, mais devenir meilleur, plus grand, plus riche de l'expérience, de la souffrance et de la joie. Vivre. En un mot, ÊTRE !

Je vais ÊTRE, moi aussi.

Cette année, comme aucun tyran moustachu ne menace le monde libre de ne plus lui envoyer du bon pétrole, les médias ont ressorti leur atout-vente : un petit muco agonise à Bordeaux. Pourra-t-on le sauver ? Oui ? Non ? Trop tard…

Cette fois-ci, l'affaire a fait moins de bruit que pour Anne et Maud Croce. Je suis un peu amer devant cela. Ma position est complexe. Il y a deux ans, j'étais à fond pour.

Maintenant aussi. A chaque fois que l'on parle du don d'organe, c'est toujours ça de pris. Mais ce battage médiatique, alors que tant d'autres meurent sans qu'on le sache, me gêne un peu.

Qu'ont-ils fait pour John, François, Nathalie ou la petite Rosia ?

Pourquoi les uns bénéficient-ils d'un appel des médias et pas les autres ? Je sais bien qu'indirectement tous en bénéficient, mais il n'empêche que ça fait mal. La petite Laure, du Territoire-de-Belfort, est morte cette semaine. Un jour après Geoffroy, le petit Bordelais. Il y avait un article dans *Le Provençal* qui n'était pas mal fait. Mais ça fait mal tout de même.

Je dis souvent que je voudrais devenir journaliste. En fait, je n'aime que modérément ce métier qui prend souvent des allures de charognard. En lisant *Le Provençal*, on avait l'impression d'une course au malheur : un truc dans le genre : « A Marseille aussi, on a nos petits mucos qui meurent. » A gerber.

Ce que je voudrais, c'est avoir du talent pour raconter aux gens des histoires et les faire rêver en leur faisant partager mes sentiments. La création et le rêve sont les moteurs de la vie.

Donc, je pars pour l'instant dans le journalisme pour apprendre à écrire. Mais le journalisme donne-t-il du talent ?

Pour en revenir à Laure, je l'ai connue à Giens. J'ai surtout discuté avec sa maman qui est très gentille. Je me rappelle qu'en juillet, quand Law et Akowod étaient à Giens, le père passait sur le balcon et, à chaque fois, faisait un commentaire plus ou moins plat sur le temps. Avec mes cousines, il nous faisait bien rire, sortant toujours des lieux communs. Ça donnait l'effet d'un film de Woody Allen, avec un comique de répétition. Je me souviens de Laure aussi, que ses parents promenaient dans le parc en fauteuil roulant…

Elle est morte.

Je vis.

Pourquoi ? Encore une fois, qu'est-ce qui fait que les uns meurent et que les autres survivent ?

C'est cette question que traite la BD que m'a offerte ma tante à Noël : *Le Baron rouge*. C'est une superbe réalisation artistique et une réflexion intéressante. L'histoire d'un vétéran du Viêt-nam qui cherche à comprendre pourquoi lui s'en est sorti. Sauf que, dans son cas, il ne peut pas accuser la fatalité de l'avoir plongé dans l'enfer, mais l'homme. La guerre est pire que la maladie, je crois. Les unes et les uns meurent, les autres non. Qu'y peut-on ?

Les unes et les uns vivent insouciants, les autres se battent contre l'étouffement ou le cancer. Qu'y peut-on ?

J'ai écrit un texte où je dis qu'il est du devoir des uns de soulager les autres. Des « autres » qui ont pour mission de faire prendre conscience aux « uns » de leur chance et qu'ils doivent en profiter.

Peut-être est-ce ce qui se passera avec ma classe. Il paraît qu'apprenant que je n'étais pas là le 6 janvier, certains ont demandé mon adresse pour m'écrire. Pour l'instant, je n'ai rien reçu, mais c'est déjà sympa à eux d'avoir demandé. Ça fait chaud au cœur. Ça redonne confiance dans la race humaine. Savoir que l'on pense à vous, alors qu'on ne vous a croisé qu'un mois, au hasard d'une portion d'année scolaire, c'est bon.

J'aimerais qu'Héloïse m'écrive.

Stéphane, dans sa lettre, m'a écrit qu'il me soupçonnait d'être amoureux de Sophie. « Il y a des signes qui ne trompent pas. » Peut-être le suis-je un peu. Je crois surtout que je suis complice parce que je partage avec elle l'expérience de la greffe. Et qu'en cette période, j'ai besoin d'être avec des gens qui ont connu les mêmes choses que moi. Je lui ai écrit tout ça. Ça et mon malaise face à cette nouvelle vie, sans Giens. C'était une lettre très personnelle. Intime. Comme ce que j'ai écrit ici. J'espère qu'il ne me trouvera pas trop égoïste. Mais je sais que s'il y a quelqu'un qui peut me comprendre, c'est bien lui. Alors j'ai écrit et envoyé cette lettre.

Ce soir, après treize jours passés avec ma mère, où je n'ai pas écrit, j'ai un grand besoin de me libérer de ces réflexions faites durant cette semaine. Une semaine qui est passée comme un mauvais rêve, une sale hallucination.

J'ai revu *Le Cercle des poètes disparus*. Ce film est vraiment fort. CARPE DIEM. Une belle leçon.

J'ai pris conscience que je me crois très fort et plus malin que les autres parce que je pense avoir souffert. Parce que j'estime que cette souffrance me donne le droit à la parole. Mais, finalement, qu'ai-je fait ?

Je veux dire : par moi-même ? Quels sont les événements que je n'ai pas subis ? « Je ne suis pas un héros », chantait Ballavoine.

Est-ce que mon expérience me donne le droit de juger, de m'ériger en philosophe à la petite semaine ? Sans doute pas.

Le Cercle des poètes est un film fort.

« Profite du jour présent », dit Keating. « Affirme-toi ! »

Qu'ai-je fait pour m'affirmer ? Je n'ose même pas dire à Sonia ce que j'éprouve pour elle. J'ai encore beaucoup à apprendre.

« Désapprends tout ce que tu as appris. »

C'est une de mes sentences favorites, tirée de l'enseignement « Jedi » que Yoda procure à Luke Skywalker. On a traité ça de philosophie de bazar. Pourtant c'est vrai. Je vais réapprendre à vivre.

le 21. 1. 92 – mardi, 20 h 30

« Peut-être la vie peut-elle être encore belle. » C'est une chanson de Niagara, une de ces chansons qui sont un peu comme un hymne, comme une chanson fétiche auxquels sont liés souvenirs ou émotions. J'en ai beaucoup comme ça, auxquelles sont attachés des souvenirs.

A Giens, à chaque séjour il y avait un « tube » que l'on préférait, ou une chanson, un album que l'on écoutait souvent. Le premier que j'ai acheté fut *Extra-moderne-solitude*. Dedans, il y a la chanson *Quand je suis K. O.* qu'aimait bien Martine. La liste des disques liés à Giens serait trop longue à faire, en réalité. A part Eurythmics, tous mes goûts musicaux me viennent de là, ou presque. Mon goût pour la musique date de ce moment aussi.

Qu'est-ce qui peut rendre belle cette vie ?

Beaucoup de choses ! Mais, une chose est sûre, c'est qu'avec quelques amis pour la traverser, elle est moins dure.

Sonia m'a téléphoné samedi soir. Quand j'ai reconnu sa voix, mon cœur a fait un vrai bond. J'ai eu un peu peur de dire une connerie parce que j'étais un peu somnolent. Ma réaction a été celle du jeune poète amoureux du *Cercle* : « Elle pensait à moi. » Ça m'a fait plaisir. Je crois que je suis vraiment amoureux d'elle. J'espère que l'année 92 va nous rapprocher l'un de l'autre. Que Noirclerc la greffe et que ça marche ! Je l'aime trop. Je ne supporterais pas que ça finisse mal. Surtout pas pour elle !

On n'a guère parlé longtemps, mais suffisamment pour que je puisse lui parler. Elle s'inquiétait pour moi, je crois. A travers moi pour elle aussi peut-être, mais c'est bien normal. (A travers Jean-Jacques j'ai fait pareil.) Je lui ai dit la vérité : que j'avais perdu, mais que j'allais vers le mieux.

Peut-être qu'en lui montrant à l'avance que ce n'est pas tous les jours une partie de plaisir, ce sera moins dur si elle a quelques problèmes.

Mais Sonia est une fille lucide. Elle sait déjà ce qui l'attend. Elle en a vu partir encore plus que moi, à une époque où il n'y avait pas cette solution de sortie. Chaque muco qui meurt sans avoir trouvé la greffe est une confirmation qu'il n'est pas de mort plus révoltante que celle qui survient sans qu'on ait pu la combattre.

Sonia attend la greffe de toute impatience, depuis longtemps déjà. Mais elle a la volonté de vivre, la rage, la foi. Bien d'autres qui allaient moins bien qu'elle il y a deux ans, quand je l'ai connue, sont morts avant.

Elle résiste parce qu'elle a un but, comme moi, comme Jean-Jacques avant. Elle attend la greffe, et moi je l'attends.

Elle ne m'a pas dit qui était avec elle à Giens, mais elle n'avait pas l'air de se plaire follement en leur compagnie. Du moins, c'est l'effet que ça m'a fait.

Elle a trouvé mon numéro sur le lit de sa chambre avec un petit mot lui disant où j'étais. Mme Piraud m'avait appelé deux jours avant et m'a rappelé deux jours après. Elle m'a donné une version légèrement différente. D'après elle, c'est Sonia qui lui aurait demandé où me joindre. D'habitude je ne m'attache pas à ce genre de détail. Mais là, enfermé dans une chambre, je n'avais rien d'autre à faire.

Question : « Pourquoi les deux versions diffèrent ? »

Question : « Quelle est la bonne ? »

Hypothèse 1 : Celle de Sonia est la bonne. Alors que cherche Mme Piraud ? A me mettre en avant ? J'en doute. Elle parle beaucoup mais, même si parfois elle rapporte des erreurs, je n'ai pas le souvenir de l'avoir vue mentir sciemment.

Hypothèse 2 : Celle de Mme Piraud est la bonne. Alors, pourquoi Sonia a-t-elle dit ignorer d'où et de qui venait ce numéro ? Pourquoi n'a-t-elle pas dit qu'elle l'avait demandé ? Parce qu'elle ne désire pas que je le sache. J'ai l'impression de jouer les paranos amoureux. Le truc le plus romantique (et qui a ma préférence) serait qu'elle m'aime un peu aussi mais qu'elle ne veuille pas le dire parce qu'elle n'est pas sûre de la réciproque ou parce qu'on écoutait ce qu'elle disait.

J'ai dit qu'elle n'avait pas l'air de s'amuser à Giens.

Ce soir, autre coup de fil qui m'a fait bien plaisir : Lætitia m'a appelé. C'est bon signe d'appeler les gens ; ça prouve que votre moral est suffisamment bon pour avoir envie de mener une conversation. Ça n'a l'air de rien mais c'est important. Si quelqu'un avec qui vous êtes ami vous appelle parce qu'il va mal, rien n'est perdu.

Mais, s'il n'appelle plus, c'est qu'alors il n'a même plus l'espoir que vous puissiez quelque chose pour lui. C'est qu'il est si profondément englué dans cette vase qu'est le spleen qu'il n'ose même plus lever le bras, ne serait-ce que pour téléphoner.

La première fois après la greffe, alors qu'il était à Salvator, Jean-Jacques m'a appelé. En janvier aussi. Peut-être en février. Il m'a écrit en mars. Puis plus rien.

Il est mort en septembre.

Alors, que Lætitia m'appelle, elle qui avait gardé le silence depuis plusieurs mois, c'est d'une certaine façon bon signe. Même si, physiquement, son état empire.

Elle m'a appris beaucoup de choses dont je n'avais pas été tenu au courant. Elle a eu une décompensation. Elle est tombée à 33 de saturation. On a vu des gens mourir à 50 ! C'est vraiment bas. Elle aussi a tout de même une grande force intérieure. Ça aurait été si facile pour elle de baisser les bras à ce moment-là. Ce sont les hommes qui font la guerre en général. Mais ce sont les femmes qui la gagnent ! Face à Anne, Sonia ou Lætitia, on ne peut qu'être admiratif. Elles ont une vraie force intérieure, une force d'âme et de caractère. Lætitia est donc rentrée chez elle après avoir passé les fêtes à Marseille. Le week-end de la première semaine de janvier j'aurais pu aller la voir en face à Salvator.

Là encore j'espère que ce n'est que partie remise.

Elle m'a donné aussi des nouvelles de Juliette. Après avoir été talquée et soumise à l'angoisse constante des médecins qui, d'un jour à l'autre, annoncent de nouvelles catastrophes ou révisent leur jugement (ce qui, quand ils changent trop souvent, détruit, peu à peu, la confiance que l'on peut avoir en eux), Juliette est donc sortie avec Lionel. Cette liaison me surprend et me fait à la fois plaisir et peine. Espérons que ça durera pour elle et lui. Lætitia m'a dit qu'ils étaient venus à Salvator, quand j'étais isolé. Mais ils n'ont pas pu rentrer.

Ce qui m'étonne, c'est que personne ne m'en ait parlé. Pas même Sophie. Pourtant, d'après Lætitia, ils étaient venus la voir aussi, ainsi que Xavière. Mais je n'en ai rien su. A moins que cela se soit passé en décembre. Mais, même en décembre, il n'y a pas eu une semaine, ni même un jour, où nous étions tous les trois ici, tandis que j'étais isolé. Les informations ont dû être plus ou moins déformées.

Enfin une dernière chose que m'a dite Lætitia m'a troublé. A Giens, il y a Hervé. Ma première pensée a été : « J'ai bien fait de lui écrire à Giens. » Et puis, à la façon d'un personnage de King, une seconde idée est venue parasiter la première : si Hervé était là, pourquoi Sonia ne m'en a rien dit ? Pourquoi ne me l'a-t-elle pas passé ? Pourquoi ne lui a-t-elle pas dit qu'elle m'appelait ? (car, au ton impatient dont ils l'ont appelée pour partir en perm, je crois qu'Hervé ne se doutait pas que j'étais à l'autre bout du fil).

Le torchon brûlerait-il entre eux deux ?

Je me rappelle qu'après ma greffe, deux ou trois fois, Sonia avait un peu rembarré Hervé pour me parler. J'avais cru que c'était parce qu'elle voulait savoir « ce-que-ça-fait » d'être greffé. C'est la grande question de la pré-greffe : Quel effet ça fait ? Comme Hervé ne veut pas en entendre parler, je croyais que ça l'exaspérait.

Depuis mon départ de Giens je corresponds avec les deux, et pas un n'a mentionné l'autre. Mais je ne sais pas comment en avoir le cœur net sans mettre les pieds dans le plat.

Pourtant, c'est peut-être ça que je devrais faire.

Si j'avais mis, il y a un an et demi, les pieds dans le plat, peut-être aurais-je pu sortir avec Juliette. Qui ne tente rien n'a rien.

Je suis trop timide. Mais bon, annoncer par lettre ou par téléphone ses sentiments, c'est plutôt dur. Il faut un contact, une présence de l'autre. Enfin, je vois ça comme ça.

Il faut que j'essaie, à demi-mot, de me faire comprendre pour dire à Sonia ce que j'éprouve pour elle quand je la reverrai.

Vendredi dernier, j'ai discuté avec le psychologue de Marseille, M. David. Je n'ai pas un aussi bon contact avec lui qu'avec Mme Piraud, ma « maman psychologue », mais pour la première fois, je crois qu'il a mis le doigt sur un point sensible, oubliant un moment son refrain : « Les poumons sont comme un livre où tout s'écrit, en particulier pour toi qui as toujours été malade. Chaque stress s'y inscrit, etc. » En fait, il est parvenu à la même conclusion que moi : il faut réapprendre à vivre. Il a aussi évoqué la vie de couple, même si ce ne sont pas ses termes exacts. A un moment, j'ai failli lui montrer le journal. Heureusement que je ne l'ai pas fait ! Tout le service serait au courant aujourd'hui et je ne veux pas qu'on le lise. Pas en ce moment en tout cas. Plus tard peut-être quand les années sandwiches seront finies ou que je serai mort.

Peut-être la vie peut-elle être encore belle.

Les parents de François m'ont écrit. J'ai été heureux de recevoir une lettre d'eux. Ils m'engagent à continuer à me battre. Ils sont dévoués et très courageux. Perdre leurs deux fils de la mucoviscidose, ça doit être terrible.

L'autre soir à la TV on a repassé des extraits de l'émission *Ex-Libris* où Hervé Guibert m'avait captivé. Dans l'extrait, il parlait du jour où il a annoncé à ses parents qu'il avait le sida. « C'est terrible, parce que pour des parents avoir un fils c'est un espoir de vie… Là ça devenait un espoir de mort. » Voici à peu près ce qu'il a dit. Je l'ai ressenti assez fortement, cruellement même. Peut-être ai-je un début d'envie de paternité qui se développe, même si je sais que c'est impossible. Parfois, je vois une famille dans la rue et j'ai un petit pincement au cœur.

Je crois que la vie vaut d'être vécue et que les gens valent d'être connus.

Ici, les infirmières de Noirclerc, Marianne et Annie, sont vraiment des personnes qui font tout ce qu'elles peuvent. François, l'unique infirmier du service, n'a rien à leur envier. La kiné Sylvia est super sympa et très marrante. Elle m'a invité chez elle vendredi avec Anna-Rita pour pendre la crémaillère dans son nouvel appart. Si d'ici là je n'ai plus de perfusions, j'irai. Et puis il y a aussi cette Dame de l'Aumônerie qui vient rendre visite aux malades. Au départ, l'étiquette « aumônerie » m'a plutôt fait reculer, puis j'ai appris que c'était une laïque, bénévole sans aucun doute.

Est-ce que moi je serais allé visiter des malades dans les

hôpitaux ? Non, jamais. Elle, elle le fait. Elle a sans doute ses raisons. Il n'empêche : c'est grand comme attitude. Elle est même allée m'acheter *Ghost Rider* et d'autres BD de super-héros. C'est plutôt sympa.

Bref, de tous temps des gens m'ont aidé. Et je dois dire que personne ne m'a vraiment tiré vers le bas pour me faire plonger, alors que moi j'ai tiré tant que j'ai pu sur un gamin nommé Dubois (le pire, c'est que je crois qu'il ne s'est même pas aperçu que je le haïssais). On ne peut pas dire que j'aie facilité les derniers mois de Laurent sur terre. Quant à Véronique, je crois qu'elle m'aimait vraiment, en tout cas plus que moi. A elle, j'ai tout de même eu le cran de lui dire que j'en aimais une autre.

Je ne suis pas un saint non plus, même si ce journal tend à prouver le contraire.

A ce propos, cette nuit j'ai fait un rêve étrange. J'étais ici, à Sainte-Marguerite, avec ma mère dans une chambre à deux lits. Une jeune muco en attente de greffe, Laure (celle qui vient de Bordeaux, pas celle que j'avais connue à Giens) et sa mère viennent me voir. Au moment où elles partent, je cours à la porte et, m'adressant à Laure, je lui dis quelque chose pour la draguer. Rien d'osé je crois, mais assez clair, un truc que je ne dirais jamais dans la réalité. La mère se retourne, le prend mal et gueule. Je lui réponds du tac au tac que je pensais ce que je disais, que je trouvais sa fille mignonne mais que je n'allais pas lui sauter dessus. Qu'elle faisait une parano, etc.

Là, il y a un passage un peu confus. Je crois que ma mère veut intercéder en ma faveur et que ça m'énerve. Toujours est-il que ma colère se retourne contre elle. Une colère d'une rare violence. Je crois qu'à un moment je lui ai envoyé une baffe. Et là, au lieu de riposter ou de m'engueuler, elle s'effondre en larmes, parlant de tout ce qu'elle a fait pour moi, qu'elle m'aime, etc.

La voir ainsi, prostrée, larmoyante, comme souillée et avilie par sa propre peine, décuple ma rage. Froidement, je prends une bouteille de Volvic – c'était du Volvic, l'eau de Sainte-Marguerite – et lui en verse le contenu sur la tête. Comme elle continue à geindre, je lui fais ouvrir la bouche et y enfourne le goulot de la bouteille vide, comme un biberon. Les cheveux dégoulinants, les yeux rougis, le menton tremblant, elle est pitoyable, grotesque.

Et là, pointant sur elle un doigt théâtral, je lui dis, je lui crie plutôt :

« Voilà pour tout ce que tu as fait, pour m'avoir couvé, pour m'avoir empêché d'aller au cinéma seul avant 18 ans, pour m'avoir forcé à mettre des cagoules et ces horribles pantalons de velours, pour m'avoir dit tout le temps de prendre mes médicaments, de faire ma kiné, du sport, de me couvrir, pour m'avoir empêché d'aller voir Sonia, pour m'avoir fait tout ça… »

Fin du rêve, mais la liste était plus longue.

En me réveillant, j'étais moi-même horrifié par le propre sadisme de ce fils !

Comment peut-on rêver pareilles horreurs et parler d'amour, de fidélité ou de foi en l'humanité ? Comment peut-on vouloir être meilleur et plus sage et rêver ça ?

Je sais, au moins, d'où vient le début du rêve. Il provient du film *Le Beau-Père* que j'ai vu hier soir. Il y avait presque la même scène. Mais l'essentiel du rêve, à savoir le conflit avec ma mère et l'attitude geignarde qu'elle y aborde, ne s'explique pas. J'espère que, si je lui foutais une baffe, elle m'en rendrait deux.

A la limite, je voudrais presque provoquer l'événement pour en avoir le cœur net ! Mais ça ne ferait que dégrader l'ambiance, même si elle réagissait bien.

Encore une dizaine de jours et commencera février. Le mois de janvier, où sont morts Éric Chabaud et Martine, sera passé. Janvier est un mauvais mois pour les greffes. Là-dessus je suis superstitieux. Quoique c'est surtout le début janvier qui craint.

J'aimerais que Soso soit vite greffée. Elle me manque. Samedi, rien que sa voix m'a paru douce et agréable.

Sophie, elle, est partie jeudi. Elle m'a rendu plusieurs fois visite, ce qui est sympa car il lui a fallu s'habiller comme en réa. Le docteur Gondard, de Bosc, m'a aussi téléphoné plusieurs fois, ainsi que mes grands-parents, mes cousines. J'ai eu d'autres coups de fil de collègues de maman, et deux de Mme Piraud. Tous ces gens m'aiment bien, ça fait du monde tout de même. C'est bon de ne pas être seul.

Avant, je me définissais volontiers comme un solitaire, vaguement misanthrope. Maintenant, je sais que si la solitude peut faire du bien de temps à autre, elle n'a de valeur que si elle est temporaire et volontaire. Elle aide à se retrouver. Mais si elle dure trop, on s'y noie. Comme un marin perdu en mer.

Mme Piraud parlait de la greffe comme d'un gué à traverser. Certains n'ont pas pu le traverser. D'autres sont morts, emportés par le courant. L'amitié, à plus forte raison l'amour, sont autant de cordes qui vous rattachent à la rive et vous évitent la noyade.

La capacité de rêver et d'imaginer fournit un autre type de corde ; ce sont plutôt des flotteurs, en ce sens qu'ils ne vous attirent pas à la rive, mais permettent de tenir le coup pour traverser si la force vient à manquer.

Enfin, la médecine fournit les palmes qui permettent d'avancer, mais pas de survivre si l'aventure est trop longue.

J'attends l'avenir avec plus de sérénité. Si nous ne devenons pas grands, au moins aurons-nous vécu. Peut-être la vie peut-elle être encore belle.

Elle peut l'être.

le 25. 1. 92 – samedi, 15 h 15

La vie peut être belle. Ces derniers jours encore elle m'a fait passer du chaud au froid, puis du froid au chaud.

Mon rejet est fini. C'est sans doute le plus important car qu'aurais-je fait dans le cas contraire ? Qu'auraient fait les médecins ? Qu'auraient-ils pu faire ?

Mais alors que j'espérais rentrer à Bosc-le-Hard ce week-end, j'ai été obligé de rester à Sainte-Marguerite à cause de mon diabète. Hier, j'ai vu une endocrinologue qui a établi un nouveau protocole pour équilibrer ma glycémie. Elle m'a dit que j'en avais pour un bout de temps, entre une semaine et dix jours. Or, après un temps de découragement mais surtout de déception, je suis à cet instant presque, non, heureux d'avoir été prolongé.

Hier soir, j'ai téléphoné à Giens pour parler à Sonia. Je voulais déjà appeler la veille mais je n'avais pas osé. Vendredi, c'est en repensant au *Cercle* que j'ai eu l'audace de le faire. Carpe diem.

Elle n'était plus à Giens, partie le matin même.

Je suis tombé sur Renée au téléphone. Elle était vraiment heureuse de m'avoir à l'autre bout du fil. La nostalgie de Giens a resurgi, plus forte que jamais. La nostalgie de ces contacts privilégiés qui s'étaient établis entre certaines des aides-soignantes et moi. Ce contact, cette relation quasi maternelle dont j'ai seulement pris pleinement conscience le jour de mon départ.

Sonia était rentrée chez elle.

C'est Hervé qui m'a répondu. J'aime bien Hervé, c'est un bon copain. Pourtant quand il m'a dit qu'avec Sonia ils voulaient m'appeler mais qu'ils n'en avaient pas eu le temps, ça m'a fait plaisir. Ça a confirmé ce que je pensais, ou plutôt espérais. Lorsque Sonia a appelé, elle n'a rien dit. Elle voulait me parler seule. Espoir d'amoureux boutonneux ? Oui. Et alors ?

J'ai appelé Sonia chez elle, il y a quelques instants. Elle viendra à Marseille mercredi et pense passer me voir jeudi. La revoir ! Revoir Sonia. Sonia. Soso. Rien ne s'y oppose cette fois !

A l'instant où j'écris ces phrases, un doute atroce est venu s'insinuer dans ma tête.

Et si, ce jour-là, les médecins se décidaient à me faire cette angio dont ils parlent depuis décembre ? Ah non ! Ça serait trop ! J'ai manqué tellement l'occasion. Ça serait foutrement injuste.

Revoir Sonia, son sourire, ses yeux, son visage. Revoir Soso. Ça serait formidable. Je voudrais tant la revoir. D'ailleurs, j'en ai fait le serment.

Sinon, il restera un autre espoir proche, mais qui impliquerait de rester encore quinze jours, voire vingt ici ! En effet, elle doit réactualiser son bilan dans deux semaines. Elle doit rentrer le 9 février à « Sainte-Margue ».

Mais j'espère ardemment la revoir jeudi.

Je vais compter les jours et attendre. Espérer.

Et si j'ai de la chance, si elle peut venir et que je peux la voir, alors il ne me restera plus qu'à rassembler mon courage et à accomplir l'acte qui serait, pour moi, le symbole du passage de l'enfance à l'âge adulte : dire « Je t'aime ».

Ce dont j'ai toujours rêvé sans savoir avec qui le réaliser : trouver une âme sœur, une jeune fille qui pourrait m'apporter et à qui je pourrais faire partager un peu de moi. Rencontrer l'amour, le découvrir. Aimer et se savoir aimé.

Un rêve, un pari sur l'avenir. Une belle histoire. Un fol espoir.

Après toute cette souffrance, je crois que j'ai découvert ce que signifiait aimer. Peut-être faut-il avoir souffert pour pouvoir aimer ?

Peut-être le meilleur est-il avant ? Peut-être qu'une fois que j'aurai trouvé et réalisé mon envie d'amour serai-je déçu ? Peut-être que, comme l'a écrit Flaubert : « Le meilleur de l'amour est-il son apprentissage » ? Comme le meilleur de la greffe semble parfois la pré-greffe.

Mais peut-être aussi l'amour peut-il persister ? Ce n'est pas une opération chirurgicale, c'est plus subtil, plus beau. La greffe est une épreuve. Si aimer en est une aussi, qu'importe. Je veux la tenter.

Curieux, cette relation entre la greffe et l'amour. Je ne peux m'empêcher de les associer dans ma pensée. Pourquoi ? Quels rapports ont-ils exactement ? Je ne le sais pas encore, mais je sens confusément qu'il y en a un et qu'il est primordial.

Ce sont tous deux mes objectifs depuis quelques années. Ils se sont développés simultanément. Tous deux sont extrêmement fragiles et relèvent de l'espoir en un avenir meilleur. Tous deux m'aident à devenir un être humain à part entière.

Cela les réunit.

La première m'a fait partager un passage de ma vie avec Sonia. Le deuxième pourrait me faire partager ma vie avec Sonia. Je pense à elle. Je crois vraiment que je l'aime.

le 30. 1. 92 – jeudi, 15 heures

J'ai revu Sonia hier. Enfin, après tant de rendez-vous manqués et d'occasions avortées !

J'ai eu beaucoup de plaisir à la revoir et, en même temps, j'ai été déçu. Non pas par elle. Au contraire. Simplement, j'ai visiblement fait de quelques broutilles une montagne d'idioties. Sonia est belle, gentille et fidèle. Elle est toujours avec Hervé.

Fin de toute possibilité de lier un jour ma vie à la sienne. Je ne serai donc que son ami. Juste un ami. Mais déjà un ami.

Hervé est quelqu'un de bien aussi. Je ne peux pas foutre la merde. Je perdrais l'un et l'autre et j'ai besoin d'eux, comme de mes amis.

J'espère qu'ils seront heureux.

Je resterai donc un enfant qui imagine l'amour sans le connaître. Je ne serai donc qu'une moitié de moi-même.

Je suis à Marseille. Quoi qu'il en soit, je sais que Soso, même si elle n'est pas amoureuse de moi, m'aime bien. Le fait qu'elle ait affronté le trajet pour venir ici (bus-métro-marche à pied), ce qui, pour elle qui est essoufflée et cherche désespérément à respirer, est un véritable marathon, m'a ému.

J'ai aussi été un peu déçu parce qu'en trois heures, si nous avons ri, nous n'avons pas réussi à retrouver cette intimité de Giens. Trop peu de temps. Et puis nous n'étions pas seuls. Denis Sebauer, un des bons de Giens, est à « Sainte-Margue » pour faire réactualiser son bilan pré-greffe et pour réussir à s'habituer à dormir avec son respirateur. C'est la nouvelle mode ce truc-là. Chazalette en distribue à tout le monde. Denis n'est pas encore sur la liste d'attente mais, régulièrement, on suit l'évolution de son état à Marseille.

Néanmoins, si j'aurais préféré un tête-à-tête avec Sonia,

l'après-midi a été agréable. A trois, nous avons, l'espace de quelques heures, transformé le service calme et un peu austère. Il m'a semblé presque rieur et accueillant.

Pourtant, si mon esprit ne sombre pas dans la déprime, mon corps continue à subir des agressions.

Lors de la dernière biopsie, le docteur Dumont, grand spécialiste mondial (des Américains viennent apprendre ce qu'il fait à Marseille), a posé dans ma bronche gauche, au niveau de la suture, une prothèse pour maintenir constante l'ouverture de ladite bronche. Mais, lundi soir, brutalement, j'ai ressenti le besoin de cracher quelque chose. C'était du sang coagulé et aggloméré en grosses boules répugnantes. Mais le sang s'est bloqué dans la prothèse. D'un coup, mon poumon gauche a cessé de fonctionner. Comme le droit est fibrosé, lésé par mes rejets, j'ai violemment réagi.

Une impression d'étouffement, de petite mort. Je crois que mon poumon droit seul n'est pas en état d'assurer ma survie.

Ma mère, qui est revenue pour la semaine, a très vite paniqué, hurlant dans le couloir, appelant au secours les infirmières de nuit. Parce que, bien sûr, ce genre de crasse n'arrive que la nuit ou le week-end. C'est une règle quasi absolue.

Au départ, je pensais pouvoir débloquer mon poumon en toussant. Je n'ai pas eu peur. Mon cœur ne s'est pas emballé. Je regardais ça en spectateur, comme si ce n'était pas vraiment moi qui avais un problème. Puis les veilleuses sont arrivées en courant. Je commençais à ressentir physiquement l'asphyxie. J'avais une impression de chaleur. J'ai pris la main de ma mère. Je crois l'avoir serrée très fort. Les veilleuses se sont ruées sur la prise d'oxygène pour y installer l'appareillage. Dans la panique elles ont arraché la perf. On ne s'en est aperçu qu'après quand le liquide sucré du flacon d'attente s'était mêlé à mon sang sur le sol.

Une fois sous dix litres d'oxygène, j'ai pu retrouver une respiration plus normale. Mais avant, j'ai eu peur moi aussi. Je me souviens d'avoir pensé, presque surpris :

« Est-ce que je vais crever ce soir ? »

Puis,

« Je ne vais tout de même pas crever, ici, dans cette chambre, ce soir ? »

Et puis non. J'ai traversé l'épreuve. D'ailleurs, mon poumon droit n'a pas cessé de respirer. Encore une fois, combien de temps aurais-je tenu avec un seul poumon fibrosé ?

Ce soir, je suis sous oxygène. Je désature sans que l'on sache pourquoi. J'ai une infection, la fièvre que j'ai eue hier et qui est régulièrement revenue durant le mois de janvier le prouve.

Mais le corps s'habitue au confort d'une respiration facile. Je suis beaucoup plus gêné maintenant qu'avant la greffe avec la même saturation. Le retour de l'oxygénothérapie dans ma vie m'angoisse. En quelques jours je suis devenu incapable de marcher tout le long du couloir, presque comme avant.

La chute est rapide, spectaculaire. J'ai pensé avoir une bronchiolite, mais Noirclerc a assuré du contraire ma mère et François aussi.

Ils jouent franc jeu. Tant mieux.

Malgré tout, si je continue à dégringoler comme ça, je serai rapidement en réa avec des tuyaux partout. La mort moderne est pleine de tuyaux et du son d'un scope cardiaque.

Cet après-midi j'étais gai, rieur, je délirais. De cette gaieté qui me vient à chaque fois que j'ai vraiment peur. Comme le jour de la greffe, où pour ne pas m'arrêter sur place et hurler indéfiniment, j'ai inconsciemment mis mon angoisse au vestiaire. Riant nerveusement, mais sans céder à la panique ou à la peur, j'étais dans un état euphorique au-delà d'une autre émotion. Je riais de peur.

Comme aussi la fois où j'ai étouffé lorsqu'un pneumothorax a failli avoir ma peau en février 90. Le 15 février, je m'en souviens comme si c'était hier. Ce jour-là, Christophe est mort d'une bronchiolite.

Aujourd'hui, le psychologue du service m'a fait commencer une vraie psychothérapie. Ça m'exalte et me fait peur en même temps. L'exaltation provient de ma curiosité vis-à-vis de cette pratique. La peur est double. Peur de lui en dire trop et qu'il ne perce à jour certains de mes secrets, comme mon sentiment envers Sonia (quoiqu'il doit s'en douter, d'autant qu'ici je pense que le téléphone arabe fonctionne aussi bien qu'à Giens). Peur aussi de certaines vérités. Après la séance, j'étais mal à l'aise, physiquement même. Il m'a rappelé des trucs désagréables, comme ce 15 février ou ce rêve fait en réa. S'il veut faire la liste des traumatismes mentaux, elle risque d'être longue. Chaque mort en est un. Et, autour de moi, les cadavres s'amoncellent.

Si je dois mourir, car il faut bien mourir un jour, si je dois mourir à Marseille, dans la réa de Salvator, ou de « Sainte-Margue », je n'aurai peur qu'un seul instant.

Parce qu'il y a quelque chose après. Ce n'est qu'un passage. Et, de l'autre côté, mes amis m'attendent. Je ne serai pas seul. D'autres ont emprunté ce chemin avant moi.

Le Passage, titre d'un film français formidable, avec une chanson générique qui m'a toujours beaucoup ému.

En attendant, je respire encore et je ne suis pas entre quatre planches ! Stéphane m'a encore écrit une lettre pleine de notre amitié et de nos espoirs. L'espoir. C'est de lutter et de gagner. Comme Anna-Rita qui, malgré tous ses problèmes, a réussi à les surmonter et à regagner le terrain perdu.

L'espoir, c'est de vivre une année longue et exceptionnelle au milieu de mes amis et d'enfin trouver l'âme sœur.

Souvent je prends conscience d'aimer les gens trop tard. J'ai été amoureux de Martine. Je crois aussi l'avoir été de Lætitia. Je le suis de Sonia. Le suis-je de Sophie comme le prétend Stéphane ? M'en apercevrai-je une fois qu'elle aura trouvé, elle, un homme qu'elle aimera ?

Ou bien n'ai-je été amoureux de personne et peut-être n'ai-je pas encore rencontré celle avec qui je partagerai mon existence ? Peut-être que je n'évoque l'amour à longueur de temps que pour me persuader que j'en suis capable.

L'amour et la mort. Deux énigmes ! Tout ce que je souhaite : c'est résoudre la première avant la seconde !

le 2. 2. 92 – dimanche, 22 heures

J'ai touché le fond vendredi. J'ai vu ma fin, je l'ai prédite, pressentie : le mardi 4 février, jour de ma mort ! Je voyais ma tombe dans le cimetière de Bosc-le-Hard, à côté de celle de ma sœur.

Un nom : Johann Heuchel.

Deux dates : 31. 12. 70 – 04.02. 92.

J'aurais pu avoir une sœur, « Marine », presque Martine. Elle est née le 2 août 1969 et morte le 12. Elle a vécu dix jours. Je ne l'ai jamais connue. Ma mère n'a pas de photo d'elle. La mucoviscidose l'a étouffée en dix jours. Elle est née, comme moi, avec une occlusion intestinale prénatale et son intestin avait éclaté sous la pression du méconium. Elle a été opérée.

Ça a marché, mais les médecins n'ont pas compris ce qu'elle avait. Sauf à l'autopsie. En ont-ils fait une ? Je n'en suis pas sûr.

Toujours est-il qu'ils ont dit à mes parents qu'ils pouvaient avoir d'autres enfants : moi.

Je suis né dans les mêmes conditions. Mais j'ai eu de la chance, la muco a été diagnostiquée rapidement. On m'a envoyé à Giens. J'ai survécu depuis. Mon corps malade n'a tenu que grâce à l'apport de drogues ou de palliatifs.

Vendredi, pour mieux comprendre l'origine de mon essoufflement, j'ai passé une biopsie.

Mais tout ne s'est pas aussi bien passé que d'habitude. Au cours de l'anesthésie, j'ai rapidement désaturé. Jusqu'où ?

Certainement pas jusqu'à 30, comme Lætitia. Je n'y aurais pas survécu. Mais suffisamment pour que M. Dumont décide de m'intuber et de me transférer en réa pour mon réveil. J'ai dormi artificiellement jusqu'à 4 heures de l'après-midi environ. Je n'ai pas émergé de mon sommeil peu à peu, mais presque d'un coup, un peu comme le jour de ma greffe.

Je me suis, d'ailleurs, retrouvé dans la même chambre. A mon réveil j'étais déjà extubé. J'étais physiquement bien. J'ai passé la nuit en réa.

Ça a été atroce. J'avais oublié combien la réa est dure. Allongé, nu, dans un lit, perfusé, sous oxygène, relié à un scope « cardio-saturo-tensiomètre ». Difficile de se mouvoir avec tous ces tuyaux. J'étais las, une grande fatigue physique m'empêchait de faire des gestes élémentaires. Même lire m'essoufflait. Attraper l'urinoir, soulever mes couvertures, uriner, remettre l'urinoir sur la chaise à côté du lit et me recalfeutrer sous les couvertures, m'essoufflait.

J'ai touché le fond. Je vais mourir mardi. Le 4 février. C'était presque une certitude, une prémonition intense. J'avais beau me raisonner, me dire que je n'étais là que pour une nuit, je n'y croyais pas. La raison faisait piètre figure face à l'intuition forte, implacable, terrible. La résignation m'envahit, ainsi qu'un besoin : écrire.

Écrire une lettre à ceux qui ont vraiment compté dans ma vie, écrire mes dernières volontés et mes dernières impressions de vivant.

La nuit fut longue, sombre. Les rares sommeils, tout de suite interrompus par l'alarme ou une sonnerie d'origine inconnue. Depuis quelques mois, j'ai connu plusieurs nuits déplaisantes. Celle-ci, avec celle en décembre, où un mal de tête atroce a déconnecté mon esprit, sont parmi les plus mauvaises que j'aie passées.

Et l'aube a fini par venir. L'équipe de jour l'a précédée. Avec elle est revenu un calme relatif. Les sonneries des alarmes ont été remplacées par le bruit apaisant et harmonieux de la radio. J'ai bien dormi jusqu'à 8 heures et demie.

Puis, réveil, toilette, rasage, petit déjeuner, kiné, visite des médecins et premier espoir : j'allais remonter dans le service. Je voulais lire un peu du roman commencé la veille au soir, mais je n'en avais ni l'envie ni le courage.

Et puis un nom m'a redonné la force !

« Stéphane Adam, tu connais ? », a crié une infirmière.

Il venait de téléphoner. Lui, mon ami, mon maître, mon grand frère.

La vie est revenue en moi, en mon âme. L'envie est revenue.

D'un coup, mardi 4 février n'a plus été une fin. Juste un jour de plus.

Je suis remonté de réa avant midi, comme prévu. J'ai mangé un peu, puis Denis est venu me dire « au revoir ». Il repartait à Giens pour le week-end et reviendrait – à Salvator cette fois – une nuit, pour régler « l'éole », son respirateur.

Il m'a promis de passer me voir mercredi.

Ça ne m'a pas paru insensé. Je n'ai pas eu envie de lui dire : « Désolé, mardi je serai mort. »

Le pressentiment était bel et bien passé.

Me sachant en réa, papa est descendu le jour même. Ce soir, il dort avec ma mère à l'hôtel Jean Roubin. Elle m'a, exceptionnellement, laissé seul ce soir car elle a un rhume et craint de me le refiler. Ça me permet aussi d'écrire sans crainte d'être découvert, comme jeudi soir.

J'ai dit à ma mère que Stéphane avait appelé en réa. Ayant épuisé notre crédit téléphonique dans la chambre, elle est allée l'appeler d'une cabine à côté.

Elle l'a rassuré sur mon état. Il lui a dit avoir reçu ce matin ma dernière lettre. Or, il descend à Giens le prochain week-end pour travailler avec Mme Piraud à propos du groupe adulte muco de la région PACA. Il passera peut-être me voir le lendemain.

Je serai très heureux de le revoir, mais je crains que notre rencontre n'arrive pas, en quelques heures, à atteindre l'intimité de nos lettres. Il y a tout à refaire lorsqu'on est physiquement en présence de quelqu'un. Une forme de communication corporelle qui fait barrière à celle de l'esprit. Les rapports corps/esprit me posent problème en ce moment. Peut-être est-ce parce qu'après avoir vu mon corps se redresser, se muscler, augmenter ses performances, je le vois décliner à nouveau ?

Hier soir, j'ai vu sur Canal + un documentaire sur Elton John et Bernie Taupin, son parolier. Ils parlaient de leur relation presque comme d'une relation amoureuse, sans qu'elle ait rien de sexuel ou de corporel. C'est un peu ce que je ressens pour Stéphane. C'est presque de l'amour. Pas de l'homosexualité, mais quelque chose de plus que l'amitié, comme l'amour entre deux frères.

Marine me manque. Enfant, je me débrouillais bien tout seul. Égoïste, très égoïste, j'étais content d'avoir mes parents pour moi seul, une chambre, des jouets, des animaux pour moi seul. Maintenant j'ai vieilli et je regrette cette solitude. Ma sœur me manque. Je sens à quel point elle aurait pu m'être proche.

Si elle avait vécu, ma vie aurait été différente. Peut-être n'aurais-je jamais connu cette amitié avec mes cousines ? Sans elles, sans Laurence surtout, peut-être n'aurais-je pas eu cet engouement pour la science-fiction et le fantastique. Peut-être aurais-je eu des loisirs plus banals : sortir en boîte, danser…

Peut-être aussi aurais-je eu une meilleure vision du monde plus vite.

Je crois qu'avec Marine j'aurais appris ce que Giens m'a enseigné. Le partage, la générosité, la sociabilité (avec ce que cela comporte d'agréments et de désagréments).

Mais que serais-je devenu si elle était morte avant moi ?

Drôle de vie, drôle de morts.

Je ne mourrai pas mardi 4 février, ni mercredi, ni jeudi, ni même en février, pas même cette année. Je ne mourrai pas parce que je n'ai pas tout appris de la vie, parce que je n'ai pas épuisé ma soif d'apprendre, de ressentir, de découvrir. Je vais vivre parce que je le veux.

Et aussi parce qu'après avoir touché le fond, intubé en réa, trop faible pour faire un geste, je remonte la pente. C'est la première fois depuis trois mois que je remonte la pente, que quelque chose de tangible me montre que la crise va vers sa fin ; fin qui n'aura rien de tragique mais sera une étape supplémentaire dans mon développement.

le 10. 2. 92 – lundi, 21 h 30

Une semaine s'est écoulée.

Une autre va commencer. Je suis toujours à Marseille, et l'hôpital pèse ce soir de tout son poids sur moi.

La semaine m'a permis de regagner des forces, un peu de

poids et de tenir presque douze heures sans O_2. J'ai eu la visite de Denis, un coup de fil de Lætitia, un autre de Sonia et Hervé. Et puis Stéphane est venu me voir samedi comme il l'avait promis.

Notre rencontre a été très agréable. Nous avons ri et parlé sérieusement à la fois. Nous avons ri de ce rire sauvage et impie qui nous faisait nous moquer de Laurent, de cet humour noir désespéré, mais qui parfois seul peut exprimer certaines choses. Nous avons partagé quelques heures de nos vies comme un îlot dans nos mémoires. Stéphane est grand et généreux. Il se défonce pour l'association des jeunes adultes PACA. Il est plein d'énergie et d'enthousiasme, de vitalité. Je dois dire qu'il m'a impressionné et en même temps fait un peu peur… Peur de le voir si vif et de me sentir si inerte, inutile, inefficace, inapte.

C'est horrible à dire, mais il faut que ça sorte : je crois avoir un peu de rancœur vis-à-vis de sa forme. Je l'envie, lui qui, sans avoir à subir tout ce que j'ai subi, respire mieux que moi.

J'ai voulu lui écrire ce soir mais j'ai arrêté ma lettre. Je ne savais pas quoi écrire. Il m'a laissé une longue lettre qu'il m'a remise en main propre. Une lettre pleine de projets, de contentement, où il écrit que je lui ai beaucoup apporté, que lui, si sinistre, a trouvé en moi la force de voir la vie plus cool.

Quant à moi qui suis très ordinaire, je pense qu'il m'a aussi aidé. N'est-ce que cela la vie : l'amitié ?

Un type banal qui, pour essayer d'arriver à la cheville d'un autre, tente d'avoir un discours courageux, fort, fondé sur la foi en la vie et l'espoir alors qu'il n'arrive presque jamais à mettre en pratique ses belles phrases. Un type qui, pour se rassurer encore plus, ne se contente pas d'écrire à l'autre de grandes sentences philosophiques, mais en parsème un journal qu'il a la prétention de vouloir lui survivre ?

J'ai peur. Je ne crois plus en rien, on dirait, ce soir. Si même mon amitié pour Stéphane est un leurre, que reste-t-il ?

Rien.

Je crois que je commence vraiment à craquer. Ces complications en série : rejet, diabète, désaturation (au fait, je suis tombé à 60, m'a dit le docteur Gondard au téléphone, l'autre soir), essoufflement, infection, finissent par ronger ma résistance.

Ce soir je suis seul. Papa est reparti jeudi. Maman hier. Laurence m'a appelé au téléphone. Notre conversation fut banale. J'ai ma dose.

La futilité de cette existence hospitalière pèse soudain très lourd.

Lire, regarder, me semble soudain dénué de sens. Écrire aussi. L'impression d'être à la dérive, comme le petit bateau en papier pris dans le torrent des eaux de *Ça*. La mélancolie m'enlise.

Découragement.

Sonia devait venir faire un bilan pré-greffe cette semaine. Elle aurait dû arriver hier. Je ne l'ai pas vue. Sans doute a-t-il été décalé d'une semaine ou de quinze jours à cause du manque de place.

Noirclerc a quatre chambres et six lits à sa disposition. Les quatre chambres sont occupées par quatre greffés : Xavière, Mme Marais (qui a été greffée quelques jours après moi) et Thierry, le dernier en date à être remonté de réa. Un Italien a été greffé le week-end dernier. Je le connais. C'est un Napolitain. Sympa mais bruyant et baragouinant un français quasi incompréhensible.

Aux dernières nouvelles il était toujours intubé. Pourtant mardi j'ai entendu – je le jure – des gémissements et des pleurs entrecoupés de « Mama mia ! ». J'étais assis dans le fauteuil. Je n'avais qu'à me lever pour voir qui criait, par la fenêtre. Je ne l'ai pas fait. Si je l'avais fait j'aurais vu qui criait, et je crois que j'aurais reconnu sa mère.

Peut-être la mort a-t-elle finalement frappé ce 4 février ? Ou peut-être que je me goure complètement.

Autrefois, je ne croyais pas à mes intuitions, puis, peu à peu, elles m'ont semblé dignes d'intérêt et j'y ai accordé de l'importance, les laissant se déverser en moi. Maintenant je ne sais qu'en penser.

Parfois justes, souvent fausses...

Ce soir je ne sais plus trop où j'en suis. J'espérais revoir

Sonia. Elle n'est pas là. Je suis seul. L'hôpital me pèse ; la solitude aussi.

Sonia est plus que jamais avec Hervé. Vendredi soir ils m'ont téléphoné de chez elle à Marseille. Ils s'aiment donc et mes délires de l'autre jour me font rougir.

Dire que j'ai écrit ça et que j'espérais avoir raison.

Ce soir je n'ai plus goût à grand-chose. Je suis las. J'aimerais presque en finir avec ces merdes. M'allonger puis oublier. Partir, laisser tomber et aller voir ailleurs.

Mais demain je me réveillerai. Une autre journée commencera, rythmée à nouveau par les événements préétablis de la vie hospitalière. Le haut-parleur-interphone dira, à 7 h 15 : « Prenez votre température, s'il vous plaît. »

Je ne le ferai pas. Je prendrai tout de même ma Cyclosporine si je n'ai pas entendu à 7 heures la sonnerie de ma montre, puis me rendormirai jusqu'à 8 heures. Là, une infirmière viendra. Tension, pouls, saturation, dextro, piqûre d'Insuline, petit déjeuner, piqûre de Fraxiparine.

Je resterai seul, somnolent, lisant, écoutant une cassette, ou combinant plusieurs de ces activités. La kiné passera. On rira un peu. On ira peut-être en salle de gym. Il faudra que je trouve la volonté d'aller sous la douche et de m'habiller. J'aurai probablement la visite des médecins qui, sans doute, inventeront une nouvelle merde ou réviseront ce qui était prévu jusque-là. Dextro. Déjeuner devant Canal +, sieste ou glande. Dextro et Cyclo à 15 heures.

A nouveau seul avec moi-même. Lire. Se promener dans le couloir. Peut-être tenter de pousser jusqu'au kiosque. C'est sans doute encore trop loin pour moi pour l'instant. Dextro. Perfusion de Cimévan avec un petit discours désagréable pour me persuader de me laisser poser un « porte-à-cath ». Dîner. Insuline. TV. Demain, un bon film : *Indiana Jones et la dernière croisade*. Je l'ai vu deux fois au cinéma et une fois vendredi soir. Je le reverrai. Puis Dechavanne sans doute. Dextro et Cyclo à 11 heures. Toilette du soir vers minuit. Lire un peu dans mon lit. A 1 heure, je suis couché et j'éteins la lumière. Je règle l'oxygène sur un litre cinquante et je tente de dormir.

Existence inepte. Sans rien attendre. Vide de toute émotion, de nouveauté, d'imprévu, d'espoir d'imprévu. Des journées qui se mêlent les unes aux autres. Seules émergent celles où la souffrance fut si grande qu'elle prit un caractère mémorable. Avec elles, deux journées un peu plus belles : visite de Sonia, visite de Stéphane.

Puis, retour à l'insoutenable quotidien.

A la même époque, il y a un an, Jean-Jacques entamait ce qui allait être son agonie. Il a tenu jusqu'en septembre : neuf mois.

Et moi ? Combien de temps tiendrai-je avant de devenir dingue et de perdre tout espoir ?

Tout est noir ce soir.

Est-ce le contrecoup de samedi ? Est-ce la déception de savoir que Sonia ne sera pas celle avec qui je partagerai l'amour qui reste prisonnier en moi, ou simplement la déception de ne pas la voir et de ne pas passer une soirée déridée et agréable comme avec Sophie ?

Quelle est la cause de ce spleen ?

J'espérais qu'en le couchant par écrit il disparaîtrait, mais non. Je souffre. Je ne sais pas de quoi exactement, mais je sais que ça fait mal.

Mal à la vie.

le 17. 2. 92 – lundi, 22 h 30

Une longue semaine vient de s'écouler. Elle fut sinistre et noire. L'envie avait disparu. J'ai subi ces journées comme un prisonnier attend sans espoir une libération qu'il sait être trop lointaine pour ne serait-ce qu'oser en rêver. Jeudi, la fièvre et l'angoisse ont été les plus intenses.

Le découragement et la déprime ont été intenses.

J'ai eu beaucoup de mal à écrire à Stéphane. Finalement, après sa visite, je lui ai envoyé une lettre un peu froide. J'espère qu'il ne m'en voudra pas. En fait, je sais que non.

Même si, d'une certaine façon, le revoir m'a fait mal. Et ce qui m'a fait mal, c'est plus la honte de la jalousie que j'ai ressentie que cette jalousie elle-même. Car, comme toute jalousie, je sais pertinemment qu'elle est infondée et stupide. Je culpabilise de la ressentir, mais je ne peux m'en empêcher.

Heureusement, depuis vendredi je me sens mieux. Vendredi on a enfin placé cette prothèse dans mon artère gauche.

Tout s'est bien passé. Je n'ai pas eu mal et cela n'a pas duré plus longtemps qu'il n'était nécessaire. Peut-être étais-je plus angoissé que je ne voulais me l'avouer à l'idée de cette angio un peu spéciale ? Une fois l'intervention passée, j'ai mesuré, à l'ampleur de mon soulagement, la tension qui l'avait précédée.

La prothèse est faite d'un tissage de fils de soixante-dix microns de diamètre : de la très haute technologie ! Elle a été posée par le professeur Joffre que l'on m'a présenté comme un spécialiste mondial. La prothèse de l'espace !

Ça plaît aux médecins. Les internes ont presque tous voulu écouter mes poumons, surtout à gauche, à double prothèse intégrée !

Quoi qu'il en soit, c'est efficace. Je respire mieux. J'ai à nouveau arrêté l'oxygène. C'est bon pour le moral. C'est si bon de ne pas se sentir entravé par son souffle ! D'un coup les distances raccourcissent. Le couloir n'est plus un vaste no man's land et les mètres ne sont plus des kilomètres. Le monde rapetisse et l'on se sent plus grand, plus fort, plus humain.

Outre la pose de cette prothèse de l'espace, les médecins m'ont remis aux antibiotiques. Ceux-là sont plus adaptés au piocyanique. J'espère qu'après ce traitement je serai enfin débarrassé de cette infection récurrente.

J'ai encore pour plus d'une semaine de perfusions, mais je pourrai les finir chez moi puisque ce ne sont que des antibiotiques.

Je n'irai donc pas à Giens comme il en a été question à un moment. Je ne rêve plus de Giens. Après bientôt dix mois, je parviens à m'en détacher. Non pas que j'oublie ce que j'y ai vécu, appris, compris. Mais je ne reste plus constamment à ressasser Giens.

J'avoue que le psy du service m'y a aidé. Je veux dire qu'il y a longtemps que j'avais compris que si Giens m'avait sauvé, il risquait aussi de me tuer. Il y a longtemps que je savais avoir la nostalgie de ces moments rares et intenses. Mais, entre le comprendre, l'écrire et le dire à autrui, ce n'est pas la même chose. Le dire soulage. Un peu comme une confession. Maintenant, je sais que je ne retrouverai plus rien à Giens qui vaille la peine. Plus cette ambiance si particulière qui en faisait une école de vie. Il n'y a guère plus à Giens que les mucos-bourrés et les mucos-cannés.

Sonia, Hervé, Lætitia, Fred (qui lui aussi évite d'y retourner car il s'y sent seul), Stéphane (qui, lui, se soigne maintenant à Vence – plus près de Nice – moins de mauvais souvenirs) sont les seuls qui restent, avec Loïc et Anne qui ne viennent qu'une fois par an.

Peut-être ma chance a-t-elle été de ne pas « sortir » avec une mucotte. Car alors le cordon aurait été encore plus dur à rompre.

J'ai toujours mes amis. Mais je n'ai plus envie de revenir là-bas. Je ne vis donc plus en décalage par rapport à mon état physique.

Je suis greffé. La greffe commence à prendre aussi dans ma tête. C'est cela que m'a apporté David.

Maintenant, si je sors d'ici, je vais vivre avec mon temps. Me plonger dans la vie, découvrir les gens de mon lycée et devenir un lycéen, au vécu différent, mais un lycéen.

Pas un malade égaré dans la vie normale. Mes souvenirs, mon passé peuvent m'enrichir, mais ne doivent pas m'isoler. J'avais l'impression de ne plus pouvoir voir les choses comme avant. C'est vrai. Rien ne sera plus pareil. Mais il ne faut pas que ce soit moi qui crée cette distance avec la vraie vie. Ils ne sont pas légion les gens qui se plongent avec délices dans les ténèbres de l'âme humaine, ceux qui ont poussé l'expérience de la vie, de la mort aussi loin que moi.

Mais ils sont légion ceux qui pourraient comprendre. Ceux de ma classe sont sympa. Ils ont fini par m'envoyer une lettre très courte et faite de formules stéréotypées que je n'aime guère. Mais c'est déjà beaucoup et que pouvaient-ils écrire d'autre à un quasi-inconnu ? Ils ont d'ailleurs compensé la platitude du message par un cadeau : un livre. C'est un roman plus ou moins basé sur l'histoire. Je suis assez balaise en histoire en classe et je pense que c'est Romain, un élève stéréotype, style premier de la classe, l'exemple même du produit d'un savoir uniquement livresque, qui a dû le choisir. En tout cas il me semble avoir reconnu son écriture sur la lettre. J'ai lu le livre ce week-end. Il n'avait rien, à mes yeux, d'un chef-d'œuvre, mais ça m'a changé de ma science-fiction et je l'ai lu avec plaisir.

Après les vacances je retrouverai donc la classe de première « AB ». J'ai hâte de les revoir, de rencontrer d'autres gens ayant vécu d'autres expériences. Et cette fois-ci, je me mêlerai à eux. Tant pis pour le travail. De toute façon, je ne veux que passer en terminale et avoir mon Bac. Le reste est moins important. Et même cela est moins important que vivre et être bien dans ma peau. A l'aise et heureux de l'être.

« Tout ira bien et toutes sortes de choses iront bien. » C'est tiré du *Talisman,* le livre qui m'a apporté le seul réconfort de cette longue semaine passée. C'est l'histoire d'une quête et d'une épreuve, d'un apprentissage de la vie.

Mon talisman à moi, ce sont mes poumons.

Ce soir, il a failli y avoir une greffe, même deux : l'une cardiaque, l'autre pulmonaire. Mais elles n'ont pas eu lieu.

En discutant avec Marianne – l'infirmière – j'ai été à nouveau frappé par l'extraordinaire déplacement d'énergie, de volonté, de moyens que nécessite une greffe ; frappé par la précarité de la réussite d'une telle opération (et je parle simplement de la difficulté logistique, pas des suites opératoires), par l'importance du hasard.

On oublie trop vite une fois greffé. On oublie trop vite que tant de gens luttent pour un seul. Quand vous êtes greffé, ça vous semble naturel, comme un droit. Alors que c'est un privilège. Ça ne devrait pas, mais ça l'est.

J'ai eu cette chance rare.

L'Italien Maurizio aussi. Il n'est pas mort. Il est bel et bien toujours intubé en réa, parce qu'il n'arrive pas à se sevrer de la machine. Question de technique respiratoire, m'a dit Sylvia.

Enfin, Sophie est revenue. Elle est arrivée hier, mais je ne l'ai pas vue. Ils ont peur que je lui refile mon infection. Mieux vaut qu'elle n'attrape pas ça. Je ne suis pas amoureux d'elle. Je le sais. Ce n'est qu'une bonne copine.

Martine et Anne disaient qu'il valait mieux ne pas avoir de relation entre mucos. Je trouvais ça idiot. Pour moi, c'était plus simple. Rien à cacher à l'autre. Rien à prouver. Je pensais qu'à deux on était plus forts pour s'épauler et que personne ne pouvait comprendre la muco sans l'avoir.

Je le crois toujours. Mais j'ai aussi compris qu'il y avait un intérêt bien plus grand à chercher ailleurs. Que c'est combattre plus efficacement la maladie en osant s'afficher différent et en assurant cette différence, sans tomber dans l'apitoiement.

Martine l'avait compris.

Elle savait qu'être avec un muco c'était, en quelque sorte, s'enfermer dans un cercle infernal aux relents de couronne funéraire.

Je sortirai donc d'ici. Je vivrai presque comme un adolescent normal, trimbalant en moi ma fêlure, comme chacun sur ce globe. Et de cette fêlure viendront ma force, mon espérance et mon salut.

« Tout ira bien et toutes sortes de choses iront bien. »

le 16. 3. 92 – lundi, 14 heures

Je suis chez moi. En fait, depuis l'autre fois, je suis rentré, reparti et rentré à nouveau.

J'ai passé, comme convenu, quinze jours complets à la maison. Au départ j'ai eu peur de devoir repartir illico, mais nous sommes allés chez Feigelson qui m'a mis sous perfs de Tiénam. Je l'ai bien supporté et ça m'a fait du bien.

Je suis revenu à Marseille pour un contrôle et pour élucider le mystère d'une respiration bruyante et difficile malgré un très bon état général. En fait, ma prothèse bronchique s'était bouchée. Mis à part ça, R. A. S. Je suis rentré jeudi dernier : record de temps battu. Je n'ai ni rejet, ni infection. Mais déjà aujourd'hui, je me demande si cette salope de prothèse ne s'est pas rebouchée !

Mis à part ça, mes quinze jours m'ont été profitables physiquement (j'ai repris un kilo et j'ai équilibré mon diabète) et moralement. Pour la première fois depuis des mois je parvenais, lorsque je me laissais aller à rêvasser, à ne plus penser à la maladie et à la mort. Mon esprit libéré vagabondait vers l'imaginaire, le jeu de rôles... Ça fait du bien. Je ne suis plus prisonnier de Giens. Je ne désire plus y retourner. Je ne renie rien et continue à correspondre ou à téléphoner à Sonia, Hervé, Lætitia, Stéphane, Nathalie ou Fred. Mais, aller à Giens, non.

J'ai tout de même été très heureux de revoir Juliette mercredi dernier. Elle était venue rendre visite à Xavière qui attend sa seconde greffe là-bas. Elle était telle que je l'aimais. Sympathique, marrante, pleine de vie. On n'a pas discuté de choses très sérieuses mais j'ai senti qu'elle était redevenue comme avant. Lionel l'a métamorphosée.

Malgré un automne terrible (pneumo, ponction, talquage, perfs...), elle avait une mine superbe. Une coiffure jolie, un costume élégant. En un mot : séduisante.

J'ai eu une petite pointe de jalousie et le sentiment d'être passé à côté de quelque chose qui aurait pu être beau. Avec le recul, je me demande si je n'aurais pas eu mes chances à un moment, lorsque nous sommes partis ensemble à Giens. Le soir, étant arrivés après le repas, on devait dîner ensemble. Je me souviens qu'elle m'a dit de venir. J'ai refusé. François venait de m'inviter au resto chinois de Carqueiranne. On a passé une chouette soirée et je ne la regrette pas. Mais, peut-être aurait-ce été différent ?

Non, probablement pas. J'ai toujours été bloqué avec les filles. Je ne pense pas que j'aurais sauté le pas ce soir-là. Et puis, je croyais Juliette plus ou moins amoureuse de Karl. Il suffisait qu'il arrive pour qu'elle s'accroche à ses basques.

Après, elle m'a déçu. Il y a eu la Corse où elle s'est un peu brouillée avec Martine, puis la mort de Martine. Elle a bizarrement réagi, est allée en boîte la semaine suivante, même si un soir de février elle m'a parlé avec beaucoup d'émotion de son chagrin. Peut-être l'ai-je mal comprise ?

Me voilà replongé dans les souvenirs de souffrances. Lorsque j'écris, j'y reviens toujours. J'en suis venu à me demander s'il était bon pour moi d'écrire ce journal. C'est un exorcisme, mais c'est aussi un lien qui m'ancre dans le passé. Ce n'est pas le journal de ma vie, c'est celui de ma maladie.

Écrire, est-ce vraiment une thérapie ? Ou un acte un peu pervers ?

J'écris pour moi. Mais si jamais quelqu'un lit ça, il n'y aura pas grand-chose qu'il ne saura de moi. D'ailleurs est-ce moi ? Ou est-ce le moi que je crois être, que l'on voudrait que je sois, que je voudrais être, que je voudrais paraître ?

Où s'achève l'auto-confession, où commence l'auto-mise en scène ?

Une chose est sûre en tout cas : maintenant mon moral est directement lié à mon aisance respiratoire. En ce moment où je respire moyennement (c'est-à-dire que je suis essoufflé en montant un étage), j'oscille entre la trouille et la déprime franche et l'optimisme précaire.

Jeudi matin, en quittant Marseille, j'étais euphorique.

Avant la greffe, je n'avais plus respiré facilement depuis des années. Je ne comprenais pas ce que cela signifiait. Mon corps ne s'en souvenait plus. Mais là, après avoir goûté au bonheur respiratoire, sa perte m'est plus pénible.

Dieu, que j'aimerais respirer à pleins poumons. Pouvoir monter les escaliers, courir, parler autant que je veux, vivre, danser…

Et reprendre mes études, revenir en première « AB ». Cette fois, il faudra que je ne m'enferme pas dans mon mutisme. J'ai besoin de parler à quelqu'un, de vider mon sac. Il y a trop de souvenirs de joie et de souffrance. Parfois, j'ai l'impression que ça déborde. De temps en temps j'en pleure. Ce n'est qu'une légère humidité qui embrouille ma vision, qui surgit plus ou moins inopinément. Mais moi, je sais que ce sont des larmes.

Il n'y a qu'avec Laurence et Aude, au milieu d'un souterrain poussiéreux, que j'oublie. Depuis mon retour, je me suis remis au jeu de rôles avec ferveur. J'envisage de redevenir maître, pour à nouveau connaître ce sentiment gratifiant d'avoir créé quelque chose et d'avoir donné du plaisir à ses joueurs.

J'aimerais aussi me remettre à écrire. Pas à rédiger ce journal, mais écrire une petite nouvelle valable. Au moins une.

Je voudrais achever la déco de mon appart et revenir dans la vie. Mais à chaque fois que je me crois reparti et retapé, quelque chose foire et m'arrête.

Et puis mon corps s'est transformé. J'ai du mal à me faire au look greffé. J'ai une barbe à moitié finie que je ne rase, par fainéantise, que tous les quatre, cinq, six, voire sept jours. Elle pousse lentement. Ma peau est le terrain de prédilection d'une multitude de boutons assez laids. Mes sourcils sont devenus broussailleux (encore qu'il y a pire) et mes joues sont gonflées par les corticoïdes. Je ne me reconnais plus vraiment. C'est assez désagréable. Pourtant je ne me sens pas plus fort, ni plus assuré. Alors que je ressentais cela dans les premiers mois.

Malgré tout, quand je repense à cet état pré-cadavérique que j'avais en réa le 1er février, je me dis que je m'en tire pas mal. La lutte continue. Elle sera longue, mais je la gagnerai. Tout simplement parce que je le veux, parce que je rêve encore d'avenir. Parce que je veux encore sucer la moelle de la vie.

le 22.3.92 – dimanche, 15 h 10

Je croyais parvenir à me détacher de Giens et des souvenirs et expériences qui m'y attachent. Depuis plusieurs mois je n'ai jamais autant été plongé dans cette ambiance qu'en ce moment.

Lundi je le sentais, je le pressentais : le retour à Marseille, hôpital Sainte-Marguerite, Cantini II, pavillon 8.

J'y ai retrouvé Thierry, greffé mi-janvier, Xavière, greffée et en attente de greffe. Il y avait aussi Nathalie, avec qui je corresponds depuis un an.

Nathalie avec qui j'avais immédiatement sympathisé en juillet 90. Avec Anne et Juliette on allait sur le ponton de la plage de Giens pour évoquer notre expérience de la vie…

C'est un peu ce qu'on a fait cette fois-ci.

Sans oublier qu'on a relaté à Thierry nos souvenirs d'« anciens combattants arbannais* ».

Je crois qu'il a dû être légèrement « shocking ». En tout cas j'ai été très content de revoir Nathalie qui – j'avais oublié à quel point – est vraiment une fille sympa. Et puis elle a laissé pousser ses cheveux. Ça lui va mieux.

Je pensais repartir à Bosc jeudi, mais le hasard en a décidé autrement. En fait, c'est surtout le staphylocoque doré – qui a envahi mon poumon gauche – qui a décidé. Bref, je suis à nouveau infecté. Je commence donc une cure de perfs. Il faut croire que je ne m'en lasse pas !

Au départ, la nouvelle m'a foutu bougrement en colère, puis m'a fait déprimer. J'allais encore manquer mes cousines et mon week-end. Aujourd'hui, j'en suis presque heureux. Car, être prolongé m'a valu d'assister à un événement magnifique.

Le vendredi à 2 heures et demie, alors que je voyais la journée s'écouler sans surprise, j'ai aperçu Juliette chez Xavière.

Je suis sorti de ma chambre. On m'avait dit Xavière très fatiguée et je n'osais pas aller la voir. En rentrant dans la chambre, j'ai appris la nouvelle : il y avait un greffon !

Après trois semaines en liste de super-urgence, elle avait un greffon ! L'après-midi fut indescriptible. Xavière rayonnait et riait, ravie de la nouvelle. Les gens de l'hôpital défilaient les uns après les autres dans sa chambre.

Elle est descendue en réa à 16 heures pour être prémédiquée. Elle était rayonnante.

Et puis l'attente a commencé.

Il y avait sa mère, Juliette (que Xavière avait appelée chez

* Les Arbannais sont les habitants de la presqu'île de Giens.

Lionel), la mère de ce dernier et la mère de Juliette. La soirée est arrivée. Juliette et la maman de Lionel sont reparties. Puis la mère de Juju, au moment où arrivaient les Fourmy de Corse.

J'ai veillé avec eux, mais à 3 heures du mat, je me suis résigné à aller me coucher.

Aujourd'hui, cela fait bientôt quarante-huit heures que j'ai quitté Xavière devant la porte de la réa où je suis revenu à la vie. Elle est encore maintenue endormie. Elle a fait des œdèmes : une seconde greffe est une opération très délicate ! Le père de Xavière est descendu de Paris. Je l'ai vu pour la première fois hier.

L'attente continue. Je croise les doigts. J'aime bien Xavière. Même si je n'ai jamais été très proche d'elle, c'est une fille étonnante, forte, et qui est passée par de sales moments. Elle mérite de profiter de sa seconde chance. Je veux dire qu'elle connaît le prix de la vie et le visage de la mort. Elle est au-dessous, au rez-de-chaussée, et elle lutte !

Thierry, lui, va très bien. Il est rentré chez lui. Ce matin, en déambulant dans le service, je suis allé traîner dans la petite salle où sont entreposés les dossiers du service Noirclerc. J'y ai vu, à côté du mien, de celui de Xavière et de Maurizio (le Napolitain est sorti de réa mercredi), ceux de Sonia et de Sofia. Peut-être vont-elles venir ce soir faire la réactualisation de leur bilan pré-greffe. Je sais que celui de Sonia a déjà été reporté maintes fois. Si je les revois, c'est à nouveau Giens qui va refluer à ma mémoire…

Mais après la tension de ces deux derniers jours, après les délires de Nathalie, je suis en plein dans l'ambiance de Giens. Tant et si bien que, comme là-bas, je n'arrive pas à me plonger dans mes livres et mes jeux de rôles.

J'ai revu encore une fois Juju. Elle m'a à nouveau rendu jaloux de Lionel. Sa mère m'a raconté que, pour avoir de mes nouvelles juste après ma greffe, elle a téléphoné en réa, en se faisant passer pour ma tante. Ça m'a ému. Qu'elle utilise de tels stratagèmes au lieu d'attendre d'avoir des nouvelles de Giens prouve qu'à ce moment elle tenait plus à moi que ce que je croyais. J'ai peut-être loupé le coche… J'aimerais en avoir le cœur net. J'ai toujours loupé le coche avec les filles. Je suis toujours l'ami de telles filles. L'ami de Xavière. Le mot est un peu fort peut-être. Mais un bon copain, oui. Et peut-être deviendrai-je aussi un vrai ami ?

le 26. 3. 92 – jeudi, 15 h 45

Je rentre à l'instant à Bosc-le-Hard. J'ai le cœur gros. Bien que Lockheed me fasse la fête (et vas-y que je ronronne et que je te fous des poils dans les yeux), je ne suis pas heureux de rentrer. Mais je ne pouvais pas rester !

Lundi, Xavière est morte. Le greffon était sain, mais trop gros. Le cœur était comprimé, il n'a pas tenu. Elle a été enterrée hier à la synagogue. Étrange, on en sait si peu sur les autres. J'ignorais qu'elle était juive.

La mort n'est pas arrivée seule. Comme souvent elle a frappé à deux reprises en quelques jours. Laurent Siméoni est mort à la Timone. Lui aussi a été regreffé. Mais son organisme était trop faible. Officiellement, il était trop tard pour la greffe, mais un greffon s'est présenté. Noirclerc a tenté le tout pour le tout. Pour lui aussi le cœur a lâché. Comme Xavière, il ne s'est jamais réveillé.

Ce qu'il y a d'horrible dans ces deux décès, c'est que, pas plus tard que cet été, on citait Xavière et Laurent comme des exemples de réussite. Rien n'est jamais acquis, gagné. Quand on est sur le fil du rasoir, on y est pour toujours !

Xavière, Laurent, encore des gens que j'aimais bien qui s'en vont, encore une partie de ma vie qui part dans les limbes…

Comme je le pensais, j'ai revu Sonia. Elle est toujours pareille : belle, souriante, touchante. Un brin coquine, un peu triste aussi. Hervé a bien de la chance. A nous deux on a refait l'ambiance de Giens à Marseille. Nous avons aussi discuté avec Maurizio, le Napolitain, et Enza sa copine. Malgré l'obstacle de la langue, on a passé de sacrés bons moments, on a bien ri et je me suis senti bien à Marseille.

Sonia est fatiguée. Elle est presque toute la journée sous O_2. Elle n'en peut plus. Ce soir, après avoir vu Noirclerc et avoir quitté Sainte-Marguerite, elle ira à Toulon chez ses grands-parents (c'est l'anniversaire de sa grand-mère), puis à Giens pour y dormir, de façon à être sur place demain matin. J'ai déjà vu des gens fatigués, John, François, mais c'est la première fois que ça me fait tant de peine. Ça me fait mal pour elle de la voir si faible. Est-ce parce que je suis toujours amoureux d'elle ? Sans doute. Mais Sonia est beaucoup pour moi : une amie, une grande sœur et une petite aussi. Je ne sais pas si un jour je « sortirai » avec elle, mais j'espère de tout mon être qu'elle sera greffée et qu'elle s'en sortira. Je le veux.

Cette fois-ci nous avons passé trois jours ensemble. C'était tellement agréable de la revoir, de discuter comme au bon vieux temps que je serais bien resté à Marseille. Mais je sais qu'elle partait cet après-midi. Et rester là-bas sans son sourire, sa présence, alors que Xavière vient d'y mourir, que Laurent est mort à la Timone il y a quelques jours et que ma mère devait impérativement remonter, je crois que je n'aurais pas pu.

Ce soir je suis un peu mélancolique. J'ai demandé à Noirclerc de vite greffer Soso. Je n'avais rien dit pour François et je l'avais toujours regretté. Ça n'aurait rien changé je pense, mais il n'empêche que j'ai des remords.

Sonia était avec sa maman qui nous a promenés : nous sommes allés à son appartement. C'est plus petit que le mien, mais plus intime et, surtout, fini. Et puis nous sommes allés boire deux fois un pot dans un café. Le soir, nous avons mangé des nèfles avec du saucisson, et hier on a carrément ramené à Cantini de la nourriture chinoise. Bref, Cantini devenait familial, comme Giens.

Quant à moi, je suis toujours gêné pour respirer. Après plusieurs jours d'hésitation et une autre fibroscopie, ils en sont arrivés à la conclusion que ma prothèse bronchique a obstrué en partie la bronche du lobe pulmonaire supérieur gauche. Ils remettront en place tout ça vers le 15 avril. J'aurai alors onze mois de greffe.

Ces quelques jours ont eu une saveur étrange. Mélange de tristesse et de joie. Une période intense, comme un séjour à Giens. Il n'y a pas eu de place pour les jeux de rôles ou la lecture. Je voulais profiter au maximum de ces quelques jours avec Sonia, parce que ce sont des moments rares, surtout à Cantini.

Je lui ai annoncé les morts de Xavière et de Laurent. On était seuls sur le palier de l'escalier de secours, abrités du vent par la masse du bâtiment et chauffés par le soleil de l'après-midi. Mais je tremblais. J'aurais voulu la serrer dans mes bras pour la consoler et me consoler. Peut-être même l'embrasser.

Je n'ai rien fait.

J'en avais envie, mais tout aurait été plus compliqué si je l'avais fait. Et puis, si elle m'avait repoussé, même gentiment, j'aurais eu encore plus de peine.

C'est mieux comme ça.

Je n'ai pas grand-chose de plus à dire sur ces quelques jours, mais je voudrais continuer à écrire pour prolonger encore un peu ce bonheur simple d'être avec quelqu'un qu'on aime.

Alors que je venais de ranger cette feuille, le téléphone a sonné.

C'était Colette :

« J'ai une bonne nouvelle : il y a une greffe à Marseille ! »

Je savais qui c'était mais je n'osais pas y croire : « Qui ? », ai-je bredouillé.

« Sonia. »

Sonia est actuellement au bloc. J'ai téléphoné au 91. 74. 53. 14, sa chambre. Je suis tombé sur sa grand-mère qui était arrivée. Elle avait reçu la nouvelle en début d'après-midi d'après ce que je sais.

Je suis bouleversé. Enfin, il était temps !

Au téléphone, je pleurais et riais à la fois. J'ai tant attendu ce moment. C'est arrivé, encore une fois, un jour où personne ne s'y attendait.

Sonia n'aura plus jamais besoin de faire des perfs à Giens. Elle n'aura plus à supporter ces vieilles mégères du 3 et tous ces ragots qui pourrissent l'ambiance. Plus besoin d'oxygène, ni de tout cet appareillage pour vivre.

Sonia est greffée. Le greffon est arrivé à 7 heures. Je regrette un peu d'être parti ce matin. J'aurais bien voulu être là. Mais les choses sont ainsi et elle sait que je pense à elle.

Le 26 mars ! Moi le 13 mai. Presque un an d'écart !

Cet automne, si elle m'invite, je pourrai sans problème aller la voir chez elle. Sonia a eu un greffon ! Rien ne me fait plus plaisir. Je l'ai tant souhaité ! Demain, j'appellerai la réa, ou le service, pour avoir des nouvelles. Sonia. Je suis peut-être loin d'elle ; mais aujourd'hui, plus que jamais, je suis près d'elle par la pensée.

Quand je pense que – ce matin encore – je demandais à Noirclerc de lui trouver un greffon !

Il y a des jours comme ça où la vie s'ouvre devant vous.

J'ai souvent pensé que je serais là le jour de sa greffe. Finalement, je ne m'étais pas vraiment trompé. Maintenant, c'est à Noirclerc et à son équipe de jouer. J'ai confiance en eux et malgré tout j'ai peur. Peur, parce que Sonia m'est vraiment proche. Et la savoir vivre, être heureuse, même loin, fait partie de mon bonheur. Ce soir je voudrais pouvoir forcer la main du destin, faire que tout aille bien, aussi bien et même mieux que pour moi.

Est-ce que je dois prier pour cela ?

En tout cas, à ma façon, je prie de toute mon âme pour elle.

Sonia.

le 27. 3. 92 – vendredi, 18 h 20

Je n'ai pas arrêté de penser à Sonia. Hier soir, cette nuit, en rêve, ce matin et toute la journée.

Je voulais directement appeler la réa ce matin pour avoir des nouvelles, mais je n'arrivais pas à me décider, tétanisé à l'idée qu'elles puissent être mauvaises.

Puis, finalement, le téléphone a sonné. C'était ma mère qui, par l'intermédiaire de Mme Piraud, avait des nouvelles.

Elle n'a pas été greffée. Le greffon était infecté. Mais elle a été prémédiquée, endormie. Heureusement, ils n'avaient pas ouvert le thorax. Sonia est en réa, jusqu'à lundi, le temps qu'elle élimine les médicaments qu'on lui a injectés, et pour lui soutenir le moral. (A mon avis, il y a mieux que la réa pour le moral, mais bon…)

Chère Sonia, quelle déception. J'avais déjà entendu parler de cas semblables, mais que ça lui arrive à elle ! Elle qui a déjà tellement lutté et souffert. C'est terrible. J'en pleure. Bien sûr, il vaut mieux ça plutôt qu'on lui ait fourgué un greffon infecté. Mais quel choc !

J'ai appelé en réa cet après-midi pour qu'on lui passe le bonjour de ma part et qu'on lui dise que je pense bien à elle. J'ai essayé de joindre ses parents dans la chambre qu'elle occupait, mais je n'ai pas eu de réponse.

Maurizio et Enza viennent de m'appeler et m'ont dit ce qui se passait. Ils ont dit que Sonia me faisait plein de bisous et que je devais appeler sa maman. Ça m'a tellement surpris que je n'ai rien pu dire d'autre que merci. J'appellerai ce soir à l'appartement. Là je serai sûr de les trouver.

Il faut tout faire maintenant. Retrouver un greffon. Refaire des perfs et retourner à Giens. Pauvre Soso. J'ai mal pour elle. J'imagine la déception qui aurait été la mienne en pareil cas. L'annonce de la greffe est un tel choc qu'on investit toute son énergie dans la préparation de l'opération. Et tout ça pour rien !

J'ai rêvé deux fois de Sonia cette nuit. La première fois, je le jure, j'ai rêvé qu'elle était à Giens (même si le décor ressemblait à Bosc, c'était Giens) et elle n'était pas greffée. Ça avait été impossible.

Je me suis réveillé. A ce moment j'ai pensé : « Seulement un rêve… » Cool, Johann…

Puis, j'ai rêvé à nouveau. Elle était bel et bien greffée. On était le matin de l'opération. Et moi, apprenant cela, j'en pleurais de joie et de soulagement.

Dieu ! Faites que ce soit l'avenir !

Malgré tout ce que je fais pour me prouver le contraire,

j'aime profondément Sonia. La violence de l'émotion qui me noue l'estomac et me fait venir les larmes aux yeux depuis hier ne laisse aucun doute. Sonia est pour moi plus qu'une amie. Je ne sais que faire. Hervé aussi l'aime et elle l'aime. Je sais qu'elle m'aime bien aussi, mais est-ce autant que moi ?

J'attends. Je verrai. Pour l'instant, l'important c'est de lui remonter le moral. Lui faire savoir que je suis avec elle et qu'elle aura une autre chance. Cette fois, ce sera la bonne.

Je l'imagine sur le lit, perfusée et sous oxygène avec ses grands yeux bruns pleins de tristesse. Et ça me fait mal. Elle est tellement radieuse quand elle rit. A la fois forte et fragile. Rien ne lui aura été épargné dans cette attente de greffe. Et moi je suis loin. Je souffre de la savoir triste, sans pouvoir même lui téléphoner.

J'ai regardé, sans vraiment les voir, deux films. L'un sur Canal +, l'autre en vidéo.

Celui en vidéo m'a été prêté par Law. C'est *Les Doors* de Stone. Le dernier film que j'aie vu au cinoche avant ma greffe.

Maintenant je n'ai rien à ajouter au récit de cette journée.

J'ai mal, mais j'ai encore de l'espoir malgré la déception. Et si j'arrête là d'écrire, je continue à penser à Sonia.

le 29. 3. 92 – dimanche, 18 h 30

J'ai téléphoné à Soso ce matin. Elle est, en définitive, remontée de réa hier à 5 heures, mais pas dans la chambre qu'elle occupait avant. Du coup, j'avais essayé en vain de la joindre toute la journée d'hier. Ce n'est que ce matin qu'en désespoir de cause j'ai essayé d'autres chambres. Sonia est dans la 210.

Au téléphone sa voix était faible et différente. Sans doute les traces de l'intubation. Elle paraissait fatiguée. J'ai même eu un peu l'impression de la déranger, ce qui m'a fait de la peine. Elle m'a raconté les détails de ces deux journées infernales.

Comme pour Xavière, ils l'ont avertie juste avant le repas de midi pour qu'elle ne mange pas. Ils l'ont prémédiquée en chambre vers 15 heures, l'ont descendue au bloc à 16. Elle y a attendu une demi-heure avant d'être endormie. Elle était calme.

A son réveil elle était encore intubée. C'est une expérience désagréable ; ils auraient pu essayer de lui épargner ça. Ils lui ont laissé une voie centrale qui lui fait mal et l'empêche de tousser. Elle n'a pas le moral, mange peu et n'a pas des doses suffisantes d'antibiotiques. En plus, ils lui passent les perfs en trois fois. De ce fait, elle sera obligée d'être piquée trois fois quand la voie centrale sera enlevée.

Tout cela fait beaucoup pour quelqu'un de fatigué !

Je la reverrai peut-être demain. Je redescends à Marseille. Ma prothèse me gêne trop. Je ne peux pas faire dix pas dehors. Je reste enfermé ici. Je n'arrive pas à me replonger dans les jeux de rôles. J'ai l'esprit trop plein des malheurs de Soso et de la mort de Xavière, de celle de Laurent aussi.

En fait, je recommence à ne pas savoir où en est ma vie. Ces quelques jours avec Sonia et Maurizio m'ont rappelé Giens. J'ai aimé ces trois jours, même si j'y ai appris la mort de deux amis. J'ai déconnecté avec les délires « super-héros » de Law et de ses copains.

Hier, Laurence, Aude, Valéry et Lara (une nouvelle recrue de Laurence, aussi grosse que sympa) ont passé l'après-midi à la maison ainsi que la soirée. J'ai beaucoup ri, l'ambiance était chouette. L'on n'a pas vraiment plongé dans le scénario d'Aude, mais je me suis bien détendu.

Je ne sais pas où je dois aller. Faut-il déménager ? Quitter ce pays où je me sens chez moi ?

Hormis Laurence et Aude, il n'y a personne que je regretterais vraiment. Thierry me manquerait, mais je ne le vois pas souvent de toute façon.

Mais sans les jeux de rôles, sans mes cousines, complices de toujours, j'ai peur de rapidement déprimer. Si je descends dans le Sud, je finirai par fréquenter les mucos de Marseille.

Juju et Lionel, Sonia. Tous les trois sont super sympa, mais qu'est-ce que je ferais pris entre deux filles dont je suis plus ou moins amoureux et qui ne le sont pas de moi ? Je pense qu'elles pourraient m'introduire dans le cercle de leurs copains, mais jamais, je crois, je ne retrouverai mes délires jeu-de-rôlesques ; ni mes liens privilégiés avec mes cousines.

Pourtant, à Bosc, je ressens le manque de mes amis mucos.

Alors que je croyais être débarrassé de ce spleen, les deux dernières semaines l'ont fait renaître, aussi fort qu'en novembre.

Rester semblerait plus sage. Bien qu'il y ait des avantages pour ma santé à être à Marseille – proximité et facilité des soins, climat meilleur.

Je ne sais que faire et ne vois pas à qui raconter tout ça ? A Mme Piraud ? A David ? A ma mère ? Qui comprendrait ? Maman serait sans doute la plus compréhensive en ce qui concerne mes sentiments pour Sonia. D'ailleurs, je mettrais ma main à couper qu'elle a compris. Rien qu'en voyant la différence entre le Johann actif et plein d'entrain que je suis lorsque je suis avec Sonia et le Johann passif et silencieux que je suis ici depuis trois jours.

Je repars demain à Marseille. Peut-être Sonia sera-t-elle partie. C'est ce qu'elle souhaite. Peut-être (c'est le plus probable) la garderont-ils jusqu'à mardi.

Il y aura Maurizio et Enza en tout cas.

Une fois ma gêne respiratoire passée, peut-être retrouverai-je la pêche à Bosc. Sortir un peu, faire les magasins, reprendre les cours, meubler mon studio, faire ce stage dans un journal comme les mecs de J. B. me l'ont proposé. Tout cela me fera du bien. Peut-être parviendrai-je alors, comme en février, à oublier mon amour pour Soso.

C'est la solution la plus sage, mais d'un autre côté, j'aimerais tant le lui dire, vivre cette expérience. Si Sonia m'aimait autant que je l'aime, je crois que je descendrais à Marseille.

Mais je sais qu'elle aime Hervé. Elle porte toujours la chaîne en argent qu'il lui avait offerte à la fin de notre séjour, en avril 91.

Et puis Hervé aussi souffre. Et c'est mon ami. Moralement, ce n'est pas bien de faire ce que je voudrais faire. Et c'est moi qui prendrais une veste ? Ce qui serait sans doute pire pour moi que ce statu quo.

Je suis déjà suffisamment coincé comme ça. Si, en plus, je me fais rembarrer, alors là je suis sûr de finir célibataire et puceau !

Tous les ados ont ce genre de problème. Mais j'ai en plus à affronter la maladie, la mienne et celle de mes proches. Parfois ça fait beaucoup pour un seul mec.

le 30. 3. 92 – lundi, 23 h 20

Je suis à Marseille. Je suis essoufflé. Je crois que non seulement ma prothèse a bougé mais qu'elle se bouche un peu car je n'ai fait qu'un aérosol par jour depuis mercredi dernier et je n'ai pas fait de véritable kiné depuis trois jours. Enfin, mercredi, de toute façon, je remets ça sous AG*.

Je suis de retour à Marseille. Je suis dans la chambre 210. Celle qu'occupait Sonia pas plus tard qu'hier. Elle est partie en début d'après-midi pour Giens. Quand je suis arrivé, elle était encore là.

Théoriquement, j'aurais dû n'arriver qu'à 18 heures, mais une opération « escargot » étant annoncée par les médias, nous sommes partis plus tôt. Or, les escargots n'ont visiblement pas été traîner du côté d'Orly. Du coup, avec papa, on a pris le vol de 12 h 45 au lieu de 15 heures.

Cela m'a permis d'entr'apercevoir Sonia. Quelques instants seulement car, entre les formalités d'arrivée, les examens, sa voie centrale qu'ils lui ont enlevée… Bref. Elle était en pyjama, fatiguée et très blanche. Mais j'ai quand même réussi à lui arracher un timide rire. Elle est très mal. Elle a besoin de l'oxygène (à deux ou trois litres si j'ai bien vu) pour aller jusqu'aux toilettes ; et encore, cela l'essouffle.

Elle est repartie à Giens et je me suis retrouvé, après le départ de papa, seul dans cette chambre où, il y a dix jours, j'ai veillé jusqu'à 3 heures du mat en compagnie de Mme Arfi et de la

* Anesthésie générale.

famille Fourmy. Mon cœur s'est serré. J'ai eu une méchante crise de cafard.

Puis, au moment du repas, sont arrivés Enza et Maurizio. Il a bien de la chance Maurizio d'avoir Enza. Elle est très attentionnée et elle l'adore son Maurizio. J'ai été content de les voir. Je leur ai montré mon album photos qui regroupe mes photos préférées prises depuis que je vais à Giens, puis je suis allé dans leur chambre regarder la télévision. Or, ils ne comprennent pas assez le français pour suivre les programmes. Du coup, ils m'ont filé leur TV.

Ça n'a l'air de rien, mais une télé, c'est une présence, un rempart contre le spleen, un dérivatif pour l'esprit.

Ce soir, Cantini m'est réapparu comme ce qu'il est et risque de rester encore longtemps : un hôpital, pas une pension de famille, ni une colonie de vacances pour greffés et mucos. Confusion que les trois jours passés avec Sonia et les deux Italiens avaient engendrée. Les sorties l'après-midi, les repas pris ensemble, ça avait changé le quotidien.

Peut-être est-ce salutaire de revenir ici sans Sonia ? Ça m'évitera de regretter trop, à la maison, mon séjour ici. Car jeudi, en arrivant à Orly, j'étais triste. J'ai failli ne pas voir Law, Aude et les deux autres lurons samedi, à cause d'une voiture en panne. Et, à la limite, je m'en foutais.

Bien sûr, une fois qu'ils ont été là, on a bien rigolé et j'ai été heureux de les voir. Mais ils ne seraient pas venus, je crois que ça ne m'aurait pas fait grand-chose tant je regrettais la présence de Sonia et étais attristé par cette non-greffe.

Maintenant, elle est à Giens. Elle, qui ne voulait pas y retourner jeudi matin, y est partie plus volontiers après ce week-end qui a dû être un des pires de sa vie. C'est sûr qu'ici c'est la « prise de tête ». Surtout quand, comme elle, on n'est pas habitué aux hôpitaux purs et durs.

Les médecins ne voulaient pas la laisser sortir. J'aime à penser que mon arrivée (et donc la nécessité de me trouver une chambre, car la 207 et la 208 sont prises par des bilans pré-greffe) a influé sur leur décision de la laisser aller à Giens.

Maintenant, que faire ?

Oublier Sonia ? Jamais. Oublier mes sentiments ? Je peux essayer. Je les ai bien enterrés une fois déjà. On verra bien. En tout cas il me faut cesser de me tourmenter avec ça et ne pas continuer à tourner en rond dans ma tête. Je dois profiter de ma greffe. Reprendre l'école, rencontrer d'autres gens, revivre sans me torturer l'esprit. Tout un chemin à reparcourir. Et je sais très bien qu'à la première rencontre avec mes anciens amis, il sera à nouveau à refaire. On ne rompt pas avec son passé.

Pourtant c'est un peu ce que je cherche à faire. Parce que ce passé fait mal. Mal de penser que ces bons moments ne reviendront plus parce que ceux avec qui je les ai partagés sont morts, parce que Giens n'est plus ce qu'il était (il y a eu beaucoup de changements dans le personnel et l'ambiance s'est dégradée ; Geneviève veut partir), parce que les jours heureux ont un parfum d'encens…

Je garde le contact. J'écrirai, je téléphonerai, mais il serait bon de connaître autre chose.

Que ferai-je si Sonia est greffée, quand je la verrai souvent ? On verra bien. De toute façon, il est probable que je ne ferai rien de plus que ce que j'ai fait jusqu'ici.

En attendant, il faut qu'elle regagne des forces. Il faut que Chazalette la retape et qu'elle se divertisse un peu. L'idéal serait qu'on l'appelle alors qu'elle vient juste de revenir à Giens. La tête encore pleine de quelques semaines de détente. L'esprit reposé. Et le corps soutenu par, disons, une semaine de perfs.

Avec un peu de chance, elle va retrouver Hervé à Giens, ce soir ou dans quelques jours. C'est ce qui pourrait lui arriver de mieux.

Je garde et garderai, quoi qu'il advienne, une tendresse particulière pour Sonia.

La grande question, outre de trouver l'âme sœur, c'est d'arriver à faire coïncider ma vie à Giens et mon existence à Bosc. De parvenir à concilier mes rapports avec les autres mucos

– greffés ou pas – qui sont mes amis, et ceux avec Laurence et Aude.

En fait, cela revient à concilier le réel et l'imaginaire, symbolisés par deux provinces françaises : la Côte d'Azur et la Normandie !

Ce jour-là, j'aurai atteint l'équilibre, et la vie sera plus simple. Enfin je crois…

le 27.4.92 – 21 heures

Je viens de relire les dernières traces de ma vie laissées dans ce journal. Que de choses se sont passées en un mois ! D'ailleurs c'est bien pour cela que je n'ai pas écrit depuis. Après tout ce qui s'est passé, jc vais tenter de résumer rapidement les derniers faits, mais je ne suis plus très sûr de ne pas faire d'erreurs.

Après ma dernière biopsie, Noirclerc est venu dans ma chambre et a demandé à voir ma mère lors de mon prochain retour pour une scintigraphie. Le week-end, j'ai revu mes cousines, mais j'ai eu une poussée de fièvre violente et l'on a discuté, sans jouer.

A mon retour le dimanche soir à Marseille, j'y ai retrouvé Sofia, Maurizio et Attilio.

Nous avons passé trois jours somme toute assez agréables, à l'issue desquels Noirclerc est venu me voir pour m'annoncer ce qu'il voulait dire à ma mère, à savoir qu'il faudrait peut-être envisager, dans mon cas, une retransplantation.

Pour l'instant, ce n'était pas nécessaire, mais si mon état s'aggravait, il me regrefferait avant qu'il ne soit trop tard, comme il l'avait fait avec Xavière et Laurent.

J'ai accueilli la nouvelle avec assez de calme. Je lui suis reconnaissant d'avoir dit la vérité et de ne pas avoir conçu, pour moi, des projets de seconde greffe sans m'en avoir averti. Pour l'instant, il faut voir comment ça va évoluer et donc cesser ces « allers et retours » incessants entre Bosc et Marseille.

Il a donc été convenu que j'irais à Giens. J'y suis arrivé le mercredi suivant. J'y ai retrouvé Anna-Rita, qui était partie faire un bilan digestif, et aussi Sonia.

Le premier soir, alors que je n'avais pas pu aller la voir à cause de la visite de l'interne, des questions et des allées et venues des infirmières, elle a frappé à ma vitre vers 9 heures. Elle était dans un fauteuil roulant avec l'oxygène et m'a fait un sourire à vous faire chavirer le cœur. Elle n'est restée que quelques minutes, mais cette visite m'a fait très plaisir, me rappelant celle de janvier.

Les jours qui ont suivi furent très agréables, occupés entre mes balades à Hyères avec Anna-Rita et ma mère et mes visites à Soso.

La semaine suivante fut marquée par une consultation ORL épique (mauvaise adresse, retard, discussion débile de l'aide-soignante qui avait la charge d'un gitan muco et légèrement débile) et une fibro de contrôle.

Le soir, j'ai retrouvé Thierry en super-forme et j'ai fait la connaissance d'Odile, une jeune fille muco, venue à Giens en décembre 90. A nous trois, on a discuté jusqu'à 2 h 30 du matin. Odile est sympa et a l'air en forme. Pourtant, elle a une saturation très faible.

A mon retour à Giens, j'ai vu Hervé qui venait d'arriver. La semaine fut géniale. Le week-end, le groupe adulte muco de la région PACA a tenu sa première AG. J'ai revu Stéphane. On a passé une soirée au resto, mémorable. Il est reparti dimanche matin, mais est revenu me voir mardi, mercredi et jeudi.

Mardi soir, Stéphane, Hervé, Valérie (Portuguez, qui m'est de plus en plus sympathique), Magali et Fabrice (un mec de Strasbourg très sympa), Sonia (qui n'est venue qu'un peu plus tard, avec son oxygène) et moi sommes tous allés au chinois.

J'ai aussi fait la connaissance de trois stagiaires très sympa : David (kiné), Guillaume (diététicien) et Cyrille (assistante sociale). Bref, Giens est resté un endroit superbe. J'y ai redécouvert le parc, la plage, l'ambiance. J'ai aussi discuté avec Mme Piraud, qui m'est de plus en plus sympathique.

Je suis bien ici, au milieu de mes semblables ! C'est que nous avons subi une initiation à la vie. Nous sommes dans l'être, non dans le paraître. C'est ce qui me manque tant chez moi. Peut-être l'alternance Giens/Bosc était-elle salutaire, ou en tout cas nécessaire à mon équilibre ?

Sonia et Hervé se sont revus. J'ai pourtant l'impression qu'ils sont moins liés qu'avant. Je me trompe peut-être, mais je crois que leurs divergences vis-à-vis de la greffe les ont éloignés un peu. Les premiers jours, j'ai trouvé Hervé très distant vis-à-vis de Soso. Un peu moins maintenant.

Maurizio et Anna-Rita ont deviné que j'aimais Soso. Quand ils me l'ont demandé, je leur ai dit la vérité. Je l'ai aussi dite à Stéphane. Et à Giens, je crois que pas mal de gens s'en doutent, de Mme Piraud à la kiné. Il faut dire qu'il ne s'est pas passé une journée sans que je squatte le balcon en face de sa chambre.

J'ai été adopté par la famille, ses parents, comme ses grands-parents.

L'autre jour, juste après mon arrivée, Soso a été très fatiguée. J'ai cru revoir François, et mon cœur s'est serré d'inquiétude.

Je me suis dit : « Cette fois la muco a pris le dessus. Elle ne récupérera pas. » J'ai eu peur. Mais Chazalette et l'interne ont réagi. Ils lui ont donné une légère corticothérapie et elle a été mieux du jour au lendemain.

Physiquement, elle va mieux. Elle n'est plus qu'à un litre d'O_2, mais n'arrive pas encore à s'en passer. Elle n'a pas trop le moral car elle voit les autres sortir, elle se sent suffisamment bien pour avoir envie de nous suivre mais elle n'est pas encore assez solide pour pouvoir le faire. C'est dur pour elle. Néanmoins, elle fait tout ce qu'elle peut pour s'en sortir. Elle « en veut » toujours. Sonia est vraiment une fille extra.

Personne d'autre n'aura enduré une telle attente de greffe. Elle mérite vraiment sa chance. Je prie pour qu'elle l'ait.

Tout cela est un peu rapide et fait l'effet d'un catalogue d'événements. C'est que, durant tout ce temps passé avec les autres, temps que je savais éphémère, je voulais profiter au maximum de leur présence. Je me suis donc retrouvé avec beaucoup à dire d'un coup. Ce soir, je suis à « Sainte-Margue » car j'ai eu très peur d'avoir un rejet hier. Ce soir, je suis déjà un peu rassuré. Après-demain, je ferai la biopsie et j'en aurai le cœur net.

Peut-être réécrirai-je un peu avant mon retour à Giens pour développer des aspects plus personnels. Mais, dans l'immédiat, je vais aller dormir.

le 29. 4. 92 – mercredi, 22 h 15

Je ne suis plus à Marseille que pour une nuit. J'ai une infection (j'ai vraiment eu peur du rejet, mais les signes infectieux étaient si évidents à la fibro qu'ils n'ont pu faire la biopsie ; néanmoins, ils me laissent repartir car ils ne croient pas au rejet).

A Giens, j'ai beaucoup parlé avec Mme Piraud. Elle est arrivée, en quelque sorte, à ce que je savais déjà. Je crois même l'avoir écrit. Il faut vivre avec son passé sans se laisser ronger par lui. Vivre par respect pour ceux qui sont partis, vivre pour qu'ils vivent à travers nous. François, Jean-Jacques, Martine, Xavière, Laurent ne sont pas morts et « leur message » (pour reprendre les propres termes de Mme Piraud) est un message de vie.

Je sens confusément que je vais y parvenir, que ma greffe va finir par « prendre » et que je vais retrouver un équilibre physique. Ce sera peut-être encore long, mais je persévère : faire de la vie à partir de la mort, c'est un miracle, celui de la greffe ! C'est ce qu'il faut que je tire de mes rencontres à Giens.

J'ai été accepté par la tribu. Je m'y sens bien. J'ai quitté physiquement Giens, mais jamais moralement. C'est le lieu où je suis devenu un homme, en quelque sorte, le lieu où je me suis sorti de mon cocon pour apparaître à la vie. C'est là que j'ai différencié l'essentiel de l'accessoire. J'ai plongé dans la vie, dans l'être. J'y ai vécu une initiation. Ce sont là presque les termes de Mme Piraud.

Et j'y ai rencontré l'amour.

Amour pour Juliette, puis Sonia. Sonia. Je me demande si je l'aime vraiment pour elle ou pour ce qu'elle représente : la vie et le groupe que nous formions. Si c'est le cas, il ne faut pas essayer de la séduire ou continuer à cultiver cet amour.

Peut-être aussi est-il possible que je l'aime plus comme un grand frère que comme un amant. Je suis très sensible à ses états d'âme. L'autre jour, elle a eu un coup de cafard et de doute. Elle a eu peur de la greffe, craignant d'avoir encore plus de mal à remonter la pente après. Je lui ai dit qu'avec ses poumons neufs tout serait différent, qu'elle revivrait, qu'elle serait libre de faire ce qu'elle voudrait.

Deux jours après, ça lui a passé. Alors que nous étions accoudés au balcon du Coty, elle m'a dit désirer à nouveau sa greffe.

Ça m'a fait vraiment plaisir. Chaque sourire d'elle me donne envie de lui prendre la main et de déposer un baiser sur ses lèvres.

Je ne sais toujours pas comment faire.

Sa famille m'aime bien. Je suis devenu très ami avec ses parents et ses grands-parents maternels. Parfois, j'ai un peu l'impression que sa mère désire plus que sa fille ma présence ; pour que je lui remonte le moral ou que je la distraie peut-être… Pourtant j'ai du mal à être drôle seul. Je peux être un mec très marrant si je suis avec des copains délirants, mais seul je suis nettement moins spirituel.

J'ai revu Stéphane avec grand plaisir, sans ressentir après son départ cet étrange ressentiment de février.

C'est qu'à Giens nous avons pu sortir, bouger, retourner dans les lieux que l'on aime… Bref, nos rapports sur trois jours ont été plus profonds, sans qu'il y ait eu à forcer quoi que ce soit.

Je suis heureux de l'avoir revu car sa dernière lettre sur ses activités durant la grève étudiante contre la loi Jospin m'avait fait craindre qu'il n'ait changé. Mais c'était bien mal le connaître.

Stéphane est vraiment un type exceptionnel. Et lui a un réel talent littéraire. Dire que j'ai mis dans mes rêves des ambitions d'écrivain ! Lui écrit, moi je gribouille. D'ailleurs, mis à part ce texte, je n'ai rien écrit depuis longtemps.

Et ça, c'est quoi ?

De la psychanalyse de garage ajoutée à des rêves de midinette ! Je ne vais pas aller loin avec ça ! L'autre jour, j'ai même voulu arrêter. Je fais vraiment de la merde, j'ai pensé. Je ne sais pas manier les mots, ni écrire. Mais j'ai décidé de continuer pour garder une trace de ma vie et pour mon usage personnel.

Peut-être aussi celui de mes parents, si un jour « je pars », moi aussi.

Dans l'immédiat, le seul endroit où je vais, c'est à Giens, pour faire une cure de perfs. Après on verra.

J'ai téléphoné à Laurence et à Aude. Elles ont du boulot jusqu'en juin. Examen de fin d'année pour Laurence et Bac « C » pour Aude. Je commence à souffrir de mon retard scolaire : première « A » avortée cette année. C'est un peu nul. Peut-être finirai-je par prendre des cours par correspondance pour finir mes études ?

Il y a un tel décalage entre ceux de ma classe et moi ! Les cours par correspondance me permettraient de progresser scolairement tout en fréquentant des gens plus vieux.

Why not ?

L'avenir est incertain. Mais il reste à le forger. Et tant qu'il reste des interrogations sur l'avenir, ça montre au moins qu'on l'envisage. Je me demande de quoi il sera fait, mais il existera. Parce que je le veux et que j'ai encore tant à apprendre et comprendre.

M. Noirclerc est un homme qui a beaucoup souffert aussi... Il a été au cœur de tant de drames et de déceptions ! La mort de Xavière et de Laurent l'a replongé dans sa déprime, alors qu'il commençait à remonter la pente. J'aimerais bien lui écrire pour l'aider, mais je n'ose pas. J'ai peur de lui faire encore plus de peine ou d'avoir l'air de lui donner des leçons. Pourtant, ce type est un géant, un vrai. Sans lui je ne serais pas là pour écrire ce soir et pas mal d'autres lui doivent la même chose. Et même si ce n'est qu'un sursis d'un, deux, quatre, dix ans, qu'importe ?

Ce qui compte, c'est que nous avons pu avoir un supplément

de vie. Rien que pour avoir connu la joie de vivre l'été dernier – qui fut sensationnel malgré l'inquiétude que je me faisais pour François et Jean-Jacques –, rien que pour avoir connu le plaisir de marcher sans entraves, je serais prêt à être greffé dix fois !

D'un seul coup le monde a cessé d'être un territoire hostile avec des embûches à gravir, comme autant d'escaliers. Chaque pas a cessé d'être un petit effort, le monde est devenu accessible, il a rétréci. Paradoxalement, il a aussi grandi. Car si ce qui était loin est devenu proche, ce qui était inaccessible est devenu loin.

Le mètre n'est pas une bonne unité de mesure. La bonne unité, c'est le « pas-essoufflement ». C'est ce nombre de pas que l'on peut faire sans fatigue.

Et la qualité de vie dépend de cette unité.

Je suis sûr qu'après tout est possible.

Non. La qualité de la vie ne dépend pas que de cela, évidemment. Mais ça y contribue !

« L'argent ne fait pas le bonheur », mais ça aide.

Mais l'argent ne fait pas la vie.

Le souffle, oui.

C'est pourquoi Noirclerc est indispensable !

le 13.5.92 – 22 h 30

Premier anniversaire. Un an déjà que je vis et respire avec les poumons de cette jeune Toulonnaise. Un an que je fabrique de la vie avec de la mort.

Je suis toujours à Giens. J'y suis bien. Je me sens en forme, prêt à faire des tas de choses. J'ai bien récupéré depuis un mois.

Mais, si je suis si bien ici, c'est parce que je vois Sonia tous les jours.

Je n'arrête pas de penser à elle, du matin au soir. Je suis vraiment bien avec elle.

Vendredi, je repars pour quelques jours à Bosc. Je vais

essayer de passer tout de même mon Bac de français, car être un lycéen attardé me pèse de plus en plus. Mais je n'ai pas vraiment envie de repartir. L'hôpital a quelque chose de rassurant. Y être, c'est comme être dans un cocon, protégé. Et puis surtout je ne verrai plus Sonia. Elle va me manquer. Je le lui ai dit ce soir et sa réaction m'a fait de la peine. Elle a fait : « Ah, ouais ? » l'air tout étonnée. Je sais qu'elle m'aime bien, mais ce « Ah, ouais » a anéanti l'espoir que j'avais qu'elle ait un petit faible pour moi.

Je suis en proie au doute. Je m'étais imaginé qu'elle aussi… Mais ça n'a pas l'air. Ce soir on s'est quittés sans se parler, sans qu'elle me dise même au revoir. Ça aussi m'a fait de la peine.

Elle était fatiguée, mais elle aurait pu me faire un petit signe ou quelque chose.

Je ne sais pas. J'ai l'impression que cet aveu de ma part l'a choquée, froissée. Je verrai demain comment elle réagira à ma présence.

Je ne sais plus où j'en suis. Je suis tiraillé entre Giens et la Normandie. Ici, depuis un mois, j'en étais presque arrivé à prendre la décision de vivre dans le Sud. J'y suis plus en forme, je fais plus de choses, j'y vis plus de choses. Mais si cette région devient ma région, j'ai peur de regretter la Normandie. En ce moment, mes cousines et les jeux de rôles ne me manquent pas. En sera-t-il toujours de même si cette séparation prend un caractère définitif ?

Si Sonia m'aimait autant que je l'aime, je descendrais vivre avec elle à Marseille. Ce ne serait certainement pas très malin, mais c'est ce dont j'ai vraiment envie. On ne choisit pas de tomber amoureux. C'est plus fort que moi : Sonia obsède mes pensées.

Aujourd'hui, je suis allé passer une scintigraphie pulmonaire à Toulon. A l'hôpital Font-Pré.

Un an jour pour jour après ma greffe. Or, il y a de fortes possibilités pour que ce soit de là que venait mon greffon. Il y a des coïncidences étranges…

Ce week-end, j'ai réalisé un rêve de gosse.

Je suis allé, avec mes parents, venus pour trois jours, au festival de Cannes.

J'ai été un peu déçu car tout est réservé aux spécialistes de la profession et aux journalistes. Mais j'ai au moins vu l'ambiance de Cannes et de la Croisette. En plus, j'ai assisté à la montée des marches pour la projection du film *The Player*.

Je suis content d'avoir vu ça (enfin « vu » est un bien grand mot avec cette foule), mais je suis resté sur ma faim. Les rêves, quand ils se heurtent à la réalité, sont toujours plus attrayants et plus beaux qu'elle.

C'est aussi ce qui se passe avec Sonia.

le 21.5.92 – jeudi, 14 h 20

Je suis à Bosc-le-Hard. Pour la première fois depuis longtemps mon séjour en Normandie aura été aussi long que prévu. J'ai pris la décision de prendre des antibiotiques pour être tranquille et profiter de ma semaine. J'ai pu faire pas mal de choses.

Samedi, j'ai vu Laurence et Aude. Ça m'a fait plaisir. On n'a pas joué, simplement parlé. Parlé de ma future greffe, de Cannes, de super-héros, du Bac et de l'école d'architecture que les deux sœurs veulent intégrer l'année prochaine. J'ai passé une bonne journée.

Dimanche fut marqué par une exposition de peinture : « Art et Déchirure ». Derrière ce nom étrange se cachent des peintres fous, à moins que ce ne soient des malades mentaux artistes.

En tout cas, ils font des choses belles et ténébreuses, dérangeantes ou poétiques, laides ou malsaines. Quoi qu'il en soit, ce sont des œuvres intenses.

L'exposition m'a marqué : que ce soient des sculptures en papier mâché représentant une femme, urinant dans un récipient ou y vomissant, un homme recroquevillé sur lui-même, en position fœtale, la tête enfouie dans un angle ; que ce soient ces peintures en relief où les femmes ne sont que des jambes, un vagin béant et deux seins, ou encore des peintures abstraites (un peu comme celles de Lynch), toutes ces œuvres étaient plus marquantes que celles des vrais peintres (qui exposaient à l'étage supérieur).

Je suis retourné à J. B. J'y ai vu mes profs, qui m'ont chaleureusement accueilli. Les autorités sont d'accord pour me passer en terminale. L'année prochaine je suivrai des cours par correspondance. Il va donc falloir que je bosse dur pour repasser mon Bac de français. Je pense y arriver. Ma maturité nouvelle devrait m'aider. J'éviterai les erreurs de la première fois à l'écrit. Par contre, pour l'oral, ça risque d'être plus dur.

A J. B. j'ai revu mes copains. Curieusement ce n'est pas avec Héloïse, Guillaume ou Romain (ceux auxquels je pensais le plus souvent) que j'ai passé le plus de temps. C'est avec Fabrice, qui a perdu son père au début de l'année scolaire, que j'ai le plus discuté. Je l'ai même ramené chez lui, près de la route de Neufchâtel. Il m'a invité à prendre un verre. C'était sympa. J'aimerais le revoir.

Le soir, en rentrant, j'ai téléphoné à Giens. Valérie, Valou, est partie à Marseille. Elle ne va pas bien du tout puisqu'elle a maintenant des problèmes cardiaques. J'ai peur pour elle. Elle peut s'en sortir. Lætitia y est bien parvenue. Mais après cela, elle risque d'être comme elle, condamnée à l'oxygène en permanence.

J'ai parlé à Sonia aussi, qui a eu l'air contente que je l'appelle. Je crois que si elle était amoureuse de moi, ou même si elle se demandait simplement si elle l'était, je le saurais. Sonia est une fille plus experte que moi dans la drague. Si elle veut sortir avec quelqu'un, elle sait s'y prendre. Quand, en avril, elle voulait sortir avec Hervé, je suis presque sûr que c'est elle qui est allée le chercher. A la fête des internes aussi, en une heure elle s'était trouvé un type. Je ne suis donc qu'un ami. J'aime mieux être ça que rien. Mais j'aurais aimé être plus.

Respectons son choix. Peut-être plus tard... Cette ligne de conduite est la plus simple, la plus sage aussi, mais elle est dure à tenir parce que je suis un rêveur et que je ne peux m'empêcher de rêver mieux.

Il faut que je sois regreffé. Même Chazalette, le docteur « tant mieux », est d'accord là-dessus. Je ne suis pas trop pressé, même si je sais qu'en post-greffe une situation stable peut très vite basculer. L'année dernière à cet instant, j'étais en réa. Je préfère la vie au grand air ! Je n'ai plus les possibilités illimitées de l'immédiate post-greffe, mais je peux encore faire pas mal de trucs.

Être regreffé.

Finalement, dans le film des journalistes, tous nous aurons gagné un tour gratuit : Gilles, Xavière et moi. Sur cinq personnes regreffées, seul Gilles s'en est sorti. Guy : mort. Xavière : morte. Laurent : mort. Et la dame qu'on venait de regreffer le jour où nous étions allés tourner en réa : morte. Cela fait donc, statistiquement parlant, 20 % de chance de succès.

Haut les cœurs ! Je n'ai qu'à fairc augmenter le chiffre pour faire passer les stats à 33 %. Ça me fout un peu les jetons. Mais il vaut mieux ça qu'un refus de me mettre en liste. Cela dit, j'espère que ça arrivera le plus tard possible. Et j'espère aussi profiter de mon été.

Qu'adviendra-t-il lorsque Sonia, greffée, aura repris pied dans la vie et que moi je serai toujours essoufflé ? J'espère que l'on gardera contact. En fait, j'en suis presque sûr car Sonia est une fille en qui j'ai confiance. Elle est sensible et fidèle en amitié. N'est-elle pas venue me voir en janvier, en plein hiver, alors qu'elle était fatiguée ? Si je suis à Marseille, elle passera me voir entre ses cours.

Si elle ne venait pas, c'est que je me serais trompé sur elle. Et ça, je ne crois pas.

Lorsque je suis rentré à Bosc, vendredi dernier, j'ai eu le désagréable sentiment que j'y revenais pour la dernière fois.

Souvent, j'imagine le monde après ma mort. Comment les gens réagiront, ce qu'ils diront, le contenu de mon testament et où je serai enseveli, où sera dite la messe…

C'est un jeu ambigu, peut-être malsain, mais je soupçonne tout le monde de s'y livrer.

Ce n'est pas la première fois que j'ai ce genre d'idées. Avec cette vie, c'est somme toute assez normal, je crois. Il y a bien eu le 4 février 1992. Et je suis toujours là.

Il faut que j'arrête d'écrire. Le kiné ne va pas tarder et je dois préparer mes valises pour demain.

Je repars à Giens. Je vais y retrouver les autres et surtout Sonia.

J'aime la vie. Je l'ai toujours aimée.

le 27.5.92 – mercredi, 23 h 35

Aujourd'hui, j'ai rencontré l'homme de la seconde chance. Il s'appelle toujours Michel Noirclerc. Après plus de deux ans, j'en suis revenu au point de départ. Stéphane a baptisé cela *Le Jeu de l'oie,* lorsqu'il y a quelques semaines, je lui avais dit que je serais probablement regreffé.

Je suis retourné à Marseille faire un bilan. En fait, je n'ai fait que les EFR de vraiment importantes. En deux mois, les résultats sont stables ou légèrement – mais très peu – inférieurs. J'ai 2 litres de CV.

Je fais encore beaucoup de choses, mais si je récupère « vite » de mon essoufflement, de plus en plus de gestes quotidiens m'essoufflent, comme de faire ma valise. Je monte deux étages mais, en avril 89, quand je suis parti du Coty à l'issue de mon premier traitement ici, j'avais réussi à en monter trois.

Pourtant, je ne me sens pas fatigué ou usé comme la première fois. Mais je sais que si Xavière ou Laurent avaient été remis sur la liste plus tôt ils seraient peut-être regreffés et vivants. Je sais que les chances de succès sont plus grandes sur quelqu'un d'encore actif que sur quelqu'un d'alité et sous O_2 en permanence. Je sais qu'en quelques semaines je peux perdre très vite, ou rester stable longtemps…

« On ne veut pas te perdre », m'a dit Martine* hier. Je profite des erreurs du passé. J'ai été remis sur la liste d'attente de greffe aujourd'hui. D'après ce que j'ai compris, j'ai un an envi-

* Martine Raynaud-Gobert, pneumologue du Service de chirurgie thoracique.

ron de sursis pour trouver un second greffon. Dommage, ces poumons-là me plaisaient bien. Au moins m'auront-ils permis d'attendre les suivants et surtout ils m'auront fait découvrir ce qu'est la vie en respirant librement. Je ne regrette rien.

Tout plutôt que de mourir sans tout essayer. Aujourd'hui que la décision a été prise, même si j'ai un peu (beaucoup même) d'appréhension à l'idée de recommencer la réa, je suis en même temps plus serein. Le fait de savoir à quoi s'en tenir a quelque chose de rassurant. Les objectifs sont fixés. Il n'y a plus qu'à les atteindre.

Pourtant ces derniers jours à Marseille furent durs. Depuis mon retour à Giens, où je suis entouré des autres, je ne supporte plus la solitude. Moi qui m'enfermais autrefois dans ma chambre pour être seul, moi qui, le soir de mon arrivée au Coty, voulais manger dans ma chambre, maintenant la solitude m'effraie.

Parce que dans la solitude je pense à ma vie. A ce qu'elle est, à ce qu'elle était, à ce qu'elle sera. Et ça me remplit de tristesse.

La tristesse de savoir mes amis morts.

Martine, Jean-Jacques, François. Mais aussi Guy, Xavière. Ils me manquent. La mort de Xavière et de Laurent revient souvent à mon esprit. Sans doute parce qu'ils sont morts lors de la seconde greffe... Mais aussi pour les souvenirs que j'ai avec eux.

Je regrette de ne pas avoir plus parlé avec Xavière. On regrette toujours les gens trop tard. Ce n'est que lorsqu'ils sont morts que l'on mesure combien ils comptaient pour vous.

Et Laurent, Laurent qui était le symbole de l'espoir, fauché en six mois !

Mes amis, mes frères et moi.

Heureusement, il reste Sonia, Fred, Hervé, Lætitia, Stéphane et quelques autres.

Je n'ai pas eu de nouvelles récentes de Valérie. Les dernières m'ont été données par la maman de Sonia. Valou était quasiment inconsciente, intubée en réa. Elle aurait un œdème cérébral et devrait passer un scanner de la tête lundi...

Jean-Jacques avait réussi une fois à revenir d'aussi loin. Mais Valou ?

Lætitia est entrée hier à Giens. Je l'ai vue ce soir. Elle était sous respirateur (le PLV 100, la Rolls Royce des respirateurs) mais n'avait pas l'air trop fatiguée. On a discuté avec elle et sa mère ainsi que Catherine (une éducatrice chargée de nous sortir), jusqu'à 10 h 30. Lætitia participait. Rien à voir avec l'état de Valérie.

Triste aussi parce qu'à 21 ans, jamais aucune fille ne m'a témoigné de l'amour. Je suis l'ami, l'éternel copain… Jamais de sentiments plus forts. Et moi, comme un gamin, je tombe successivement amoureux des autres.

Martine et Lætitia aussi, je crois qu'à un moment j'ai failli craquer pour elles comme je l'ai fait avec Juju et Soso.

J'ai redemandé aujourd'hui à Noirclerc de penser à Sonia et à Charlotte (une petite Normande qui attend ici depuis trois ou quatre mois), en espérant que, comme le 26 mars, il trouverait un greffon juste après.

Pour l'instant rien.

J'ai dit aux autres que j'allais être regreffé. Je n'aime pas ça, car c'est un peu comme un échec personnel, du moins lorsque j'en parle ; je le ressens un peu comme ça et je ne voudrais pas décourager ceux qui attendent. Mais je préfère, maintenant que c'est sûr, jouer franc jeu. De toute façon, ils auraient fini par savoir, alors autant que ce soit moi qui décide quand et comment.

La vie est décidément bien complexe. Me revoilà avec une épée de Damoclès au-dessus de la tête !

Quatre ans après, je vais repasser mon Bac de français dans des conditions médicales quasi équivalentes. Mais dans des conditions mentales tout autres.

le 30. 5. 92 – samedi, 17 h 30

Valou est morte. Je ne l'ai appris que jeudi. Le lendemain de son enterrement. C'est Stéphane Zanna qui me l'a dit. C'était une de ses meilleures amies (avec John). Dimanche, elle parlait encore, mais elle a fait un pneumo le soir, d'après ce que j'ai su.

Il y a trois ans, quand j'ai fait sa connaissance, elle avait beaucoup plus la forme que moi. Mais elle ne se soignait pas et consommait allègrement alcool et drogues douces. Elle avait déjà failli mourir une fois, à Paris. Elle avait fait de la réa et s'en était sortie par un quasi-miracle. (Elle me l'avait raconté en décembre 90, je crois, la première fois que je l'avais vue fatiguée.)

Valérie, qui – il y a un mois – discutait avec nous au « Macama » en délirant bien, est morte vite finalement. Son agonie aura duré deux semaines. Elle a eu de la chance à tout prendre. Elle a vécu plus libre comme elle l'a voulu et est morte sans avoir à affronter trop longtemps la décrépitude, la frustration et l'humiliation de la grande fatigue.

Loulou qui était tombée amoureuse de David André, un stagiaire kiné formidable qui est resté six semaines au Coty. Il était remonté pour ses examens de fin d'année, mais est revenu dès qu'il a pu. Il a assisté à la fin de Loulou.

Il en a pris plein la gueule. Stéphane aussi. Nous tous, encore une fois !

Une phrase du père de Charlotte me revient en tête : « On dit que Charlotte est fatiguée, mais elle se maintient et elle est toujours là, alors que d'autres, qui semblaient plus en forme, sont partis ! »

Il y a un an, jamais je n'aurais cru que Charlotte puisse attendre si longtemps sa greffe ! Il a foutrement raison !

La grande force de Charlotte, comme de Sonia, est de ne rien concéder à la maladie, je pense. De toujours faire le maximum de choses que leur permet leur état. C'est grâce à cela qu'elles tiendront. C'est pour cela qu'elles sont admirables.

Sonia part demain pour Marseille. Sans elle le Coty va être bien vide. Comme je regrette que nous n'y soyons pas allés ensemble la semaine dernière !

Il va falloir que je bosse sérieusement mon français. Je ne parviens pas à m'y mettre : trop de choses en tête !

Hier soir, Stéphane (Zanna) et David allaient à la soirée des internes. Comme j'ai bien sympathisé avec eux (alors qu'avant j'évitais Steph.), j'y suis allé aussi. Sur le coup c'était agréable, mais je n'arrêtais pas de penser à Valou.

Finalement, comme jadis Juliette après la mort de Martine, je suis sorti faire la fête ! J'ai un peu honte ! En plus, j'ai laissé les autres sans un mot pour aller là-bas. Je sais qu'ils ne voulaient pas sortir, mais je ne crois pas avoir eu une attitude très élégante et je m'en veux.

J'espère rentrer à la fin de la semaine prochaine ou au début de l'autre, bien que je sois sous perfs depuis ce soir. Sonia va partir aussi décompresser chez elle. Il faut que je bosse. Et si j'étais heureux de revenir au Coty, il ne faut pas non plus que je m'y enferme.

Demain sera, jour pour jour, l'anniversaire de la greffe de Jean-Jacques. Cela fait déjà deux ans. Et comme lui, un an après ma greffe je dois recommencer ! Mais lui, on ne lui a pas donné cette seconde chance. Pourquoi ?

C'est une des ombres que j'aimerais éclaircir avec Noirclerc.

Il y a ceux qui refusent la greffe, comme Valou ; ceux qui ne peuvent s'y résigner, comme Læti ; ceux qui l'acceptent, la veulent et l'ont ; et ceux qui la désirent et attendent, attendent…

Et au milieu de tout ce bordel, il faut bien vivre avec la foi en l'avenir.

Ce n'est pas tous les jours facile !

le 20. 6. 92 – samedi, bientôt minuit

Encore raté ! J'ai voulu repasser mon Bac. J'avais réussi à bosser à Giens. J'allais rentrer. Mais j'étais de plus en plus fatigué. Au bout d'une semaine, je m'essoufflais en allant seulement au 2 Est, à l'autre bout du pavillon.

J'ai revu Loïc, qui est toujours aussi sympa, branché jeu de rôles, mais aussi de plus en plus en prise avec la réalité quotidienne. Quelqu'un de relativement préservé par la maladie mais conscient de sa chance et compréhensif vis-à-vis des autres. Je ne sais pas s'il est au courant pour Jean-Jacques et François, mais il doit le pressentir. Loïc est quelqu'un que j'estime beaucoup.

J'ai eu une surinfection. En fait, je l'ai toujours ! Fatigué au point de ne pas avoir quitté l'O_2 depuis quinze jours. Je tourne à trois litres/minute. J'ai pas mal pensé à Sonia, à son courage. Supporter une telle situation depuis bientôt trois mois. Elle m'a dit avoir tous les jours pris une douche et s'être habillée. Je n'en ai pas eu la force. Ces quinze derniers jours furent gris anthracite. Sombres.

Valérie. Son image d'elle, agonisante, m'obsédait. Je me voyais comme elle, recroquevillé en avant sur mon lit, avec l'oxygène, à la recherche d'un confort respiratoire suffisant pour permettre le sommeil. Puis, après une semaine de traitement à Giens, une autre à Cantini, la fièvre est venue !

J'ai pensé : « C'est la surinfection ultime : la mort au bout. » J'en rêvais comme d'un moment quasiment agréable, reposant. La paix du corps et du cœur. La fatigue tant morale que physique était grande. Ma mère est arrivée dès la première nuit à Marseille. Elle m'a été d'un grand secours. J'ai été heureux de la revoir après ces trois semaines. J'étais épuisé à dormir toute la journée par petites périodes (dix à quarante minutes). Puis je me réveillais, changeais de position, parce qu'alité trop longtemps, amaigri, mon dos, mes hanches, mon cou, tous les muscles de la respiration me faisaient mal.

C'est une des choses les pires dans la maladie, cette souffrance annexe, ces courbatures infernales nées d'une position anatomiquement incorrecte.

Cela fait deux jours que je me lève et ça va un peu mieux. Ce week-end, papa est venu me voir. Ce soir on est même montés, avec les perfs et un obus d'O_2, au quatrième étage, admirer la vue.

J'ai eu plusieurs fois la visite de M. Noirclerc, jusqu'à deux fois par jour. Tous s'occupent beaucoup de moi.

Je crois qu'à travers moi ils veulent aussi sauver Xavière. Je veux dire que moi ils me sortiront vivant de l'épreuve. Ne serait-ce que par respect pour eux-mêmes. Pour que la mort de l'un serve à l'autre. Et je sais que Xavière aurait été d'accord avec moi.

Si ma mort peut sauver quelqu'un, tant mieux. Qu'ils fassent une autopsie, qu'ils dissèquent mon cadavre, tant qu'il me reste quelque chose à enterrer, pas de problème. Tant qu'il y aura, en ce monde, un caillou qui témoignera que j'ai vécu et sous lequel il restera une relique de moi, je serai content.

Mais ce ne sera pas demain la veille !

Il s'accroche le Vieux Rat !

Pour me sauver, ils m'ont mis en liste d'urgence. Le premier greffon qui est compatible et sain est pour moi. D'ailleurs, grâce à la nouvelle technique de « poumon retaillé », la dimension du greffon n'est plus un problème fondamental. En effet, on peut supprimer un ou plusieurs lobes au poumon du donneur pour le placer dans la cage thoracique, plus petite, du receveur. Un immense espoir pour les très jeunes enfants, comme Charlotte.

Une chose me gêne.

Et si j'étais regreffé avant Sonia. Je sais qu'elle est « A+ » et moi « O+ », donc nous ne sommes pas en concurrence. Mais, dans l'ordre des choses, c'est elle qui DOIT être greffée la PREMIÈRE. Tout comme François aurait DÛ l'être AVANT MOI.

Objectivement, je sais que je n'ai pas à culpabiliser. En mai, François n'avait pas encore donné son accord pour la greffe et, là aussi, nos poumons n'étaient pas interchangeables. N'empêche, l'ordre logique des choses aurait voulu que je passe après lui. Comme Jean-Jacques est passé avant moi.

J'espère que cette fois l'ordre sera respecté.

Je veux recevoir un coup de fil de Soso me disant : « J'y vais. » Pas le contraire !

Ce soir, c'est la fête de la Musique. Sur M6 il y a un concert en hommage à Freddy Mercury. Ce type aussi était un grand du rock'n'roll. La musique prend une importance croissante dans ma vie. Elle véhicule tant de choses… J'aimerais avoir le talent d'écrire poèmes ou chansons.

J'ai caressé le projet d'écrire à partir de ce journal un petit livret sur mon initiation à la vie. En ne prélevant de ce tissu superflu que les « phrases choc » et quelques formules que j'aime, je pense que je pourrais en tirer cinquante à soixante-dix pages correctes. A condition de bien les travailler.

Thierry, lui, a écrit une quarantaine de pages manuscrites : l'histoire de sa greffe.

Il m'a montré le résultat final.

Des photocopies de son texte agrémentées de photocopies, de photos de lui (en réa surtout). Le tout relié par une spirale en plastique.

Je ne l'ai pas lu.

J'avoue avoir ressenti une pointe de jalousie. Quoi ? Lui se permet d'écrire et de faire lire son récit ?

Honnêtement, Thierry m'agace un peu sans que je sache trop pourquoi. Il n'a jamais été vantard ou imbu de lui. Mais je crois que je jalouse le succès de sa greffe. Pourtant, il est revenu fatigué cette fois-ci. Infection au CMV, paraît-il.

Ça ne m'a pas fait plaisir, mais j'avoue que j'attendais ça. Par pure méchanceté. Parce qu'il progressait quand je m'enfonçais. Parce qu'aussi j'ai peut-être mal assumé ce statut de greffé face aux autres qui ne l'étaient pas. Me sentant, en quelque sorte, coupable de ma chance, un peu exclu du groupe qui m'avait porté, un peu con aussi.

Dans le regard des autres, au Coty, ces derniers temps, je lisais :

« Pauvre cloche, tu t'es bien fait avoir. Tout ce binz pour en arriver là… »

Je l'ai particulièrement ressenti chez Frédéric qui, lui, va peut-être éviter la greffe grâce à la réussite de son opération du foie. Cette attitude ne transparaissait que chez quelques-uns. N'empêche, ça fait mal.

Mais jamais Læti, Hervé, Stéphane, Sonia, Loïc ne l'ont eue !

J'ai aussi appris à connaître un peu Magali, l'amie de Ludivine, que je prenais pour une midinette écervelée et qui se révèle être une jeune fille douce et intelligente, même si elle reste moins mûre que Sonia.

Il reste encore des raisons de vivre, même s'il existe des raisons de mourir. Je veux voir les unes et ignorer les autres.

L'amitié me porte, « me tient chaud », comme chante Renaud. Et cette chaleur est la plus belle chose qui soit. Car le plus dur est encore de survivre à soi-même, de survivre à sa peine.

le 1.7.92 – 23 h 20

J'ai toujours dit que le jour où j'aurais un « porte-à-cath » je me jetterais par la fenêtre. Le moment est venu ! Après presque cinq ou six ans de harcèlement, j'ai fini par céder. Il paraît que ce ne sera plus un problème pour me piquer. (Il est vrai qu'avec mes veines de merde ça a toujours été dur.) Mais ça ne me plaît pas, ce truc. J'ai fini par donner mon accord par peur qu'un jour, lors d'une autre surinfection, on ne puisse plus me perfuser, mais je n'aime pas ça ! La pose de ce machin – sous anesthésie locale – fut un mauvais moment.

Paraît qu'à cause des nombreuses voies centrales que j'ai eues, ça a été plus dur, obligé d'aller chercher une veine plus profonde, la jugulaire interne.

Ce que j'en sais, moi, c'est que j'aurai ce truc jusqu'à ma mort. Bien sûr, en théorie, on l'enlèvera après un an de post-greffe, mais je n'y crois pas. J'ai perdu la foi. J'en ai marre. Je craque un peu. J'ai presque envie de mourir. Je suis las de me battre comme un beau diable pour trois jours de bonheur par an.

Sonia tient par l'idée de la greffe. Pour moi, cette idée n'a plus cette aura mystérieuse qui permet, malgré la mort des autres, d'espérer que pour soi ce sera différent. La greffe ne m'apparaît plus que comme le prolongement inintéressant d'une vie gâchée dès le départ.

L'acharnement thérapeutique, en somme.

J'ai beau me dire ce que me disait François (paradoxalement, à un moment où il avait, je pense, peur de la greffe, peur de mourir prématurément, comme Martine, au cours de l'opération) : « Mieux vaut une vie au ralenti que pas de vie du tout. »

Et Jean-Jacques, citant Renaud :

« La souffrance, c'est rassurant, ça n'arrive qu'aux vivants. »

J'avais ajouté, pensant à John : « Mais jusqu'à quel point la souffrance est-elle supportable ? »

La fin de Jean-Jacques m'a donné raison.

Et Dieu sait que j'aurais souhaité ne jamais avoir à affronter cette question. Pourtant, à travers Jean-Jacques, je l'ai fait, car lorsqu'il est mort, ça a été un soulagement !

Et maintenant, alors que mon état commence à bougrement ressembler au sien il y a un an, je flippe et je craque.

Rétrospectivement, je crois que c'est Lætitia qui m'a ouvert les yeux, l'autre soir, à Giens.

Elle a parlé de l'impossibilité totale pour nous d'avoir ne serait-ce qu'une vie de couple normale. Car avec la fatigue vient la dépendance, et même celles qui vont bien (car il y a beaucoup plus de filles en ménage avec un « non-muco » que de mecs) vivent aux crochets de l'autre, qui est obligé d'accomplir l'essentiel du boulot, tant ménager que réel.

Mais moi je n'en suis même pas là ! J'en suis simplement à chercher une jeune fille qui me dise un jour : « Je t'aime, j'ai envie d'être avec toi à chaque instant. »

Il n'y a que Véronique qui me l'a dit. Elle me prenait pour un tombeur et le jour où elle m'a demandé de qui j'étais amoureux je lui ai parlé de Romane que j'idéalisais. Alors elle m'a jeté. J'ai été un peu vexé mais, en même temps, je l'avais cherché. Je ne la trouvais pas assez bien pour moi. Je l'ai pelotée pendant un mois ou deux. Je l'ai embrassée avec la langue. Je trouvais ça fascinant. J'avais 14 ou 15 ans. Et elle, elle n'aspirait qu'à me serrer dans ses bras. Les trucs sexuels, les baisers avec la bouche, ou me toucher ma petite bitte lui répugnaient un peu. Quand j'ai vu qu'elle n'irait pas plus loin que ce que j'avais réussi à faire – c'est-à-dire essayer maladroitement de la masturber avec un doigt –, je me suis laissé larguer. Et je n'ai jamais retrouvé d'autre fille.

J'ai laissé tomber pendant un moment, puis, en arrivant à Giens, je me suis rouvert à l'amour. Mais là, pour le coup, c'est moi qui étais très fleur bleue ! Trop. J'ai rapidement eu une réputation de coincé et aucune fille ne m'a tourné autour. Sauf la grosse que Stéphane m'avait mise dans les pattes. Depuis, rien. Je cultive des idées d'amour platonique, avec Soso. Pourtant je sais que c'est du sérieux avec Hervé.

Et avec le temps est venue la conscience de la laideur de mon corps. Ma maigreur ne me gêne pas. Je l'ai toujours été, ça fait partie de moi. Ma petite taille (un mètre soixante-six) ne me gêne pas non plus. Pendant longtemps j'ai mesuré moins d'un mètre soixante et je connais plein de filles plus petites que moi ou de ma taille. Je me suis habitué à ça.

Mais mon sexe est ridiculement petit, même en érection ; et ça, on a beau ne pas être macho, c'est dur à surmonter. Là aussi j'ai toujours été bâti comme ça. Je crois que je pourrais passer outre !

Maintenant, en plus, j'ai beaucoup de poils sur les jambes. En classe de troisième et de seconde, je me désolais du manque de pilosité. Même mes poils pubiens ont poussé tard. Vers 16 ou 17 ans. Mais j'ai été ravi de les voir. Maintenant j'ai des jambes recouvertes de longs poils noirs qui forment comme un nuage de saleté autour de mes jambes décharnées. Les bras sont raisonnablement poilus. Ça va.

Mais j'ai environ une quinzaine de verrues sur les mains. Avant la greffe je n'en avais que deux, mais maintenant elles se sont multipliées. Je voudrais les faire enlever mais je n'en ai jamais le temps.

J'ai aussi une sorte de « tache de vin » sur le crâne, qui était au départ toute petite mais qui, à force de la gratter, a enflé et grandi. Maintenant, je ne peux plus avoir de raie sur le côté.

Et pour combler le tout, j'ai les bras marqués par les piqûres, une dizaine de cicatrices dues à des drains, la cicatrice de ma greffe qui a bien évolué. Mais en dessous du sternum, c'est mal recollé et il y a comme un volet à mi-hauteur. Tout cela sans compter la cicatrice de ma sonde gastrique et de mon opération de l'intestin, ni ma lobectomie de 1988.

Hier, pour couronner le tout, se sont ajoutées aux marques laissées par les voies centrales deux cicatrices causées par le « porte-à-cath ». Je n'ai vu que celle située à la base du cou. On croirait que l'on a voulu m'égorger et qu'on n'en a pas eu le temps. L'autre, je n'ai pas pu la voir, ni le porte-à-cath en lui-même. Mais je sais quel hideux effet il avait sur les autres ! Sur Thierry !

A ma connaissance, il va mal. Suite à son infection au CMV, des analyses ont été faites. Il a la totale : rejet, CMV et infection au pyocyanique (ou pseudomonas). Il est en réa depuis bientôt une semaine. Je n'ai pas osé demander d'autres nouvelles depuis et je n'ai pas revu sa famille. Mais je ne suis guère sorti de ma chambre ces derniers temps… J'ai essayé, en observant M. Noirclerc dont les émotions transparaissent facilement depuis quelque temps, de deviner. Mais je n'ai rien vu. J'ai arrêté de le scruter. J'avais honte de moi.

Il y a eu une greffe. Une fille. Une Italienne nommée Eugénia, que je connaissais de nom. L'opération en elle-même s'est bien passée (ça je l'ai lu le lendemain sur le visage de Noirclerc), mais quand une semaine après j'ai demandé de ses nouvelles à Sylvia, il y a eu un silence, puis elle m'a juste dit « non ».

La question était : « Et Eugénia, ça va ? »

Bref, la vie n'est pas rose ces derniers temps. Peut-être est-ce juste un coup de blues qui passera. D'avoir écrit tout ça : mon expérience sexuelle avec Véronique et ma déchéance physique complète me font me sentir déjà un peu mieux.

Mon sexe ne mesure que dix centimètres en érection et il me suffit d'un film de M6 pour que je bande et me masturbe. C'est vraiment la déchéance d'écrire ça, mais ça soulage. Ça évacue toute cette honte, ce mal-être.

Je n'ai pas pu passer mon Bac de français. Peut-être aurai-je, à la faveur d'une lettre de ma mère et d'un certificat médical de

Noirclerc, la possibilité d'obtenir le report de mes notes de la promo 88. Toujours aidé par les autres, on ne peut rien prouver à personne et surtout pas à soi-même. J'ai encore raté ça. Suis-je un authentique looser ? Peut-être aurais-je finalement besoin d'une vraie psychanalyse pour débrouiller ce merdier ? L'écriture est une thérapie. Est-ce suffisant ?

le 5. 7. 92.

Je suis à Giens depuis le 3. Je suis dans une des nouvelles chambres qui sont toutes neuves. Elle me paraît petite. Il est aussi dur qu'à Marseille de s'y mouvoir, bien que la salle de bains, elle, soit très spacieuse. C'est propre et neuf, mais ça me chagrine un peu. Les bâtiments conçus pour un autre usage et reconvertis en chambre de post-greffe avaient un certain charme. Comme les disques vinyle par rapport aux lasers.

Je suis donc à Giens. Avec regret je pense qu'il y a un an j'étais ici mais dans un état d'esprit et des conditions physiques bien différents.

Depuis, Jean-Jacques, François, Xavière, Laurent, Valérie sont partis… Mais aussi Steve, Rosia, Nathalie Elbaz, Laure Janin, l'autre Laure, Eugénia (la greffée italienne n'a pas survécu longtemps à sa greffe). Et Thierry était toujours en réa à mon départ de Marseille. Et je ne jurerais pas qu'il soit encore vivant…

En un an j'ai connu la plus cruelle désillusion de ma vie. Malgré tout j'espérais (et Noirclerc aussi) en cette greffe. J'espérais vivre longtemps et me sortir de la maladie, de la dépendance, de l'humiliation de celui qui ne peut assurer seul sa survie, son hygiène !

Je suis las. Profondément déprimé. Je ne vois plus beaucoup de raisons de lutter. J'ai perdu la foi. J'ai toujours vu l'avenir avec optimisme en ce qui concerne ma santé. Même fatigué, je me disais : « Je vais récupérer et après ça ira mieux. » Là je pense : « Je vais aller mieux deux, trois ou quatre semaines, puis je replongerai. Et ça sera pire, plus dur encore. Jusqu'où peut-on aller ainsi ?

Jusqu'à quel degré de souffrance et de désespoir peut-on aller ?

Bien sûr, il y a la seconde greffe. J'ai dit oui. Mais pour l'instant, au fond je ne la souhaite pas vraiment. Le courage me manque pour réaffronter la réanimation.

Ces derniers jours alité et la douleur qu'engendrent en moi les cicatrices de mon porte-à-cath me rappellent toutes ces souffrances de chaque instant qui accompagnent la post-greffe.

La cicatrice qui vous donne l'impression que votre peau s'est muée en métal inextensible et indéformable. La gêne générée par les drains, capteurs, tuyaux et sonneries. La solitude, l'ennui, la peur qui vous étreint la nuit. La gêne ressentie pour chier ou pisser devant tout le monde. La terrible humiliation de la dépendance. Obligé d'appeler pour pouvoir se retourner dans le lit.

Tout cela à revivre. Sans compter d'éventuelles complications : la trachéotomie, la longue intubation et cent autres charmantes choses. Le courage me manque.

Pourtant je me souviens avoir écrit à Sonia pour lui dire que ça valait la peine d'endurer tout ça pour renaître.

Renaître pour revoir si vite la femme à la faux… découragement… doute.

Le referais-je si c'était à refaire ?

C'est à refaire. Je ne sais pas. Ces sept derniers mois furent les plus pénibles de ma vie. A la fatigue et à la mort des autres s'est ajoutée la solitude.

Terrible et trop pesante solitude. Elle tue la vie aussi sûrement que la muco ou la bronchiolite.

C'est l'envie de vivre qui fait vivre.

L'envie, moteur de ma vie, s'envole peu à peu.

Je me sais aimé, soutenu, mais le poids de la maladie est de plus en plus lourd.

Quand on m'a posé le porte-à-cath, je me souviens qu'à un moment cela saignait beaucoup. Le sang coulait sur mon torse et le long de mon corps. Je le sentais chaud, humide et plus visqueux que de l'eau sur ma peau. J'ai pensé : « Si je mourais là, ce ne serait pas plus mal. »

Ce doit être doux comme mort. Perdre son sang alors que l'on est dans un état d'ivresse due à l'anesthésie locale. Pas de peur. Juste un grand calme et de la curiosité.

A un instant j'ai pensé : « Et s'il n'y avait rien ? Si je n'étais après plus rien qu'un corps pourrissant ? Plus d'esprit, plus de conscience de soi. Le néant ? »

Alors j'ai eu peur. Je voulais encore connaître la sensation de se sentir vivre. L'instinct de survie. L'instinct.

Je ne sais trop ce que je vais faire. Mourir lentement, de guerre lasse, comme un feu qui s'éteint au fond d'une cheminée ?

Je songe au suicide aussi. Mais je sais que je ne le ferai pas. Je n'aurai pas les couilles.

Et pour les autres, les morts comme les vivants, je ne peux pas le faire. Ce serait l'ultime lâcheté.

Je devrais peut-être écrire à Véronique pour lui dire que j'étais un jeune con, que maintenant je me rends compte du mal que j'ai fait. Je n'ose pas.

J'ai peur d'être grotesque. Et je veux que personne ne soit au courant. Or, je ne connais même pas son adresse actuelle…

Peut-être vaudrait-il mieux risquer d'être grotesque que risquer de rester un salaud ? Mais quel bien cette lettre lui feraitelle ? Peut-être cela serait-il pire encore ? Peut-être que je délire complètement et que je prends mes délires pour argent comptant. Peut-être que c'est la dégradation de ce corps débile qui me pousse à imaginer tout ça. Je ne sais plus où j'en suis.

Je tourne en rond dans ma tête.

Je n'ai plus de désir, plus d'envie, plus de plaisir.

J'ai un lent dégoût de moi. De mon corps, de mon caractère. Et quand on est mal avec soi, on est mal avec tous. Partout.

Je suis en bas. Tout au fond.

Ainsi font, font, font les petits mucos.

Trois p'tits tours et puis s'en vont.

Pour toujours.

Si les copains d'ici ne parviennent pas à me sortir de l'ornière et si Law et Aude, qui vont, finalement, probablement venir ici dans une petite dizaine de jours, ne peuvent pas non plus me redonner goût à la vie, alors je crois que, un an après Jean-Jacques, je le rejoindrai. Help.

Mon état de santé s'améliore pourtant. Je parviens à me passer d'O_2. Mais moralement ça empire. J'attends le déclic qui me redonnera envie de continuer. Je sais, j'ai toujours su, que sans l'envie, ou la foi, personne ne peut vivre bien longtemps.

Longtemps, longtemps. Qu'est-ce que c'est ?

Un an, deux, cinq, dix ?

De toute façon, une infime portion pour l'éternité. Une éternité pour un éphémère.

Je suis las. Je tourne en rond dans ma tête et sur ce papier.

Il est minuit. Je vais aller me coucher. Car demain matin sera dur.

Comme un combat pour s'arracher au sommeil et oser affronter la réalité. Je me réveille à nouveau le cœur battant la chamade et l'angoisse nouée au corps. Chaque jour qui passe est une épreuve.

le 13.7.92 – dimanche, 0 h 00

Un nouveau jour commence à l'instant.

Ce soir Karine Cherdo est morte d'un pneumothorax. Je n'ai pas beaucoup évoqué Karine dans ces pages. Je l'avais connue en mai 89. Elle venait déjà de faire un méga-pneumothorax et nous avions été hospitalisés ensemble au Centre antipoison lorsque j'avais fait mon bilan pré-greffe à Salvator, en juin 89.

On s'était baladés dans le parc et on avait joué aux cartes. Je me souviens aussi que j'allais beaucoup dans sa chambre pour discuter et écouter la radio, n'ayant pas emmené de poste.

Ce soir elle est morte. Son mari était là. J'étais aussi avec mes parents (ils sont là tous les deux) et Sophie (une petite de 12 ans marrante qui – elle aussi – sort d'un pneumo). On a entendu pleurer d'un seul coup. Là j'ai compris que c'était fini.

Adieu, Karine Ruiz, née Cherdo. Petite femme au grand cœur. Je n'étais pas intime avec elle, mais tout de même ça fait mal. La proximité de la mort est quelque chose de terrible.

Elle revenait tout juste de Marseille, de la réa Salvator, celle de Barthélémy. Elle avait déjà failli y passer, m'avait-elle raconté vendredi soir, peu après son arrivée.

C'est dur. On a beau dire, jamais on ne s'habitue à la mort.

Je suis pourtant bien mieux dans ma tête depuis une petite semaine. Je ressors. Je n'ai plus besoin d'O_2 dans la journée. Je suis à nouveau vivant dans ma tête. J'ai trouvé la force de vivre avec ce porte-à-cath. Il y a une beauté dans la laideur !

Si j'ai réussi à m'arracher à cette déprime, c'est grâce à Hervé qui m'a entraîné dans ses sorties et m'a rendu le goût de vivre. L'envie. Le plus beau cadeau que l'on puisse faire. Hervé en chie lui aussi. Il est devenu un de mes grands amis. J'ai beaucoup d'amitié pour lui. S'il est avec Sonia, tant mieux. Je ne suis plus jaloux. Je ne pourrai être que l'ami de Soso. J'ai surmonté mon amour. Je suis toujours à la recherche de l'âme sœur, mais j'ai compris que si un jour une fille m'aime vraiment ce n'est pas une cicatrice ou un bout de métal sous ma peau qui l'empêchera de m'aimer. Sinon, c'est que ce sera une salope ou une conne.

Mieux vaut être seul que mal accompagné.

Anne Heimerman vient d'arriver. Je suis heureux de la revoir. Elle n'a pas l'air trop fatiguée. J'ai fait aussi la connaissance de Christine, 19 ans, qui vient ici pour la première fois. Elle sort d'une dépression à la suite de la mort de sa meilleure amie. Elle a perdu huit kilos. Elle faisait de l'anorexie. Elle est ici pour regrossir.

J'ai aussi revu David, le stagiaire kiné dont Valou était tombée accro. Il m'a donné de très belles photos d'elle et de nous. Il est vraiment gentil. Un ami vrai, même si je ne l'ai que peu vu. Le genre de mec qui donne envie d'embrasser la race humaine.

Ce soir, je suis allé au restaurant de Giens, « Le Tire-Bouchon », avec mes parents et Hervé. C'était juste après la mort de

Karine. Je ne voulais pas y aller. Je n'avais pas faim, pas envie de rire.

Un peu honteux de partir festoyer alors que son mari avait l'air si désemparé. Mais je n'ai pas osé aller vers lui. Hervé non plus.

Finalement, ce soir, personne n'est resté dans le service. Tous ont préféré sortir.

Ce n'était pas un abandon. Je crois qu'il faut voir ça comme une sauvegarde. Pour ne pas devenir fou ; pour pouvoir continuer ; pour encaisser le choc. Pour qu'au-delà de la mort la vie continue.

The show must go on !

J'avais pourtant honte de partir au resto. C'est là-bas, peu à peu, que j'ai compris que c'était mieux.

Je pense que Karine aurait fait la même chose. Trop de tension. Il fallait sortir. Hervé m'a soutenu. Et je crois l'avoir soutenu aussi ce soir.

Mme Piraud dit, fort justement, que les échanges se font toujours dans les deux sens. C'est, je crois, très vrai.

Hervé m'a sorti de mon isolement. Je lui dois de ne plus avoir besoin d'O_2 toute la journée et de réussir à m'accepter tel que je suis.

D'autres aussi sont très sympa avec moi.

Il y a Janine qui est revenue comme chaque été. Elle est toujours aussi sensible et à l'écoute de l'autre, délicate et réconfortante. Hier, c'était l'anniversaire de Joseph. On était tous chez Stéphane Zanna. Tous deux aussi sont des gens sensibles et généreux. Je n'avais pas vu Jo, comme on l'appelle, depuis longtemps. On a eu une conversation au cours de laquelle je lui ai brièvement raconté mon parcours depuis un an. Sa réaction était sincère. Il était peiné pour moi mais pas apitoyé. Il n'y a pas eu de mots. Ces choses-là ne passent pas par le langage.

On ne dit pas : « Ça me fait de la peine que tout n'ait pas été comme sur des roulettes. Mais je suis avec toi. Bonne chance ! » On ne le dit pas, et c'est bien plus fort encore.

Je renais à la vie. A l'envie.

Demain mes cousines arrivent. Je me revois il y a un an, à la veille de leur arrivée, écrivant dans ce même journal. Encore une fois tant de choses ont changé en un an ! Encore une fois j'espère trouver le juste milieu entre elles et les autres. Je pense les emmener avec moi dans mes sorties nocturnes et faire du jeu de rôles dans la journée. On verra bien. De toute façon elles sont ouvertes et apprécient, en général, mes copains mucos.

Aude a eu son Bac « C ». Au moins une bonne nouvelle. Julien, le frère de Lætitia, a, lui, réussi son Bac « E ». Tant mieux.

Maintenant mes deux cousines vont se lancer dans une école d'architecture. Elles auront probablement de moins en moins de temps à elles. Et moi, j'ai de plus en plus envie de vivre dans la région, mais je ne voudrais pas, pour autant, lâcher mon pays natal. Je voudrais un pied-à-terre dans la région Sud. Peut-être est-ce à cette condition que je serai vraiment moi.

Une fois que l'on est bien ici, on a du mal à en repartir. Il y a pourtant l'image de la mort en ces murs. Mais c'est toujours celle de la vie qui prévaut.

J'ai retrouvé l'espoir, peu à peu, grâce à l'amitié. J'avais tort. Il y a encore quelque chose à attendre de cette vie. Je ne peux pas partir. Je n'ai pas fini mon apprentissage. J'ai encore à faire. J'ai encore à vivre. J'ai encore en moi la volonté de voir demain.

La mort de Karine est un choc d'autant plus grand que j'étais là. J'ai vu, le premier je crois, arriver le SAMU. Instantanément, j'ai compris qu'elle avait à nouveau un pneumo. J'ai entendu les pleurs de son mari. J'ai été bouleversé.

Ce soir, j'écris.

Je témoigne que la mort est cruelle et que la vie n'est pas un chemin de roses.

Je témoigne que la vie est trop courte pour n'être pas sacrée et vécue avec intensité.

Je témoigne que l'amitié est ce qui la rend si belle et qu'un jour l'amour la transcendera.

J'aime. Je vis. Je pleure. Je ris. Je sais, je ne sais plus. Je joue. Je parle. Je prie. Je ne meurs pas. Je ne meurs plus !

le 10. 8. 92 – lundi

Bientôt un mois s'est écoulé. Un long mois plein de vie et de bons moments. On n'écrit pas quand on est heureux, moins en tout cas.

Lorsque je me sens bien, je ne m'assois pas avec un stylo à la main. Je cours, je bondis, je profite au maximum. Carpe diem.

Pourtant, après tout ce temps, il est bon de reprendre la plume pour faire un petit bilan, mettre un peu mon existence en ordre et raconter la suite de mes aventures.

Mes cousines sont venues à Giens, donc. Même si le séjour ne s'est pas mal passé, j'ai pris conscience qu'elles s'éloignent peu à peu de moi. En fait, c'est plutôt le contraire... C'est moi qui avance et elles qui font du surplace. A 22 ans, Laurence ne parle guère que de super-héros. Il y a un peu le ciné et les jeux de rôles et puis basta ! Aude suit. Elle a toujours suivi sa sœur !

Pourtant, dans un domaine, elle la devance. Elle est amoureuse de Frantz, un type passionné de super-héros lui aussi et qui les dessine très bien. C'est très curieux de la voir avec lui, elle qui, jusqu'à présent, se moquait de ce genre de sentiments.

Il faut bien reconnaître que moi aussi je me suis un peu foutu d'elle, mais au fond j'étais plutôt jaloux. Pas d'elle. Pour tomber amoureux d'Aude il aurait vraiment fallu une sacrée remise en question de mes critères de féminité et de séduction. Non, je suis jaloux qu'à 19 ans elle ait déjà trouvé un petit copain, alors que je cherche toujours.

Mais pour en revenir à leurs visites à Giens, voici comment s'organisaient mes journées.

Le matin, soins et exercices. Puis, à 14 heures, elles arrivaient : jeux de rôles, promenade avant le repas du soir, perf, dîner, sortie en ville avec elles et les autres (Hervé, Christine, Anne...). Elles ont été là dix jours. Et à chaque fois que je jouais, je pensais aux autres. Je me disais qu'Hervé devait s'emmerder et je me sentais un peu coupable de les avoir fait venir. D'autant que lorsque je suis préoccupé ou légèrement mécontent, je suis incapable de le dissimuler. Mon accueil a été un peu froid, je crois.

On a cependant passé de bons moments. Nous sommes allés à une convention de jeu de rôles au mont Faron, ce qui fut pour moi un challenge. J'étais encore fatigué et j'ai réussi à y aller, à conduire et à parcourir le château (endroit splendide dominant la rade de Toulon) en tous sens. Elles se sont aussi, je crois, bien entendues avec Hervé. Ça n'a donc pas été un échec total et je garde ainsi de bons souvenirs.

J'ai fini par accepter physiquement et esthétiquement le porte-à-cath, même si mon corps est toujours pour moi une source de problèmes.

J'ai aussi revu Stéphane, lors d'un mémorable dîner au « Beach » où se trouvaient aussi Hervé et Anne venue « en vacances » à Giens. Anne est épatante. Elle travaille à temps plein et va assez bien pour le supporter.

J'ai aussi revu Lætitia et Juliette.

Lætitia est fatiguée. Elle m'a fait une assez sale impression le soir où on est allés la voir. Avant, elle avait beau avoir l'oxygène, elle avait l'air reposée. Là, au fur et à mesure de la soirée, son visage s'est creusé. Peut-être sommes-nous aussi restés un peu tard. Julien est quelqu'un de très sympa et il s'occupe beaucoup de sa sœur. Elle a fêté son anniversaire ce mois de juillet, mais on ne peut pas dire que la joie était au rendez-vous.

Lætitia se pose beaucoup de questions. Elle ressasse les dernières années et compte les morts. Elle n'arrive pas à se décider pour la greffe. Le soir où on est venus la voir, il y avait Stéphane avec nous ; j'étais déchaîné. J'ai déliré sur Noirclerc, condamnant implicitement la greffe, un peu à la façon de Jean-Jacques. Je le regrette. Je ne pensais pas vraiment ce que j'ai dit, mais il fallait que ça sorte.

En fait, cette seconde greffe ne m'enchante pas. Peut-être que je ne veux pas quitter mon état de malade. C'est que là, au moins, les choses sont claires : je suis insuffisant respiratoire et il n'y a guère de chances pour que ça s'améliore. Je n'ai donc plus la peur de rechuter ou de perdre, puisque j'ai perdu l'essentiel de ma capacité respiratoire. Ça a, curieusement, quelque chose de rassurant.

Et je crois que je ne pourrai plus jamais quitter Giens. C'est trop tard maintenant. Ce sont eux qui m'importent le plus. Je pense que d'ici un an je vais aller là-bas. J'aime mon pays, ma Normandie, ma terre. Mais ceux que j'aime sont ailleurs.

Mes cousines prennent un chemin différent du mien. Nos routes se sépareront bientôt je pense. Elles ont de plus en plus d'amis en dehors de moi. Alors qu'avant, j'étais quasiment leur seul ami. Elles vivent leur vie de mieux en mieux sans moi. J'ai presque l'impression de quémander leur présence quand je les invite.

La première chose que j'ai faite en revenant à Bosc (je suis revenu le 2 août) a été de changer le décor de ma chambre. Toute cette décoration à la gloire des gros balaises et de l'action ne me convenait plus, ne reflétait plus mon âme. C'est tout de même resté un peu dans le même esprit mais la nature (forêt vierge amazonienne et éléphant sur fond de coucher de soleil) a fait un retour en force. La BD et les lithographies aussi.

J'ai viré presque tous mes posters de super-héros. Il ne reste plus qu'un tout petit dessin des Classics X-Men par Bryne. Et plus ça va, plus les livres et les bibliothèques prennent de la place. Car bien que je ne lise pas beaucoup, j'achète toujours autant. Sans compter la musique qui prend de plus en plus de place dans ma vie. Actuellement, je suis en pleine période 70-fin 60, avec Jim Morrison et les Doors, les Beatles, les Who, Jimi Hendrix, Lennon et le reggae de Bob Marley…

En même temps je me mets un peu au hard rock, mais ça reste raisonnable.

Je devais aller à Nice pour l'anniversaire de Stéphane Adam. Hélas, il est tombé malade et se trouve à Giens en ce moment. Du coup, je vais peut-être y retourner un peu plus tôt que prévu !

Au lieu d'aller à Nice, mes parents m'ont emmené en Ardèche, chez les Boudry.

Ces cousins sont très sympa. Ce sont de grands humanistes et en même temps des révoltés, à leur façon. Un peu comme des missionnaires hippies des temps modernes, mais ayant le sens des réalités. Ils ont effectué un travail de titans en rénovant entièrement un vieux hameau de La Louvesc, dans la Haute-Ardèche. Ils ont transformé ça en un centre de « vacances » pour enfants handicapés mentaux. Ils sont généreux et amusants. Leur maison fait penser à la maison bleue de la chanson de Maxime Le Forestier. J'ai passé là-bas un week-end très agréable (et pourtant l'idée d'aller m'enterrer en Ardèche – même pour deux jours – ne m'emballait pas), redécouvrant une vie à la dure, la vraie signification du mot campagne, la futilité du brouhaha des médias et le bonheur tranquille d'être émerveillé par un paysage.

Deux jours de paix. Comme une oasis au milieu du tumulte des vents du désert. Cela a d'ailleurs réveillé en moi le désir de parcourir la France en voiture pendant un mois. Un vieux rêve, que je caresse depuis longtemps.

Et puis j'ai reçu une lettre de Sonia qui m'a beaucoup touché, où elle me parle de ses angoisses et d'elle. Mais aussi où elle a percé ma carapace. Et j'en suis heureux. Elle a écrit :

« Je pense que tu dois ressentir la même chose que moi.

« Ce doit être encore plus dur que pour moi ce que tu vis, car te dire qu'il va falloir recommencer, ça doit pas être évident.

« Je sais que tu montres toujours de toi l'image de quelqu'un qui garde bien le moral, qui va bien, mais je pense qu'au fond de toi, ça doit être très dur. Je pense que tu ressens la même chose que moi.

« J'espère que tu gardes espoir.

« C'est très dur.

« Même moi, en ce moment, j'ai du mal à y croire encore. J'ai l'impression que je ne serai jamais greffée.

« Je ne sais pas si je t'avais dit que je croyais au destin ! Eh ben, avant je croyais que tout ce qui m'était arrivé, c'était en ma faveur, car je ne devais pas être greffée ce jour-là, car non, ça n'aurait pas marché et qu'il fallait que j'attende le bon jour, l'autre jour.

« Et maintenant je me dis qu'en fait il ne faut pas que je sois greffée, pas du tout. J'ai l'impression que tout ça n'est que pour que ça ne m'arrive pas. J'ai l'impression que je n'y ai pas droit. C'est la folie.

« Enfin, j'espère que c'est pas vrai et que ça arrivera bien un jour, le bon jour ! Mais, j'espère, rapidement !

« J'espère que toi aussi tu tiendras bon jusqu'au jour où tout aille bien. Y'a pas de raison que nous, on n'y ait pas droit, tu crois pas ? Et on y arrivera, hein, OK ? ! »

Que dire de plus ? Si après ça, après avoir lu ça quelqu'un pouvait encore être contre le don d'organes, je n'y comprendrais plus rien. Bien sûr personne n'a lu cette lettre à part moi. Mais Sonia m'a ému presque aux larmes quand j'ai lu ça. D'autant que ce jour-là je ne m'attendais pas à avoir du courrier.

Je suis heureux que sous mes airs détachés ou déconneurs elle ait senti que j'avais une âme.

Je lui ai répondu une lettre où je lui dis en gros que si je trouve la force de continuer c'est grâce un peu à elle et aux autres. Je lui ai même dit qu'à deux on est plus fort (les grosses allusions de Johann…).

J'attends sa réponse avec anxiété. J'y ai peut-être été un peu fort. Je ne me suis pas relu le lendemain. Je ne voulais pas remanier à froid une lettre écrite avec mon cœur et mes tripes. Mais bon, on verra bien.

Quoi qu'il en soit, j'aime toujours Sonia.

Sans elle je ne sais ce que je deviendrais.

Elle est mon moteur, ma raison de vivre, une des dernières choses qui me donne envie de continuer.

Il faudrait bien pourtant un jour lui dire combien je l'aime. Avant que l'un de nous deux disparaisse, comme la petite Charlotte, morte faute de greffon il y a dix jours à la Timone…

Mais Sonia est plus forte encore et moi aussi.

Charlotte a fait tout ce qu'elle a pu. Son père aussi. C'est un homme bien ; même s'il a quelques travers, il est fondamentalement bon.

Dieu, je ne demande qu'une chose. Des poumons pour Sonia. C'est là l'essentiel, le reste n'est que littérature.

*

Le 12 août 1992, Johann fut appelé pour sa seconde greffe. Une transplantation cœur-poumons. Des complications post-opératoires étant survenues (hémorragie cérébrale), Johann est décédé le 23 août 1992, à 17 heures, sans avoir repris connaissance.

RÉALISATION : PAO ÉDITIONS DU SEUIL.
IMPRESSION : S.N. FIRMIN-DIDOT AU MESNIL-SUR-L'ESTRÉE.
DÉPÔT LÉGAL : JUIN 1998. N° 34766 (42932).